中国式现代化
区域制度
与政策创新研究

第一届河北地质大学
区域制度研究中心学术论坛论文集

河北地质大学区域制度研究中心 —— 编

辽宁人民出版社

图书在版编目（CIP）数据

中国式现代化区域制度与政策创新研究：第一届河
北地质大学区域制度研究中心学术论坛论文集 / 河北地
质大学区域制度研究中心编. -- 沈阳：辽宁人民出版社，
2025. 5. -- ISBN 978-7-205-11437-4

Ⅰ. D61-53；F127-53
中国国家版本馆CIP数据核字第2025S65Y00号

出版发行：辽宁人民出版社
　　　　　地址：沈阳市和平区十一纬路25号　邮编：110003
　　　　　电话：024-23284321（邮　购）　024-23284324（发行部）
　　　　　传真：024-23284191（发行部）　024-23284304（办公室）
　　　　　http://www.lnpph.com.cn
印　　　刷：辽宁新华印务有限公司
幅面尺寸：185mm×260mm
印　　张：26
字　　数：450千字
出版时间：2025年5月第1版
印刷时间：2025年5月第1次印刷
责任编辑：刘　明
装帧设计：丁末末
责任校对：吴艳杰
书　　号：ISBN 978-7-205-11437-4

定　　价：98.00元

前　言

2024年4月13日，河北地质大学区域制度研究中心在河北石家庄举行了首届学术论坛暨中国式现代化区域制度与政策创新优秀成果研讨会。本次会议以"区域政策制度建设与创新、地方立法与公益诉讼制度、区域生态环境治理制度创新、地方治理现代化"为主题，吸引了来自全国各地的100余位学者，本会议集在来稿文章中精选了32篇文章，分别从区域政策制度建设与创新、地方立法与公益诉讼制度、区域生态环境治理制度创新、地方治理现代化四个角度来探讨区域制度建设与高质量发展问题，提高区域治理水平。

会议伊始，河北地质大学副校长、区域制度研究中心主任冯鸿雁研究员发表了开幕辞，强调了制度创新在中国式现代化中的关键作用，并提出了河北省在制度创新方面取得的进展和下一步计划。河北省教育厅科技处雷彦广处长随后对大会的召开表示祝贺，并肯定了河北地质大学区域制度研究中心在区域发展与制度创新研究方面的贡献。在开幕式后，由河北地质大学区域制度研究中心执行主任白海琦教授宣读了中国式现代化区域制度与政策创新优秀论文奖的获奖名单，共评出一等奖11篇，二等奖9篇，创新奖29篇。接下来，9位知名学者进行了主旨演讲，分别就各自研究领域进行了汇报分享。参会人员表示，演讲内容丰富，收获颇丰。下午的会议设置了四个分论坛，分别为区域政策制度建设与创新、地方立法与公益诉讼制度、区域生态环境治理制度创新、地方治理现代化。每个分论坛各选取了8篇优秀论文的作者进行展示汇报，其他参会人员也进行了研究成果的展示和交流。参会人员表示，通过交流学习，解决了一些学术问题，明确了下一步研究方向。本次会议紧紧围绕中国式现代化主题，取得了丰硕成果，为推动区域高质量发展提供了有力支撑。

目　录

第三篇　区域生态环境治理制度创新

第四篇　地方治理现代化

第一篇

区域政策制度建设与创新

从庙堂到尘土：基层公共政策传播短视频内容研究

黄海明　唐艺玲

【摘　要】政策传播的主要目标是获得公众对政策的有效认可，基层群众是政策传播中不可忽视的传播对象，但往往受限于文化水平及媒介素养匮乏、政治意识较为薄弱等因素，不能有效接收政策传播信息，由此，具有解读和传播功能的基层宣讲团，成为基层政策传播及基层治理中不可或缺的组织形式，同时，为顺应短视频形式强盛的发展态势，基层宣讲短视频也成为效果可观的政策传播新形式。基于对浙江省衢州市龙游县的"8090新时代理论宣讲团"的扎根分析，以与基层群众的距离为视角，在基层宣讲短视频中，政策传播内容形成了三类层次，即贴近群众：公共政策的近端传播；因地制宜：公共政策的中端传播；准确解读：公共政策的远端传播。

【关键词】基层治理；公共政策传播；扎根理论

一、引言

2018年8月，习近平同志在北京召开的全国宣传思想工作会议上指示："要加强传播手段和话语方式创新，让党的创新理论'飞入寻常百姓家'。"政策传播是指政策信息在组织之间及组织与个人之间的传递过程，是政策执行中的重要环节，通过政策传播可以获得公众对政策的认可、理解、支持和信任，有利于公共政策的顺利推行[1]。

政策传播的主要目标是获得公众对政策的有效认可，基层群众是政策传播中不可忽视的传播对象，但往往受限于文化水平及媒介素养匮乏、政治意识较为薄弱等因素，不能有效接收政策传播信息，由此，具有解读和传播功能的基层宣讲团，成为基层政策传播及基层治理中不可或缺的组织形式，同时，为顺应短视频形式强盛的发展态势，基层宣讲短视频也成为效果可观的政策传播新形式。

当前学界对于政策传播的短视频形式的研究，大多围绕政务媒体的短视频内容，政务短视频的内涵范围要广于宣讲短视频。宣讲短视频的主要内容就是传播政策相关信息，由于新媒体特征不强，过度娱乐化问题较弱。同时，相较于长视频及政策文书，单一宏大叙事得到宣讲者个人风格的中和。

2020年，经过党和人民的共同努力，我国实现脱贫攻坚战的全面胜利，共同富裕成为我党矢志不渝的奋斗目标和我国不可阻挡的发展必由之路。来自浙江省衢州市龙游县的"8090新时代理论宣讲团"（以下简称"8090宣讲团"），以共同富裕作为宣讲主题，在2022年3月至7月间，开展了"共同富裕·青年说——8090说共富"基层短视频宣讲活动。

本研究基于扎根理论，以与基层群众之间的距离为视角，以浙江省"8090宣讲团"围绕共同富裕主题的基层宣讲短视频为研究对象，分析基层政策传播中近端距离、中端距离及远端距离三个分类层面下的传播信息，了解基层政策传播内容的特点和不足，同时拓宽对基层治理传播的认知。

二、文献回顾与研究问题

政策传播是指政策信息在组织之间及组织与个人之间的传播过程，是推动人类社会发展的共享性行为活动[2]。当前国内学界对于政策传播的研究主要可做以下归类：

一是政策传播问题研究，当前公共政策传播存在着传播主体缺位、传播信息失真、传播渠道不健全、传播媒体过度商业化和娱乐化等问题[3]。对此类问题的解决也存在对应研究，一方面是从激发传播机制潜能出发，引导大众传媒发挥积极效能，促进多方政策主体的信息流通与互动；另一方面是从人际传播着手，人际传播具有使用率高、传播效果快等优势，可以更为有效地将公共政策信息传达给受众[4]。

二是政策传播效果研究，主要分为两类研究：一是对政策执行的影响，政策传播可以通过扩大讨论而逐渐形成民意，同时也可培养民众的民主意识和政治参与能力[5]；二是提升政策传播的效果，当前新媒体被认为是提升政策传播效果的最佳方式之一，需要学习新媒体的叙事风格，并且搭建政府独立的新媒体平台[6]。

三是政策传播模式研究，我国各个时期的公共政策传播模式历经演化，主要分为科层制内部传递模式、大众传媒宣传引导模式、新闻发言人信息发布模式以及新媒体双向沟通模式。从传播主体作用看，我国公共政策传播模式由原先占主导的单向传播逐渐演变为相互作用的双向传播，整体传播逻辑也从"控制和宣传"逐步转变为"协商和互动"[7]。

四是政策传播机制研究，主要集中于政策传播机制的问题研究和政策传播机制的演变研究。从政策传播主体、传播媒介和传播受众视角分析，政策传播机制运行障碍源于制度环境的缺失、传播互动的受阻以及传播主体之间的矛盾。我国政策传播机制转变的两个关键时期分别是计划经济时期与改革开放时期，根据当前的社会化媒体背景，可以采用数据分析与挖掘的研究方法进行深入探讨[8]。

从目前国内的研究文献来看，我国政策传播研究领域较为单一，主要集中于政策传播的机制和模式领域，加之缺乏多学科视角尤其是传播学研究视角，政策传播的研究视野较为宏大，研究对象重合率较高。以上研究为本文提供了理论和经验基础，本次研究也从其中挖掘出了研究空间。

具体而言，本研究将探索以下研究问题：以与基层群众之间的距离为视角，基层宣讲短视频中的政策传播文本内容可以分为什么类型层次？这些类型层次具有哪些特点和作用？这些类型层次在实践中暴露出了哪些局限？能对我们重访和反思基层政策传播和基层治理带来怎样的启发？

三、研究方法

因应上述研究问题，本研究主要采用扎根理论进行分析研究。2022年3月至7月，"8090宣讲团"在衢州市组织开展"共同富裕·青年说——8090说共富"活动，该活动以"共同富裕"作为基层宣讲短视频的主题。本研究共收集活动中91份视频材料，得到共计4万余字的视频文字稿，通过对资料的反复研读与比较，借助NVivo 12.0分析软件对文本数据进行编码与分析，得出类属关系及核心范畴，扎根分析主要步骤分为：开放式编码、主轴式编码与选择式编码。

（一）开放式编码

扎根分析的第一阶段是对所得数据进行开放式编码，对原有文本数据进行筛选后，在数据的不停比较中，借助相似、相异的方式获得数据间的内部联系，并对原始语句进行标签化处理。通过层层提炼和整理后，最终产生初始概念。本文按照视频发布的先后顺序，选取70份视频资料（约为数据总数的3/4）用于编码分析，对原始文本材料进行分析，合并具有相同或相似概念的语句，筛除文本中少于2次的无效概念，抽象并形成48个初始概念（表1）。

表1 "8090宣讲团"基层宣讲短视频中政策传播内容的初级类属与初级概念（部分）

原始文本（初级类属）	初始概念
作为衢江教育人，我们要勇担当、敢作为，贡献教育人的全部力量……	提出对基层工作者的职责要求
今天我要带大家尝一尝莲花的葡萄——阳光玫瑰，衢州地区的阳光玫瑰大部分都产自此地……	介绍当地的特色产物或特色产业
《衢州市历史文化街区保护条例》于2021年8月1日起正式施行，为衢州古城的保护提供了法律依据……	当地政府颁布对宣讲主题要素的保护条例
共同富裕是社会主义的本质要求，是人民群众的共同期盼……	解读共同富裕概念及内容
衢州城历史悠久，拥有深厚的文化底蕴，是一座具有1800多年历史的国家历史文化名城……	表明当地历史悠久文化底蕴丰厚

（二）主轴式编码

扎根分析的第二阶段是主轴式编码，可根据因果关系、中介条件和行动策略等将所得概念和类属关联在一起[9]，挖掘和发现概念中各个部分之间的关联，从所得初始概念中整理归纳出主题类属。本研究对第一阶段编码所获得的48个初始概念进行分析确认，最终形成地方物质经济的发展水平、与基层群众直接相关的基层治理信息等6个主题类属。

（三）选择式编码

扎根分析的第三阶段是选择式编码，需要对上述所得主题类属进一步深入分析，寻找各个主题类属之间的联系，后续经过合并和筛选，形成可统筹其余类属的核心类属。本文得到的核心类属为：贴近群众：公共政策的近端传播；因地制宜：公共政策的中端传播；准确解读：公共政策的远端传播（表2）。

表2 编码的主要结果

一级编码	二级编码	三级编码
明确宣讲人所属地区	基层干部的工作内容、经验及责任意识	贴近群众：公共政策的近端传播
明确宣讲人所属基层单位		
对基层工作者提出职责要求		
介绍基层具体工作事务		
实现基层工作内容及形式创新		
思考基层干部工作与共同富裕之间的联系		
总结当地基层治理创新模式		
展现疫情期间的基层干部行动		
总结当地基层治理创新模式		
展现疫情期间的基层干部行动		
罗列当地群众需要解决的难题	与群众直接相关的基层治理信息	
表述在工作中解决群众面临难题的实例		
展现疫情期间的群众行动		
积极发扬群众精神		
介绍当地的特色产物或特色产业	地方物质经济的发展水平	因地制宜：公共政策的中端传播
介绍当地具有的优秀企业案例		
表明当地发展前面临的困难重重		
展现发展前后当地情况差异显著		
突出当地发展产业规模增大		
突出当地发展产业经济效益上升		
明确当地发展的关键抓手		
介绍当地产业实现模式创新		
说明当地产业提升人均收入		
说明当地产业创造就业机会		
展现当地发展人才需求强烈		
介绍当地经典榜样人物事迹		
介绍当地创新型人才实例		

一级编码	二级编码	三级编码
凝练当地在发展中的相关精神	地方精神文化的发展水平	因地制宜：公共政策的中端传播
引用领导人发言：强调文化及精神发展的重要性		
表明当地历史悠久文化底蕴丰厚		
介绍当地历史文化、精神及内涵		
介绍当地文化设施建设		
点明当地政府组织积极参与帮扶	地方政府相关的举措、政策及机制	准确解读：公共政策的远端传播
展现当地政府组织及时提供技术帮扶		
展现当地政府组织经常提供经验讲授		
当地政府对宣讲主题要素作出指示和要求		
当地政府对宣讲主题要素建立保护政策和机制		
当地政府颁布对宣讲主题要素的保护条例		
引用领导人发言：强调基层治理的重要性	行政文书型政策传播信息	
论证基层治理的重要性		
引用领导人发言：解释共同富裕内涵		
点明宣讲主题要素与共同富裕的关系		
强调宣讲主题要素的重要性		
引用领导人发言：提供面向人民的建议		
引用领导人发言：提供面向青年的建议		
引用领导人发言：提供面向基层干部的建议		
总结全国范围内的共同富裕现阶段成绩		
解读共同富裕概念及内容		
总结共同富裕当前面临的难点		

（四）饱和度检验

本研究按视频发布时间顺序选择3/4的文本材料（70份）进行编码，利用剩余的1/4的文本材料（21份）进行理论饱和度检验。对21份文本材料进行新一轮的开放式—主轴式—选择式编码，检验结果显示剩余文本材料中的概念、类属与初次编码存在大量重复，各个类属之间的逻辑关系在此次编码过程中仍然适用，以上表明材料数据的理论饱和度通过检验。

（五）理论建构

根据上述编码，本研究构建出基层群众距离视角下，基层宣讲团短视频中政策传播内容层次分类的理论框架（图1），划分为近端距离、中端距离、远端距离三个层级。这一框架相对完整地揭示了基层宣讲团短视频中政策传播内容的层次分类，揭示了基层群众距离视角下，基层宣讲团短视频中政策传播内容的特性与作用，也提醒我们关注更为细化的政策传播形式的复杂性、丰富性和关联性。

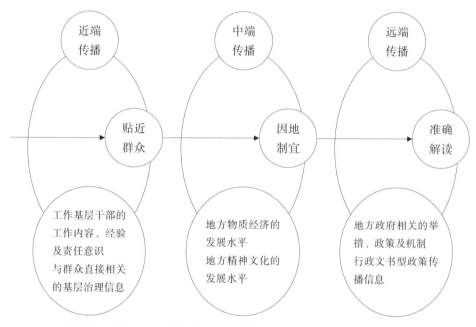

图1 基层群众距离视角下基层宣讲团短视频中政策传播内容层次分类的理论框架

四、贴近群众：公共政策的近端传播

公共政策的近端传播距离基层群众最近，让政策信息贴近群众的生活实际与爱好兴趣，其主要内容包含基层干部的工作内容、经验及责任意识、与群众直接相关的基层治理信息。公共政策传播需要贴近群众，一是由于过于抽象的政策信息和解读无法与基层群众的文化素养匹配，贴近群众生活才能让基层群众有效了解政策讯息；二是基层群众作为政治生活的参与者，政策传播要注重群众提出的意见反馈，贴近群众才能真正为群众"发声"。

基层宣讲团的成员主要由基层干部组成，他们的职业和单位丰富多样，遍布宣讲团所在地的市、县、乡镇等。"8090宣讲团"的宣讲人职业包括基层政府工作人员、市场检查人员、一线教师等，传播内容的取材大多都与传播者的职业特性即就业地点和工作内容有关。首先基层干部能够通过工作所属地与群众建立地缘关系，拉近心理距离。"8090宣讲团"地域覆盖面较广，出现于大量衢州基层地区，《藏在龙游发糕里的共富秘诀》的宣讲人来自龙游县农业局，《共同富裕的何家样板》的宣讲人来自何家乡人民政府，《大洲"俏"娘返乡促共富》的宣讲人来自大洲镇人民政府，来自基层地区的群众传播有效率也会随之提高。其次是工作内容相关，《"家门口"来了博士医生》的宣讲人职业为医生，《教育路上共富人》的宣讲人职业为教师，《保护衢州古城，迈向共同富裕》的宣讲人职业为住建局工作人员。宣讲人从自身职业特性出发，选择自己更为熟悉的工作地区和更为擅长的工作内容作为宣讲选题，不仅在宣讲内容创作和展现时更为游刃有余，同时也能避免内容同质化，使得宣讲主题更为灵活丰富。此外，基层工作内容也与群众生活息息相关，多样化的职业类型更能迎合细分需求的传播群体，更具针对性地对群众进行政策传播。宣讲作为政策传播的手段之一，硬性传播所占比重较大，如若题材呈现单一重复，则会使得政策传播流连于表面形式，使得传播效果大打折扣。基层干部通过职责实例和形象构建，提升群众对基层干部的信任度和亲近感。不同于较为严肃的政府部门概念，基层干部及其工作内容更能塑造贴近群众的角色。

与群众直接相关的基层治理信息则包括基层群众关心问题的列举、关键时期的行为举措和从群众中来的精神凝练，在宣讲短视频中，这些内容直面群众，能够快速抓取群众的传播注意力，并能够较为有效增强群众对政策信息的关注、理解和认可。公共政策内容与群众生活息息相关，在基层政策传播的过程中，同样不可忽视基层群众真正的实际诉求。

五、因地制宜：公共政策的中端传播

公共政策的中端传播距离主要内容包含地方物质经济的发展水平、地方精神文化的发展水平。在"8090宣讲团"的文本材料中，最高频使用的方式是使用地区特色产业和独特文化举例，通过不同区域特色因地制宜的传播内容，使得政策信息落地生根，有效传播公共政策。

宣讲作为一种单向性较强的政策传播方式，政府与民众之间固然存在一定距离，从受众接近性的角度出发，从地缘接近性和心理接近性引起受众兴趣，则会增强公共政策传播的效果。

首先是地缘接近性，91个视频文本中涉及了衢州67个区、县、乡镇，极大覆盖了衢州本地受众的居住范围。"在何家乡境内，常山茶园迎来了丰收，放眼望去，满目翠绿，茶香四溢。""一大早，草坪村20余名妇女正在为香柚果树修剪枝叶，她们是幽香谷长期聘用的果园修剪师。"这些文本都是对本地产业的描写。"巍巍水亭门，黝黝衢江水，见证了衢州城的沧桑巨变，衢州城历史悠久，拥有深厚的文化底蕴。""衢州课堂中，师生互相作揖鼓励恢复古代礼仪。作揖礼也是衢州对历史文化的坚持。"这些文本是对特色文化的表述。对于衢州本地居民而言，当地产业和特色文化都基于地缘关系之上，这些内容都扎根于他们再熟悉不过的家乡土地上。

其次是心理接近性，"村集体经营性收入由8万元增至22万元，人均可支配收入由16000元增至24000元""江山市人力社保局积极投入乡村振兴视野，全力推进高质量就业社区村创建工作""为促进教师资源的科学合理配置，区教育局还建立了学校教师交流轮岗制度，让优秀教师对调互学、互助共赢"，这些文本的内容则是涉及了民众较为关注的收入情况、就业政策以及教育发展等民生问题，能够更好地引起受众的观看兴趣。从社会民生出发，从民众的真正需求出发，让政策内容更好地引起受众的关注。

六、准确解读：公共政策的远端传播

公共政策的远端传播距离主要内容包含地方政府相关的举措以及政策及机制、行政文书型政策传播信息。此部分的传播内容趣味性较低，宏大叙事风格较为突出，作为政策信息解读的专业性和全面性的保证。

通过地方政府相关的举措以及政策及机制、行政文书型政策传播信息凸显政府主体地位，"与此同时，《衢州市历史文化街区保护条例》于2021年8月1日起正式施行，为衢州古城的保护提供了法律依据""党建联盟为园区企业提供技术帮扶的同时，还通过乡村振兴讲堂传授种植经验与技巧""浙江省政府残工委公布了首批促进残疾人共同富裕先行先试项目，其中，衢州市渠江区列入残疾人就业创业先行区。随着各项残疾人帮扶政策和帮扶机制的落地落实，稳步提升我区残疾人的基本民生保障和福利服务水平"，这些政策传播内容不仅树立了政策传播宣讲视频的权威性，增强了传播内容的可信度和真实性，同时，通过建立政府积极帮扶的形象，有利于政府形象的塑造。

行政文书型政策传播信息包括各类会议和领导人发言的引用，"共同富裕内涵丰富，党的二十大报告指出，物质富足、精神富有是社会主义现代化的根本要求""习近平总书记强调，只有物质文明建设和精神文明建设都搞好，国家物质力量和精神力量都增强，全国各族人民物质生活和精神生活都改善"，这部分文本是在强调精神建设的重要性，也和共同富裕不仅仅是富口袋，同时也是富脑袋的要求相吻合，更为全面地阐释了共同富裕的内涵和要求。

通过对于这些文本的分析，我们可以发现"8090宣讲团"在宣讲视频中对于共同富裕进行了较为全面、精确的解读，政策传播不仅是对于政策内容的单一复述，更是需要在充分了解公共政策随时代发展不断更新的基础之上，对其做出的翔实且彻底的解读。这样不仅是对于公共政策的正确传达，同时作为与民间沟通的桥梁，也能提升民众对于公共政策的正确理解，增强其对于公共政策的接受度。

七、不足与建议

（一）参与传播的主体单一

相较于以往自上而下的宣传型政策传播，宣讲团落地基层，已然降低了一定的传播门槛，但力度依然不够。"8090宣讲团"的组成人员几乎均为基层干部，主办单位对于政策传播的主体控制较为严格，而且也会对创作主体进行严格限定，创作范围被大大缩小。需要增强公共政策传播主体的多元化，多元主体各具自身优势和特长，能够增强公共政策的传播效果。要放宽政策传播的准入门槛，支持引导非政府传播主体，让普通民众、民间组织、学校、企事业单位等参与进来。一方面是能群策群力、吸引民智，另一方面是能够对于政策受众的接受喜好和信息需求了解更准确，能够提升政策传播的亲民性和易懂性。

（二）硬性宣讲姿态占主导

基层宣讲团实质上依旧属于硬性宣讲，其姿态依旧是自上而下，其内容也是以宏大叙事为主。传播内容的语言呈现仍然比较硬气，人物形象较严肃。硬气的词句会使受众的心理产生抵触，不利于政策传播。且涉及的内容都是会议、讲话、政策等行政事务的复述。宣讲团的初衷是希望通过基层干部及新媒体平台，拉近与群众之间的距离，但在呈现效果上依旧逃离不了落入硬性、单向、受众较为被动的公共政策传播窠臼。因此，公共政策传播内容要柔和化。因为传播内容是针对广大公众的，传播内容如果是粗暴、硬性，不符合受众的接受习惯，如果再加之公共政策涉及敏感话题，就会引起受众的抵制，不利于传播目标的实现，所以在编辑传播内容时要特别注意语言和姿态的柔和。

（三）缺乏受众群体的细分

"8090宣讲团"以及大部分宣讲团没有较强的受众细化意识，最多是将受众分为面向社会以及面向高等教育校园两类。如若不对受众进行细化分类，不仅传播效果会大大削弱，还会反作用于传播内容的制作。由于受众群体定位模糊、广泛，会使得文本内容也随之泛化，无法在深度和广度上实现突破，宣讲工作将浮于表面。而根据不同标准划分出的受众群体，由于不同的生活经历、教育背景、娱乐喜好、职业身份，会导致相同的公共政策内容产生不同的解读和不同的传播效果。因此公共政策传播需要考虑对传播受众细分化。

（四）未能充分利用新媒体的反馈功能

虽然"8090宣讲团"线上主阵地是微信公众号，但却未能充分利用新媒体的互动特性，"8090宣讲团"公众号的主要功能在于视频的单一发布和信息的单向传播，公众号评论区和后台私信功能均未开放。群众是政策传播的参与者与创新者，政策传播的主要目标是使公众接收政策并采取行动，但在传播过程中要注重公众提出的创新性意见反馈，才能使得决策更加合理、更具操作性。

八、结语讨论

研究发现，以与基层群众的距离为视角，在基层宣讲短视频中，政策传播内容形成了三类层次，即贴近群众：公共政策的近端传播，此类传播内容以基层群众的生活实际为导向，包含基层干部的工作内容、经验及责任意识、与群众直接相关的基层治理信息，拉近与基层群众的关系；因地制宜：公共政策的中端传播，从传播者和受众的地域联系出发，包含地方物质经济的发展水平、地方精神文化的发展水平，在地区发展的实例讲述中潜移默化政策相关信息；准确解读：公共政策的远端传播，通过地方政府相关的举措以及政策及机制、行政文书型政策传播信息，在树立政府形象权威性的同时，保证政策传播内容的真实性和准确性，确保政策信息解读的全面性。

本研究一方面较为完整分析了基层宣讲短视频中的政策传播内容，归纳出了相应的理论框架，从中明晰了基层政策传播内容的特点和不足，同时也拓宽和加深了对基层治理传播的认知。另一方面本研究也存在着显著不足，受限于客观条件，基层宣讲团及其作品数量庞大，主题分支众多，如若要得出更为严谨的研究结论，则需在日后收集不同地区不同类型的基层宣讲团所制作的不同政策主题的宣讲短视频，进一步深入和完善本研究。

参考文献

［1］李希光，杜涛.超越宣传：变革中国的公共政策传播模式变化——以教育政策传播为例［J］.新闻与传播研究，2009，16（04）：71-79+109.

［2］莫寰.政策传播如何影响政策的效果［J］.理论探讨，2003（05）：94-97.

［3］聂静虹.论我国公共政策传播机制的演变［J］.学术研究，2004（09）：71-75.

［4］贾哲敏，何婧琪.政务短视频发展现状及在政府传播中的作用［J］.北京航空航天大学学报（社会科学版），2019，32（06）：53-58.

［5］张淑华.新媒体语境下政策传播的风险及其应对［J］.当代传播，2014（05）：72-74+110.

［6］刘雪明，沈志军.当代中国公共政策传播机制的障碍及原因分析［J］.行政论坛，2013，20（02）：71-75.

［7］段林毅.关涉政策传播的几个问题［J］.求索，2004（04）：73-74.

［8］陈雪琼，刘建平.惠农政策组织传播的科层困境与出路［J］.农村经济，2012（10）：13-17.

［9］蒋旭峰，唐莉莉.政策下乡的传播路径及其运作逻辑——一项基于江苏省J市10个乡镇的实证调查［J］.学海，2011（05）：89-96.

营商环境要素对社会资本
参与公共项目建设的影响研究
——基于中国30个省级行政区的模糊集定性比较分析

张 丹

【摘　要】现阶段政府积极鼓励社会资本参与公共项目建设，但面临参与意愿低、成效不佳等问题，主要原因是受到营商环境的影响。文章收集中国30个省级行政区营商环境数据，采用组态视角和 fsQCA 方法，整合政务、市场、法律政策环境，构建9种构型探究其复杂非线性关系。研究结论表明政府需明确政府职能，保障信息公开与监督，发挥数字化政府作用；提高资金效率，加强合作；鼓励创新，加强政策支持；构建政企沟通机制，加强人才引进。

【关键词】社会资本参与公共项目建设；营商环境；组态分析；模糊集定性比较分析

一、引言

传统的融资模式给地方政府带来债务压力[1]，2014年新预算法开始严禁地方政府举债。为了拓宽融资渠道、化解风险，国务院出台《关于加强地方政府性债务管理的意见》（国发〔2014〕43号）鼓励社会资本参与能产生现金流的公益性事业。至2022年底，财政部在库项目涉及多领域，社会资本参与公共项目建设成为促进投资、加快资本效率、减少政府债务风险、推动经济增长的重要抓手。

社会资本参与公共项目建设是公共服务领域优秀的实践成果，但在实践中也会面临融资失败、资金链断裂、合同违约等风险。对政府而言，项目失败浪费财政资源，损害公众信任；对社会资本而言，失败意味着投资失误、资金难回收，造成债务危机[2]。项目成功落地是社会资本参与公共项目的关键目标[3]，落地率是衡量参与程度的核心指标[4]。然而，我国社会资本参与公共项目落地率离散度较大，2022年底全口径项目落地率76.93%，上海达100%，新疆仅60%，地区差异显著。

社会资本参与公共项目程度反映招商引资效果，受营商环境的影响。良好的营商环境能够降低交易成本，增强政社信任，激发社会资本的参与积极性[5]。世界银行将营商环境定义为企业活动全程面临的外部环境[6]，我国学者则将其划分为市场环境、政务环境、法律政策环境、人文环境[7]。市场环境决定社会资本的参与热情，需创造发展空间、低准入门槛以及稳定的市场秩序。政务环境是关键，需考虑困难挑战、风险评估和应急措施。法律政策环境用于保障双方权益、监督政府行为、监管项目过程，预防投资意愿降低、政府信用下降以及腐败现象的产生。

要想科学提高社会资本参与公共项目建设程度，地方营商环境及其相关构成要素是关键。文章以中国30个省级行政区为样本，采用模糊集定性比较分析（fsQCA）方法探究营商环境对社会资本参与度的影响，分析其多重并发因果关系，探索不同路径的影响机制，寻找提升社会资本参与公共项目建设的营商环境要素组合及路径，从政府优化营商环境的角度给出针对性的建议。

二、文献综述与分析框架

（一）文献综述

近些年国内外学者主要通过研究政府和社会资本合作（PPP，Public-Private-Partnership）来反映社会资本参与公共项目的建设情况，多数研究集中在运行模式、风险承担、成效评价等问题上。学者们对造成PPP项目落地差异的原因进行了相关研究，谈婕等认为造成PPP项目落地率低的原因主要与政府财政能力和项目类型有关[8]。李凤等从项目运作特点的角度去分析PPP项目落地情况，发现项目回报机制、项目示范级别、政府财政实力、社会资本方资源和合同谈判要点会显著影响PPP项目落地概率[9]。吴义东等基于地方政府公信力的视角，在实地考察发现政府公信力越高时，PPP项目落地数量越多[10]。马恩涛、李鑫通过建立回归模型验证多个因素对PPP项目落地率的影响效应，发现市场需求、是否设立PPP发展基金、常住人口增长率和常住人口城镇化率对PPP项目落地率有显著的正向作用，而金融化指数、项目总投资额对落地率具有一定的反向作用[11]。龚强等认为地方政府的自身权力边界界定不清，地方政策的"时间不一致"，导致社会资本对公共品的负担加重，引发PPP项目落地率难、实际效率低的问题[12]。陈菁泉等认为地方融资方式会受到融资方式、融资偏好、融资惯性的影响，造成PPP项目失衡的现象，进一步说明了PPP模式与市场开放密切相关，市场因素是提高PPP项目落地率的重要原因之一[13]。龚军姣、张敏认为企业、政府、市场这三个层面的影响因素通过相互影响、协同发展来对城市公共事业PPP项目产生影响，通过三方协商合作可提升PPP项目落地率[14]。喻文光认为PPP模式的法定化是推广PPP的前提和保障[15]。湛中乐、刘书燃认为在PPP模式中涉及最核心的法律关系就是公共部门与私人部门之间的法律关系，在此关系中需要通过法律来约束公共部门的行政特权，降低私人部门的损失[16]。

国内外关于营商环境构成的研究成果，张威分析了中国经济处于中高速增长阶段下的营商环境，认为经济政策明确、公共物品支撑、政务服务便利、法治体系完备、市场体系公平、准入标准统一是营商环境的重要组成部分[17]。张国勇、娄成武从制度"嵌入性"的视角分析营商环境，认为营商环境的构成要素包括政府服务、市场监管、基础设施建设[18]。郭燕芬以全面深化改革的背景下，分析了协同治理下的营商环境，认为政府自身改革、利益分配、信息互通是评价营商环境建设水平的关键维度[19]。张三保、曹锐认为，政府干预程度、市场化与地方保护程度、法治水平、金融发展水平、公共服务、人力资本是影响营商环境的六大要素[20]。刘刚、梁晗以企业需求为出发点，认为制度环境、要素环境、商业生态系统、宜居环境是构成"清亲"政商型营商环境的构成要素[21]。Koisova et al.分析发现，中小企业融资是影响地区营商环境的重要因素，并指出政府应该为企业获得更好的外部融资创造便利条件[22]。由此可见，政府服务、市场监管、公共服务、政策制度、市场化水平、法治水平、金融水平是构成地区营商环境的重要因素，也是营造良好营商环境的基本向度。

文献梳理表明，社会资本参与公共项目的研究多集中于模式、风险及成效评价，而对其影响因素研究不足。PPP落地差异文献揭示，社会资本参与受政府公信力、市场需求、法治化等多元复杂因素影响。政府服务、政策制度、市场化、法治、金融等构成营商环境的关键要素。因此，文章综合这些因素，以中国30个省级行政区为样本，从政务、市场、法律政策环境三个层面，涵盖

7个要素，采用fsQCA方法探究要素间的多重并发因果关系，提出提升路径，为地方政府改善营商环境促进社会资本参与提供参考。

（二）分析框架

营商环境的重要性已受到广泛认可。《中共中央关于制定国民经济和社会发展第十四个五年规划和二〇三五年远景目标的建议》强调要持续优化营商环境。近年来，"放管服"改革推动中国营商环境的优化，便利度有所提升，国际排名也稳步上升。

良好的营商环境能吸引外来投资，减轻政府债务压力，助力企业资金运转和扩大生产。鉴于此，本研究运用fsQCA方法整合政务环境、市场环境与法律政策环境来探讨影响各省营商环境空间差异的多重并发因素和因果复杂机制。

1. 政务环境

第一，公共服务。公共服务为企业提供水、电、互联网等事业性保障，信息化基建则帮助政府提升审批效率，而教育、医疗等则保障劳动者权益[23]。公共服务对社会资本参与公共项目建设至关重要，涉及交通、通信等基础设施等方面[24]。城市能源、交通等公共服务直接影响社会资本投资[25]。

第二，财政保障。财政保障通过规范措施防腐败，监管双方行为，公开项目过程，为社会资本提供政策参考，确保项目顺利进行。

2. 市场环境

第一，政企关系。《优化营商环境条例》第四十八条强调建立清亲政商关系，畅通政企沟通机制。在良好的沟通机制下，地方政府能够减轻债务危机，社会资本也能获得优惠政策[26]。

第二，资金支持。地区资金规模反映企业发展规模速度，也体现营商环境的优劣[27]。财政部（财金〔2019〕10号）发文强调要鼓励民资和外资参与进公共事业建设中。

第三，创新能力。创新能力体现企业创新转化力[28]。党的二十大报告强调建设一流营商环境，强化企业科技创新主体地位。企业创新发展是优化营商环境的关键举措[29]。

3. 法律政策层面

第一，政策透明。基于WTO对透明度的分析[30]延伸出对政策透明的理解，一方面是政策相关信息的披露程度，另一方面是公众对政策信息的理解程度。公平竞争是市场机制与营商环境的基础和保障，保护市场主体地位，消除制度束缚，为企业创造包容、公平和法治化的发展环境[31]。

第二，司法公正。通过公正司法依法有效保护各种所有制经济组织和公民财产权，增强人民群众财产财富安全感，是优化营商环境的应有之义[32]。司法公正要维护双方利益[33]，降低合作风险，防止资源浪费与债务危机。

三、研究设计

（一）研究方法

本文使用 fsQCA 方法探究 7 个前因条件如何共同影响社会资本参与公共项目建设。QCA 通过布尔逻辑和代数运算来分析案例[34]，能够发现多因素相互作用产生的"联合现象"。

选择 fsQCA 的原因：（1）回归分析仅探索单一因素对结果变量的影响，fsQCA 可探究多因素组态路径，结果更具说服力，其他方法无法有效识别条件间的相互依赖性。（2）回归分析需大样本，而 fsQCA 适用于大小样本。因此，本文选择 fsQCA 为研究方法。

（二）变量说明

本文中，公共服务由交通运输、邮电通信、教育、医疗组成[35]，对应铁路公路比、互联网使用比、邮政网点密度、在校学生数、卫生技术人员数。财政保障涵盖财政汲取能力和自给率，对应财政收入与 GDP、财政支出比值。文章将政企关系细化为政府廉洁与关怀[36]，对应政商关系健康指数和清白指数。资金支持由资金规模、质量及流入组成，对应社会融资规模增量、商业银行不良贷款及外商投资额。创新能力由 R&D 经费投入强度、规模以上工业企业研发机构占比构成[37]。政策透明由政府透明度体现，具体指标为各省政府网站公开政策条目。司法公正由司法质量由司法文明指数体现。

（三）数据选择与处理

1. 数据来源

本文选取全国 30 个省级行政区作为研究案例，构建营商环境评价指标体系，该指标体系包括 3 个一级指标、7 个二级指标、17 项评估内容，详见表 1。

由于指标体系由多个变量构成，各项指标数据的量纲不同，本研究采用极差标准化法对所有原始指标进行无量纲化和标准化处理，并将数据均转换为0—100。采用熵权法获得指标权重。

表1 营商环境评价指标体系

一级指标	二级指标	三级指标	数据来源
政务环境（0.39）	公共服务（0.31）	交通运输情况（0.08）	EPS数据库
		邮电通信设施（0.16）	
		教育（0.03）	各省统计年鉴
		医疗（0.04）	
	财政保障（0.08）	财政汲取能力（0.04）	EPS数据库
		财政自给率（0.04）	
市场环境（0.3）	政企关系（0.17）	政府关怀（0.05）	《中国城市政商关系评价报告（2021）》
		政府廉洁（0.04）	
	资金支持（0.19）	资金规模（0.06）	各省统计年鉴
		资产质量（0.01）	EPS数据库
		资金流入（0.12）	各省统计年鉴
	创新能力（0.11）	R&D经费投入强度（0.06）	EPS数据库
		规模以上工业企业研发机构占比（0.05）	
法律政策环境（0.2）	政策透明（0.17）	政府透明度（0.17）	各省政府政务信息网站
	司法公正（0.03）	司法质量（0.03）	《中国司法文明指数报告2020—2021》

2. 数据处理

在fsQCA分析时，将定比和定距变量转为模糊集以满足布尔逻辑。未经校准的数据分析结果通常不如校准后的，因此，对条件变量和结果变量进行校准至关重要。校准时，需设三个锚点，完全隶属（模糊评分=0.95）、完全不隶属（模糊评分=0.05）和中间点（模糊评分=0.5），用于将原始值转换为模糊隶属度分数。

四、研究结果分析

（一）必要性分析

校准数据后，用 fsQCA 软件进行必要性分析如表 2 所示。通常一致性（consistency）大于 0.9 则视为必要条件，结果表明这些条件变量为充分条件，但非必要条件。

表 2　条件变量必要性分析

前因条件		结果变量	
		高 PPP 项目落地率	非高 PPP 项目落地率
政务环境	高公共服务	0.741611	0.562252
	非高公共服务	0.563087	0.738411
	高财政保障	0.655705	0.613245
	非高财政保障	0.698658	0.736424
市场环境	高政企关系	0.681208	0.487417
	非高政企关系	0.605369	0.795364
	高资金要素	0.737584	0.478146
	非高资金要素	0.585906	0.841060
	高创新能力	0.717450	0.470199
	非高创新能力	0.536242	0.780132
法律环境	高政策透明	0.542953	0.527815
	非高政策透明	0.758389	0.769537
	高司法公正	0.651007	0.554967
	非高司法公正	0.640940	0.733113

（二）条件组态分析

本文将原始一致性阈值设定为 0.8，并将 PRI 一致性阈值设置为 0.75，案例频数阈值设定为 1。通过中间解（intermediate solution）与简单解（parsimonious solution）的嵌套关系对比，区分了每个解的核心条件和边缘条件[38]。本文参照 Fiss[39] 所提出的 QCA 结果呈现方法，将结果绘制如表 3。

表 3　产生高、非高 PPP 项目落地率的组态

前因条件	产生高社会资本参与公共项目建设的组态					产生非高社会资本参与公共项目建设的组态			
	S1a	S1b	S2	S3	S4	NS1	NS2	NS3	NS4
PS公共	●		●	●	●	Ⓧ		Ⓧ	Ⓧ
FG财政	⊗	⊗		⊗	●		●	●	●
GER政企	●	●	●	⊗	●	Ⓧ	Ⓧ		Ⓧ
FS资金	●	●	●			Ⓧ	Ⓧ	Ⓧ	Ⓧ
IA创新	●	●	●		●	Ⓧ	Ⓧ		
PT政策		●		Ⓧ	Ⓧ			Ⓧ	Ⓧ
JF司法	Ⓧ	Ⓧ	Ⓧ	•	•	Ⓧ	Ⓧ	Ⓧ	
一致性	0.950855	0.944578	0.909091	0.941177	0.953846	0.885578	0.942857	0.948177	0.957555
原始覆盖率	0.298658	0.263087	0.275168	0.257718	0.332886	0.492053	0.371523	0.327152	0.37351
唯一覆盖率	0.039597	0.034228	0.041611	0.032215	0.102013	0.166887	0.046358	0.010596	0.056954
总一致性	0.533557					0.60596			
总覆盖率	0.944181					0.897059			

（注：a. ●＝核心条件存在；Ⓧ＝核心条件缺失；•＝边缘条件存在；⊗＝边缘条件缺失。b. 空格表示条件可能存在或者不存在。c. 核心条件是结果产生重要影响的条件；边缘条件是对结果起到辅助贡献的条件。）

1. 产生高社会资本参与公共项目建设的营商环境要素组态

在高社会资本参与公共项目建设的五条组态路径中，构型 S1a 以公共服务、政企关系、资金支持、创新能力、司法公正为核心条件，边缘条件为财政保障，涉及安徽、广东；构型 S1b 以政企关系、资金支持、创新能力、政策透明、司法公正为核心，边缘条件为财政保障，涉及海南、广东；构型 S2 强调公共服务、政企关系、资金支持、创新能力、政策透明、司法公正为核心条件，适用于广东、浙江、江苏；构型 S3 中公共服务、资金支持、创新能力、政策透明为核心，其他为边缘条件，适用于湖北；构型 S4 则以公共服务、财政保障、政企关系、资金支持、创新能力、政策透明为核心，司法公正为边缘条件，适用于

上海、北京、山东。

由表3可知，发现S1a、S1b为二阶等价组态[40]，即high PS=high PT，并且根据布尔最小化原则[41]，由于组态S3、S4影响社会资本参与公共项目建设的核心要素为公共服务、资金支持、创新能力、政策透明和司法公正均相同，因此将两个路径简化为PS*FS*IA*~PT*JF，并为其命名为SR1路径。

下面分析每一种影响社会资本参与公共项目建设的组态。

（1）组态S1a揭示，在财政政策规范性不足、司法文明水平较低情境下，提升社会资本参与公共项目建设的关键在于政府增强公共服务能力，企业加强与政府沟通，并在良好的合作氛围下，社会资本方应专注提升其创新能力。以安徽和广东为例，两地均通过优化政企关系，提升公共服务水平，为社会资本参与公共项目建设创造了有利条件。

（2）组态S1b显示，在财政政策规范性不足、司法文明水平较低时，维护政企关系、确保资金支持，对社会资本参与公共项目建设至关重要，资金保障项目的运行，还能够提升创新能力与竞争力，但合作须遵循法律政策规范。海南、广东等地社会资本蓬勃发展，经济增长迅速，证明了该路径的有效性。

（3）组态S2表明，司法文明度低时，社会资本参与公共项目建设需政府提供优质的公共服务、良好的政企关系，并且还要保障资金投入、企业创新和法律规范。主要发挥了市场的主导作用。浙江市场化与民营经济活跃，市场体系完善；广东市场经济体系健全，创新力强；江苏市场化程度高，产业优势显著。这些地区的实践为社会资本参与公共项目建设提供了借鉴。

（4）组态SR1指出，在政策透明度不足时，提升社会资本参与公共项目建设的积极性需政府提供优质公共服务、保障资金运行、增强企业创新能力并加强司法公正。该路径强调发展地区综合实力。湖北经济科教实力强，文化旅游资源丰富；上海综合实力强劲，产业门类齐全，金融中心地位稳固；北京经济文化实力突出，科技创新领先；山东经济科技教育发达，文化旅游资源丰富。这些地区的实践表明，通过政府支持、法律保护和稳定市场环境，能有效推动社会资本参与公共项目建设，提升地区综合实力。

2. 产生非高社会资本参与公共项目建设的营商环境要素组态

在四条影响高社会资本参与公共项目建设的组态路径中：（1）NS1：缺失公共服务（PS）、政企关系（GER）、资金支持（FS）、创新能力（IA）、司法公正（JF）时，对社会资本参与产生负面影响。涉及省份为内蒙古、甘肃、黑龙江、山西。（2）NS2：仅财政保障（FG）高质时，政企关系、资金支持、创新能力、司法公正的不足仍影响社会资本参与。涉及省份为河北、山西、河南、内蒙古。（3）NS3：仅财政保障高质时，公共服务、资金支持、创新能力、政策透明（PT）、司法公正的不足仍产生不良影响。涉及省份为青海、内蒙古。（4）NS4：同样，仅财政保障高质时，公共服务、政企关系、资金支持、创新能力、政策透明的不足也影响社会资本参与。涉及省份为新疆、内蒙古。

本文探究了非高社会资本参与公共项目建设的营商环境要素组态，共发现4个关键组态。分析显示：（1）资金支持与创新能力是核心缺失要素，反证其重要性。（2）NS1与NS2的对比表明，政企关系、资金支持、创新能力和司法公正是核心条件。（3）NS2与NS3的路径对比显示，公共服务和政策透明叠加效果与政企关系相似。（4）NS2与NS4的对比则显示，公共服务和政策透明叠加效果与司法公正相近。（5）NS3与NS4的对比进一步证实了政企关系与司法公正的重要性，并强调了公共服务的关键作用。

（三）稳健性检验

本文将一致性阈值从0.8上升至0.85和0.9对组态路径进行稳健性检验。案例频数不变。发现只是一致性和覆盖度发生细微变化，因此证明结论依然稳健。

五、结论与建议

（一）结论

鉴于各省级行政区间社会资本参与公共项目建设存在差异，因此分析前因条件及组态构型对社会资本参与公共项目建设的影响。得出以下结论：

第一，公共服务、财政保障、政企关系、资金支持、创新能力、政策透明、司法公正这7个前因条件均为充分条件，只有组态效应才能够代表全国30个省级行政区社会资本参与公共项目建设情况。

第二，全国30个省级行政区产生高社会资本参与公共项目建设的组态有5个，涵盖18个案例数，占总样本量的60%，具有一定的分析意义。

第三，存在四个提升路径，分别为S1组态是需要政府与企业双方营造的良好合作环境；S2组态是提高社会资本对公共项目的投资热情，为项目资金提供保障；S3组态是需要在法律的监督下，政府需要提升公共服务质量，积极发挥市场化优势；SR1组态是要切实提升地区的综合实力。

第四，通过分析导致非高社会资本参与公共项目建设组态路径，发现资金支持、创新能力、政企关系、司法公正确实造成了非高社会资本参与公共项目建设情况，反证了产生高组态路径的必要性，而公共服务作为基础性保障措施也是必不可少的。

综上结果表明，营商环境中主要影响社会资本参与公共项目建设的要素主要集中在市场环境中，而政务环境与法律政策环境起到提供基础性保障、维护稳定公平的辅助作用。

（二）建议

基于以上结论，本文提出以下对策建议：

第一，提高地方政府的公共服务水平，明确地方政府的职能定位。首先，在政府与社会资本合作过程中，政府需要将企业的发展需求与政府工作相结合，为企业提供优质且丰富的公共产品和服务，满足企业对于自身发展的要求。其次，要实行全面的政府权责清单制度，明晰政府与市场的边界，让政府既要遏制扰乱市场秩序的违法乱纪行为，又要尊重市场在资源配置中的地位。再次，要确保地方政府掌握相应权力的同时也承担着相应的责任和义务，避免出现权力小而责任大的现象，合理地进行权力下放，给予企业更多的自主权和决策权，从而提高企业的工作积极性。最后，政府要发挥"互联网+政务服务"的能力，切实增强政府的网上办理服务的效率，为企业减少不必要的前置性审批程序。

2022年《国务院关于印发"十四五"数字经济发展规划的通知》中指示，要持续推进公共服务数字化、智能化水平，为人民群众提供更加便利和优质的公共服务。因此，政府要鼓励"多元化"供给模式的发展。首先，在这种多元化供给模式下，有利于政府缓解财政压力，还能降低公共服务的供给成本。其次，随着公共服务供给内容逐渐精细化，这就要求政府要实现公共服务供需两端的实施对接，确保信息的精细化供给，同时政府还需充分利用大数据和互联网等数据库信息，对于实际生活的方方面面进行全方位多维度的分析大众的需求，从而根据不同服务对象的偏好，实行公共服务供给的分类管理，实现公共服务全人群全周期精细化水平。

第二，政府要在资金流动方面发挥重要的引导作用。首先，通过制定财政贴息、税收优惠等政策，鼓励企业和个人增加投资，引导资金流向国家重点发展的产业和领域。其次，政府可以设立专项资金，对符合国家战略发展方向的项目提供资金支持，推动产业升级和创新发展。最后，政府还可以通过金融机构发挥引导作用，为特定领域提供低成本、长期稳定的资金支持。与此同时，政府应积极引导和鼓励金融机构创新服务模式，提供个性化、专业化的金融服务。

在提高资金流动的同时，政府还应加强对金融市场的监管和风险防范。建立健全的监管体系，对各类金融机构和金融活动进行全面覆盖，防止出现监管盲区，加强风险预警和监测机制建设，及时发现和化解潜在风险，防止金融风险的累积和扩散。此外，政府应严格市场准入和退出机制，维护公平竞争的市场环境，防止恶意竞争和违规行为对资金流动造成负面影响。

第三，推动创新能力，加强政府支持与政策引导。政府作为社会的重要引导者，在提升创新能力方面发挥着至关重要的作用，首先，政府应积极营造创新氛围，激发社会各界的创新活力，通过举办创新竞赛、研讨会和论坛等活动，鼓励大众参与创新，提高全社会的创新意识，同时，加强创新教育，培养学生的创新思维和实践能力，设立创新实践课程，以及支持学生开展科技创新项目等。其次，政府要加大对研发的投入力度，推动产学研一体化，为科技创新提供持续的资金支持，针对关键技术领域，设立专项研发资金，确保对基础研究和技术创新的稳定投入，与此同时，还要制定税收优惠政策，鼓励企业提高研发经费的投入比例，并且，政府还可以引导社会资本进入创新领域，通过风险投资、孵化器等机制支持初创企业的发展。

科技创新离不开人才，在人才培养与引进方面，政府需要制定更具吸引力的人才政策，吸引国内外优秀人才为创新事业贡献力量，包括设立高层次人才引进计划，为优秀科研人员提供优厚的待遇和稳定的工作环境，优化人才评价机制，注重能力、业绩和贡献的评价，加大对人才培训和继续教育的投入，与此同时，政府还应进一步加强知识产权保护，建立健全知识产权法律法规体系，保护创新者的合法权益，加大对侵权行为的惩处力度，营造公平竞争的市场环境。政府还需建立完善的创新评估体系，制定科学的创新能力评价指标体系，定期对各地的创新能力进行监测与评估，及时发现问题并采取改进措施，确保创新能力的持续提升，同时，政府还需鼓励第三方评估机构的发展，对各地的创新能力进行客观评估并提出改进建议，通过建立公开透明的评估机制和奖励机制，激发各地和企业创新的积极性。

第四，建立常态化的沟通机制是改善政企关系的关键。首先，政府和企业应定期举行对话会议,利用现代信息技术建立实时沟通渠道,共同制定对话会议的议程,确保每次会议有实质性的讨论和成果,为了更好地促进双方沟通,可以制定沟通手册,明确沟通方式、时间和责任人等细节,还可以利用数字化工具如企业微信、钉钉等建立即时通信平台,提高沟通效率。其次,政府和企业应共同制定一份详细的政企合作指导手册,明确双方在合作中的职责与权力,对于重大公共利益项目,可以引入第三方监管机构进行公正的监管和评估,确保合作中的权责得到公正的执行。最后,建立合作项目的管理制度,规定项目的管理流程、决策机制和协调方式等。

第五,政府应深化司法体制改革,确保司法机关依法独立公正行使审判权和检察权。首先,包括对各级司法机关的职责进行明确界定,制定详细的司法职权清单,并建立完善的内部惩戒机制,对违法违规行为进行严肃处理,加强司法人员队伍建设,提高队伍的整体素质和职业道德水平。其次,政府需要强化司法公开与透明,通过利用互联网和社交媒体实时公开司法活动信息,加强司法公开的力度,建立专门的新闻发布机制,及时回应社会关切,加强舆论引导,完善公众参与机制,让民众有序参与庭审等司法活动,增强司法的民主性和公信力。最后,政府需要提高司法的便民服务水平,简化诉讼程序,减轻当事人负担,缩短案件审理周期,提高司法效率,加强司法救助和法律援助工作,确保经济困难群众也能获得及时有效的法律服务,推进司法信息化建设,建立全国统一的在线司法服务平台,提供24小时在线咨询、网上立案、远程庭审等服务,方便民众随时随地获取司法服务。

参考文献

[1] 周正祥,张秀芳,张平. 新常态下PPP模式应用存在的问题及对策[J]. 中国软科学,2015,297(09):82-95.

[2][8] 谈婕,郁建兴,赵志荣. PPP落地快慢:地方政府能力、领导者特征与项目特点——基于项目的连续时间事件史分析[J]. 公共管理学报,2019,16(04):72-82+172.

[3] 包许航,叶蜀君. 试论开发性金融对提高PPP项目落地率的特殊作用——基于三方相互威慑讨价还价模型[J]. 中央财经大学学报,2018,366(02):13-22.

[4] 吕勇,沈文欣. 组态视域下影响PPP项目落地的关键路径——基于

fsQCA 的实证研究 [J]. 河南科学，2023，41（05）：747-754.

[5][9] 李凤，武晋，吴远洪. 政府与社会资本合作（PPP）为何签约容易落地难——基于西南地区的分析 [J]. 财经科学，2021，399（06）：118-132.

[6] World Bank Group. Doing Business 2020 [R]. The World Bank，2019.

[7] 张三保，康璧成，张志学. 中国省份营商环境评价：指标体系与量化分析 [J]. 经济管理，2020，42（04）：5-19.

[10] 吴义东，陈卓，陈杰. 地方政府公信力与 PPP 项目落地规模——基于财政部 PPP 项目库数据的研究 [J]. 现代财经（天津财经大学学报），2019，39（11）：3-13.

[11] 马恩涛，李鑫. 我国 PPP 项目落地率及其影响因素研究 [J]. 经济与管理评论，2019，35（02）：32-43.

[12] 龚强，张一林，雷丽衡. 政府与社会资本合作（PPP）：不完全合约视角下的公共品负担理论 [J]. 经济研究，2019，54（04）：133-148.

[13] 陈菁泉，刘淑敏，彭雪鹏等. 地方政府融资方式的地区差异及其影响机制 [J]. 经济理论与经济管理，2022，42（12）：32-47.

[14] 龚军姣，张敏. 民营企业参与城市公用事业 PPP 项目的影响因素研究 [J]. 经济理论与经济管理，2020，353（05）：100-112.

[15] 喻文光. PPP 规制中的立法问题研究——基于法政策学的视角 [J]. 当代法学，2016，30（02）：77-91.

[16] 湛中乐，刘书燃. PPP 协议中的法律问题辨析 [J]. 法学，2007，304（03）：61-70.

[17] 张威. 我国营商环境存在的问题及优化建议 [J]. 理论学刊，2017，273（05）：60-72.

[18] 张国勇，娄成武. 基于制度嵌入性的营商环境优化研究——以辽宁省为例 [J]. 东北大学学报（社会科学版），2018，20（03）：277-283.

[19] 郭燕芬. 营商环境协同治理的结构要素、运行机理与实现机制研究 [J]. 当代经济管理，2019，41（12）：13-21.

[20] 张三保，曹锐. 中国城市营商环境的动态演进、空间差异与优化策略 [J]. 经济学家，2019（12）：78-88.

[21] 刘刚，梁晗. 外部性视角下营商环境的优化——基于企业需求导向

的研究［J］．中国行政管理，2019，413（11）：52-59．

［22］Eva K，Jozef H，Zuzana V，et al．SMEs Financing as an Important Factor of Business Environment in Slovak Republic Regions［J］．Montenegrin Journal of Economics，2017，13（2）．

［23］李军鹏．党的二十大后的"放管服"改革与宜商环境建设［J］．改革，2023（01）：72-82．

［24］张光南，宋冉．中国交通对"中国制造"的要素投入影响研究［J］．经济研究，2013，48（07）：63-75．

［25］赖永剑．基础设施建设与企业创新绩效［J］．贵州财经大学学报，2013（03）：70-76．

［26］申广军，邹静娴．企业规模、政企关系与实际税率——来自世界银行"投资环境调查"的证据［J］．管理世界，2017，285（06）：23-36．

［27］吴晶，杨宗杭．优化资本市场环境推动中长期资金入市［J］．证券市场导报，2019，329（12）：1．

［28］郭玥．政府创新补助的信号传递机制与企业创新［J］．中国工业经济，2018，366（09）：98-116．

［29］黎文靖，郑曼妮．实质性创新还是策略性创新？——宏观产业政策对微观企业创新的影响［J］．经济研究，2016，51（04）：60-73．

［30］高民政．加大政务公开力度增强政策透明度［J］．探索与争鸣，2000（07）：34-35．

［31］［32］谢红星．营商法治环境评价的中国思路与体系——基于法治化视角［J］．湖北社会科学，2019（03）：138-147．

［33］杨立新．民事行政诉讼检察监督与司法公正［J］．法学研究，2000（04）：45-71．

［34］Schneider C.Q.，Wagemann C．Set Theoretic Methods for the Social Sciences：A Guide to Qualitative Comparative Analysis［M］．Cambridge：Cambridge University Press，2012：1~291．

［35］潘霞，鞠晓峰．基于招商引资的区域投资环境评价指标体系研究［J］．科技进步与对策，2009，26（14）：121-126．

［36］张洽，曹玉臣．基于"放管服"改革的我国营商环境指标体系构建与评价研究——以陕西省为例［J］．价格理论与实践，2021，447（09）：124-127+203．

［37］何家弘. 司法公正论［J］. 中国法学，1999（02）：11-19.

［38］杜运周，刘秋辰，程建青. 什么样的营商环境生态产生城市高创业活跃度？——基于制度组态的分析［J］. 管理世界，2020，36（09）：141-155.

［39］Peer C. Fiss. *Building Better Causal Theories*：*A Fuzzy Set Approach to Typologies in Organization Research*［J］. Academy of Management Journal，2011，54（2）.

［40］张玉磊，张光宇，马文聪等. 什么样的新型研发机构更具有高创新绩效？——基于TOE框架的组态分析［J］. 科学学研究，2022，40（04）：758-768.

［41］徐国冲，郭轩宇. 腐败的影响机制与作用方式——基于36个亚洲国家和地区的模糊集定性比较分析（fsQCA）［J］. 东北大学学报（社会科学版），2021，23（06）：56-64.

论构筑黔川渝区域文化
协同发展的大局观

刘建锋

【摘　要】黔川渝三地应贯彻落实习近平文化思想，需要构筑协同发展理念推进三地文化共兴的大局观，从区域协同发展中又好又快地推出成果，打造三地文化命运共同体，为实现"中国梦"提供文化助力。

【关键词】协同发展；黔川渝；文化共兴

一、观局：视角引入，黔川渝文化协同发展之"困"

党的二十大提出"深入实施区域协调发展战略、区域重大战略、主体功能区战略、新型城镇化战略，优化重大生产力布局，构建优势互补、高质量发展的区域经济布局和国土空间体系"[1]。党的十九大提出"区域协调发展战略、可持续发展战略""坚持中国特色社会主义文化发展道路，激发全民族文化创新创造活力"[2]。在"十三五"时期，我国"文化事业和文化产业繁荣发展"[3]，同时，党的十九届五中全会提出开启全面建设社会主义现代化国家新征程，结合"中华民族伟大复兴战略全局和世界百年未有之大变局"，要求我们"必须坚定文化自信，牢牢把握社会主义先进文化前进方向，激发全民族文化创造活力，更好构筑中国精神、中国价值、中国力量"[4]，实现"繁荣发展文化事业和文化产业，提高国家文化软实力"。"'十四五'时期是我国全面建成小康社会、实现第一个百年奋斗目标之后，乘势而上开启全面建设社会主义现代化国家新征程、向第二个百年奋斗目标进军的第一个五年"，需要"坚持实施区域重大战略、区域协调发展战略、主体功能区战略，健全区域协调发展体制机制，完善新型城镇化战略，构建高质量发展的国土空间布局和支撑体系"[5]。然而，黔川渝三地自身在文化发展中存在着不足和缺憾，未能进一步加强协同发展，深入开发和打造文化价值观和文化生存方式的统一体，彰显文化活力和生命力。表现出文化协同发展之"困"。

（一）亟待解决文化信仰缺失之痛

中华优秀传统文化绵延不绝、历久弥新，源自于中华民族秉持奋发图强、同舟共济的精神，形成了最为厚重的文化软实力。其中，社会主义核心价值观和中华民族的道德观彰显了中华传统文化中最为核心的崇高价值追求，事关新时代中国特色社会主义现代化建设取得成功的关键。这种价值追求历经千百年的精雕细琢、千锤百炼，必然生机勃勃、奔流不息。然而，在"文化大革命"时期，源于"左"的思潮的干扰，三地优秀的传统文化不仅未能得到极大地传承，甚至出现了对文化进行所谓的"批判"和"打破"的现象，极大地伤害和摧残了中华优秀传统文化。自新中国成立70多年来，我国的物质财富实现了前所未有的丰富，然而道德、信仰的问题却此起彼伏、层出不穷，导致理想在现实面前低头、信仰在欲望面前却步、灵魂在物质面前拷问。因此，需要三地传承和弘扬中华优秀传统文化以应对上述的问题。

（二）亟待解决文化安全冲击之扰

囿于文化背景、思维方式、意识形态、发展道路的不同，中西文化一直以来除了交流外，还与摩擦、争执、冲突相伴相生，从实质上来讲就是价值观念的差异。中西文化最为明显的不同存在于对集体主义和个人主义的理解偏差，中华文化重集体、轻个人，西方文化重个人、轻集体。由此，产生出，中华文化聚焦和而不同，尊重和推崇人类文化的民族性和多元性；西方文化则借助政治、经济、军事和科技的优势，对全世界奉行文化霸权主义，轻视和看低其他各国文化的民族性和多元性。同时，由于在中西文化贸易中，西方文化的巨大优势，引发带有西方价值理念的文化产品盛行一时，甚至含有中华文化元素的文化资源也被其利用，其产品也占据了广阔的中国文化市场。其中，最具代表性的作品就是美国结合中国元素出品的电影《花木兰》和《功夫熊猫》，套用中国人最耳熟能详的人物隐性地推销美国的价值理念。因此，在全球化一体化的大势之下，三地唯有昭示中华文化的吸引力、感染力、向心力，方能切实应对文化安全冲击。

（三）亟待解决文化生态恶化之虑

文化生态事关人们心灵的守护、气势的提振、精神的维系、创造活力的滋养。因此，我们必须借助守护、继承、创新、开拓民族文化，实现文化生态的改善和提升。然而，伴随着社会主义现代化进程的加速和城镇化的提速，由于以往认识不清、意识不明、看法不实，三地存在着盲目开发、过度建设、短视效应等，对文化生态造成了深重的伤害。众多真文物、旧建筑为"伪古董""人造景观"所代替，众多凭借口传和行为传承的非物质文化遗产正在逐渐消亡，众多传统的技艺和表演承继困难，众多濒危的文化遗产亟待救护，更多的文化遗产却因为关注不足、财力不够、人力欠缺、法治滞后等众多因素而引发了程度各异的损害。

综上所述，在全球化、经济一体化的时代，三地文化产业的从业人员应以习近平文化思想为指导，大力推进黔川渝协同发展。

二、破局：内容和场景叙事，黔川渝文化协同发展之"需"

（一）历史、地缘的必然之"需"

贵州、四川和重庆均属我国西南地区，地处长江经济带上游地区，三地早在西汉时期，就有息息相关的地理联系，贵州分属益州刺史部犍为郡和牂牁郡，犍为郡就管辖今天的贵州北部、四川南部、重庆南部的大部分地区，从古至今都有血肉相连的人民间的深情厚谊，三地人民在语言上能开展无障碍的交流，被统称为"西南官话"。由此，三地作为西南的核心区域，对西南地区乃至全国的发展起着不可或缺的作用。贵州位于四川东南方和重庆的西南方，地处云贵高原，以"地无三里平"而著称，一度贫困落后的地区，由于自强不息，带来"地区生产总值增长8.3%，增速连续9年位居全国前列"[6]，辅之以宜人凉爽的气候、大数据产业，更为贵州的发展带来了新的生机和活力。而重庆作为西南地区唯一一个直辖市，具有枢纽性特点，地理面积不大，然而人口众多，辅之以全方位、有序的产业结构，作为新一线城市2019年GDP高达23605.77亿元，排在中国地区第五位。三地中，四川的生产总量是最高、最大的，然而偏远地区所占面积百分比比较大，其发展较快的区域均出自于成都平原。同样，文化方面三地也实现了共融共通共享，贵州如今传承的主要剧种——川剧，就源自于四川、重庆两地。可见，黔川渝三地在地域、历史、经济、政治等方面一直以来都是唇齿相依、来往密切的。并且，黔川渝的区域协同合作得到了中央的高度重视，特别是改革开放以来，历经以下几个阶段：第一个时期，准备阶段，1984年四省区一市（黔川渝滇桂）就召开了经济协同会；第二个时期，推动阶段，2002年中央在"十五"计划中提出促进黔川渝经济区形成，推动黔川渝经济区的横向联系；第三个时期，成长阶段，2003年以来贵州积极融入泛珠三角，与同为泛珠三角成员的川渝共享区域合作红利；第四个时期，发展阶段，2004年黔川渝资源金三角在农业、旅游和商贸流通等领域寻求合作；第五个时期，成熟阶段，2016年黔川渝签署了长江上游地区省际协商合作机制协议，明确建立长江上游地区省际协商合作联席会，提出加强基础设施互联互通、推动产业创新协同发展、深化市场一体化体系建设、强化公共服务共建共享，推动长江上游一体化发展，合力打造长江经济带重要经济增长极。黔川渝协同发展的提出是中央领导高瞻远瞩的结果，中央对黔川渝区域整体进行规划，是按照中国经济新的增长极进行培育。

从黔川渝三地区域合作的历史沿革当中，我们不难发现，贵州在前几个阶段的发展当中一直扮演着服务于四川、重庆的历史角色，主要呈现出单一性、功利性、非均衡性、被动性、滞后性的特点。

（二）协同发展的必然之"需"

结合黔川渝协同发展的需要，三地应本着"密切合作、优势互补、互联互通、互惠互利、和合大同"的原则。

一是立足于共同的战略任务。习近平总书记指出："发展中国特色社会主义文化，就是以马克思主义为指导，坚守中华文化立场，立足当代中国现实，结合当今时代条件，发展面向现代化、面向世界、面向未来的，民族的科学的大众的社会主义文化，推动社会主义精神文明和物质文明协调发展。要坚持为人民服务、为社会主义服务，坚持百花齐放、百家争鸣，坚持创造性转化、创新性发展，不断铸就中华文化新辉煌。"这就为三地文化协同发展明确了战略任务。同时，总书记还强调，"完善公共文化服务体系，深入实施文化惠民工程，丰富群众性文化活动""健全现代文化产业体系和市场体系，创新生产经营机制，完善文化经济政策，培育新型文化业态"[7]。这就为三地文化协同发展指明了发展的方向。

二是立足于扬长避短的现状。贵州应该在黔川渝文化领域的协同发展中走在前、作表率。贵州的定位为全国重要的能源等基地和西南重要陆路交通枢纽及示范区、创新区等，同时提出努力把贵州建设成为世界知名、国内一流的旅游目的地、休闲度假胜地和文化交流的重要平台。贵州有其自身的优势：山地性、原生性和多元性文化底蕴深厚，近年来，贵州的文化消费势头比较旺盛，同时，与四川、重庆的文化交流和人员来往比较密切。劣势：作为山地旅游大省、中等农业省份，经济不够发达，也并非文化强省，文化产业大多处于中低端水平。倘自身的文化传承不足，也会影响川渝。因此，贵州应繁荣发展文化等各项事业，文化惠民工程加快推进，文化遗产保护进一步加强，狠抓文化发展新常态下推动供给与需求有效对接、投资与消费同向发力，加快释放市场需求潜力，认识到文化发展新常态所呈现出的消费趋于多元化这一特征，提高对于"文化发展新常态"的这种适应能力，省直院团、演艺机构要抓少抓精品；民营院团和演出机构要抓活抓频，方式新颖、灵活，数量增加；文化行政部门要定期不定期地组织研讨活动，总结经验和不足，相互学习相互了解，并安排部署下一阶段的工作任务。

（三）唯物辩证发展的必然之"需"

文化是一个比自然层次更多、内容更繁复、载体更丰富的体系。它不仅涵盖人的思想道德素质，而且涵盖人的科学文化素养；不仅具有几千年历史文化积淀形成的传统，而且又面临外来文化的冲击，尤其是亚文化或副文化的干扰和影响。如今，三地文化发展处于新常态。其中，"新"具有动态概念，即"不同于以往"，强调的是"苟日新，日日新，又日新"，体现的是马克思主义哲学中"事物都是普遍运动发展联系的"唯物主义观点；"常"具有静态概念，即"相对稳定"，强调的是"天行有常""日月以为常"，体现的是辩证唯物主义中"相对真理"的规定。"新"与"常"强调的都是外在，是客观。"态"就是心态、姿态，强调的是内在，是主观，是人的主观能动性在"新"和"常"的客观形势下的张扬。新常态就是不同于以往的、相对稳定的状态。这是一种趋势性、不可逆的发展状态，意味着文化建设已经进入一个既承继过去又体现更多时代特点的新阶段，是由"过去时"发展而来的"现在时"，也是蕴含着巨大进步、创新活力、迈向历史发展新阶段的"未来时"。"新常态"这一理论判断，集中体现了马克思主义主观与客观、辩证与唯物、历史与现实的三大统一。

（四）国家发展的必然之"需"

文化产业是守护、传承和涵养文化的重要载体，它具有服务性和营利性、传播性和政策引导性、知识性与创造性，是极具代表性的"低碳经济""绿色经济""朝阳产业"。由此，应立足深刻理解"五位一体"总体布局文化与经济、政治、社会、生态之间的关系，打造与社会主义核心价值观相契合的、创新型的文化业态、文化样式、文化空间，让守护、传承和涵养文化成为加强我国精神文明建设、实现绿色发展的重要内容的有力抓手。深挖细究三地优秀传统文化的思想内涵，就应该梳理、吸收和借鉴中华文化中厚重的思想精髓，用独有的文学艺术手法以简单明了的当代表达，赋予新时代内涵，让优秀传统文化得以踵事增华，让文化再添新的韵味和魅力；打造极具仪式感和象征性的节日文化，让民众能充分共享传统文化精华、领会传统文化魔力，于寓教于乐中实现文化自信和价值认同，激励民众能满怀热情投身于把我国建成富强民主文明和谐美丽的社会主义现代化强国奋斗目标的伟大事业；高倡文化志愿服务活动，引导民众明德、信德、尊德、守德，将高尚的道德理想作为民众毕生的追求，为推动我国文化发展提供道德支撑。

（五）传统文化发展的必然之"需"

传统文化是中华文化的血脉。中华优秀传统文化的发扬光大，中华民族共有精神家园的营造和呵护，涉及人民福祉和民族未来的关键，涉及建设美丽中国、文化强国的关键，涉及实现中华民族伟大复兴的中国梦的关键。党的十八大以来，以习近平同志为核心的党中央立足于我国的国情、社情和民情，从不同的角度，结合如何弘扬、传承和打造中华优秀传统文化作出了新部署和新安排，从唯物辩证法的角度强调了学习中华传统文化的重要性，从中华传统文化发展历史的角度强调了中华传统文化及蕴含其中的理想信念，从传承弘扬中华优秀传统文化的角度强调了崇德向善这个核心，从中华文化在中华民族伟大复兴中的地位和作用的角度强调了如何对待传统文化，从提高国家文化软实力角度强调了传承弘扬传统文化的重要性及如何传承弘扬传统文化的问题，从系统论的角度强调了传承保护历史文化遗产与城市建设的关系，从弘扬中华优秀传统文化的角度强调了增强文化自信的重要性。

三、解局：路径选择，黔川渝文化协同发展之"矢"

（一）实现文化谋划共振

思路决定出路，思维的高度决定事业的广度。应系统研究三地文化协同发展整体规划，对接专项合作规划和实施方案，共同出台推进黔川渝文化协同发展的规划和政策。建立信息互通和情况通报制度，推进区域文化一体化发展和规划协作的有关大事宜，推动有关合作项目的具体落实。强调战略性，应登高俯瞰、把握大势，聚焦目标、科学运筹，培育战略眼光，提升战略思维能力；强调系统性，应把文化建设放在"五位一体"建设的总体布局中来思考和谋划，充分调动每一个系统要素，使经济与文化、政治与文化、社会与文化、生态文明与文化协同互动、相得益彰；强调条理性，应坚持"一分为二"地看问题，抓住主要矛盾和矛盾的主要方面，在文化建设的痛点痒点难点焦点关键点和症结点上放大招、出实招、出妙招；强调创新性，应更新观念、创新思路，要打破思维定式，保持思想的敏锐性和开放度，推动文化理念创新；要克服思维惯性，充分运用新方式新渠道新技术，抢占文化发展先机；要去除思维封闭，从高站位打开文化工作的思维空间；强调协同性，应打破行政区划等人为界限和条块分割制，建立高层协商机制和具体工作层面沟通协同机制，成立黔川渝区域文化协同工作小组，推动建立三地文化部门联席会议制度，实行国务院和三地双重管理，定期召开联席工作会议，就文化区域协同发展的重大事宜进行协商交流，在"区域一盘棋"的布局中统筹文化产业发展的诉求点，使文化资源配置利用科学高效；强调联动性，应结合三地各自优势、立足现代文化产业分工要求、立足区域文化优势互补，共建共享原则，立足文化消费统一开放、合作共赢理念，以黔川渝文化群建设为体、以优化区域分工和产业布局为重点、以文化设施相联相通为基础、以人才资源调配对接为核心、以文化管理运作流程等要素空间统筹规划利用为主线、以构建文化服务共建共享互补互促为抓手，从广度和深度上加快联动发展，实现优势互补、良性互动、协同发展。

（二）实现文化生态同筑

黔川渝地缘相接、人缘相亲、地域一体，在历史上渊源深厚，因此，在文化协同发展中应坚持"密切合作、优势互补、互联互通、互惠互利、和合大同"的原则。

1. 传承历史。黔川渝三地在地域、历史、经济、政治等各个方面都是密切相连的。自古以来三地人员传统文化来往素来亲近、相互融通、从未割裂。传统文化是中华文化的根,是文化生态的最根本基因。传承弘扬中华优秀传统文化,营造中华民族共有精神家园,事关人民福祉和民族未来,是建设美丽中国、文化强国,实现中华民族伟大复兴的中国梦的重要内容。习近平总书记指出:"一个国家、一个民族的强盛,总是以文化兴盛为支撑的,中华民族伟大复兴需要以中华文化发展繁荣为条件。"[8] 党的十六大明确划分公益性文化事业和经营性文化产业,强调"两手抓、两加强",作出了深化文化体制改革的重大战略部署;党的十七大提出兴起社会主义文化建设新高潮,提高国家文化软实力,推动文化大发展、大繁荣的新的更高要求;党的十七届六中全会深刻阐明中国特色社会主义文化发展道路,确立了建设社会主义文化强国的宏伟目标;党的十八大以来,习近平总书记的一系列重要讲话,赋予文化建设以新的使命、新的要求,让文化改革发展进入了一个新的阶段。这些新时代中国特色社会主义文化协调发展思想内涵丰富、深刻隽永,时刻律动着马克思主义理论的万丈光芒,为传承、保护和培育涵养传统文化既提供了最为深厚的理论基础,又指明了方向、提出了终极目标,那就是弘扬中华优秀传统文化"讲仁爱、重民本、守诚信、崇正义、尚和合、求大同"的时代价值。

2. 把握现在。文化发展是实现经济社会持续发展的重要因素之一。一个地区的文化底蕴、文化氛围,一座城市的文化品位、文化取向,越来越成为经济社会发展的重要条件。党的十八大以来,习近平总书记提出的"五位一体"建设战略、"五大发展战略",对全面深化改革、进一步解放思想、进一步转变发展指导思想,明确提出坚持靠改革创新推动绿色崛起,黔川渝三地开展文化生态同筑活动,与国家提出的"四个全面"发展战略,是完全契合的。三地应坚持把人作为文化协同发展的核心,抓好专业和业余文化人才队伍建设,完善梯次结构,提升文化素养,强化文化使命,在继承、推广、弘扬、传播、创造中华优秀文化的行列中走在前、作表率。加强对传统文化的学习、研究、宣传、阐释,系统梳理传统文化资源,让收藏在博物馆里的文物、陈列在广阔大地上的遗产、书写在古籍里的文字律动起来,推动优秀传统文化与社会主义先进文化相互促进。深入研究解决全球化、市场化、信息化、城镇化条件下的文化协调发展,努力保持文化发展的持续、协调和优化。

3. 放眼将来。黔川渝三地协同发展应遵循"密切合作、优势互补、互联互通、互惠互利、和合大同"的原则。习近平总书记在中国共产党第十九次全国代表大会上的报告中提出的文化发展战略，为黔川渝区域文化协同发展提供了理论指导与实践遵循。报告明确指出，发展中国特色社会主义文化，就是以马克思主义为指导，坚守中华文化立场，立足当代中国现实，结合当今时代条件，发展面向现代化、面向世界、面向未来的，民族的科学的大众的社会主义文化。这一重要论述为黔川渝三地确立了文化协同发展的战略任务：通过文化资源整合与创新转化，推动形成具有地域特色、时代特征和国际视野的文化共同体。首先，在实施路径层面，总书记提出的"双轮驱动"发展模式为区域协同提供了方法论指导。一是三地应着力构建标准化、均等化的公共文化服务体系，通过跨区域文化惠民工程的实施，将公共文化服务覆盖率提升至98%以上，重点解决武陵山区、乌江流域等地区的文化服务"最后一公里"问题；二是需协同推进现代文化产业体系创新，依托成渝双城经济圈建设，打造数字文化产业走廊。特别应注重建立跨省域文化要素市场，通过"文化+"战略推动非遗产业化转化，培育多个国家级文化新业态示范基地。其次，在区域协同机制建设方面，建议构建"三级联动"治理体系：在省级层面建立文化发展联席会议制度，统筹制定《武陵山片区文化协同发展规划》；地市层面设立专项工作组，重点推进巴蜀文化生态保护区、长征国家文化公园等跨区域项目建设；县区层面建立文化资源共享平台，实现200处以上重点文保单位数字化共享。同时，建立文化GDP核算体系，将文化协同发展指标纳入地方政府绩效考核，确保"优势互补、互联互通"原则转化为具体制度安排。通过构建文化创新共同体，最终实现三地文化资源价值转化率提升，文化贸易额突破500亿元的发展目标。

因此，一是要做好文化发展涵养总体规划。立足于文化发展的特点、价值和意义，结合三地的特色，分析有利条件和不利因素，制定详细方案，设计好传承保护和培养涵养文化的工作思路、具体路径和措施，明确目标、任务、要求和预期效果，提高工作的前瞻性。二是要在落细、落小、落实上下功夫。传承、保护和培育涵养文化发展是一项凝魂聚气、强基固本的基础工程。要做好做实，必须像习近平总书记指出的那样，在落细、落小、落实上下功夫。把文化协同发展融入到具体实践之中，每一次剧目的编排、每一次展览的策划、每一次活动的发起，都应牢牢把握传承、保护和培育文化发展这个中心来展开，让观众、读者在每一次的文化体验中去感知、领悟中华优秀传统文化，使中华优秀传统文化价值的影响像空气一样无所不在、无时不有。

（三）实现文化产业共融

立足世界经济发展的大势，后发国家的追赶型经济发展大致经历三个阶段：模仿式发展的快速增长期——增长减速更加注重质量和效益的稳健增长期——接近或达到发达国家水平的基本稳定期。如今，我国文化发展进入了"经济新常态"就属于第二阶段，文化产业会有井喷式的增长，文化产业与科技融合发展的粘连度也会一日千里，文化产业结构调整为文化产业发展迎来重大机遇期，文化服务的方式、内容、途径、渠道也将发生深刻变化。文化产业建设将进入新常态，它并非对经济新常态僵化的、刻板的、被动的回应，而是借助文化的方式持续地、能动地产生着作用，反作用于经济建设。

1. 强化文化产业融创。黔川渝地区是西南地区"西三角"地带，它们环环相扣，整合起来就是有大气魄的文化产业链条，因此要着力黔川渝的"历史文化互补对接""城乡文化对接""三大产业对接""文化生产线布局对接"，以动态跳跃的特色点为切入点，从而构建一幅内部紧密联系的四大对接结构图表，建造黔川渝地区脉络缜密、清晰可见的文化产业发展系统，形成空间、时间、产业的跨越式"链接"，实现三地文化产业"内部重组，外部给养，区域合作，拓展提高"的发展目标。

2. 构建文化资源市场。实现三地资本、人才、技术等生产要素自由流动，保证实现其合理高效配置。三地在文化资源方面各具特色，重庆有规模化的都城文化旅游产业，四川有特色明显的商业文化产业，而贵州有山水生态资源丰富、自然环境优美、地理地势开阔的优势。相对于川渝封闭性的都市文化圈来说，贵州更具得天独厚的优势，因此，可依托自然生态环境，深度挖掘特色文化资源，以满足川渝居民休闲度假为目标，打造以"休闲"为主题的文化旅游业，从而与川渝形成"一站式"文化产业链。

3. 搭建文化交流平台。搭建大数据资源共享平台，充分运用数字化、信息化手段，推动文化信息共享工程建设，实现资源共享。推动跨区域文化交流，以"多彩贵州"系列文化活动、中国川剧节、重庆三峡文化艺术节等活动为依托，组织举办三地群众文化的展演展示、研讨交流等活动，共享文化发展成果，着力将黔川渝文化产业打造成西南地区乃至全国文化产业区域协同发展的"文化超市""文化购物中心"。

4. 符合文化发展规律。一应遵循艺术创作规律和艺术人才成长规律，长于借智、借力和借势。借智就是但求所用不求所有；借力就是要借助社会各方面的力量包括民营的力量，来共同完成艺术创作和艺术生产；借势就是借助经济社会生态文明发展的趋势，要善于运用"无形的手"来做好"有形的事"。"智者借帆而行"，要借助各方面的力量从事艺术生产、创作和传播，要善于借助国际上的外部力量进行交流和提升，发展先进文化、创新传统文化、扶持通俗文化、引导流行文化、改造落后文化、抵制有害文化、传播主流文化，共同推动文化的新发展新繁荣。二应与时俱进，改进工作方法。习近平总书记提出的和合大同、命运共同体就是协同，即发展的共同性，两者休戚相关。三地也要协同，以往的文化发展都是以自我为中心，具有排他性，如今的协同发展，更强调深度融合。三应深入推进和加强文化工作者队伍建设。文化工作者作为塑造灵魂的工程师，应有更高的文化标准和价值追求，真正让"德艺双馨""灵魂工程师"名能副实。

（四）实现文化项目共通

贵州应在黔川渝文化协同发展中先人一步、冒人一头。贵州应结合其自身的优势：山地性、原生性和多元性文化底蕴深厚，近年来，贵州的文化消费势头比较旺盛，同时，与四川、重庆的文化交流和人员来往比较密切。避免自身劣势：作为山地旅游大省、中等农业省份，经济不够发达，也非文化强省，文化产业大多处于中低端水平。倘自身的文化传承不足，也会影响川渝。因此，应做到：

1. 搭建联动协同"新平台"。借助长江上游地区省际协商合作联席会的平台，重新审视和宣传资源优势，实现文化协同职能分区，建强现代化传媒，推动国际化运营，借助厚重的历史文化资源，实现"一盘棋"统筹、一体化推进，形成强大的文化品牌。

2. 共建文化创意"新天地"。三地要加强高校、科研机构、企业之间的文化科研互联共通，建设集剧目创作、艺术交流、人才为一体的文化交流基地；着力创办高新技术创业服务中心、留学人员创业园、科研院所创业园等各种类型的科技企业"孵化器"和"创业园"。高校要在提高文化创意科研素质上带好头，做好样子，从自身做起，以上率下，以实际行动影响和带动全体文化创意从业人员，成为勤学习、善思考、肯钻研、强科研的模范。

3. 描绘功能疏解"新蓝图"。三地要把握黔川渝协同发展的重大机遇，坚决执行黔川渝规划一张图。三地要发挥各自的比较优势，做好项目承接功能和功能疏解。川渝产业发展方向是"微笑曲线"的两个高端，而中间环节缺乏承载空间，已经成为制约黔川渝综合实力提升的硬伤。三地在各自创新驱动发展的同时，贵州主动把服务地方、疏解川渝功能作为发展方向和发展战略，不断满足承载川渝教育、医疗、科研、养老、生态文明、文化等功能疏解的需求，尤其是在文化高新技术产业发展上，要谋求建立高新技术产业园，打造重要的高新文化产业化和转化高地。

4. 唱响创新驱动"新强音"。唱响"引领推进创新驱动"主歌。三地应制定相关法规，完善相关可操作的制度，充分调动三方合作的积极性。一是党委政府应主导企业将项目引进高校，构建高校与企业新型的长期战略伙伴协同关系，高校应主动为文化创意企业特别是中小型企业服务，提高与企业合作的能力。二是企业应主动接纳高校文化创意专业师生到企业实习实训，定期鼓励师生参与到企业的产学研协同发展中，并与高校保持深度合作，使企业真正成为学生实习实训的基地，为学生毕业后快速适应工作岗位提供平台。唱响"鼓励刺激创新驱动"副歌。三地根据岗位职责和素质要求，制定文化创意专业岗位练兵考核评定标准，加大考核力度，重点掌握文化创意专业人员的能力素质、履职情况和工作实绩，并与晋职晋升直接挂钩，有效激发文化创意从业人员立足本职岗位科研成长的内在动力；坚持唯才是举、鼓励创意、尊重创造，对勤奋好学、科研成绩突出的及时宣扬表彰，对有创新成果，为人才培养作出贡献的给予奖励；充分利用工作部署会、科研课题开题会、科研方案拟制研究会、科研成果现场推介会、阶段总结会、科研检查考核等有利时机，对全体文化专业技术人员进行传帮带，使他们从中看到科研水平差距，学到科研方法，丰富科研知识，增长科研才干，坚持经常抓、共同带、亲自帮、任务压，积极帮带科研人才成长。

（五）实现文化品牌共建

品牌是产业的动力，是竞争的核心。应结合"中国梦""文化梦"，结合党的大政方针，谋大局、观大局、识大局、顾大局，主动在大局下谋划品牌、在大局下塑造品牌、在大局下经营品牌。古人讲："体无常轨，言无常宗，物无常用，景无常取。"因此，应抢抓新常态下打造一流品牌的新机遇，在打造品牌中早抓一线、抢先一头，推动文化发展快马一鞭、领先一步。

1. 严把科技意识关。优势产业集聚能量，精品工程影响大众，品牌文化创造效益。应走好资源、融合和创意三大步，整合、集聚自身优势资源和产业要素，推动文化与科技的融合，与第一、二、三产业的融合，探索建立知识产权共同评估体系，促进文化创意产业发展。

2. 严把信息手段关。应加快文化与科技结合，用高科技深挖细凿丰富的文化资源，再塑文化精品，运用现代信息技术手段推动三地文化生产要素市场联通互融，鼓励组建跨区连片经营一批现代文创企业、一批文化自主品牌，提升区域文化品牌影响力。

3. 严把创精品工程关。深入挖掘"中国梦·文化进万家"活动植根于贵州独特的人文资源，开展以"梦在心中、路在脚下"为主题，以弘扬"不怕困难、艰苦奋斗、攻坚克难、永不退缩"的贵州精神为追求的教育活动。结合"走、转、改"，引导文化工作者走入地方、踏入市井、迈入村舍，在实践中汲取营养、积累素材、提炼主题，创作生产更多具有贵州风骨的精品佳作。

（六）实现文化资源共享

从全球大背景来看，一是文化新常态遭遇压力。尤其新冠疫情对全球影响的大势下，经济增速放缓必定会对文化建设产生影响。如今，我国的文化消费水平的绝对值不足人均月收入的十分之一。并且，贵州的文化消费还未形成稳定的市场场景，正处于缓慢的爬升期，文化消费习惯还未成形。经济增速放缓会对文化消费的信心指数、消费能力、消费意向带来显性或隐性的不利影响。二是文化新常态面临挑战。就全局来看文化产业还未实现从"要素驱动"上升到"创新驱动"，机械化生产、快餐式消费的现象还层出不穷；现代公共文化服务体系建设还未实现从"单一取向"过渡到"多元动力"，"社会办文化"的合力、资源整合的效果还未真正实现。因此，应高倡以文化消费为主导、以文化旅游为主体的休闲形式，带动经济的增长。

1. 做好顶层式设计。做好顶层设计，描绘"产业接续图"，杜绝"一锤子买卖"的现象，应创新思维模式，调整角度、转换角色、瞄准项目、及时引进、跟踪问效。就贵州来看，不仅要关注川渝是强大的产业转移中心，而且要关注川渝是体量丰富的消费中心。在顶层设计中，应聚焦旅游服务业，借助森林、草海、瀑布等特色资源，打造一批旅游品牌，推动文化与旅游的互促共进，全力创建"世界知名避暑旅游目的地"、四季皆宜的"国际旅游城市"文化旅游带。

2. 做好层次性推进。应培育和着力打造阳明文化、生态文化、民族文化三大特色，既要在传承和弘扬儒学圣殿、教化与开启新风的基地上下功夫，又要实现质量和数量的推进，又要实现"合符文化"、和谐社会上下功夫，吸收国内外游客的旅游活动；做好文化产品深加工和整合，让零散的瑰宝成线连片，形成良性的品位和价值。如将贵阳市全境设计成为一个国家级公共文化服务体系示范区，推动贵阳特色文化与大数据、大旅游、大扶贫等深度融合发展示范区。

3. 做好经验式萃取。应着力将所有资源从文化理念上实现提炼，充分挖掘其人文资源的文化价值、自然资源的文化意蕴和社会资源的文化情趣，让文化在创意产业园中繁衍生息，打造良性的文化生态闭环。

4. 做好路径式构建。应着力借助贵州独特的自然、生态、人文优势，加大贵州文化产品博览会、黄果树瀑布节、风筝节、围棋节、酒文化节、苗族芦笙节、都匀摄影节、黔南"好花红布依族歌节"、遵义杂技节等平台的谋划、包装、推介力度，大力推出丰富多彩的招商活动，培育特色鲜明、蜚声海外的招商品牌。

5. 做好品牌式打造。继互联网产业外，应着力推进集文化旅游、休闲康体为一体的"大健康"产业，打造一批休闲养生项目，塑造一批以"红色、壮美、诚义、神韵、弄潮"为特色的文化品牌，利用市场手段吸引川渝投资、消费，用双向互动的"太极"，化解川渝单向的"虹吸"，寓服务川渝建设于"绿色大省、大美贵州"之中。借助三地既有丰富的文化资源和历史遗迹，及众多的世界物质和非物质文化遗产，充分整合，实现历史的沧桑与时代的动感结合、传统文化的给养与现代科技的精粹结合，打出三地对外统一品牌，建立"黔川渝特色文化产业生产流水线"，在与时俱进中为传统文化注入新的生机和活力，实现文化的结构、功能、产品升级，实现由"品牌文化—品牌产品—品牌企业—品牌区域"的递进发展。

参考文献

[1] 习近平. 高举中国特色社会主义伟大旗帜 为全面建设社会主义现代化国家而团结奋斗——在中国共产党第二十次全国代表大会上的报告（2022年10月16日）[N]. 人民日报，2022-10-26（01）.

[2][7] 习近平. 决胜全面建成小康社会 夺取新时代中国特色社会主义伟大胜利——在中国共产党第十九次全国代表大会上的报告 [N]. 人民日报，2017-10-19（01）.

[3] 习近平. 十九届五中全会公报 [N]. 人民日报，2020-10-30（01）.

［4］习近平. 十九届四中全会公报［N］. 人民日报，2019-11-05（01）.

［5］习近平. 中共中央关于制定国民经济和社会发展第十四个五年规划和二〇三五年远景目标的建议［N］. 人民日报，2020-11-03（01）.

［6］谌贻琴. 在贵州省第十三届人民代表大会第三次会议上的报告［N］. 贵州日报，2020-01-16（01）.

［8］习近平在山东考察时强调　认真贯彻党的十八届三中全会精神　汇聚起全面深化改革的强大正能量［N］. 人民日报，2013-11-28（01）.

河北省"区块链+区域性股权市场"制度创新研究

荣冀川　贾霄燕

【摘　要】区域性股权市场作为科技型中小企业在资本市场直接融资的底层建筑，存在数据高度中心化、信息不对称、清结算流程复杂、监管标准不统一等问题，这些问题影响了场外交易效率，导致资源配置不平衡。区块链技术具有独特的优势，它能够大大提升区域性股权市场的监管效率，促进金融行业的高质量发展。河北省"区块链+区域性股权市场"制度实行一段时间以来取得很多成绩，但也存在一些问题，通过比较研究、文献分析等手段，从制度创新的视角梳理国内外区域性股权市场相关制度，对完善我国及河北省"区块链+区域性股权市场"制度提出制度创新建议。

【关键词】区域性股权市场；区块链；制度创新

2019年10月24日，中共中央政治局召开重要会议，其中提出了以区块链技术为基础的自主创新以及促使其与经济、社会发展相结合的战略，2020年4月20日，中央发改委正式宣布，将其列入"新基建"，以此来实现区块链的全面应用。2020年7月，中国证券监督管理委员会正式批准北京、上海、江苏、浙江、深圳5家地方级别的公司加入到区块链技术的研究和应用中，为推动金融科技创新和金融服务业的可持续发展提供支持。随着科学技术的进步，区域性股权市场发展迅速，但也带来了一定的问题，因此，运用先进的数据挖掘、统计分析计算、风险预警等方法，加强对区域性股权市场"可靠监管"和"可信赋能"的支持，是迫在眉睫的事情。

一、"区块链+区域性股权市场"建设必要性

近几十年来，随着经济的飞速发展，我国的资本市场也在不断完善。目前，这个多层次的资本市场已经建立起来，它既有场内市场，如沪深证券交易所，也有场外市场，如新三板和四板市场。这些多层次的资本市场相互联通，为投资者提供更多的投融资机会。新三板和四板市场是场外市场的主要部分，尤其是区域性股权交易市场（也叫四板市场）是多层次资本市场最重要的庞大基础底座，连接不同地域、行业和规模的广大中小企业。然而，传统区域性股权交易平台存在数据高度中心化、信息不对称、业务操作成本较高、清结算流程复杂、成交交割流程烦琐、审计耗时过长、监管标准不统一等问题，这些问题影响了场外交易效率，导致资源配置不平衡，间接降低了挂牌项目对投资者的吸引力，使得区域性股权交易的市场效益无法充分发挥。尽管当前的区域性股权市场拥有众多的挂牌公司，但其可用于融资的潜力却非常有限。由于投资者的规模和流动率都较低，使得地方的股权市场很难充分展现出其应有的价值。由于缺乏可操作的交易机制，这些区域性的股权市场一直处于资本市场的边缘，无法充分发挥其作用。这使得许多中小型、非营利组织、投资者、金融服务提供商等参与方的真正需求很难被满足，只有部分受益于政府的支持或补贴企业愿意挂牌和托管。

由于数字化和新一代人工智能的发展，区块链已成为一种新型的、安全的、自动化的计算模式，它不仅支持验证和记录信息，而且利用分布式节点共识方法生成和发布数据，并利用密码学保障信息的安全性，还支持智慧协议编程和操作，这些都有助于推动股票市场的转型，并有望产生重要的社会影响。由于采用分布式记账、无可篡改、透明可溯、智慧合约的科技特性，区块链不仅可以帮助我们更好地理解和应对日常生活中的各种挑战，而且还可以作为促进社会经济创新的重要手段，从而激励更多的企业和个体走向更高水平的竞争力。

根据DeFi（去中心化金融服务）的概念，区块链有望彻底改变金融管理系统的架构，从而大幅缩短证券的发售、交易、清偿、股权转让的时间。特别是DeFi（去中心化金融服务）允许买家和卖家之间采用智能合同、加密技术进行自主配置，不再依赖于任何形式的中介，从而大大减少了传统的证券交易的烦琐步骤，极大地推进了"交易即结算"的应用，使得金融管理系统的运作更为

高效、便捷。通过改进交易资产的流通性，可以显著降低人员和财务开支。然而，传统的清结算交收周期过于漫长，而且步骤烦琐，导致如果双方存在信息不对称，就必须依靠手工进行解决，这将会增加巨额的经济负担。通过引入区块链技术，证券和资金的流转可以被自动记录，从而大大提高了证券市场的效率，并有助于降低违规行为的概率。此外，由于区块链的出入口（Central Securities Depository，CSD）的存在，证券市场的结算和交收可以更加便捷，而且可以有效地避免中央登记结算机构的单点风险，从而大大提高证券市场的效率，并且可以有效地保护投资者的利益，从而更好地满足市场的需求。

区块链是目前应用广泛的金融工具，特别是对于地方性的股票投机机构来说。尽管它有许多缺陷，例如容错困难、跨部门协同和存储成本昂贵，但它的主要好处是：它允许各个部门之间的信息共享，信息安全，信息的完整性。此外，它还具有快速、便利的特点，可以帮助企业更好地管理和控制金融系统。尽管新证券法中区域性股权市场被正式纳入多层次资本市场，已经得到了认可，然而当前的区域性股权市场还未完全完善，大多数情况下还只能依赖场外交易。这种形式的交易比较分散，没有统一的规则，也难以进行有效的管控。因此，利用区块链技术来实现降低成本、减小风险、促进交易流动以及增进地区之间的合作，将会是当前最佳的投融资策略。

二、国内外"区块链+区域性股权市场"制度研究综述

（一）区块链对于传统股权市场的技术优势研究

随着Linq和澳大利亚证券交易所的区块链技术的实际应用，区块链技术已经取得了显著的成果，大大提升了证券市场的融资效率和降低了融资成本，因此，国内外对于区块链在股权市场的应用也正在积极推进。Jesse McWaters（2017）指出，传统的股权交易面临着多种挑战，包括缺乏良好的监督机制、缺乏完整的客户服务体系、缺乏充足的流动性、较高的费用、较长的期限、较慢的股份转让速度、较差的股份转让效率。因此，采用区块链技术来处理这些问题，将会极大地改变这种状况，并且还会使得投融资的方式更加灵活和方便。根据Wall Eric（2016）和DTCC（2016）的研究，区块链的出现大大改善了证券的结算过程，它无须依赖任何可靠的中间人，大大减少了结算的时间，极大地提升了结算的效率；此外，由于区块链的出现，买卖双方的交易变得更

加自动、更加智慧，大大降低了结算的风险。随着区块链技术的进步，传统的中介机构已经逐渐消失，这种新型的科学管理手段为投资人带来了更多的便利。胡启磊（2019）的研究表明，通过区块链的智慧合同、非对称加密等特性，可以完成全部的市场交易，完成全部的信息，从而极大地减轻了投资人的经营压力，并且可以完成全部的信息安全，从而极大地促进了金融行业的可持续性发展。根据张云峰（2020）的研究结果，将区块链应用到区域性股票交易系统，可以显著改善当前存在的信息孤立和不透明的状况，从而为解决中小型企业的融资难题带来积极的影响，还可以加快金融市场的整体运行，推动资源的公平流通，从而达到良好的投融资结果。根据何宏庆（2021）的研究结果，通过将区块链技术结合到金融市场的监管中，形成一个强大的联动机制，不仅可以显著改善金融领域的混业经营，而且还能推动金融市场的健康发展。此外，国内外的学者们已经就如何将区块链应用到股票市场上，取得了良好的结果，这些结果不仅改善了股票市场的交易流程，还大大减少了交易成本，极大地提高了交易市场的效率，同时还有助于加强监督。

（二）我国"区块链+区域股权市场"改革内涵研究

姚前（2022）就中国证监会开展的"数据让监管更智慧"的战略指引，着力于将区块链技术应用于中国证券监督委员会旗下的"监管链—业务链"双层体系，从而促使中国证券监督委员会加快发展，打造多层次的、具有前瞻性的、可持续发展的中国证券监督委员会旗舰。Zhu & Zhou（2016）指出，中国的多层次资本市场需要更加充分地应对区块链技术的挑战，并将它应用到股权众筹交易中，以实现几大优势：首先，它具备高度的安全性、高度的可靠性、较高的经济效益；其次，它可以实现交易的流动性、可控的交易过程；最后，它还可以帮助企业避免通过传统的股权交易模式进行非法集资。

（三）我国"区块链+区域股权市场"的模式和路径研究

张云峰（2020）提出的一种创新的解决方案，将34个地方的股票交易系统整合成一个联盟，使得每个投资者都能够以网络形式获取到相应的信息和服务，从而实现投资者之间的协作和交流。通过将业务流程导入区块链，我们可以实现对其的标准化、电子化和自动化。李秀芬（2021）对区块链技术解决区域股权市场存在的数据不同步、尽职调查烦琐且信息不对称、清结算流程复杂效率低、成交交割耗费大量时间等问题提出了方案。根据万国华、孙婷

（2018）的研究结果，运用区块链技术可以促进地方股票市场的协同发展，形成一个完整的区块链系统，从而消除了市场的断层，提高了交易的流通量。此外，杨东（2018）提出，基于区块链的监管科学应当采取一种内在的、技术支持的方式，来缓解政策与市场之间的冲突，同时充分发挥其本质的作用。监管人员可以利用这种实时、公开的共享记录，早期发现问题，并采取相应措施。此外，他们还有望把相关的法律法规纳入区块链体系。刘华、陈莹等人（2022）基于江苏省的成功案例，对该地区的区块链技术的发展和运用提出了一些有益的建议。通过深入研究，我们发现了在地区级别的股票交易中使用区块链技术的可能。综上来看，国内学者对如何应用区块链技术促进我国区域股权市场发展进行了研究，但主要聚焦在找出问题和提出思路方面，较为宏观，具体的模式、路径、制度建设研究并不充分，对于各地区的建设经验总结的相关文献也较少。

（四）河北省"区块链+区域股权市场"业务的现状及问题研究

李赶顺、李敏（2021）对河北省区块链业务发展状况进行了研究，发现存在整体水平不高，科技创新、应用滞后等问题。经过张亨明（2020）的深入探讨，可以清楚地看出，河北的区域股权市场仍然处于落后状态，特别是在产业融合、政府服务、政策制定、创新创业、安全防范、安全保护6个领域，与先进省份相比，存在着明显的差异。此外，由于缺乏有效的监管，企业上市的门槛偏低，市场的流通性也受到了影响，而且信息披露也比较缺乏，交易的风险也更加突出，还有一些市场的断层。目前，"区块链+区域股权市场"在河北省的研究仍然相对匮乏，尚未达到足够的深度。

综上，通过梳理国内外学者研究表明：

（1）通过将区块链技术运用到金融业，我们发现它具备很多独特的优点，并且能够满足当前的技术要求。这种做法既能促进融资，又具备广阔的发挥空间。

（2）区块链技术具有独特的优势，它能够大大提升金融领域的监管效率，促进金融行业的高质量发展，远超过其他金融科技。

（3）通过引进区块链技术，可以大大改进中国的证券市场，加快交易过程，促进地方股份制改革，提升整体投资者的投资意识，从而推动中国经济的可持续增长。

此外，从以上研究可以看到，国外学者主要研究私募股权市场与宏观经济的关联关系，国内学者更侧重于区块链技术在区域性股权交易中的前景概述以及监管风险控制，均对区块链技术在区域性股权交易中的应用缺少理论的分析及系统的总结。本文更多的是从企业和从业者的角度出发，结合区块链技术特点，开展交易平台技术改造设计方面的研究，促进了"区域性股权交易+区块链"的理论多样性和深层次研究。

三、河北省"区块链+区域性股权市场"制度建设现状及存在问题

2022年10月，党的二十大成功召开，党的二十大报告强调了要大幅提升数字经济的水平，推动其与传统行业的紧密联系，形成一个全球性的、拥有强大影响力的数字产业聚集区。同时，还需要完善基础设施的规划、架构、运行机制以及整合，以期形成一个完善的现代化基础设施网络。随着"新基建"的不断深入，区块链的出现，使得多层次的资本市场得到了更好的监督，它具备了可追溯、信息透明、减少监督成本、实施统一监督的优势，大大减轻了多层次的监督压力，并且也为中国地方股份制的长期健康发展提供了强大的技术保障。

2020年，河北省区域股权交易市场积极推进区块链技术的应用，与深圳证券交易所深证通技术团队携手打造了一个基于区块链的综合金融服务平台，成为首批与深证通达成战略协议的地方性股权交易市场之一。2022年6月，河北股权交易所荣膺中国证监会授予的区块链建设试点资格，成为全国首家开展深度学习的地方性股权市场，引领着金融科技发展的新方向。平台自上线以来系统运行平稳顺畅，已累计办理登记交易业务102341笔，完成主体、账户、交易等监管链数据近32万条报送证监会中央监管链。经过一年的探索与实践，在地方政策支持、数据规范治理、服务生态建设、服务场景创新等方面取得了一定的阶段性成效。

河交所在"区块链+区域股权市场"建设中积极探索，取得了阶段性成效。但在现阶段，在政务数据调用通道、数据库建设、地方生态体系建设等方面仍存在一些问题短板。

（一）监管链与业务链之间的政务数据调用通道未完全打通

目前河北区域股权市场与地方政务数据的对接仅停留在意向阶段，未能与地方政府部门建立数据共享机制，尚未与工信、科技、人力社保、市场监管、

税务、司法行政以及大数据管理等政府信息数据互联互通，尚未打通地方业务链与监管链之间的政务数据调用通道。政务数据壁垒的存在导致区域股权市场在企业股权融资、股改上市等方面不能提供精准对接服务；银行贷款产品不能形成股权质押贷款的融资模式，只能依靠信用贷款；相关市场主体之间存在股权信息的不对称，容易引发权属纠纷的法律风险和经济风险。

（二）数据库建设能力须进一步提升

区块链建设工作有效提升了河北区域股权市场业务数据规范和丰富程度，但数据积累仍然存在不足，不利于建立服务企业数据库。部分中小微企业资本市场意识较差，上链意愿不足。一方面，中小微企业普遍存在规范成本的担忧，税务上的监管顾虑较多。另一方面，上链成本较高。股权结构规范和挂牌费用在50万元左右，对中小微企业来讲成本较高。虽然2015年后政府有一定的补贴，但在一些地方也无法实现完全覆盖。由于企业数据库的缺乏，银行无法准确地为中小微企业提供客观的画像，进而导致投融资信息的不对称性，从而使得中小微企业面临着融资困难和高昂的成本。

（三）地方业务链生态体系仍须进一步完善

从共识节点分布看，河北区域股权市场以内部使用为主，仅完成了对业务系统的本地化升级改造，未能通过地方业务链引入更多资源提供方或服务方共建服务体系，共识节点参与方较少。如股权登记托管系统暂未与省市场监管局建立系统对接，容易出现挂牌托管企业登记事项与市场监督管理部门不一致等问题。金融服务机构参与不足，银行、券商等机构内部链与区域股权市场区块链壁垒较高，参与手续繁杂，费用较高，难以实现有效对接和信息共享。

此外，河交所自身股权结构单一，资本金不足；赢利能力较弱，抗风险力不强；上市培育功能有待加强等也制约了区块链业务的发展。

四、促进河北省"区块链+区域股权市场"业务发展的制度建议

（一）完善法律，加大政策扶持力度

制定和完善关于"区块链+区域股权市场"的法律法规，明确市场参与者

的权利和义务，规范市场秩序。建立全面的风险防控机制，确保市场的稳定和安全。这包括技术风险的防范、市场风险的监控以及法律风险的应对等。政府应给予相应的税收优惠、资金扶持等政策支持，鼓励企业和机构积极参与"区块链+区域股权市场"的建设和运营。投入更多资源用于区块链技术的研发和应用，同时加强相关人才的培养和引进，提升市场的技术水平和创新能力。通过媒体宣传、培训活动等方式，提高市场参与者对"区块链+区域股权市场"的认知度和接受度，推动市场的快速发展。

（二）整合政务数据，并建立监管链的调用通道

通过与地方政府部门建立数据共享机制，打通地方业务链与监管链之间的政务数据调用通道，以便于交易所、新三板在发行审核环节进行参考：

首先，需要明确监管链与业务链之间对政务数据的调用需求。这包括数据的类型、范围、使用目的等。同时，应建立清晰的授权机制，确保政务数据的调用和使用符合相关法律法规和政策要求，保护数据的安全和隐私。

其次，为实现政务数据的顺畅调用，需要建立稳定、高效的数据调用通道。这可以通过技术手段，如API接口、数据共享平台等，实现监管链与业务链之间的数据互联互通。同时，应确保通道的安全性和稳定性，防止数据泄露和滥用。

再次，加强数据治理与监管。在打通数据调用通道的过程中，应加强对政务数据的治理和监管。为了保证数据的准确性和完整性，需要建立一个严格的数据质量评估机制，并对其进行审计，以确保它们被合法合规地使用；此外，我们还需要采取有效的措施来保护数据的安全性和隐私。

最后，促进业务协同与创新。打通监管链与业务链之间的政务数据调用通道，将有力促进业务协同和创新。通过共享政务数据，监管链可以更好地了解业务链的运行情况，提供更有针对性的监管支持；业务链则可以更好地利用政务数据进行行业业务创新和发展。

（三）高度重视企业数据库建设工作

区块链建设工作有效提升了试点地区业务数据规范和丰富程度，应通过数据积累建立服务企业数据库。高度重视企业数据库建设工作，汇集沉淀多维企业数据，为企业提供更精准有效的服务。企业数据库设计应遵循规范化原则，减少数据冗余，确保数据的一致性和完整性。应充分考虑数据的安全性，包括

数据的加密、备份、恢复和访问控制等。数据库应具备可扩展性，能够支持业务的快速增长。应制定科学的数据库建设规划，明确数据库建设的目标和需求，制定详细的建设计划和时间表。应采用先进的数据库技术和管理工具，提升数据库的性能和稳定性。加强数据库的日常维护和管理，定期对数据库进行备份、恢复和性能优化等操作，确保数据库的稳定运行。加强数据库管理员的培训和技能提升，培养一支高素质的数据库管理团队。完善企业数据库是一个重要的工具，它可以帮助银行更好地了解中小微企业的情况，并为它们提供更精准的投融资信息，从而减轻它们的融资难和高昂成本。同时应改变监管方式，降低企业上链成本，打消中小微企业普遍存在的规范成本的担忧。

（四）完善地方业务链生态体系

应积极推动与地方金融监管部门、市场监管局、大数据局、司法等单位以及各市场服务方的对接，形成链上数据共享和服务互联互通的地方生态体系。这种对接不仅能够促进链上数据的共享，还能实现服务之间的互联互通，从而构建一个更加高效、透明和可靠的地方生态体系。与地方金融监管部门对接，共同制定适用于区块链技术的监管标准，确保业务链在合规的轨道上发展。同时能够监测风险，共享链上数据，帮助监管部门及时发现和评估潜在风险，维护金融市场的稳定。通过与市场监管局的对接，确保区块链业务链的合规运营，避免违法行为的发生。同时推动标准化建设：参与制定区块链相关标准，推动行业规范化发展。与大数据局合作，利用大数据局的数据资源，实现链上数据与外部数据的共享，提升数据价值。通过运用大数据分析技术，我们可以对网络数据进行深入探究和分析，从而为决策者提供有价值的信息。与司法单位合作，确保区块链业务链在法律框架内运行，保障各方权益。利用区块链技术的不可篡改性，为司法纠纷提供证据支持，提高纠纷解决效率。与各市场服务方合作，拓展区块链业务链的服务范围，满足更多用户需求，实现服务互联互通，推动各市场服务方之间的互联互通，提高服务效率和质量。

（五）加强河交所建设

调整河交所股权结构，多元化资本金来源，引导金融机构参与，增强自身赢利能力。完善上市公司聚集培育功能，通过加大宣传力度、优化交易机制、降低交易成本等措施，吸引更多的企业和投资者参与股权交易，扩大市场规模。丰富服务品种，除了传统的股权交易外，还可以拓展债券发行、并购重组、股权激励等多元化服务品种，满足企业多样化的融资需求。为了确保河北股权交易中心的安全稳定，应改进其市场监管机制，完善其内部的监督机制，并采取更有针对性的措施来防止市场风险的发生，确保其正常的经营活动。此外，我们还将充分发挥现代信息的优势，采取互联网、虚拟化等方式，不断改善交易流程，提高交易效率与服务水平。应加强人才队伍建设：培养、引进一批高素质、专业化的股权交易人才，为河北股权交易中心的持续发展提供人才保障。

参考文献

［1］DTCC. Embracing disruption：tapping the potential ofdistributed ledgers to improve the post-trade land scape ［R］. White Paper，2016.

［2］Zhu H S，Zhou Z Z. Analysis and outlook of applicationsof blockchain technology to equity crowdfunding in China ［J］. Financial innovation，2016，29（2）.

［3］Angus Scott，Katrina Sartorius，Ian Dalton. Blockchain incapital markets：the prize and the journey ［R］. Oliver Wyman report，2016.

［4］Jesse Mc Waters，Giancarlo Bruno. The future of financialinfrastructure An ambitious look at how blockchain can re-shape financial services ［R］. World ecnomy forum，2016.

［5］ZENG ZI LING. Investment and issuance distributed inblockchain ［DB/OL］. https://onlinelibery.com/doi/pdf/10.1002/9781119444510.ch44，25Aperil，2018.

［6］姚前. 打造新一代金融基础设施，夯实多层次资本市场基石——记中国证监会区域性股权市场区块链试点 ［J］. 金融电子化，2022，319（04）：10-12.

［7］张云峰，周耀亮. 区域性股权市场引入区块链技术探索数字化转型之路 ［J］. 清华金融评论，2022，109（12）：75-79.

［8］刘紫玉，赵丽霞. 基于文献计量的中外区块链政策相关研究现状及启示 ［J］. 河北科技大学学报（社会科学版），2022，22（03）：11-19.

［9］何宏庆. 区块链驱动数字金融高质量发展：优势、困境与进路 ［J］. 兰州学刊，2021（1）：11-24.

[10] 李赶顺，李敏. 关于加快河北省区块链发展的研究建议 [J]. 河北省科学院学报，2021，38（05）：67-70.

[11] 李秀芬. 区块链技术在区域性股权交易中的应用研究 [D]. 北京邮电大学，2021.

[12] 张云峰. 利用区块链技术促进区域性股权市场融合发展 [J]. 法律适用，2020（23）：200-203.

[13] 李鸥，林晓晨，王霖等. 国外区块链研究热点的文献计量分析 [J]. 甘肃科技纵横，2020，49（10）：62-65.

[14] 张亨明，汪天清，黄修齐. 我国区域性股权交易市场发展的现实困境及其路径选择 [J]. 财政金融，2020（10）：104-113.

[15] 胡启磊. 区块链技术在金融领域的应用研究：基于"一带一路"视角 [J]. 会计之友，2019（5）：151-156.

[16] 万国华，孙婷. 证券区块链金融：市场变革、法律挑战与监管回应 [J]. 法律适用，2018（23）：57-66.

完整准确全面贯彻党的治疆方略：
新时代新疆人民美好生活实现的必然逻辑

高　航

【摘　要】新疆地区各族人民在近代以来饱受反动统治阶级的残酷剥削和压迫，直到新中国成立才从根本上改变了新疆各族人民受压迫、受剥削、受奴役的命运，开辟了新疆走向繁荣进步的光明前程。但因其特殊的地缘因素和历史因素，一段时间以来"三股势力"十分猖獗。自2010年以来，中国共产党先后召开了三次新疆工作座谈会，特别是党的十八大以来，以习近平同志为核心的党中央高度重视新疆人民对美好生活的需求，不断完善治疆方略，一体推进法治政府与法治社会建设同时发力，正确处理民族与宗教之间的关系，同步实施教育提升工程与各民族优秀传统文化振兴战略，努力发展经济，改善民生，应对百年未有之大变局。

【关键词】治疆方略；美好生活；发展经济；改善民生

党的二十大报告指出，"坚持把实现人民对美好生活的向往作为现代化建设的出发点和落脚点"，"明确我国社会主要矛盾是人民日益增长的美好生活需要和不平衡不充分的发展之间的矛盾，并紧紧围绕这个社会主要矛盾推进各项工作，不断丰富和发展人类文明新形态"[1]。新疆作为地域政治、经济环境复杂的地区，受"三股势力"及国外不法分子的威胁，生活在该地区的人民对新时代美好生活的需求与日俱增。新疆的治理状况反映着中国与世界各国的关系，党的十八大以来，新一届党中央高位谋划，在马克思主义矛盾论的指引下，抓住主要矛盾，开辟马克思主义理论新境界。先后召开三次中央新疆工作座谈会，在第三次中央新疆工作座谈会上，深刻阐明党的治疆方略——"依法治疆、团结稳疆、文化润疆、富民兴疆、长期建疆"，新疆作为我国不可分割的一部分，坚决贯彻落实党中央决策。

美好生活权作为人权的衍生权利，在我国以人为本的发展理念中，实现"人民对美好生活的向往"就是人权的另一种实现[2]。新疆"五口通八国，三山夹两盆"的特殊地理优势，其区位优势及资源潜能巨大，我们如何立足资源禀赋、区位优势和产业基础，同时推进科技创新、壮大特色产业优势、发展新兴产业，把新疆往高质量发展轨道上注能助推，实现新疆人民的"美好生活的需要"。需要我们广大干部群众牢牢扭住新疆工作总目标，把"依法治疆、团结稳疆、文化润疆、富民兴疆、长期建疆"各项工作做深做细做实[3]。本文以"两个维护""两个确立"为基本出发点，厘清治疆方略的现实意义，并讨论提出新疆人民实现"美好生活"的路径探索方式。

一、新时代党的治疆方略提出的重大意义

2018年12月，美联社率先炮制了我国新疆"强迫劳动"谬论。随后，《华盛顿邮报》《阿拉伯新闻报》《香港01》等媒体转载，"强迫劳动"谬论的核心特征是舆论攻击，2020年3月至2021年12月，是该谬论的发酵期。在美国和欧盟发表相关谬论的同时，2020年9月17日，国务院新闻办公室发布《新疆的劳动就业保障》白皮书，介绍新疆劳动力就业现状和政策，以事实为依据驳斥反华言论。2020年也是我国全面建成小康社会决胜阶段，在此特殊时刻，以习近平同志为核心的党中央召开第三次中央新疆工作座谈会，部署当前和今后一个时期新疆工作，为新疆的发展掌舵领航。在第三次中央新疆工作座谈会上，由"依法治疆、团结稳疆、长期建疆"到"依法治疆、团结稳疆、文化润疆、富民兴疆、长期建疆"的完善，不难看出，党中央从"加大扶贫资金投入力度"到如今"完善党中央统一领导，中央部门支持指导，各省市支援配合，新疆发挥主体作用"的帮扶机制。党的十八大以来，习近平总书记三次视察新疆，看到新疆独特的区位优势和今后的发展前景，在第三次座谈会中明确指出，新疆要利用好自身的区位优势，把自身的区域性对外开放战略融入国家"一带一路"建设的总体布局中，增加对外开放的深度和广度，以促进当地经济增长，创造更多就业机会。特别是在2023年8月26日，习近平总书记在听取新疆工作汇报时，做出一系列重大部署。习近平总书记的重要讲话，着眼国际国内战略全局，进一步丰富和发展了新时代党的治疆方略。赋予新疆建设"一带一路"核心区和成为向西开放的桥头堡的新使命，要求围绕铸牢中华民族共同体意识，始终维护社会稳定，推动高质量发展，加大新疆旅游开放力度等，

新疆人民实现美好生活必须完整准确全面贯彻新时代党的治疆方略。

（一）依法治疆：实现美好生活的必要前提

1990年至2016年底，新疆发生了数千起恐怖袭击事件，直接造成大量无辜群众伤亡和财产损失。"三股势力""双泛思想""黑恶势力"猖獗，深深破坏民族感情、民族团结与社会和谐稳定，因此必须深入贯彻总体国家安全观，完善打击"三股势力"的法治体系，把长治久安的根本性、基础性、长远性工作作为重点，全面深入推进依法治疆。依法治疆应坚持以人民为中心，这是习近平法治思想的核心要义之一。这要求立法、执法、司法等法律活动必须坚持以人民为主体。

新疆广大干部群众应牢牢抓住安全发展这条主线，始终把维护社会稳定和长治久安摆在首位，抓稳定和促发展两方面工作双管齐下，以稳定保障发展，以发展促进稳定。以习近平法治思想为核心，坚决贯彻落实依法治疆方略，保障依法治疆稳步推进，完善维稳工作的政策法规，维稳工作法治化与反恐反分裂斗争常态化相结合，着力打造平安社会、法治社会，推动执法过程向现代化迈进。

（二）团结稳疆：实现美好生活的现实基础

2021年召开的中央民族工作会议指出："必须以铸牢中华民族共同体意识为新时代党的民族工作的主线，不断推进中华民族共同体建设。"[4]民族团结直接反映党的组织和干部妥善处理民族关系的工作能力。民族团结建立在民族平等的基础之上，团结稳疆战略需要各民族在共同利益上达成共识，就需要达到政治平等，进而推动新疆实施"一带一路"建设。

长期实践以来，新疆将民族团结进步宣传教育细化分解为点、线、面三个板块，结合全疆的"全国民族团结进步创建示范单位"、"全国民族团结进步创建示范州（地、市）"、自治区及各地（州、市）县（区、市）"民族团结进步模范单位"、"民族团结进步模范个人"的先进事迹，在全疆各级基层单位进行宣传教育，增强工作的针对性与实效性。在各类教育中，突出民族团结进步教育的极端重要性，充分利用党报、党刊、党台、党网等主流媒体开办"三进两联一交友""民族团结一家亲"等栏目，将民族团结进一步融入各行各业，加强文化育人的功能，让中华民族共同体意识等思想深植于各族青少年及干部群众的心中。

（三）文化润疆：实现美好生活的思想之魂

文化润疆关键在于"化"，以文"化"人[5]。马克思说过："正确的理论必须结合具体情况并根据现存条件加以阐明和发挥。"[6]坚定"四个自信"，以文化自信为源头，用中华优秀传统文化、革命文化和社会主义先进文化与新疆各民族的优秀文化紧密结合[7]。始终保持对中华文化的坚定信念，坚决贯彻落实民族区域自治制度，绵绵用力，坚定走中国特色解决民族问题的正确道路[8]。

1993年，自治区出台《新疆维吾尔自治区语言文字工作条例》，2015年又修订该《条例》，规定大力推广国家通用语言文字，促进各民族适应经济社会发展和在日常生活中交流的需要，依法保障少数民族群众学习使用本民族语言文字的权利。2015年，自治区又出台《新疆维吾尔自治区民族团结进步工作条例》，该《条例》内容紧紧围绕马克思主义"五观"、"新疆四史"、"三个离不开"思想、"五个认同"、党的民族宗教政策、爱国主义、反分裂斗争等方面的教育，并在全区范围内采取宣讲报告会、文艺演出、图片展览等多种文化形式进行思想宣传教育。不仅如此，还在2011年实施"新疆民族文学原创和民汉作品互译工程"，对相关领域作家给予重点扶持和出版资助，翻译、翻印濒临失传的11世纪喀喇汗王朝的《福乐智慧》《突厥语大词典》等古籍，编撰《新疆通史》《新疆文库》，保护十二木卡姆、麦西来甫、《江格尔》等非物质文化遗产，推出《家园之恋》《爱在塔城》等一批文艺作品，用中华文化和作为其重要组成部分的各民族优秀传统文化涵养、丰富新疆各族人民的精神世界，并呵护、巩固、创新发展以平等、团结、互助、和谐为时代主题的民族关系的向心力，使各民族牢固树立"共有、共建、共享"的理念，在文化传播上绵绵用力，久久为功，使各民族共同创造"美好生活"的向心力、凝聚力、发展力[9]。

（四）富民兴疆：实现美好生活的物质基础

习近平总书记指出："全面落实精准扶贫精准脱贫，努力让各族群众过上更好生活。"[10]自治区党委坚决贯彻习近平总书记关于扶贫开发的重要论述，严格落实五级书记抓脱贫，压实各级党委政府脱贫责任，紧扣"两不愁三保障"，稳步推进"六个精准""七个一批""三个加大力度"，全面实施"十二项精准扶贫"专项行动，深入开展挂牌督战，相继出台了《关于开展各级干部深入基层"访民情惠民生聚民心"活动的意见》《关于推进访民情惠民生聚民心驻村工作常态化长效化制度化的意见》等，开展"访民情惠民生聚民心"驻村工作，作为贯彻党中央富民兴疆战略的重要举措。

近期，建立中国（新疆）自由贸易试验区引发新疆地区人民热烈反响，该自由贸易试验区是党中央、国务院作出的重大决策，是新时代推进改革开放的重要战略举措，是新疆主动服务和融入国家重大战略，坚持推进高水平对外开放，加快实施自由贸易试验区提升战略，发挥好改革开放综合试验平台作用的重要举措[11]。赋予自贸试验区更大改革自主权，充分发挥新疆"五口通八国、一路连欧亚"的区位优势，以制度创新为核心，以可复制可推广为基本要求，全面贯彻落实第三次中央新疆工作座谈会精神，深入贯彻落实习近平总书记关于新疆工作的系列重要讲话和指示批示精神，牢牢把握新疆在国家全局中的战略定位，努力打造促进中西部地区高质量发展的示范样板，构建新疆融入国内国际双循环的重要枢纽，服务"一带一路"核心区建设，助力创建亚欧黄金通道和我国向西开放的桥头堡，为共建中国—中亚命运共同体作出积极贡献[12]。

（五）长期建疆：实现美好生活的奋斗愿景

长期建疆，是新时代党的治疆方略的政治性、思想性、理论性的体现，该战略既谋划未来又立足当下，稳扎稳打，久久为功[13]。

"举全国之力，深入推进对口援疆工作，把援助资金主要用于民生、用于基层。推动跨越式发展，促进新疆社会稳定和长治久安。"[14]做好新疆工作不仅是新疆的事情，也是全党全国的事情。2018年8月1日起施行《新疆维吾尔自治区农村扶贫开发条例》，督促新疆各地各部门激发内生动力，坚持扶贫先扶志，调动贫困群众脱贫致富的主动性、积极性，加大扶贫资金，对贫困县摘帽不摘责任、摘帽不摘政策、摘帽不摘帮扶、摘帽不摘监管，合理优化统筹援疆省市与新疆本地所蕴含的丰富资源，把对口支援与新疆产业发展进行优势转化，实现对口支援综合效益最大化，积极调动援疆省市的积极性、担当性，也要激发出新疆本地的主动性和自觉性。极大地改变了天山南北的发展面貌，促进了各民族交往交流交融，极大地锻炼了各级干部、密切了党和群众血肉联系，根本就在于党中央治疆方略的科学指引，关键就在于走出了一条中央关心、内地省市协同配合同新疆各族干部群众自强不息、踔厉奋发相结合的发展路子。对口援疆充分彰显了社会主义集中力量办大事的政治优势，生动展现了党的民族政策的制度红利。

二、新时代新疆人民美好生活实现的理论逻辑

（一）"两个结合"与中国特色社会主义民族理论：创新发展

党的二十大报告指出，"只有把马克思主义基本原理同中国具体实际相结合、同中华优秀传统文化相结合，坚持运用辩证唯物主义和历史唯物主义，才能正确回答时代和实践提出的重大问题，才能始终保持马克思主义的蓬勃生机和旺盛活力"。中国特色民族理论体系经过了新民主主义革命时期的早期探索、社会主义革命和建设时期的基本确立、改革开放和社会主义现代化建设时期的丰富发展、中国特色社会主义新时代时期的深化拓展四个重要时期。"两个结合"是准确理解、把握习近平总书记关于加强和改进民族工作的重要思想的关键所在。

党的十八大以来，以习近平同志为代表的党中央集体高度关切新疆问题，运用理论联系实际的方法论，创造性地提出"两个结合"。"两个结合"推动新时代党的民族理论的丰富和发展，进而推动理解认识到了中华民族共同体重大基础性问题。区域发展不平衡不充分的经济结构问题、影响各民族交往交流交融的社会关系问题、构建中华民族共有精神家园的文化认同问题等，这些都是中华民族伟大复兴时期的关键问题。习近平总书记关于加强和改进民族工作的重要思想，以共同目标和集体行动强化团结统一的共同体理念，将物质文明建设与精神文明建设统一于中国式现代化的社会实践中，正是因为习近平总书记坚持把马克思主义民族理论同中国民族问题具体实际相结合，着眼于解决改革开放和社会主义现代化建设的现实问题，才有力调和了边疆地区的重大问题。

（二）民族平等理论和民族团结理论：立国之本

列宁指出："任何民族都不应该有任何特权，各民族完全平等。"中国共产党自成立之初，就始终把坚持民族平等和民族团结作为党对民族地区开展工作的基本方针。列宁曾说："谁不承认和不坚持民族平等和语言平等，不同各种民族压迫和不平等作斗争，谁就不是马克思主义者。"在中国特色社会主义新时代，习近平总书记强调："民族团结是各民族人民的生命线，要把加强民族团结作为战略性、基础性、长远性的工作来做。"在无产阶级革命中，马克思主义的主张是各民族在完全平等的基础上实现友好团结，形成无产阶级民族大

融合的良好局面。

（三）铸牢中华民族共同体理论：新时代民族工作的主线

马克思、恩格斯认为"真正的共同体"回归人的本质存在，即"在真正的共同体的条件下，各个人在自己的联合中并通过这种联合获得自己的自由"。中国共产党反对大民族主义和狭隘民族主义理论的发展，并提出各民族大团结大联合，按照增进共同性、尊重和包容差异性原则，铸牢中华民族共同体意识，推进中华民族共同体建设。"铸牢中华民族共同体意识"最早于2017年召开的党的十九大提出并写入党章，这也成为新疆各族人民实现中华民族伟大复兴的中国梦新疆篇章的根本遵循。2021年，最新一次的中央民族工作会议，再次强调"必须以铸牢中华民族共同体意识为新时代党的民族工作的主线"。党和政府举全国之力援助新疆，物质文明与精神文明协同发展，特别是党的十八大以来，加大了对新疆的对口支援，突破传统模式束缚，发挥中国特色社会主义集中力量办大事的优势，促使各省市及中央有关部门不同层级投入大量人力、物力、财力和精力稳步开展对口支援工作。

促进新疆社会稳定与长治久安，是铸牢中华民族共同体的题中之义，也是对口支援新疆的应尽之责。铸牢中华民族共同体意义重大：是维护各民族根本利益的必然要求，是实现中华民族伟大复兴的必然要求，是巩固和发展平等团结互助和谐社会主义民族关系的必然要求，是党的民族工作开创新局面的必然要求。

三、新时代新疆人民美好生活实现的历史逻辑

由于其地处西北边陲的地理位置，相对于祖国中部、沿海地区，新疆在以前总是增添一些神秘色彩，多股势力在新疆地区蠢蠢欲动。2018年10月29日，《人民日报》发文《正确认识新疆历史问题》，新疆人民的美好生活是新疆人民用实际行动奋斗出来的，历史领域反分裂斗争是维护国家社会稳定和长治久安的根本之策。

（一）晚清时期的历史观照（1840—1912年）

18世纪中叶，清朝先后平定准噶尔和大小和卓叛乱，在当地实行军府制，由伊犁将军总统新疆军政事务。1840年以来，随着帝国主义势力和极端宗教分

子的渗透，加之清廷的吏治腐败，国力空虚，清廷难以对新疆进行有效管控，民族矛盾和阶级矛盾不断激化，尤其在太平天国运动、北方捻军起义以及陕甘回民起义的影响下，清廷的西北防务系统崩溃，各类生产停滞，粮饷断绝，百姓生活水平急剧恶化，全疆政局动荡不安，之后，阿古柏侵占新疆，沙俄侵占我国伊犁地区，英国也染指我国西北地区，都企图将中国新疆纳入各自争霸中亚的势力范围。

　　光绪二年（1876年）至三年（1877年），清军击败阿古柏，收复大片新疆疆土。19世纪80年代初，中俄两国通过协议收回伊犁。左宗棠早在道光十三年（1833年）就有了在新疆设置行省的想法。后续，左宗棠先后五次上奏清廷力荐新疆建省，于1884年清政府在新疆设立行省。但清廷本就羸弱不堪，在新疆建省后虽历任9位巡抚，依旧无法改变新疆积贫积弱的现状。

（二）盛世才专政时期的历史观照（1933—1944年）

　　新疆存在的两大军阀杨增新、金树仁对新疆割据自守的统治使新疆人民处在愚昧不堪的状态，直到这两个军阀在新疆的统治结束，新疆与内地取得了联系，内地城市的新思想、新文化得以传入新疆，依赖军阀的民族封建势力也开始土崩瓦解，新疆和苏联的联系也进一步扩大，在军阀杨增新、金树仁统治的21年（1912—1933年）时间里，对北洋军阀政府和国民党中央政府派往新疆的官员采用各种欺骗恐吓的手段驱逐，他们割据自守的政策使新疆与外界长期隔绝。直到1933年4月12日，金树仁逃亡内地，军阀盛世才通过窃取政变果实方式掌权。相对于杨增新、金树仁相似的割据自守政策，盛世才在当时的国内政治局势上还是受制于国民党中央政府的，迫于当时政治环境乃至整个国际局势，1934年，盛世才提出"反帝、亲苏、建设"三大政策，以此来迎合苏联和中国共产党，因为当时抗日战争爆发，民族矛盾已经上升为整个国家的主要矛盾，中国共产党在积极抗日的同时，多次要求蒋介石领导的国民中央政府一致对外。

　　与此同时，盛世才还面临着金树仁留下来的烂摊子，据民国二十年（1932年）国府主计处调查，当时新疆农田面积仅有13692000亩。种植技术还非常落后，相关文献中记载："旱田一犁之后，任其自行生长；水田犁行一周，布籽泥淖中，用耙覆盖，不知分秧的方法，良莠蔓生，弗刈弗耨，任其蕴繁并不事灌溉。"在《新疆五十年》中记载："三年来的战乱，使生产遭到严重破坏……牧畜的损失很大，由四百余万头减到三百余万头。"金树仁政府大量发行纸币，造成通货膨胀，财政混乱。1982年金树仁政府亏空23424775元，1929年亏空24938249元，约是当时财政收入的5.8倍，1930年亏空26031176元。

1936年，盛世才确定了"反帝、亲苏、民平、清廉、和平、建设"的"六大政策"，政策的实施为新疆政治稳定、各项经济发展提供了有力支持。在农业农村方面，积极参与农村建设，改善提高农村生活，1937年1月，盛世才政府在借苏联500万金卢布的基础上，又向苏联借款金卢布250万元，用以向苏联订购各类机械和武器。在苏联的援助下，新疆开始使用农业机械经营和近代耕作方法，新疆出现了农业试验场、棉花试验场、农业所、测候所、栽桑苗圃、模范养蚕室等。改良种子，提高生产量，还印发农业常识小册子给民众，给民众普及关于捕灭害虫、田鼠的方法及农业技术指导。在畜牧方面，进行改良牲畜品种、科学饲养、造就兽医和畜牧技术人员等。1938年，伊犁警备司令兼行政长姚雄（东北抗日义勇军）、伊宁县县长孟昭代（东北抗日义勇军）及伊犁屯垦委员会委员长王勇（东北抗日义勇军）等开始整治湟渠，引水灌田。1937年，全民族抗战爆发，苏联为表达对援华抗日的支持，双方经过协定，决定开通阿拉木图—伊犁—迪化—哈密—酒泉—兰州这样一条国际大通道，由东北抗日义勇军担当筑路主力修建这条道路。1937年7月1日，迪伊、迪哈公路全线通车，这两段公路全长1850公里，共有大小桥梁2439座，对后来抗战期间我国与苏联之间的援助贡献非常大。苏联对盛世才政府在政治、经济、军事等方面的援助，给新疆经济文化事业的发展提供了长足的动力，不仅有利于新疆社会秩序稳定，而且给民生带来了一定的保障。

（三）新疆和平解放后的历史观照（1949年至今）

盛世才执政期间在国民党中央政府、中共和苏共之间投机，貌合神离。又由于自身多次进行血腥的内部清洗，盛世才众叛亲离，于1944年9月11日逃出新疆。而后新疆在1949年中华人民共和国成立之前，在多股势力中饱受摧残。直到1949年1月，在著名的"和平将军"张治中的推荐下，包尔汗担任新疆省主席兼省保安司令。8个月后，包尔汗和陶峙岳一起宣布新疆和平解放。和平解放之前，包尔汗做主席的时候，新疆8%的地主和富农占有50%左右的土地，92%的贫下中农占有50%左右的土地。每当粮食收获的季节，地主要拿一半以上的粮食，阿訇还要拿走一部分的乌守尔粮以及卡其布里粮等，加上政府的苛捐杂税，南疆大部分贫农和雇农都要靠桑椹、沙枣等充饥[15]。新疆现代工业一片空白，现代工业产值仅占工农业总产值的0.57%，占工业总产值的3%[16]。

中国共产党在新疆执政后，帮助全疆进行改革，从1952年春天开始在农村进行土地改革，1953年全区土改基本完成。1951年5月至1952年5月，新疆的减租反霸斗争达到高潮，全疆共有4000多名恶霸地主和600多名地主头目被依法惩处。1954年7月20日至31日，新疆省第一届人民代表大会第一次会议召开，帮助建立和完善人民代表大会制度，并提拔大量少数民族干部，驻疆部队不仅负责边疆的安全，而且还发扬"可可托海精神"，大力开展生产运动，开荒造林、兴建水利，对稳定新疆农村形式、恢复农业生产发挥了重要作用。中央新疆分局根据新疆的民族宗教政策及人文历史环境，制定了改革方案，改变新疆农村封闭落后的旧面貌，维护各民族群众的根本利益，稳定新疆社会局势，使新疆顺利完成了民主改革。

改革开放前的29年（1949年10月—1978年10月），新疆生产总值582.48亿元，平均每年仅仅20亿元，自改革开放当年（新疆生产总值39.07亿元）起，新疆的生产总值逐年稳步上升，1985年"六五"计划最后一年突破100亿元，1997年"九五"计划时期突破1000亿元，2017年"十三五"规划时期新疆生产总值突破10000亿元。新疆经济社会的发展也包括了人口的增长。从1949年的433.34万人增长到2020年的2585.2345万人，全区居民家庭平均每人全年现金消费性支出13811元[17]。全区各族人民稳步迈入小康社会，全区基本实现所期望的"美好生活"。

四、新时代新疆人民美好生活实现的实践逻辑

（一）全面依法治疆走深走实走细

习近平总书记曾说过，保持新疆社会大局持续稳定长期稳定，要高举社会主义法治旗帜，弘扬法治精神，把全面依法治国的要求落实到新疆工作各个领域。新疆作为偏远地区，自然环境极其恶劣，经济发展落后于其他内地省市，发展不平衡不充分的问题十分突出，"增强人民群众获得感、幸福感、安全感"是习近平法治思想着重强调的现实中工作的重心[18]。新疆治理体系和治理能力现代化需要法治建设的辅助、促进，法政治学概念中所蕴含的多元化的新时代美好生活，是我们中国共产党对人民群众所向往的更深层次幸福生活的回应。新时代的美好生活，包括政治、经济、文化、社会等多维度的美好生活样态之映射，法律作为强有力的保证手段，在新疆人民实现美好生活制度构建的过程

中，以习近平法治思想为引领，其中所蕴含的"以人为本、良法善治、公平正义"的法理意蕴，囊括了新疆人民在实现美好生活的过程中所蕴含的法政治学之愿景。

第三次中央新疆工作座谈会上，习近平总书记指出："要保持新疆社会大局持续稳定的局面，必须把全面依法治国的要求落实到新疆工作的各个领域，全面形成党委领导、政府负责、社会协同、公众参与、法治保障的社会治理体系。"自治区政府应自觉将新疆工作纳入全国大局，健全反恐工作格局，完善反恐工作体系，重点加强完善"去极端化"，加快在严厉打击"三股势力"的渗透破坏活动方面的立法工作，把"双泛思想"和"三股势力"的渗透消灭在前芽状态。贯彻落实总体国家安全观要走深走实走细，新疆的稳定与国家安全密切相关，统筹新疆的发展与安全、稳定与安全，把新疆的安全与国家的安全密切联系起来，精确落实《中华人民共和国刑法》、《中华人民共和国刑事诉讼法》、《中华人民共和国反恐怖主义法》、国务院《宗教事务条例》和最高人民法院、最高人民检察院、公安部、司法部关于办理极端主义犯罪案件适用法律的系列法治政策，同时建议修订《中华人民共和国城市居民委员会组织法》《中华人民共和国村民委员会组织法》等法律，将自治、德治、法治相结合，形成"法安天下，德润人心"的政治局面，在村民自治、居民自我管理的法治体系中形成上下贯通的去极端化法治机制，将极端化的法治重心下移，各级领导干部要深入基层，了解新疆宗教现状，区分人民内部矛盾和敌我矛盾，保护合法和制止非法，妥善处理新疆宗教问题，实现国家安全体系与能力现代化建设，多途径开展法治宣传工作，打造讲法、守法、用法的优良法治环境，通过弘扬社会主义法治精神及社会主义核心价值观，引导各族群众知法用法，新疆人民政府应通过网络讲座、法律栏目、法律下基层等形式加强宣传。

（二）发挥主人翁意识，优化营商环境

牢牢扭住新疆长治久安这个总目标，持续深化"放管服"改革，加强丝绸之路经济带核心区建设、推进重点项目建设，并使营商环境得到优化，将"管理型"政府过渡到"服务型"政府，健全各级党政主要负责人履行推进法治建设第一责任人的责任，树立起"关键少数"带动全社会重视法治、厉行法治的鲜明导向，特别是公检法司等执法机关和部门，应秉持公平正义、企业优先、发展为重的理念，主动依法依规打击侵害企业合法权益的违法犯罪行为，营造安商、稳商、惠商、暖商的营商环境。

坚持高位谋划，塑造优良营商环境，注重体系衔接。以自治区党委、人民政府出台的《自治区实施营商环境优化提升三年行动方案（2022—2025年）》为根本遵循，提供法治保障、构建体制机制、配套举措设施等方面同步推进，对标国外先进水平、国内最高标准。在全面依法治疆工作中突出优化法治营商环境，配套相应的法治监督工作、法治建设、考核指标体系，实行量化考核、督查整改等。贯彻落实国家"十四五"规划和"2035年远景目标"，紧盯"一带一路"核心区、八大产业集群、"一港、两区、五大中心、口岸经济带"建设，多多举办诸如2023年中亚法律服务合作论坛、中国（喀什）—中亚南亚法治论坛、2023"一带一路"中哈传统医药国际合作霍尔果斯高峰论坛等，聚集专家学者智慧，持续深化与中亚各国在各领域的交流合作，加快供给侧结构性改革稳步提升，进一步优化区域要素市场化配置率，加快构建发展与制度型开放相适应的涉外法律服务业，紧密依托上合组织，不断优化推进"一带一路"律师联盟建设，充分利用好、充分发挥好、充分依托好深圳国际仲裁法院在喀什市建设的"喀什法务区"、乌鲁木齐的"丝绸之路经济带法务区"的作用，构建高水平、优质化的涉外法律服务，从而助推新疆打造高水平向西开放桥头堡。

（三）加强文化润疆建设，弘扬铸牢中华民族共同体意识

"铸牢中华民族共同体意识，是全党、全国各民族人民共同的责任。"[19]不仅如此，铸牢中华民族共同体意识也是文化润疆工程实施以来的导向牌。新疆作为古丝绸之路要冲，自古以来就是多民族聚居地区，各个民族归根结底都是中华民族，中华民族作为各民族共有的血脉之源，需要以国家通用语言文字作为文化传播、交流的主要渠道，通过使用共同的语言文字打破交流障碍，促进民族团结，所以在新疆地区深入推广国家通用语言文字迫在眉睫，在新疆地区年龄较大的各少数民族语言文字功底薄弱，只有近些年经济稳中向好以来的"儿子娃娃"在国家义务教育中学习到了汉语，文化水平得以提升，青少年"筑基"工程事关党的百年大计，这一问题绝不能含糊，应着力强化铸牢中华民族共同体意识的法治保障，在学校中，加强教师、青少年学生的社会主义荣辱观和法治观教育，把法治教育纳入国民教育体系和精神文明创建内容，健全筑基铸魂的法治举措，由浅入深、层层递进地增强青少年的规则意识，教育部、司法部与全国普法办联合制定了《青少年法治教育大纲》，自治区教育厅应该根据《大纲》要求把学校法治教育课程、教材、师资体系利用科学的手

段，系统地建立起来。

习近平总书记曾作出指示："宣传思想文化工作面临新形势新任务，必须要有新气象新作为。"[20] 文化润疆战略就是要从根本上解决各族人民群众政治认同的问题，各级党委政府应严格落实意识形态工作责任制，端正历史文化认知，通过进校园、宣讲、深入群众讲解等方式，引导各族群众铸牢中国魂，强化宣传思想文化教育主阵地管理，加强网络空间治理，旗帜鲜明地与错误思想作斗争。红色文化与铸牢中华民族共同体意识具有内在统一性，坚持走中国特色社会主义的文化道路，坚持社会主义核心价值观引领文化润疆，凝聚新疆红色文化主阵地对抗各类极端错误思想，利用红色文化中可歌可泣的英雄事例，感染广大各族群众，让红色文化精神与人们的精神世界产生共鸣，让红色文化精髓沁人心田，从而真正做到绵绵用力。

五、新时代新疆人民美好生活实现的价值逻辑

（一）守正创新，彰显了新时代党中央的治疆方略取得的历史性成就

党的十八大以来，新时代党的治疆方略取得了显著成绩，战略地位显著提升，抵御西方谬论的能力显著增强，新疆人民实现美好生活的主旋律更加高扬，宣传铸牢中华民族共同体意识主阵地更趋巩固。中华民族共同体意识进一步确立，社会主义核心价值观深入人心，讲好党和新疆人民共同奋斗的故事的能力明显增强，在新疆意识形态领域，正本清源与固本培元有序衔接推进，实现了全局性、根本性的变革。以上成果皆得益于党中央的治疆方略的引领。

"全面完整准确"就是要求新疆各级党委政府在工作中要注重工作的系统性、整体性和精准性，既要立足国内，又要放眼世界，透过现象看本质，善于抓住矛盾并有效化解矛盾，发扬"小事吹哨子、大事响喇叭、矛盾不上交、风险不外溢"的"乌伦古经验"，善于稳中求变，更要善于危中寻机，毫不动摇坚持新时代党的治疆方略，切实在思想上政治上行动上与以习近平同志为核心的党中央保持高度一致。

（二）谋篇布局，标明了新时代党的治疆方略是引领新疆工作稳步前进的科学行动指南

以习近平同志为核心的党中央以前所未有的高度重视新疆建设，把建设新

疆纳入中华民族伟大复兴的宏伟蓝图中。在第一次新疆工作座谈会中，胡锦涛同志把"跨越式"发展定为新疆工作的目标，到第二次、第三次座谈会上习近平同志将新疆工作着力点由"跨越式发展和长治久安"调整为"社会稳定与长治久安"，既是对第一次座谈会新疆目标的继承与发展，也体现了新疆的稳定在国家全局工作中的重要作用。

新时代党的治疆方略作为习近平新时代中国特色社会主义思想的新疆篇章，在增进共识、凝聚人心和指导实践中发挥着十分重要的作用。这一伟大壮举充分彰显了以习近平同志为核心的党中央对新疆建设进行了全面战略布局，明确了把依法治疆作为新疆基本政治遵循的高度，坚持正本清源、守正创新，指明富民兴疆的方向，那就是贯彻落实国家"十四五"规划和"2035年远景目标"，紧盯"一带一路"核心区、八大产业集群、"一港、两区、五大中心、口岸经济带"建设。

（三）领航掌舵，体现了中国共产党恪守以人民为中心的初心和使命

新时代党中央的治疆方略的提出，充分总结了历史经验，分析了现实挑战，运用了马克思主义辩证唯物主义和历史唯物主义世界观和方法论，坚持人民为中心的基本思想，明确了社会稳定和长治久安就是新疆的主流，深刻阐明了没有社会稳定和长治久安，一切都是空谈。

习近平总书记强调："人心是最大的政治，共识是奋进的动力。"党的十八大以来，习近平总书记每到关键节点，都为新疆改革发展掌舵领航，尤其是2023年8月26日，时隔一年多，习近平总书记再次莅临新疆，专门听取新疆维吾尔自治区党委、人民政府和新疆生产建设兵团工作汇报并发表重要讲话。正是有了习近平总书记掌舵领航，有了治疆方略的科学指引，新疆的政治、经济、文化一定会迎来新的辉煌。因此要深刻领悟"两个确立"的决定性意义，增强"四个意识"、坚定"四个自信"、做到"两个维护"，必须牢牢把握新时代党的治疆方略的精髓和习近平总书记的重要讲话的含义，武装头脑、指导实践、推动新疆"跨越式"发展。

六、结语

"边无患，中国乃得安宁。"新时代全面推进"依法治疆、团结稳疆、文化润疆、富民兴疆、长期建疆"的首要任务，是实现广大各族人民群众对美好生

活的向往，依法治疆彰显中国治理之保障，团结稳疆突出问题导向的治理思维，文化润疆强调铸牢中华民族共同体意识，富民兴疆注重以民为本的治理路径，长期建疆强调人民美好生活的长期保障问题。实践证明，中国共产党治理新疆的政治、经济、文化、民生等方面的新局面来之不易，新时代我们只有坚持党的领导，坚持"三个离不开"，坚持长期建疆，新疆才能社会稳定，经济持续向好，才能早日实现"2035年远景目标"，进而实现各族人民对美好生活的需求。

参考文献

［1］习近平.高举中国特色社会主义伟大旗帜　为全面建设社会主义现代化国家而团结奋斗——在中国共产党第二十次全国代表大会上的报告［J］.中国人大，2022（21）：6-21.

［2］阿力木·沙塔尔，林星君.美好生活权作为一项基本人权——基于新疆人权建设的分析［J/OL］.克拉玛依学刊：1-12［2023-09-22］.

［3］王兴瑞，刘翔.认真传达学习贯彻习近平总书记在听取自治区和兵团工作汇报时的重要讲话精神［N］.新疆日报（汉），2023-08-27（01）.

［4］习近平在中央民族工作会议上强调　以铸牢中华民族共同体意识为主线　推动新时代党的民族工作高质量发展［J］.中国民族，2021（08）.

［5］张可让.马克思主义与新疆实践［M］.乌鲁木齐：新疆人民出版社，2014.

［6］马克思，恩格斯.马克思恩格斯全集：第47卷［M］.北京：人民出版社，2004：35.

［7］胡佳，田探.习近平文化思想指导下中国式现代化道路的文化选择——基于对"三大文化"的继承、弘扬与发展［J/OL］.重庆大学学报（社会科学版）：1-13［2023-11-15］.

［8］耿蕾，辛亚超.深入实施文化润疆　铸牢中华民族共同体意识研究［J］.中共乌鲁木齐市委党校学报，2023（03）：13-18.

［9］龚晓潇，孟楠.文化润疆铸牢中华民族共同体意识：价值意蕴、风险挑战和实践逻辑［J］.西北民族大学学报（哲学社会科学版），2022（01）：39-46.

［10］于德.习近平精准扶贫思想研究［D］.中共中央党校，2019.

［11］国务院印发《中国（新疆）自由贸易试验区总体方案》［N］.人民日报，2023-11-01（02）.

［12］黄卫.精心打造"丝绸之路经济带"的核心区［J］.求是，2014（07）：22-24.

［13］赵铁锁，吴艳华.深刻把握依法治疆、团结稳疆、文化润疆、富民兴疆、长期建疆［N］.新疆日报（汉），2022-07-21（07）.

［14］坚持依法治疆团结稳疆长期建疆 团结各族人民建设社会主义新疆［N］.人民日报，2014-05-30（01）.

［15］朱培民.当代新疆是新疆历史发展的最好时期［J］.实事求是，2009（05）：15-20.

［16］新疆通志·综合经济志［M］.乌鲁木齐：新疆人民出版社，2006.

［17］新疆维吾尔自治区统计局.新疆统计年鉴2021［Z］.北京：中国统计出版社，2021.

［18］中共中央宣传部，中国法学会.习近平法治思想概论［M］.北京：高等教育出版社，2021.

［19］张日培.中国语言政策研究报告（2019）［R］.北京：商务印书馆，2019：11.

［20］习近平对宣传思想文化工作作出重要指示强调 坚定文化自信 秉持开放包容 坚持守正创新 为全面建设社会主义现代化国家全面推进中华民族伟大复兴提供坚强思想保证强大精神力量有利文化条件［J］.中国民族，2023（10）：4-5.

河北省营商环境评价指标体系的构建

白　鸽

【摘　要】构建营商环境评价指标体系是稳步扩大规则和标准制度性开放，实现营商环境稳定、公平、透明和可预期的重要举措[1]，是实现高质量发展的重要内容，是检验营商环境建设成效的关键。本文围绕优化营商环境这一根本目的，以河北省新修订的《河北省优化营商环境条例》为主要依据，初步构建具有河北省自身鲜明特点的营商环境评价指标体系。本文将河北省营商环境评价指标体系优化层级按照《条例》要求分为市场环境、政务环境、要素环境、法治环境、信用环境五大维度，共下设 22 个二级指标，61 个三级指标。信息收集主要通过问卷调查、访谈、对规范性文件进行检索等公开形式获取。该评价指标体系仍需要进一步完善和丰富，在设置过程中应当坚持具体性和完整性、可行性和可操作性的基本原则。

【关键词】《河北省优化营商环境条例》；营商环境；评价指标体系

一、问题的提出

营商环境是促进市场经济、实现高质量发展的重要内容。2023 年 11 月 30 日，河北省第十四届人民代表大会常务委员会第六次会议修订了《河北省优化营商环境条例》（以下简称《条例》），《条例》于 2024 年 1 月 1 日施行[2]。河北省积极推动优化营商环境建设，通过政策宣讲等形式使市场主体深入了解各项政策措施。现阶段河北省营商环境仍然需要进一步优化和进步，近年来，通过营商环境法治保障的评价推进地方营商环境建设，已成为持续优化营商环境的有效模式[3]。目前河北省在构建营商环境指标体系的理论和实践中，仍然存在一些问题，为能够准确把握发现并有效解决这些问题，构建营商环境评估指标体系应当是一种有益的探索。营商环境评价能够有效反映区域法治化营商环境水平和实践状况，对于更好改善全域营商环境具有重要的实践意义。本文围绕优化营商环境这一根本目的，以《河北省优化营商环境条例》为依据，探索创立具有河北省自身鲜明特点的营商环境评估指标体系。积极回答下列问题：如何才能实现对营商环境建设成效的精准评估？河北省营商环境法评价指标体系究竟该如何构建[4]？

二、河北省营商环境评价指标体系的构建原则

（一）科学性和综合性

评估体系的设置应当秉持公平、诚信、市场主体权益保护、政府行为规制等价值理念[5]，在构建营商环境评价指标体系时要使各项指标遵循科学性和综合性的基本原则，符合指标体系设定的基本目的，涵盖营商环境各要素的基本内容。该指标体系的建立还需要不断地完善和丰富，要求在以《条例》为基础的条件下，充分结合河北省市场发展的客观情况和现实需要，有针对有目的地构建指标体系，在指标筛选过程中既要体现各层级指标设置的科学性，又不能过于冗余。应当建立一个具有河北省鲜明特色、能够对河北省营商环境阶段性环境做出精准评价的指标体系，同时紧密结合相关法规、规章的规定和省委省政府关于优化营商环境的决策部署，能够充分体现对法规政策内容的有效回应[6]。

指标体系的构建要遵循具体性和完整性的基本要求，所选取的指标应当具有较强的代表性，能够全面地反映所评价的内容。应主动对接世界银行营商环境评价指标体系，探讨契合中国营商法治环境评价需求的指标体系构建逻辑和进路，建立具有河北省特色的营商法治环境评价指标体系是营造稳定公平透明、可预期的营商环境的应有之义[7]。具体性和完整性是指在评价指标体系的设置上要充分考虑各种因素，各级指标的内容应完整且具体，包括要对各个层级的指标有明确具体的规定，含义清晰易懂，指标体系要配有完整的说明，对各个指标的具体含义、信息的收集方法、数据的处理方式等都要有明确的说明和详细的规定。

（二）可行性和可操作性

评价指标体系的设置不宜过于复杂，但同时应兼具合理有效，过于复杂则会给实际操作带来困难，也会给评价对象带来压力和负担，有可能会因评价工作影响各单位的正常运转。营商环境评价主体既可以选择内部评价主体，也可以选择第三方评价主体，但目前通行的做法是后者，以期通过第三方评价主体的独立性和专业性保证评价结果的客观公正[8]。

可行性是指标数据信息来源要可获取，一方面要求获取方式便捷，相对获取难度较低，获取的渠道通畅；另一方面是要同时保证获取数据的客观性和真实性，确保数据可以进行实际应用。可操作性是指，在指标体系构建好以后，对考察年度内营商环境实际效果进行评价的操作过程中，要充分考虑各种影响因素，确保评价效果客观，评价结果可信，影响因素包括但不限于问卷调查的设计、调研人员的操作能力、获取数据后的处理效果等因素，要求考察前期对各类资料进行检验整理，对调研人员进行培训，对调研后期的数据进行科学有效的处理，使得调研结果达到理想的效果，得出的评价结果客观公正。

三、河北省营商环境评价指标体系的基本架构

《河北省优化营商环境条例》坚持问题导向、目标导向，聚焦市场环境、政务环境、要素环境、法治环境、信用环境五大环境建设，在此基础上，通过对《条例》具体内容进行解读，结合河北省现阶段营商环境发展情况，构建出河北省营商环境评价指标体系，该指标体系将营商环境优化层级分为市场环境、政务环境、要素环境、法治环境、信用环境，共下设22个二级指标，61个三级指标。

（一）市场环境

本指标体系在本系统项下设置了市场准入制度、涉企政策、企业登记情况、发展对外贸易、政策宣传情况、行业协会商会、政策信息公开7个二级指标作为考察对象。

1. 市场环境系统是最基本的营商环境。市场准入制度重点在于对市场经营主体达到条件或标准进入市场的情况进行衡量，降低市场准入门槛，激发市场活力，使更多更丰富的经营主体进入市场，扩大市场竞争力，形成一个充满活

力的自由竞争市场。该二级指标下设 3 个三级指标，具体包括：第一，市场准入难易程度。评估政府对市场主体进入市场所设置的条件或标准，包括许可准入条件和禁止准入条件。第二，市场主体增长率。年度内市场主体增长率能够有效反映市场准入情况，增长率高，说明政策对市场准入限制更少，市场更加开放。第三，市场准入隐形壁垒有效处置率。政府通过构建网络平台，对市场准入隐性壁垒向公众征集线索，对线索进行有效甄别并及时处理，及时解决、落实并对外公布。

2. 涉企政策的目的在于为市场经营主体提供更加便利、优质的服务，使市场更加繁荣。该二级指标下设两个三级指标：第一，涉企政策的与时俱进性。市场发展的不同阶段会展现出不同的需求和规律，涉企政策必须进行及时的更新和修正，对于不符合现阶段市场发展的涉企政策，应进行及时的更新和整合，保障政策的有效性，使涉企政策更好更惠及各类市场主体。第二，年涉企政策颁布数量。在评估年度内，全域相关部门颁布涉企政策的具体数量。

3. 企业登记是指对市场经营主体的注册登记、注销登记、证照办理、税负服务等内容进行及时有效办理，现阶段河北省积极探索推进一业一证、证照联办、一证多址等改革[9]，为经营主体提供更加规范、精简的办理流程。该二级指标下设两个三级指标：第一，一次性办结率。一次性办结为经营主体在登记办理中提供较大便利，在进行注册登记时尽量使经营主体能够一次性办结，不因材料不全、条件不达标等壁垒或刻意刁难等行为增加办理次数，该项指标能够有效衡量行政部门的工作效率，提高其工作质量。第二，全程网上办理率。经营主体不需要去行政审批部门，只需要在线上平台进行申请，就可以全程网络办理，包括上传资料、信息登记、得到反馈均在线上完成，该项指标能够有效提高企业登记办理效率。

4. 发展对外贸易指参与境外投资是河北省积极鼓励和所支持的，该二级指标下设 3 个三级指标：第一，年对外贸易额。评估年度内全省对外贸易额总量，能够有效反映全域参与对外贸易的情况。第二，提供相关信息和指导量。政府应在围绕对外贸易上提供帮助，辅助市场主体更好地参与对外贸易，进行政策宣讲，公开各类信息，进行指导。第三，提供对外贸易相关培训人次。是指评估年度内政府进行对外贸易相关培训的总人次。部分市场主体对参与对外贸易和境外投资认识不够，对发展对外贸易存在认识上的困难，政府应主动为经营主体提供相关培训，包括相关法规政策、知识产权保护等方面。

5. 政策宣传情况重点在于政府对营商环境相关政策的宣传情况，该二级指标下设3个三级指标：第一，宣传地区覆盖率。是指年度内进行过政策宣讲的区域数量占行政区域内全部地区数量。河北省下辖11个地级市，共有47个市辖区、20个县级市、94个县、6个自治县，营商环境评估是全省范围内进行，政策宣讲也要普及全域。第二，年宣讲场次。评估年度内对优化营商环境相关政策进行宣讲的场次，开展形式不限于以发放宣传材料（包括但不限于解读手册、视频动画、展板等纸质资料和电子文件）和举办宣传活动（包括但不限于宣讲会、活动周及新媒体等）。第三，市场主体知晓度。评估市场主体对营商环境相关政策贯彻落实的知晓程度，以市场主体为调查对象发放调查问卷获取相关信息。

6. 行业协会商会在协助政府及相关部门开展工作时，应规范自己的行为，按照法律法规和章程规定开展优化营商环境的服务和指导工作，发挥其在宣传政策、反映诉求、维护权益方面的积极作用。该二级指标下设2个三级指标：第一，年处理纠纷案件。协会商会在年度内有效解决市场纠纷的案件数量是有效衡量行业协会商会工作质量的重要指标，行业协会商会应当在本行业不同主体之间出现矛盾和冲突时，发挥好协调作用，维护市场和谐。第二，经营主体满意度。经营主体的满意度是对行业协会商会工作最好的反馈，以经营主体为调查对象发放调查问卷，让经营主体对行业协会商会年度内工作进行评价。

7. 政策信息公开是指政府对经营主体招标投标、政府采购、公开信息进行公布的情况，政府应当对各类信息进行公开并主动接受群众监督。该二级指标下设3个三级指标：第一，政府公开信息专栏设置情况。政府信息公开专栏的检索功能可用性、实用性，页面设置及栏目设置情况，以及网站相同栏目内容的一致性、无障碍服务的可用性。第二，信息完整情况。政府及相关部门对各类信息公开应当及时和完整，各类要素应当全部包含在内，不隐瞒、不包庇。第三，问题反馈情况。信息公开后要保证向上反馈渠道通畅，搭建反馈平台，对反馈问题进行及时有效处理并对处理结果进行公布。保证能够及时发现问题、解决问题。

（二）政务环境

本指标体系在本系统项下设置了政务服务效能、推广惠企政策、纳税事项办理、政企沟通机制、跨境贸易管理5个二级指标作为考察对象。

1. 政务服务效能是考察政府及相关部门面向市场经营主体服务质量、服务效果、服务水平，目的是更好地为经营主体提供更加便捷的服务。该二级指标下设 4 个三级指标：第一，政务服务的科学性。包括对政府服务的流程、效率、效果进行衡量，调查其运行流程是否规范，要求是否明确具体，能否及时有效受理事项。第二，受理政务服务事项数量。年度内政务服务部门受理并解决经营主体诉求案件的具体数量。第三，经营主体满意度。对办理事项的市场经营主体进行调研，考察其对业务办理的满意度。第四，政务服务移动端应用率。为了提高政务服务办理效率，河北省积极进行网上办事服务改革，实现政务服务网上办理，推广河北省政务服务集成自助终端，实现政务服务事项"掌上办、就近办"[10]。

2. 推广惠企政策要求政府及相关部门面向经营主体及时对政策进行发布、推送和解读。有关部门在制定相关法规政策后要保障好经营主体的知晓情况，及时向经营主体进行推送和发布，并对重要内容进行解读，保障经营主体的知晓情况。该二级指标下设两个三级指标：第一，推送、发布和解读惠企政策数量。推送、发布和解读政策的数量能够有效衡量政府及相关部门的工作情况。应当及时对新发布的政策进行发布解读，使经营主体更好地获取相关信息。第二，享受惠企政策企业数量。能够有效考察政策发布解读的效果，对于符合条件的企业应当全程网办、快速兑现，不得拖延、刁难，使更多企业能够充分享受惠企政策。

3. 纳税事项办理要求政府及相关部门在企业纳税事项中为企业提供便利的情况。该二级指标下设两个三级指标：第一，缴纳税费便利程度。经营主体在缴纳税费时是否便利，税务服务信息系统是否完备，流程是否清晰通畅、是否遇到阻碍，通过对各纳税经营主体满意度进行调查以获取信息。第二，税费网上申报缴纳率。经营主体在进行对各项社会保险费、医疗保险费、住房公积金进行缴纳时，能够通过网络申报且直接缴纳税费的案件数量占全部线上线下税费缴纳案件数量的比例。

4. 政企沟通机制要求建立常态化政企沟通机制，加强政企沟通，构建"清""亲"政企关系。政府在制定和实施相关政策时要积极主动听取各类市场经营主体的意见和建议，通过座谈会、意见箱、线上反馈平台等方式加强政企沟通，该二级指标下设 3 个三级指标：第一，反馈机制建设情况。健全经营主体诉求反馈机制，是否充分听取经营主体诉求并接受经营主体意见，反馈渠道是否通畅，反馈处理结果经营主体是否满意。第二，经营主体座谈会举办次数。组织经营主体以开展座谈会的方式进行沟通交流，通报经济运行和最新经济政策情况，听经营主体在经营过程中存在的困难和问题，听取意见建议。第三，市场调研次数。邀请经营主体开展调研，了解行业发展动态，政府相关部门应定期面向市场主体进行市场调研。

5. 跨境贸易管理是口岸管理部门对省内跨境贸易进行的管理情况，我省积极鼓励各类企业进行对外贸易，口岸管理部门应当发挥好作用，为经营主体提供便利，出台政策。该二级指标下设3个三级指标：第一，无纸化通关率。为了促进省域对外贸易，口岸管理部门应当积极为跨境贸易提供便利，对除涉及国家机密的特殊情况外均实行无纸化通关，为跨境贸易提供便利和效率。第二，流程规范化程度。口岸管理部门应当对进出口审批、通关流程、口岸核验等事项流程进行精简和规范。第三，容错机制实施情况。口岸管理部门鼓励企业提前申报通关和提前办理单证审核。对于提前申报通关存在差错的，按照有关容错机制处理[11]。该指标主要考核容错机制在口岸管理中的使用频率。

（三）要素环境

本指标体系在本系统项下设置了数据资源开发利用、人才引进政策、政策扶持和激励、财政补贴政策4个二级指标作为考察对象。

1. 数据资源开发利用，政府及数据主管部门对公共数据公开，哪些数据可以开放、哪些数据不可以开放、哪些先开放、哪些后开放等问题都是在数据公开过程中要充分考虑的因素，相关部门应当通过数据发布平台，开放高质量并具有重要价值的数据。该二级指标下设两个三级指标：第一，公开数据开放量。公共数据主管部门应当按照需求导向、依法有序、分类分级、安全可控的原则推进公共数据开放[12]。主要对考察年度内，相关部门发布的公开数据总量进行统计。第二，数据要素质量。以问卷调查或访谈的形式进行，考察各类市场经营主体对所公开数据要素的满意度，公开的数据要素应当秉持有用性的原则。

2. 人才是一个地区发展不可或缺的重要因素，对于营商环境建设而言，健全的人才引进政策是促进构建和谐市场的重要条件。该二级指标下设3个三级指标：第一，人才安家落户配套制度。人才引入要完善相关的配套制度，人才才能留得住。具体要衡量包括人才落户、住房保障、配偶就业、子女入学、岗位津贴等相关政策的设置情况。第二，人才激励制度。政府及相关部门要积极为人才的创新创业提供支持和鼓励，应主动在资金提供、税务优惠等方面提供支持，以激励人才在当地创业。第三，人才引进数量。是指对考核年度内全域通过人才引进政策引入的人才总量进行统计。

3. 政策扶持和激励主要是由政府部门发挥好作用，完善各类政策扶持和激励机制，鼓励经营主体创业创新，普及相关政策，提供技术支持。该二级指标下设两个三级指标：第一，发放资金总额。政府应当积极统筹安排各类支持创业创新的资金，考察年度内市场主体获得资金的总额是检测扶持力度的重要指标。第二，科技成果转化率。政府应积极推进产学研用协同创新，推动科技成果创新，科技成果转化率是检测效果的重要内容，通过衡量科技创新成果转化为商业开发产品的指数，一般采用抽样调查的方式。

4. 财政政策的目的是对市场经营主体予以帮扶并提供便利，要求相关财政政策能够有效落地实施惠及企业，而非一纸空文，以群众知晓度和满意度以及落实情况为主要考察方向。该二级指标下设3个三级指标：第一，财政补贴政策的完备性。主要考察相关财政政策的科学性和合理性，具体内容是否明确要求，内容是否完备。第二，群众知晓度。主要考察各类经营主体对出台的相关财政政策的知晓度、满意度。通过向社会公众发放调查问卷的形式了解相关情况。第三，涉企补贴资金公开情况。涉企资金的使用和分配情况应及时向社会公开并开通反馈渠道，接受群众意见和反馈，主动接受群众监督。

（四）法治环境

本指标体系在本系统项下设置了涉企法律法规、行政执法水平、企业权益保障水平3个二级指标作为考察对象。

1. 涉企法律法规的构建、完善和执行是保障营商法治环境的重要内容，是保障企业权益的重要依据，是评价营商环境的关键环节。该二级指标下设2个三级指标：第一，涉企政策文件总量。是指考察年度内全域制定的涉企政策法律法规文件的总量。第二，立法听证情况。涉企政策文件的制定、颁布等过程都要充分尊重生产经营主体的意见和建议，在制定过程中应适时组织听证活动，收集经营主体意见。

2. 行政执法水平是行政执法部门管理市场的能力。行政执法部门工作人员应加强服务能力建设，切实提高工作能力和工作效率，在执法过程中严格遵守制度界限，自觉接受群众监督，规范执法行为。该二级指标下设3个三级指标：第一，平均执法耗时。是指执法人员在进行监督检查、纠纷处理、违规行为制止过程的具体耗时，能够有效衡量执法人员的工作效率和工作能力。第二，执法全过程公示公开。执法人员在进行行政执法的过程中，有特殊规定除外，其他情况下必须自觉接受群众监督，执法全过程应公开公示，处理结果向社会公布。第三，自由裁量权标准规范。健全完善权责清单，对照权责清单，厘清权力边界，切实解决职能部门越位、缺位、错位问题[13]。

3. 企业权益保障水平是指政府及各级相关部门对生产经营主体各类合法权益的保障力度和水平。该二级指标下设4个三级指标：第一，知识产权申报率。企业专利转化率的提高、知识密集型产业的迅猛发展[14]，使得知识产权保障工作在营商环境建设中成为重要的组成部分，相关部门必须提高重视，加强知识产权保障力度，提高知识产权保障水平。第二，企业权益侵害行政治安处罚率。充分保障市场主体的合法权益不受侵害，政府及各相关部门应充分发挥自己在保障企业权益中的积极作用，为市场经营主体提供一个合法的、公平的、不受侵害的经营环境，企业权益受到侵害时应对相关违法行为进行及时有效惩处，保障经营主体合法权益。第三，企业破产与重整率。建立健全常态化企业破产工作协调联动机制，在企业申请破产并具备破产条件时能够及时为企业提供重整、和解及破产清算，降低破产成本，提高破产效率，在市场退出中发挥积极作用。第四，经营主体满意度。企业权益保障水平服务的客体主要是各类市场经营主体，调查经营主体的满意度是衡量其效果和质量的重要标准，主要调查方式是向调查对象发放调查问卷及进行访谈。

（五）信用环境

本指标体系在本系统项下设置了政务诚信建设、公信制度建设、公众信用建设3个二级指标作为考察对象。

1. 政务诚信建设首先包括市场信用环境建设情况。诚实守信是中华民族的传统美德，社会信用制度体系亦是社会主义市场经济体制和社会治理体系的重要组成部分[15]。该二级指标下设3个三级指标：第一，营商政策承诺兑现率。政府及各公共部门制定出的各类营商政策的根本目的是要打造优质营商环境，不能让制定好的营商政策成为一纸空文，因此营商政策承诺兑现尤为重要。第二，企业经营信息公示制度。各类经营主体应完善其经营信息并向社会公众进行公开公示，加强信用自律，规范经营行为，恪守职业底线。第三，政务失信记录制度。要加强信用管理制度，对违规经营行为进行惩处并记录在案，规范市场公平竞争秩序，促进诚信建设。

2. 公信制度建设要求政府及相关部门在优化营商环境建设中发挥积极作用。该二级指标下设5个三级指标：第一，案件判决和执行效率。以司法部门为主体，提高案件判决和执行效率，案件审判的效率严重影响案件主体的合法权益，提高效率不仅是保护受害人的合法权益，更是展现司法公信水平，展示优化营商环境决心的关键。第二，信用管理水平。第三，守信激励制度。健全对经营主体诚信经营行为进行激励鼓励，包括评选年度诚信企业，设置生产经营"红榜"，进行公布并予以奖励。第四，失信惩戒制度。健全对经营主体违反市场经营原则的行为进行处罚的制度安排，要在制度许可的范围内规范惩戒行为，不得加重惩处力度，也不得随意忽略违规行为。第五，信用修复率。建立信用修复机制，鼓励经营主体改正其实行行为，制定系列修复流程，对有意愿且符合要求的经营主体的信用予以修复，清除实行记录，重返市场。

3. 公众信用建设重点在于衡量经营主体的法治意识。法治化营商环境的建立与维护，需要全民树立守法意识及严格遵守法律法规。诚信守法的市场环境能有效降低市场主体间的信息不对称和风险预期，降低市场交易成本[16]。该二级指标下设两个三级指标：第一，经营主体的法治意识。主要是考察市场主体在经营过程中要遵守的法律法规、行业规约及公平竞争原则等制度的知晓情况，主要通过向调查对象发放调查问卷和现场走访调研的形式获取信息。第二，失信案件数量。是指考察年度内全域范围内各类生产经营主体违反信用体系建设原则发生案件的数量，能够有效衡量公众信用水平。

参考文献

［1］［5］［12］石贤平，刘旭东．中国式营商法治环境评价体系构建［J］．学习与探索，2023（07）：55.

［2］［3］［9］［10］［11］河北省优化营商环境条例［N］．河北日报，2023-12-07（009）．

［4］胡建伟．法治河北建设视域下河北省营商环境法治保障评价指标体系的构建［J］．中共石家庄市委党校学报，2022，24（12）：25-28.

［6］郭海蓝．论营商法治环境评价的理路与指标体系［J］．财经理论与实践，2023，44（06）：154.

［7］白牧蓉，陈子轩．中国语境下的法治化营商环境评估体系［J］．西北师大学报（社会科学版），2023，60（02）：127-137.

［8］冯向辉，李店标．市县营商法治环境评价指标体系研究——以黑龙江省为例［J］．哈尔滨工业大学学报（社会科学版），2021，23（04）：44-51.

［13］戴震．关于优化法治化营商环境的思考［J］．民主法制建设，

2023（07）：41-42.

[14] 许晓冬，刘金晶.我国省域营商环境评价指标体系构建与优化路径研究 [J].价格理论与实践，2020（11）：175.

[15] 高泓.营造法治化营商环境：内涵与路径 [J].人民论坛·学术前沿，2023（23）：109.

[16] 李雪欣，田立钢，郭嘉莹.多主体协同的法治化营商环境建设探析 [J].党政干部学刊，2023（06）：27-32.

数字化企业信访工作的战略管理解析

贾征宇

【摘　要】开展数字化信访工作既是中国一项重要的政府责任，也与企业战略管理息息相关。国家推进数字化企业信访工作符合便民原则和相关行政原则，却必须依靠企业战略决策者实现相关政策落地。基于深圳能源、济南能源、温州能源和乌海能源案例分析，可以看到这些能源企业在数字化信访工作中深化组织结构创新是它们快速响应民情行事的秘诀。能源企业配合国家以人民为中心开展数字化信访工作在中国文化背景中乃众望所归，预示它们有必要确保数字技术与信访制度协同演化。

【关键词】数字化信访工作；能源企业；战略管理

对于转型经济体而言，冲突管理关系到现代化建设全局。作为中国特色国家制度的重要组成部分，信访制度在社会矛盾化解中发挥了不可替代的作用。新中国成立初期，毛主席就群众来信来访做出批示，由此拉开信访制度建设的序幕。这使信访制度成为国内法社会学者热议的话题之一。遗憾的是，他们普遍将信访工作等同于行政管理工作，因而未能开展相关企业行为分析。在数字中国建设中，这种缺憾亟待得到弥补。

一、数字化企业信访工作的理论模型

在数字经济蓬勃发展的当代中国，运用数字技术开展信访工作势在必行。2021年，全国信访局长会议提议国家实现信访系统互联互通，由此拉开中国各地推进信访工作与大数据治理融为一体的序幕。同年，国家信访局网上信访工作专题会议强调机关单位运用网络技术提高信访工作效率，推动这些组织开展相关业务流程再造。在这种情况下，企业配合国家规范网络信访对于加快和谐社会建设是有必要的。

（一）数据驱动企业信访工作的缘由

历史地看，信访制度是新中国以密切联系群众为目的建立的一项信息制度。中国民众之所以借助信访制度开展政治沟通，在于他们或多或少具有国家认同。中国民众在自身利益遭受侵害时相信党政机关可以主持公道，集中表现在他们设法向后者申诉。在信访制度下，中国各级政府须在书面上对民众上访的事项予以答复，有助于增强相关证据效力。加上信访制度建设者大抵希望定分止争，它们未必不能运用技术方法改善相关用户体验——开展数字化企业信访工作。

毫无疑问，开展数字化企业信访工作可以便利群众利益表达。长期以来，信访是中国民众自发参政的途径之一。中国民众选择信访的原因不是他们受到政治动员，而是维护自身权益。作为中国首要市场主体的企业在民众权利意识不断增强的情况下无法对后者的利益诉求置若罔闻。它们协助政府开展网络信访将推进跨部门协作，由此满足信访人对自身角色的期待——排忧解难。信访人经由网络平台与涉事企业沟通可以减少他们在维权期间发生的通勤成本，甚至获得一站式服务。

开展数字化企业信访工作也可以简化权利救济相关流程。中国现行宪法规定中国公民有权向国家机关提出批评来追求共同的善。当中国民众发现机关单位存在过错时，他们可以采用信访的方式申诉。中国企业在承担一定社会责任的前提下不宜对相关民怨置之不理。在数字技术的支持下，它们的领导者可以采取程序设计的方式加强内部控制和接受社会监督。相应地，中国企业利益相关者可以以网民的身份向这些组织管理层表态，有助于形成可以助推市场秩序维护的舆论场。

就法律监督而言，开展数字化企业信访工作可以加强问责管理。在现代社会，政府、市场和公民社会间存在错综复杂的委托代理关系，意味着监督权对于防范机会主义行为不是可有可无的。开展信访者可以检举国家机关和其他组织工作人员不作为或违法乱纪，有利于推进这些单位规范化管理。中国企业可以从在线提交的相关资料中知悉自身工作的疏漏，构成它们推进相关整改的有利条件。中国企业利用网络媒介倾听相关一线工作者的所思所想将降低项目监督产生的沟通成本。

（二）数据驱动企业信访工作的要务

虽然国家开展数字化企业信访工作可以提高治理效能，但是相关组织开展协同办公并非轻而易举。目前，中国一些法律政策研究者注意到信访局在履职期间未曾打破条块分割的局面，无助于提高其工作绩效。信访局在接受双重指挥的情况下难以发挥协调功能，即便国家可以运用数字技术实现信访快速受理，消除相关数据孤岛也并非一朝一夕可以完成，不利于消除重复上访。既然如此，国家在数字化企业信访工作中加快相关机制创新势在必行。

在战略管理理论者看来，战略决策者无时无刻不在瞬息万变的组织环境中抉择。高阶理论认为个体特征直接决定他们决策选择的过程和结果，对于打开组织黑箱功不可没。在社会分工日趋细密的现代社会，战略决策者在业务管理中牵涉的情景因素无法完全被他们控制。社会经济条件和社会心理气氛都概莫能外。由此，可以认为战略决策者主要在内驱力的作用下行事。他们的知识水平和生活经验都可以成为战略决策系统参数。数字化企业信访工作者并非不会经历这种决策过程。

身为一类透明化管理实践者，数字化企业信访工作者肩负查明真相的责任。他们采用盲人摸象的方式应对管理风险将无法有效决策。毋庸讳言，民众信访的社会原因不是单一的。可以大致将这些原因分为组织偏差行为和个人认知偏差。前者无法满足市场规则有关程序合法的要求，后者与社会公德存在出入。数字化企业信访工作者在排查相关管理程序问题后将考量信访者的主观条件。他们以计算思维核查从相关项目计划开发到信访的全流程可以生成诸多逻辑符号。

数字化企业信访工作者只有查明案由，才能妥善解决经济纠纷。他们防止信访者做出冲动行为并非和稀泥执法的同义语。其实，每位信访者的请求无不指向特定服务项目，迫使信访工作者对这些请求开展合理性审查。如果信访者的请求具有合理性，那么信访工作者需要对相关部门纠错。信访工作者在这些诉求存在非分之想时并非可以敷衍了事。企业合理使用网络系统回应信访者的请求将起到快速息访之效。

二、能源企业引领的数字化信访系统

众所周知，信息属于民主管理的必需品。仅有掌握充分的社会信息的公共决策者将遵从民意，为他们拓宽政策沟通渠道提供原动力。伴随国家启动经济市场化改革，中国国企和政府机构承受巨大的信访工作压力是不可避免的。它们以数字经济发展为契机革新信访工作模式将提高自身信息决策能力，与民生经济发展并行不悖。目前，深圳市、乌海市、济南市和温州市能源企业皆在这方面开展政策试验。

（一）能源企业数字化信访工作方法

和政府机构相似的是，能源企业应用数字技术开展信访工作不是毫无根据的。根据嵌入理论，组织引进的技术可以嵌入自身结构，进而升级为强制力。特别地，被纳入一定管理体系的技术之所以具有加快体制创新的功效，在于它的使用者希望减少不确定性。这种管理创新的必然结果是技术、组织结构和组织绩效形成一个铁三角。能源企业在数字化信访工作中可以将相关业务部门合纵连横，以便它们参与信访类信息整合。数字技术有如能源企业信访工作的加速器是显而易见的。

能源企业应用数字技术开展信访工作的第一步是将相关数据聚合为模板。从2021年至今，深圳能源、济南能源、乌海能源、温州能源相继在信访工作中利用各自门户网站采集相关行为数据。它们大体上参照自制的上访信的范本抓取各自职工投诉的关键字，以防相关当事人对同一事项反复申诉。这些关键词在语义分析技术的作用下将变成机读数据文档。不仅如此，上述能源企业未尝没有对在线生成的信访信息公文进行自动审核，对于降低这些文案的错误率产生积极影响。

在开展信访类数据标准化处理的基础上，能源企业会对用户界面管理系统进行交互设计。深圳能源、济南能源、温州能源和乌海能源在成立伊始便形成信访工作的惯例，不意味它们一直得心应手地递送相关讯息。不但上述能源企业只能将自己收到的每个纸质信访件交由单个部门处理，而且它们经常请示当地信访局领导层处理这些文件。直到上述能源企业在后危机时代试水网络信访后，它们才不必经由当地信访局将上访信转交本单位职能部门，使得后者发挥自身优势能力。

每当能源企业接收信访，它们借助信访信息管理系统发挥痕迹管理功能。深圳能源、济南能源、温州能源和乌海能源建立的网上信访平台可以自动登记每次网络信访，并要求相关部门限期办理相应文件。这些平台在某个网络信访没有得到如期办理时会发出预警，以至相应机关党委以行政督查的方式加快该信访的办理进度。上述能源企业采用计算机系统制作信访工作台账，不能不使它们的信访系统形成环环相扣的管理程序。负责答复上访信的业务部门难以赖账由此可想而知。

（二）能源企业数字化信访工作成果

通过启用数字网络开展信访工作，能源企业有望在相当程度上维护相关当事人的信访权。它们使用网上办公系统开展信访工作可以实现相关项目进度动态监测，便于各自信访工作者判别热门话题。能源企业在一定时期收悉的上访信数目越多，它们有待化解的内部矛盾越激烈。深圳能源、济南能源、温州能源和乌海能源在鼓励各自利益相关者使用网络系统来信的同时，未曾阻止后者依法来访。它们不约而同地创建线上和线下一体的信访系统，势必使党和国家监督体系日臻完善。

不言而喻，能源企业以办公网络的形式递送信访信息公文并非没有加强相关信息反馈。它们在网络空间将相关当事人的消极情绪与自身管理盲区关联，从而增强信访制度的减压阀功能。正如控制论创始人维纳所言，负反馈调节是系统消除自身偏态的过程。在国内司法机关掀起溯源治理的热潮的今天，深圳能源、济南能源、温州能源和乌海能源没有满足于开展就事论事的补救。它们从各自信访系统记录的相关陈述中发现信访者的隐性不满，为其预判自身管理风险提供便利。

除了拓宽双向信息通道外，能源企业以办公网络的形式递送信访信息公文还提高纠错的及时性。它们在整理这类资料的基础上加强反思学习是自身改过自新的必要条件。深圳能源、济南能源、温州能源和乌海能源在现代企业制度建设中出现的人事类争议是它们共同的历史遗留问题。这些企业联合相关风险评估机构为本单位所有对自身劳动待遇有异议的上访者推出一人一策的工作方案，以免这些争议升级为群体事件。信访相关社会压力转变为组织变革的动力由此可见一斑。

需要说明的是，能源企业开展网上信访未必不会提高特殊顾客服务制度执行力。在这些企业内部存在非对称信息的可能性无法被排除的情况下，它们在常规管理中无法自然而然地洞见自身不足，何况相关弱势群体在维权中具有先天不足。深圳能源、济南能源、温州能源和乌海能源均在与各自信访者间的网络沟通中直面相关法律漏洞，为它们持续推进自身决策支持系统优化奠定基础——充实代议制民主。

三、能源企业依数办信访的文化逻辑

从前述分析可知，中国推进数字化企业信访工作不是无条件的。数字化企业信访工作看似在强制力作用下进行的，实则与柔性管理并非一对互斥事件。如果说信访相关法律强制是国家在规训全社会中实现的，那么信访相关信息沟通可以由非政府组织和民众以对话的方式展开。作为中国一类产业政策执行者的能源企业可以支持国家就信访工作行使基础权力，为后者提高社会心态管理能力贡献一臂之力。

（一）制度层面：软化官僚体系

正如行政信访工作者可以对官僚主义者心存戒备，数字化企业信访工作者并非不会留存反官僚制文化基因。假如这些人员秉持官本位行事，则他们供职的组织将站在人民的对立面。涉企信者可以在有所僵化的官僚体系面前拿起弱智的武器——检举。显然，能源企业利用信息媒体破除信访类信息壁垒，使它们的职能部门从容救场不再是遥不可及的。

尽管行政信访和企业信访相关业务都无法脱离科层组织得到办理，但是运用数字技术管理这些事项可以防止相关兜底条款被虚化。多年来，纪检信访信息有如公共问责的第一关口。至少，公共项目建设者遭遇的一切难题可以在网络空间转化为纪检信访信息管理者的情报源。数字化企业信访工作者可以取得相关当事人在日常生活世界遭遇的问题化信息，与国家在巡视和审计监督中只能取得在一定时点出现的这类信息形成鲜明对比。这些工作者忠于职守将减少官僚体系的震荡。

一旦数字化企业信访工作者在所谓的双轨政治体系中广开言路，他们将及时掌握相关问题线索。将制度看作社会成员博弈的产物之一，可以看到制度均衡只是公共生活的一种理想状态。当前，一些公共部门依然存在某些裙带关系，构成它们的成员廉洁自律的重大障碍。数字化企业信访工作者可以利用信息平台开展类似上门服务的群众工作，源于他们奉行群众观点履职。这种技术治理并非全然排斥人情世故，得益于能源企业和其他公共秩序维护者必须以人伦对抗衙门作风。

（二）信念层面：倡导勤政爱民

古代中国在社会管理中形成情绪调适的惯例不仅是传统政治文化的一部分，而且可以在现阶段中国发挥调节干群关系的功能。无论孔子提议统治者施行仁政，还是韩非子倡导政客因人情治天下，都表明情感和政治间存在千丝万缕的联系。在中国式抗争难免缺乏正当性的当下，信访几乎是民众唯一可以用于宣泄自身消极情绪的政策沟通渠道。数字化企业信访工作者顾及利益相关者的心理性需要不是不折不扣地加强相关技术应用，而是为这些群体适度保留面对面沟通机制。

在当下中国社会自组织程度偏低的前提下，机关单位一味追求刚性稳定无法解决相关当事人心理失调。中国劳动者从单位人转变为社会人并非否认他们不都具有高度的社会适应性。确切地讲，涉企信访者具有心理障碍者并非屈指可数，决定相关企业管理者躲猫猫将无济于事。能源企业在数字化信访工作中未必不会安排思想工作——实现相关当事人知、情、意相生相成。它们不像公安机关和司法机关那样使用政治暴力维护核心价值体系，可以降低体制成本和化解信任危机。

出于展现亲民的组织形象的考虑，中国无法生硬地参照相关法条开展信访工作。中国在工业化进程中形成明显的城乡二元结构，注定国内一系列机关单位充当国家的代理人。这些机构在公共服务性生产中几乎全部直接接触民众，势必再组织化人际关系。能源企业利益相关者以信访的方式向这些企业求助并非盲人摸象。这些人员在一定程度上留存单位人的属性，使得国家在相关企业数字化信访工作中可以进入草根阶层的生存坏境。它依托基层党组织为信访者分忧将协调党群关系。

（三）器物层面：持续济弱扶微

数字化企业信访工作者无一例外地面向群众履职，印证群众路线在信息化时代并非显得不合时宜。相比于容易聚敛知识精英的科层制，信访制度与平民并非水火般不相容。能源企业在信访制度实施中可以汲取多重社会力量，从而更新自身人力资源体系和信息资源体系。它们在白热化市场竞争中立于不败之地与其说是巧取豪夺，不如说是通晓群众之声。能源企业在数字化信访工作中不会像在职务晋升中那样论资排辈，说明它们可以将这种工作程序变成一套群众性例行程序。

进一步讲，数字化企业信访工作者并非不会自主承担道德责任。他们将民意作为一类企业价值标尺符合国家和社会对自身角色期待。既然中国现行法律中少有关于企业信访工作的强制性规定，那么国内能源企业具有强烈的责任意识是它们在这项工作中有所作为的前提。质言之，国家可以在数字化转型中经由能源企业向上访者递送关爱并非不切实际。这些企业向相关上访者主动纠错将对后者正中下怀。

四、在网络信访中完善企业制度之路

应该看到，能源企业推进数字化信访工作并非一个无摩擦的社会过程。在法的传统的限制下，它们克服这项管理创新的薄壳效应并非完全有章可循。在从计划经济向市场经济转型中，中国目睹上访信爆炸式增长，导致广大信访工作者极尽所能地解决麻烦及其制造者。意识到网上信访平台难免成为一个包罗各类纠纷的筐，能源企业未尝不会对这类信息技术工具具有后顾之忧，要求其加强相关规范分析。

（一）更新能源工业信访类管理意识

能源企业开展数字化信访工作增强公共政策系统的开放性，不等于它们解决相关制度冲突易如反掌。只要企业和政府无一可以在数字化转型中破除科层组织结构，它们的信访工作者就必须直面汹涌的民意。这些人员试图打压上访者或者默许后者徇私舞弊对于国家实现长治久安是不可取的。即使能源企业配合政府开展数字化信访工作或许可以扩展信访工作页面，它们在数字化转型中无法完全消除信访工作的耗散结构。并非偶发的涉诉信访是一个数字技术本身无法化解的问题。

在国内公私伙伴关系迅猛发展的情况下，能源企业在数字化信访工作中予以相关人员安慰剂并非多此一举。认识到当下中国社会利益分化是一个不争的事实，它们的数字化信访工作者没有理由不维持法律秩序。能源企业在数字化转型中不应以二元对立思维看待信访制度和其他纠纷解决机制，否则无法防止损伤民情。它们的数字化信访工作者将基层民主制度变成一种行动中的法，与饱受民粹主义困扰的西方世界为潜在的抗议者安排申诉专员、苦情和请愿具有异曲同工之妙。

（二）开展能源工业信访类情感计算

考虑到民情堪称中国社会的源代码，一方面，能源企业在数字化信访工作中不应全然摒弃情感交流策略。它们需要看到由情感能力欠缺衍生的人际冲突与重复上访具有互为因果的关系，并完善相关沟通管理体系。中国在社会主义革命中取得成功的秘诀是基于社会情感提高社会凝聚力，表明数字化信访工作与情感识别并行进行是完全可能的。能源企业极尽所能地将相关诉求交由冷冰冰的机器人处理并非提高自身公信力的良策；它们以线下活动的方式获取民意和线上沟通是同等重要的。

另一方面，能源企业开展数字化信访工作无法完全模糊组织界限。它们的业务部门在数字化转型中坚持整体主义接访绝非暂停自身内部管理职能分工。不同于科层制堪称国家治理体系的钢筋和水泥，信访系统只是国家治理体系的一层草皮：它深埋地下的根须容易被常人有意无意地忽视。毕竟，能源企业利用这层草皮涵养可以承载自身的水源恰恰是社情民意。只有当它们在数字化转型中可以夯实前述草皮的根基时，才能防止自身信访信息系统成为实用主义和工具主义的等价物。

（三）规范能源工业信访类数据整合

从价值论上讲，数字化企业信访工作绩效取决于相关数据质量。能源企业在数字化信访工作中获得全样本是它们准确预见信访相关行为的先决条件。表面上看，能源企业应用数字技术推演信访工作流程可以精准生成相关用户画像。实际上，这种数学建模并非契合合法性原则——难免超出履行法定职责的限度。能源企业无法独当一面地掌握信访者的全部行为数据，且这些数据具有迥异不同的敏感度。它们不加选择地汇集相关信访人行为数据将侵犯隐私，与平安中国建设背道而驰。

因为能源企业在数字化信访工作中获取的数据可以被打上个体化标签，所以它们不应不加节制地开展这些数据控制。涉企信访案件从产生到解决中生成的数据分属于特定企业内外多个机构，使得企业和政府机构贸然打通相关数据库将产生安全风险。能源企业支持国家运用加密算法保障信访类数据安全并非万无一失，即无法完全制止网络攻击。它们与中国各级政府和法院有待完善信访类数据共享相关技术标准，以便这类数据中的国家秘密、商业秘密和个人信息得到分类管理。

（四）推进能源工业信访类算法优化

在工具理性的指引下，能源企业开展数字化信访工作未必能维护公序良俗。它们用于挖掘信访类数据的算法依然处于初始阶段，不意味人工智能依附人类的关系是永恒的。对于模型算法控制者而言，编制法律类知识图谱与研制涉企信访案件智能管理系统具有先行后续的关系：这套专家系统开发者必须掌握涉企信访制度支持系统要素间的关联，从而强化企业信访工作者的法治思维。换言之，他们在涉企信访工作中成功进行计算机模拟是以融合信息技术知识和法律原理为前提的。

无论如何，能源企业在数字化信访工作中应当注重破解算法黑箱。尚未根除数字鸿沟，它们循序渐进地使用算法对信访案件行使裁断权无法完全将数据编码与信访工作融为一体。除非能源企业将相关政策问题形式化为计算机程序可以产生完备的算法，它们在数字化信访工作中不应简单叠加计算思维和法律思维。国家应当引导能源企业合理使用深度学习方法辅助纪检信访信息决策，从而提高相关评估的精度。

参考文献

［1］吴超.当代中国信访制度史［M］.北京：当代中国出版社，2019.

［2］理查德·林奇.战略管理［M］.北京：中国人民大学出版社，2021.

［3］赵永红.国家治理中的信访治理：演变、矛盾与发展［J］.行政论坛，2019，26（4）：36-44.

［4］张海波.信访大数据与社会风险预警［J］.学海，2017（6）：101-108.

［5］黄杰.耦合治理结构与大国治理：对"双轨政治"的重温和拓展性解读［J］.浙江社会科学，2012（9）：42-50.

［6］陈璐，朱国云.信访制度运行中的功能性障碍及其纾解［J］.南通大学学报（社会科学版），2023，39（2）：28-36.

［7］孔凡义.补充民主政制：人民信访制度的再阐释［J］.学海，2020（5）：52-58.

［8］曹海军，梁赛.信访还是信法：新时代基层信访法治化的困境呈现、情境逻辑和路径构建［J］.理论与现代化，2023（3）：72-83.

第二篇
地方立法与公益诉讼制度

个人信息保护公益诉讼的风险防控之维

商庭瑚

【摘　要】风险社会视阈下，以损害救济为核心的个人信息保护公益诉讼虽有破除民事私益诉讼困局之功效，但无法对个人信息风险实现事前预防和精准化解，即以赋权性保护范式为核心的损害救济模式无法对个人信息公益实现全过程保护。主要体现理论困境、运行困境和救济困境，分别是赋权性保护范式实践与个人信息主体完美理性假设之间的冲突、"告知—同意"机制的预设效果被抵消和私法救济功能无法正常发挥。预防原则下，个人信息损害的不可逆转性与无形性的特征对预防个人信息的制度构造提出新要求，因此有采纳以事前风险预防和事后损害救济相结合的二元治理模式之必要，通过明确预防性公益诉讼的适用范围、细化"重大风险"的认定标准、完善行政权运行的配套规则、提升执法司法衔接水平和完善预防性责任承担方式，以期为实现对个人信息周延保护提供借鉴、参考。

【关键词】风险防控；个人信息；公益诉讼；预防性诉讼；损害救济

一、问题的提出：风险社会下个人信息保护的悖论

社会学家乌尔里希·贝克认为当今社会属于"风险社会"，该理论重点关注由科学技术进步所带来的风险，并从普遍性、不确定性和不可控性特征进行详细论证。贝克指出："从现代化进程的自反性角度来看，技术—经济'进步'所带来的力量，日益为风险生产的阴影所笼罩。"

人类因科技进步而迈入"数字风险社会"，科学技术也极大改变人类的生产与生活方式。人工智能、区块链技术和物联网等新兴技术在极大地提高企业生产力和企业生产质量，同时亦为人类自身带来各种风险，如给隐私权、人格

自由、通信自由、财产权和公共利益所带来的各种侵害。数字风险社会中，个人信息风险近年来日益成为各界的关注焦点。信息技术使得互联网企业在提供数字产品或服务时，能够接触大量可识别与不可识别的数字信息，在促进数字服务精准化的同时，亦催生中小互联网企业对数据共享的实践需求。因此种运营模式对经济发展的促进作用，使得政策制定者往往忽视企业信息中的个人信息安全的保护。大量新型技术的商业化实践应用与个人信息数据的复杂性、多主体性和不稳定性交织，使得个人信息私人利益与公共利益面临的风险与日俱增。

民事私益诉讼的救济困境。数字风险社会下，因人工智能与算法技术操纵个人信息、受侵害的个人的信息不对称和个人信息侵权对单个主体的损害小等特点，个人通过私益诉讼维权动力不足，加之在维权能力层面，亦无法与互联网企业抗衡。可见，私益救济不仅难以维护个人的人格尊严和个人信息权益，亦无法妥善处理此类风险。

个人信息保护民事公益诉讼制度的确立为前述风险的纾解提供了契机。2021年，最高人民法院发布的文件涉及公益诉讼制度。随后出台的《个人信息保护法》正是将所有个人信息的保护纳入公益诉讼的保护范围。当前个人信息保护公益诉讼仍以传统损害救济模式为核心，对侵权责任法存在损害赔偿与因果关系认定的依赖性，而与以风险预防为核心的《个人信息保护法》相背离，无法在个人信息私益和公益损害发生之前进行预防性救济。应当认识到，笔者并非否定损害救济为核心的个人信息保护民事公益诉讼的制度功能，考虑到个人信息的流动性、延展性和损害的不可逆转性特点，公益诉讼的预防性救济路径不应被忽视。

故笔者从风险预防原则入手，检视现有个人信息民事公益诉讼的适用现状，并结合个人信息风险的特点，对现有的保护模式进行解构。从逻辑基础和优势评析角度切入，寻找预防原则与个人信息保护诉讼的耦合，欲使个人信息保护民事公益诉讼进入事前风险防控与事后损害赔偿并存的轨道。

二、数字社会下个人信息保护现状分析

（一）个人信息保护的学理争鸣辨析

从私法视阈以观，审视既有私法法律体系，结合当前主流学术观点，可以

得出我国对个人信息的保护主要通过私法上人格权益的形式进行保护的观点。主要体现在：其一，《民法典》个人信息保护模式的确立。2021年颁布的《个人信息保护法》同样展现出私法保护的脉络与逻辑，通过规定个人在信息处理活动中的众多权利的方式，如知情同意权、拒绝权、删除权和查阅权等，来对个人信息实现赋权性保护，以便与《民法典》相衔接和匹配。其二，学界主流观点亦认为：《民法典》对个人信息的规定，决定个人信息利益在私法上的基础地位，这种定位对个人信息保护具有直接影响。《民法典》和《个人信息保护法》的私法规范之间构成一般法与特别法的关系。可见，无论是私法实证法还是民法学界主流观点均认为《个人信息保护法》是对《民法典》规范的细化和补充。

从公法的角度着手探究，学者主要从风险预防和违法制裁的角度进行研究。主攻行政法的周汉华老师认为：在《个人信息保护法》和《民法典》之间，应当坚持平行适用，使得不同机制分别发挥各自的作用。并主张"《个人信息保护法》是民法的特别法，实质上民法大一统观念的典型体现，将公私法合作治理关系变成主从关系，将公法变成私法的一部分，并期望由民法来一揽子解决个人信息保护的问题"。同样亦有学者从多角度对现行"基于权利的个人信息保护法律制度"提出质疑：张涛从认知困境和结构困境进行分析，指出认知困境即信息主体难以进行理性选择；结构困境是指：一方面大数据削弱"告知—同意"机制，另一方面大数据导致个人信息私法救济的困难，并提出"基于风险的方法"，承认信息主体的有限理性，将关注点从个体权利的建构转移到信息安全风险的合理分配。有学者认为：个人信息保护法中应当引入"场景与风险管理"模式，加强对个人信息收集和利用本身的规制。可见，学者主张对个人信息保护实行公法私法合作治理的观点，即实现事前行政执法和事后司法救济的优势互补，形成对个人信息的保护合力。

由此可见，各部门法的学者对于如何形成个人信息保护的协同效应和立体化保护网络存在较大争议。应当认识到，个人信息具有的社会性与私益性的交叉是对其进行有效保护的出发点和落脚点。

（二）个人信息保护公益诉讼的适用初衷

伴随数字化、信息化和智能化步伐的加快，层出不穷的个人信息侵权行为已覆盖到人们生活的各个领域，如过度收集信息、强制信息收集、信息倒卖和因个人信息的商业化流动所产生的电信诈骗等。个人信息的侵权行为的频发，而鲜有普通人愿意选择法律维护自身权益，两者形成鲜明对比。究其原因，一方面，侵权的专业化与精细化分工导致个人收集行为人的违法证据的成本畸高，维权动力不足；另一方面，人工智能、区块链和算法等技术的加持，使得个人信息侵权对单个民事主体的权益损害不大，并且该损害行为又极具隐蔽性，使得个人仅凭自身获取的信息，难以知悉个人信息遭受不法侵害。可见传统的私益诉讼保护模式在面对规模巨大且隐蔽的个人信息侵害时，难以发挥及时、全面保护个人信息的制度功能。公益诉讼可纾解上述难题，一方面，公益诉讼起诉主体一般为检察院或具备个人信息保护专业知识的组织或团体，具备调查取证的专业能力；另一方面，具有"公地属性"即极具社会性的个人信息的客体存在易受侵害的特性，公地悲剧的理论亦为我们提供前车之鉴。大数据时代，个人信息的公共性越发凸显，主要由个人信息的生成机制、外在功能和内在价值三个方面共同决定。因此法律不仅需要保护意识到个人信息侵害自身权益的用户，对于未意识到个人信息侵害自身权益的被侵权人而言，法律亦不能坐视不管，故而采取维护社会公共利益的公益诉讼制度显得十分必要。该制度特有的判决效力及所有与该公共利益相关的受侵害主体的制度功能，能够有效维护作为弱势群体的用户的合法权益。

（三）公益诉讼优势之借鉴

基于公益诉讼制度的共通性，在个人信息保护民事公益诉讼之前，根据个人信息保护的独有特点，可以考虑将既有的环境公益诉讼和消费者公益诉讼积累的与个人信息保护相融合的实践经验和规范经验应用于个人信息保护公益诉讼之中。

环境公益诉讼的发展历程总体呈现以事后损害赔偿的救济模式向预防性环境公益诉讼模式的转变。第一，风险预防原则的确立。2014年，环境法修订，将预防原则设定为环境保护法的基本原则。根据最高人民法院发布的《关于审理环境民事公益诉讼案件使用法律若干问题的解释》第1条，明确公益诉讼起诉人可对已经损害社会公共利益或具有损害公共利益重大风险的污染环境、破坏生态的行为提起诉讼。同时，最高人民法院发布的《关于审理环境公益诉讼案件的工作规范（试行）》第2条，确立以预防原则为核心的司法实践规范体系。第二，环境公益诉讼实践的转向。司法实践中，典型案例"云南绿孔雀案"真正实现预防性环境公益诉讼从理论向实践的突破，转向以预防环境风险为目标的事前救济模式。可见，环境保护公益诉讼领域采用事后损害赔偿与事前风险预防并存的保护模式。

如果说环境保护与个人信息保护之间的距离依然较远，那么消费者公益诉讼与个人信息保护公益诉讼之间存在相互融合的趋势。甚至有学者主张将个人信息融入消费者权益保护之中，如丁晓东认为：为寻求个人信息保护的新出路，激活个人信息保护的私法运行活力，可以尝试将个人信息保护融于《消费者权益保护法》的制度框架之中，对消费者个体实现倾斜性保护，以实现个人信息的良性流通。最高人民法院发布《关于审理消费民事公益诉讼案件适用法律若干问题的解释》第1条，明确可以对"侵害众多不特定消费者合法权益或具有危及消费者人身、财产安全危险等损害社会公共利益的行为"提起公益诉讼，而此规定体现的正是消费者权益保护民事公益诉讼的风险预防模式的规范阐释。

管见认为，通过对既有环境保护和消费者权益保护公益诉讼的规范解读与分析，在两个领域均建立以事前预防和事后损害救济为核心的双轨制保护模式。基于公益诉讼的共通性构造，反观个人信息保护领域，其以损害行为、损害结果和因果关系为中心的救济模式，忽视风险预防型公益诉讼所具有的"防患于未然"的独特优势，将极大阻碍个人信息保护公益诉讼的制度功效的精准发挥和制度走向的精细发展。

（四）损害救济模式：个人信息保护公益诉讼的传统模式及其缺陷

个人信息保护公益诉讼制度自2021年由《个人信息保护法》确立，其中明确检察机关可以提起个人信息保护公益诉讼。根据检察机关的数据显示，2021、2022年检察机关分别办理个人信息保护领域公益诉讼案件数量为2000件和6000件。透过办理案件的数量，可以发现个人信息保护公益诉讼制度在强化个人信息保护执法、推动信息处理者的责任落实和完善配套制度细则方面提供理论价值与实践经验。但应当认识到，风险社会下各种风险类型演进迅速，个人信息安全风险的表现形态也层出不穷。个人信息安全风险问题不仅仅通过个人权利保护机制能够有效遏制与化解，已经演变成为重要的国家治理与社会治理领域亟待解决的重大问题。

（五）以损害救济为核心的基于权益的个人信息保护机制解构

第一，基于权益的个人信息保护机制采用赋权性保护范式。关于赋权性保护在学界同样存在较大争议，如"隐私权保护""人格权保护"等。比较法视阈下，较为成熟的赋权保护模式当数《欧盟一般数据保护条例》（GDPR），定义为个人数据保护权，并通过赋予个人信息主体一系列权利，以期实现对个人数据自由流动的规范。2023年5月25日，欧盟委员会发布《欧盟一般数据保护条例》实施五周年声明，指出："这项具有里程碑意义的立法使公民能够真正控制他们的数据，并为企业创造公平的竞争环境。"在我国法律制度中，尽管"个人信息权"或者"个人信息保护权"这一术语并未明确出现在现行法中，但《民法典》和《个人信息保护法》所确立的法律规则却是"基于承认个人信息为受法律保护的一项权利"。主要体现在《个人信息保护法》第四章"个人在个人信息处理活动中的权利"，规定个人信息主体的"知情权、拒绝权、查阅权、复制权、删除权、转移权等"。

第二，基于权益的个人信息保护机制以个人信息主体的完全理性为假设。即在赋权性保护范式下，作为完全理性的个人信息主体能够根据掌握的信息，对现实中的各种风险进行理智评判并作出选择。其理论基础在于私法自治原则，即个人能根据自主的自由意志实现个人信息权益的效果自主。具体到个人信息保护模式下，即个人信息主体能够自由支配自己的权益，通过自主意思许可信息处理者收集个人信息、要求信息处理者删除个人信息或要求带走信息处理者手中的属于个人的部分信息的权利。

第三，基于权益的个人信息保护机制以"告知—同意"机制为运行场景。知情同意原则，是指收集、使用和处理个人信息必须事先告知信息主体相关情况并征得其明确同意的基本规则。具体而言，该机制表现为隐私保护政策的形式，在该文件之中告知个人信息主体涉及信息收集、储存和处理的相关内容，如处理个人信息的目的、范围、措施等。主要通过要求用户勾选同意选项来达到个人信息处理者确认个人信息主体接受隐私保护政策文件中收集、处理个人信息的相关做法。

第四，基于权益的个人信息保护机制以损害赔偿为法律保障。此种救济机制与赋权性保护范式密切相关。根据权利体系的构造，即个人信息主体享有修改、删除、可携带等具体权利，个人信息处理者承担相应的义务。民事私益诉讼以《侵权责任法》为最终的保障手段，符合侵权责任法所规定的构成要件，只是在证明责任分配上采用倒置的规定。民事公益诉讼则需要满足"个人信息处理者违法处理个人信息"和"侵害众多个人权益"的要求。无论是私益诉讼还是公益诉讼，调查取证难、获知信息不畅等问题是影响该机制充分发挥作用的主要障碍。

（六）以损害救济为核心的基于权益的个人信息保护机制的困境

现有的以《民法典》为主干，以《个人信息保护法》为分支的个人信息实证保护范式，贯穿其中的争议并未因法律的确定而随之消减，仍有愈演愈烈之态势。其原因在于以损害救济模式为核心的基于权益的个人信息保护机制与个人信息的数字特征之间的冲突与不协调。具体如下：

第一，理论困境：数字个人信息的不确定性特征下，赋权性保护范式与个人信息主体完美理性的假设存在运行障碍。信息主体的完美理性假设在实践运行中并非完美。无论是"理性选择理论"还是"私法自治理论"，其已经被证明存在内在缺陷，难以反映真实的决策场景和理性的心理偏离。个人在特定场景下如何行为决策受制于个体差异、环境状况和获知信息的完整程度等因素的影响，不同因素的组合将会阻碍个体进行理性的行为。人作为有限理性动物，在认知和决策过程中会受到"框架效应""禀赋效应""现状偏好"等因素的影响，故难以要求个人信息主体作出良好且慎重的决策。且在其知识水平和禀赋影响下，选择当下最有利而非最有理的决策的概率或许更高。

第二，运行困境：数字个人信息的规模性特征下，"告知—同意"机制的预设效果被抵消。首先，大数据时代下，个人信息所具有的规模效应在极大便利公众生活的同时，亦为公众带来负担，即手机APP所涉领域和类型的多元化趋势，使公众详细阅读"知情—同意"机制下的"用户协议"或"隐私政策"的可能性降低。"隐私政策"所具有的专业性和复杂性亦导致个人用户难以真正理解其中实质内容，此种情形下更不用谈及"完美理性人"的假设。其次，在某互联网企业所提供的产品或服务成为日常工作、生活"必需品"时，加之消费者的弱势地位的加持，决定了消费者为获取商家的商品或服务，除了"同意"其隐私条款其实并无太多其他选择，数字社会关系中的个人授权时常流于形式甚至背离信息主体信赖本意。

第三，救济困境：数字个人信息的损害不确定性下，以损害赔偿模式为核心的私法救济功能无法正常发挥。首先，个人信息处理者实施侵权行为对单个信息主体的损害较小，因个人信息处理者涉及众多信息主体，单个信息主体基于信息不对称，具有无法知悉其自身合法权益被侵害之可能。其次，大数据时代下，个人信息侵害和传统的人身、财产损害相比，具有无形性，这就意味着对于损失的计算标准更难以掌控和把握，实践中是以行为人违法获利数额为标准。

（七）个人信息保护公益诉讼的实践应用评估

第一，案件线索发现的刑事化。根据公益诉讼类型可将个人信息保护公益诉讼分为行政公益诉讼、刑事附带民事公益诉讼、纯粹民事公益诉讼。笔者以威科先行法律信息库为检索渠道，以"个人信息""公益诉讼"为标题，文书类型筛选"判决书""裁定书""调解书"，时间截至2024年2月27日，共检索出案例468件，通过对本次检索结果进行分析，可以发现由刑事案件所引发的民事公益诉讼数量达到427件，占比达79%；纯粹的民事公益诉讼的案件数量达98件，仅占18%。可见当前个人信息公益诉讼的案件线索单一，就线索的发现渠道有待扩展。纯粹的民事公益诉讼案件与行政公益诉讼的数量寥寥可数。笔者认为，个人信息所具有的隐秘、专业和多变的特点所引起的线索来源的困难，加之因检察机关在刑事诉讼程序中公诉机关的地位，其自身具有更大的优势和便利发现案件线索，前述两方面的结合是造成如此境况之根本原因。有学者亦指出，检察机关的绩效考核也是导致检察民事公益诉讼刑事化的重要因素之一。

第二，赔偿数额适用标准的不统一。囿于《个人信息保护法》对赔偿数额的判断标准的模糊性，导致司法实践中存在适用标准的不统一，无法对损害赔偿数额进行客观衡量，而同案不同判的现象有损法院判决的权威性、公平性与客观性。具体而言，《个人信息保护法》69条采用损害填平标准、获利标准和酌定标准，但是并未规定各标准的适用顺位，根据传统法理，法院酌定标准的顺位应当后于前两者。但是在损害填平和获利标准之间何者更优，法律并未予以明确细化，这亦导致相关案件的两审判决思路存在巨大分歧。

三、风险预防原则与个人信息保护公益诉讼困境的暗合

（一）个人信息保护公益诉讼引入风险防控模式的逻辑基础

个人信息保护公益诉讼应以行政权的运行为核心。个人信息的治理困境源于信息的流通性、技术性和损害结果的不确定性，现有的治理模式没有充分发挥行政机关的现实优越性。学者普遍认为，治理个人信息要坚持多部门综合治理的思路，不仅依赖立法和司法，而应将行政权的运行纳入到治理权的轨道之中。为实现对个人信息公益的有效保护，行政权应当充分运用其公益性、系统

性、完整性、积极性、主动性的优势。况且《个人信息保护法》设专章规定履行个人信息保护职责部门的权力和职责，通过事前采取措施实现对个人信息风险的精准预防。个人信息权益保护的新范式需要从个人对个人信息处理的自我控制转向由行政机关对个人信息处理行为进行管理，由行政权来评估个人信息处理行为是否符合个人信息权益保护的价值追求。尤其是对"重大风险"的精准评估，能够打破个人对数字风险的认知困局，提升预防的效率和质量。

个人信息保护公益诉讼应以预防性行政公益诉讼为主轴。首先，赋予行政权治理个人信息风险层面的自主权的同时，司法权同样是行政权行使的"红绿灯"。即行政机关在风险决策中所掌握的"判断场域"并非绝对自由之地。具体而言，行政权同样需要接受司法的制约，其所采取的行政决策和依据的合法性要接受司法权的监督。其次，司法权的介入并非意欲否定行政权的核心地位，而在于助力预防性公益诉讼制度的顺利开展，聚集多方合力消除个人信息风险。如检察建议的制发具有督促行政机关依法履职尽责之功效，在行政机关违法作为或不作为的情形下，检察机关依法提起预防性行政公益诉讼，通过司法权的理性介入来纠正行政不法行为。

（二）个人信息保护公益诉讼引入风险防控模式的优势评析

风险防控模式是贯彻个人信息保护法预防原则的"最优化安排"。相比传统的损害救济模式，风险防控模式并非空穴来风，而是以风险预防原则的形式被《个人信息保护法》所确立，在实证法体系中能找到准确法源。故风险防控模式的确立与完善是结合个人信息的复杂性、损害后果的无形性、侵害的不可逆性的特点，准确贯彻风险预防原则的帕累托最优。

风险防控模式是构建事前预防和事后救济二元模式的必由之路。当前个人信息处理者与个人信息主体之间的规模日益壮大，不同行业的个人信息处理者掌握众多的个人信息主体的信息，其中携带的风险不仅涉及个人的人身、财产权，同时对社会公共利益亦带来威胁。风险防控型个人信息保护公益诉讼的引入，并非意欲否定传统的损害救济模式在惩治违法方面所具有的独特功效。但以此种救济模式为主导，其所具有的滞后性已无法妥善解决前置化的数字风险。故构建以事前预防和事后救济相结合的模式能够扭转个人信息受损后不可逆转的困局，对个人信息实现周延保护。

风险防控模式兼具消除个人信息风险与治理数据产业乱象的神圣使命。数字社会下，个人信息因其具有的二次开发价值，对于社会治理、经济发展和商业营销手段创新均具有重要意义，但是对于个人信息的商业化应用亦需要坚持合法、正当、必要的原则。当前不少企业打着"引流、吸粉"的幌子，采用非法手段倒卖个人信息，已经形成一条黑灰产业链。如山东公安近日破获一不法团伙，该团伙以一条手机验证码换一袋免费洗衣粉的方式骗取老年人的个人信息并进行贩卖。如若形成完善的风险防控型公益诉讼，即检察机关通过预防性公益诉讼线索征集平台，并通过向负有治理职责的行政机关或个人信息处理者制发检察建议。可及时对个人信息黑色产业链进行打击，在个人信息损害发生之前达到消除个人信息风险与治理黑色产业链的效果。

四、风险防控型个人信息公益诉讼的路径重塑

风险防控型个人信息公益诉讼的理论顺应个人信息实践的适时之举，虽然当前法律未明确规定该种诉讼类型，但是早有学者进行讨论。对那些不可能或难以弥补的被损害权利的有力保护，需要由预防性行政诉讼机制来实现，这一机制的建立已势在必行。预防性行政诉讼可以界定为：在实际侵害还没有发生，原告出于保护自己的利益的需要而现行向法院提起诉讼的一种诉讼制度。预防性行政公益诉讼是指在行政活动中，无论行政机关的行政行为或事实行为，具有侵害国家利益或社会公共利益的高度盖然性，而向人民法院提起诉讼要求提前对公益进行保护的一项制度。笔者认为，个人信息保护的预防性民事公益诉讼是指个人信息处理者的行为具有侵害国家利益或社会公共利益的高度盖然性，而向人民法院提起诉讼要求提前对公益进行保护的一项制度。

（一）预防性公益诉讼的适用范围

因预防性公益诉讼的被告的不同，可以区分为预防性个人信息保护民事公益诉讼和预防性个人信息保护行政公益诉讼。前者的适格被告是指实施个人信息侵权行为的个人信息处理者，后者的适格被告是在履行个人信息保护职责过程中，违法行使职权或不作为的行政机关。

预防性个人信息民事公益诉讼。基于预防性公益诉讼的风险防控之功能，加之环境保护风险与个人信息风险具有共通性，在受害主体上具有不特定性、在损害结果上具有延时性等特点。笔者认为，可借鉴预防性环境民事公益诉讼对适用范围的界定：《民事公益诉讼司法解释》规定，法律规定的机关和组织可以对"已经损害社会公共利益重大风险的污染环境、破坏生态的行为"提起

公益诉讼。将预防性个人信息民事公益诉讼的适用范围界定为：人民检察院、法律规定的消费者组织和由国家网信部门确定的组织可以依法对"个人信息处理者违法本法规定处理个人信息，侵害众多个人权益或具有侵害众多个人权益风险的行为"提起公益诉讼。

预防性个人信息行政公益诉讼。行政公益诉讼是检察公益诉讼的核心，该制度设计的初衷是为弥补缺失行政违法侵害公共利益的司法监管的治理漏洞，有效发挥司法在监督行政、维护公益方面的治理效能。此种诉讼类型意在发挥司法权对行政权的制约和监督功能，如《行政诉讼法》25条。对于个人信息领域而言，主要存在以下几种适用情形：第一，行政机关发布的抽象行政行为，存在侵害个人信息的风险。第二，行政机关违法处理个人信息，对国家利益或社会公共利益有造成损害的高度盖然性。第三，行政机关履行个人信息保护职责的依据错误或不履行个人信息保护职责，具有造成国家或社会公共利益损害的高度盖然性。换言之，《个人信息保护法》赋予行政机关保护个人信息的职权，同时在风险预防原则下，行政机关亦具有准确、及时消除风险的职责。此种职责同样也是权力之体现，为防止腐败对国家利益和社会公共利益造成损失，预防性行政公益诉讼应运而生，其目的在于督促行政机关回归履行个人信息保护职责的本质。

（二）"重大风险"的构成与认定

1."风险"的概念明晰

预防性公益诉讼在实践与理论上备受争议不无原因，其中对重大风险的评判标准无法量化是此类诉讼所面临的重要阻碍。纵观预防性环境公益诉讼实践，《环境民事公益诉讼司法解释》中所确立的"重大风险"的判断标准的内涵与外延仍无法准确界定。个人信息重大风险属于不确定性概念，因此欲探索预防性公益诉讼之路，重大风险的法律概念界定、重大风险的认定规则的构建便至关重要。关于重大风险的概念：学界通常根据损害发生的盖然性高低将风险分为"危险、风险和剩余风险"，而究竟何种风险才是需要法律进行干预和介入的呢？《里约环境与发展宣言》规定需要预防的风险是指：那些严重或不可逆转的威胁。笔者认为，在预防性个人信息公益诉讼中，可以将"重大危险"作如下解读：主要指加害行为对国家和社会公共利益产生现实而紧迫的危险，不及时制止或消除将会造成严重的或不可逆转的重大损失。危害社会公共利益的重大个人信息风险，涉及计算机技术、经济、法律等方面的专业知识，无法期待通过立法毕其功于一役。正如学者赵鹏所言："风险不能成为一个不证自明的概念，如果法律层面对预防何种风险缺乏明确指向，现实层面又无法发展出测量和预测风险水平的客观方法，风险可能成为一个容易被操纵、滥用的概念。"未来的路，尤其是法官对"重大风险"的认定，仍需要在风险预防的基本理念指引下，根据逻辑理性、行政机关意见和专家意见进行综合评判。

2. 重大风险判断的考量因素

虽法律无法对"重大风险"作出精准的界定，但可以根据个人信息风险的特点总结出可供参考的要素，将其作为综合评判的指南针和风向标。第一，非法处理的个人信息的类型。《个人信息保护法》对敏感个人信息进行区别保护之意旨在于，敏感性越强的个人信息，其因受侵害所带来的风险也会越高，因此可以根据个人信息的敏感程度来作为参考的首要因素。第二，非法处理个人信息的行为类型。根据该行为是否具有造成损害后果的即时性，区分为非法提供、使用、公开不特定公民个人信息和非法收集、存储、加工、传输不特定公民的个人信息。前者具有造成损害的即时性，可以通过传统的"损害救济"模式进行保护；而后者往往不会直接造成具体的损害后果，属于制造个人信息风险的行为，可以运用预防性公益诉讼进行处理和解决。第三，个人信息处理者非法处理个人信息所涉及的规模，即规模和数量越大，该行为对个人信息公共利益所带来的损害也就越大。

（三）完善行政权运行配套规则，提升执法司法衔接水平

在最高人民检察院公布的8起典型案例中，其中5起案例均是由行政机关介入，从而实现纾解个人信息风险之目的。可以窥见，具有履行个人信息保护职责的部门处于预防性公益诉讼制度的核心。但在行政权运行的制度保障层面，《个人信息保护法》仍稍显乏力，主要体现在如何划分不同的履行个人信息保护职责部门的职能，如何协调执法与司法的关系。

1. 要完善行政权运行配套规则

首先，《个人信息保护法》虽规定风险预防原则，但仍要完善该原则在行政权领域的授权规则。要将"法无授权即禁止"作为行政法的基本理念贯穿其中，因此须通过法律对行政机关所采取的风险预防措施进行明确授权，同时明确风险预防措施的构成要件和法律后果，提升个人信息治理的法治化水平。

其次，完善风险预防措施的配套规则。有学者认为：可以对预防性监管措

施进行类型化，然后将具体的预防性措施放置其中，为行政执法提供更为精确的指引，并提出"自愿性预防措施""影响性预防措施"和"强制性预防措施"的分类构想。

2. 提升个人信息保护执法司法衔接水平

个人信息保护问题被天然赋予了专业性和技术性，相比司法机关，行政机关更具有各种专业知识，对个人信息保护问题进行充分审查和认定的能力。行政机关所具有的风险防控的预测机能与防治能力，是搭建风险防控模式的内在要求。因此要坚持司法谦抑性原则，尊重行政权的主动性和优先性，在对案件处理结果的终局判断上，不应过度介入行政机关的职权范围。基于公益诉讼的共通性构造，在预防性环境公益诉讼领域，执法司法衔接的理论经验也值得借鉴，例如，给予司法权和行政权间不同的性质定位，在处理预防性环境公益诉讼与行政执法权时，应当秉持"相互尊重专长"—"行政优先"的原则。

（四）预防性责任承担方式的完善

预防性公益诉讼实践正方兴未艾，法律亦未对预防性责任承担的方式作出明确的指引。而个人信息侵权案件的复杂性和专业性，对法律如何更加灵活地保护个人信息公共利益提出更高的要求。2023年3月，最高人民检察院发布一批个人信息保护检察公益诉讼典型案例，其中涉及个人信息行政公益诉讼的有4件、刑事附带民事公益诉讼的有3件、民事公益诉讼的有1件。笔者以该典型案例作为分析蓝本，重点分析其责任承担方式，以期对个人信息保护公益诉讼的预防性责任承担方式的完善提供借鉴和思考。

表1　最高人民检察院2023年发布的典型案例总结

序号	案情简介	责任承担方式（处理结果）
1	健身房强制采集、非加密传输、违法存储消费者人脸、指纹信息，存在信息泄露安全隐患的行为	行政机关介入，通过系列监管机制保障涉案场所整改到位，涉案场所采用改变入场方式、数据传输加密、定期删除个人信息的方式整改
2	公益事业单位在履职过程中过度收集敏感信息、未落实网络安全等级保护制度	诉前检察建议，督促行政机关取消生物识别功能，消除安全风险、删除既存个人敏感信息、通过技术升级提升既有数据安全性
3	景区擅自、强制采集游客敏感个人信息，且未定期删除个人信息，导致游客受侵害	删除违规收集的敏感个人信息、建立敏感个人信息采集和使用的制度规范、告知游客采集事项并提供多元化进入途径

序号	案情简介	责任承担方式（处理结果）
4	医院违规透露患者个人信息予保险机构用于保险营销，患者不堪其扰	卫健委督促涉案医院限期整改，出台文件规范信息保护，开展诊疗信息安全专项整治行动，组织医务人员参加患者诊疗信息安全培训
5	个人非法获取个人信息，并以营利为目的提供给电信诈骗集团用于电信诈骗	追缴违法所得人民币739581元、承担民事赔偿责任人民币739581元、在国家级媒体公开道歉、删除信息和解散案涉微信群
6	个人利用技术手段非法侵入、获取公司客户订单信息并以营利为目的出售	判处有期徒刑三年、缓刑四年，并处罚金，承担民事公益赔偿人民币38760元、在国家级媒体上公开赔礼道歉、删除案涉个人信息
7	快递公司工作人员出售制定手机号码的快递单号，购买方通过"巴枪"（数据采集工具）获取相关个人信息	判令被告有期徒刑10个月至三年并处罚金，承担公益诉讼赔偿金240183元。快递公司采取优化用户信息保护制度、根据服务范围设置最小访问权限、严控账号安全风险和开发APP取代"巴枪"等整改措施
8	行政机关在政务公开过程中，未对公示个人信息采取去标识化、匿名化处理措施，存在安全隐患	行政机关收到检察建议主动介入，对信息进行排查并采取隐匿化措施、撤除不符合公示要求的信息，消除公益损害风险

见微知著，除停止侵害、排除妨害、消除危险的责任承担方式外，典型案例中，法院或行政机关根据个人信息风险所涉及的领域的具体情况而进行灵活处理，从而彻底消除个人信息风险。笔者认为，个人信息风险的多变性、不可逆性与生态破坏具有共通性，可以借鉴预防性环境公益诉讼的禁止令保全措施，即责令被申请人立即停止相关行为。如《关于生态环境侵权案件适用保全措施的若干规定》明确规定"国家规定的机关或法律规定的组织可以针对被申请人即将实施污染环境、破坏生态行为申请禁止令"。并明确人民法院以紧迫的重大风险作为实施禁止令的标准。

五、结语

数字社会给公众带来便利的同时也产生了亟待解决的社会风险问题，其中个人信息安全领域面临的风险极为突出。法学界对个人信息数字风险早有关注，但主要从私法角度通过赋权性保护范式来实现个人信息保护，体现在《民法典》以专章的形式规定"隐私权和个人信息保护规则"。但随着个人信息所具有的商业价值的逐渐凸显，个人信息处理者不惜冒着巨大风险违规处理个人信息，个人信息处理者通过技术手段收集用户网络浏览记录、购物记录、位置信息后，便能够通过大数据交互验证，从而勾勒出用户的"数字画像"以实现精准营销等目的，对个人信息安全和社会公共利益带来巨大风险。与传统领域相比，数字个人信息风险具有变化性、无形性、潜伏性等特点，应当看到，以赋权性保护范式为核心的传统损害救济模式无法对个人信息风险进行事前处理和精准预防，风险防控模式应运而生。

　　构建事前风险防控模式的个人信息保护公益诉讼制度，并非意欲否定事后损害救济模式的功能，而是意图打破传统的以损害救济模式为主导与核心，对风险防控模式进行排斥的观点。个人信息保护公益诉讼的目标不仅在于事后补救，对于风险防控之目的更具有紧迫性。兼顾两种模式的个人信息保护公益诉讼制度，能对个人信息保护风险实现高效治理，亦是个人信息保护公益诉讼制度体系化的必由之路。但亦应当清醒认识到，风险防控模式的探索之路并非一帆风顺，且风险防控模式的理论指导和实践经验均处于崭露头角之际。大数据时代下，为有效防范个人风险，需要结合个人信息公益损害的不可逆性与无形性的特征，对预防性个人信息公益诉讼进行严密设计与精细化治理。具体而言，需要明确预防性公益诉讼的适用范围，对预防性个人信息民事公益诉讼和预防性个人信息行政公益诉讼进行精准界定，对"重大风险"的评判标准和参考因素进行明晰，加强预防性个人信息公益诉讼与个人信息执法权的衔接，尊重行政权的主动性和优先性，并同时完善预防性公益诉讼的责任承担方式，以实现对个人信息的周延保护。

参考文献

[1] [德] 乌尔里希·贝克. 风险社会：新的现代性之路 [M]. 张文杰，何博闻，译. 南京：译林出版社，2018：7-10.

[2] 梅夏英. 社会风险控制抑或个人权益保护——理解个人信息保护法的两个维度 [J]. 环球法律评论，2022，44（01）：5-20.

[3] 王利明. 论《个人信息保护法》与《民法典》的适用关系 [J]. 湖湘法学评论，2021，1（01）：25-35.

［4］周汉华. 平行还是交叉：个人信息保护与隐私权的关系［J］. 中外法学，2021，33（05）：1167-1187.

［5］张涛. 探寻个人信息保护的风险控制路径之维［J］. 法学，2022，（06）：57-71.

［6］范为. 大数据时代个人信息保护的路径重构［J］. 环球法律评论，2016，38（05）：92-115.

［7］许身健，张涛. 个人信息保护检察公益诉讼的法理基础与制度完善［J］. 法学论坛，2023，38（01）：95-110.

［8］秦天宝，陆阳. 从损害预防到风险应对：预防性环境公益诉讼的适用基准和发展方向［J］. 法律适用，2022（03）：121-126.

［9］丁晓东. 个人信息私法保护的困境与出路［J］. 法学研究，2018，40（06）：194-206.

［10］鲁蓉蓉. 欧盟发布《一般数据保护条例》实施5周年声明［J］. 互联网天地，2023（06）：58.

［11］申卫星. 论个人信息权的构建及其体系化［J］. 比较法研究，2021（05）：1-13.

［12］任龙龙. 论同意不是个人信息处理的正当性基础［J］. 政治与法律，2016（01）：126-134.

［13］郭春镇. 法律和认知神经科学：法学研究的新动向［J］. 环球法律评论，2014，36（06）：146-159.

［14］高志宏. 大数据时代"知情—同意"机制的实践困境与制度优化［J］. 法学评论，2023，41（02）：117-126.

［15］张新宝，赖成宇. 个人信息保护公益诉讼制度的理解与适用［J］. 国家检察官学院学报，2021，29（05）：55-74.

［16］张嘉军. 论检察民事公益诉讼的"刑事化"及其消解［J］. 河南财经政法大学学报，2021，36（03）：92-110.

［17］王锡锌. 行政机关处理个人信息活动的合法性分析框架［J］. 比较法研究，2022（03）：92-108.

［18］陈海嵩. 环境风险预防的国家任务及其司法控制［J］. 暨南学报（哲学社会科学版），2018，40（03）：15-25.

［19］苏和生. 个人信息保护公益诉讼的程序构造——从损害救济模式向风险防控模式的转向［J］. 华中科技大学学报（社会科学版），2023，37（04）：

98-110.

［20］李娜，杨阳．免费送洗衣粉背后是盗取个人信息［N］.法治日报，2024-01-19（004）.

［21］胡肖华．论预防性行政诉讼［J］.法学评论，1999（06）：91-95.

［22］王春业．论检察机关提起"预防性"行政公益诉讼制度［J］.浙江社会科学，2018（11）：51-58+157.

［23］杨璐璐．论风险社会视域下预防性个人信息行政公益诉讼的建立［C］//《法律研究》集刊2023年第1卷——中国式现代化公益诉讼制度研究文集．广东财经大学，2023：13.

［24］胡卫列．国家治理视野下的公益诉讼检察制度［J］.国家检察官学院学报，2020，28（02）：3-20.

［25］赵鹏．"基于风险"的个人信息保护？［J］.法学评论，2023，41（04）：123-136.

［26］张涛．风险预防原则在个人信息保护中的适用与展开［J］.现代法学，2023，45（05）：52-72.

［27］王明远．论我国环境公益诉讼的发展方向：基于行政权与司法权关系理论的分析［J］.中国法学，2016（01）：49-68.

新时代"枫桥经验"与基层诉源治理
——以C市基层人民法院司法建议工作机制完善为视角

王海涛　范　凯　昌海龙

【摘　要】习近平总书记指出，法治建设既要抓末端、治已病，更要抓前端、治未病。根据最高院出台的《关于深化人民法院一站式多元解纷机制建设推动矛盾纠纷源头化解的实施意见》《关于推动新时代人民法庭工作高质量发展实施意见》等文件精神，C市中级人民法院出台了《构建"一村（社区、校）一法官"诉源治理工作机制融入基层社会治理大格局实施意见》，实现了法院与基层解纷组织密切配合做到横向联通，法官深入社区、农村、学校做到纵向到底，打通了司法服务"最后一公里"。本文通过比对C市辖区11家基层人民法院近三年制发司法建议类型、内容、数量、采纳、反馈及诉源治理工作机制开展前后相关参数，深入探索推进多元解纷、诉源治理的司法工作新模式，实现新时代司法建设工作的跨越提升，拓展能动司法的路径。

【关键词】诉源治理；司法建议；能动司法；基层矛盾纠纷化解

一、司法建议和诉源治理工作机制在基层法院参与社会治理中的定位与作用发挥

司法作为纠纷化解的最后一道防线，从案件办理上，人民法院要不断提升案件审判质效标准。司法建议是人民法院审判执行职能的延伸，是针对审判执行工作中具体案件反映出的政府部门、社会组织、企事业单位等在制度建设、职能发挥、工作运行等方面存在的问题，或者针对类型案件审判中梳理出的特定区域、特定行业、特定组织等隐含的普遍性、倾向性、苗头性的问题，从司法的视角提出的改进和完善建议，是人民法院能动发挥司法职能作用，参与、

助力社会治理系统工程的重要路径和手段，是人民法院提升司法公信力的重要方式。

面对人民群众日益增长的纠纷解决需求，人民法院要整合法院内外解纷资源，持续推进诉源治理，完善矛盾纠纷多元化解机制。近年来，全国各地法院在加强审判工作的同时，尤其注重办案的法律效果和社会效果的有机统一，把开展司法建议活动作为服务社会的一项重要手段，积极开展司法建议工作，延伸审判职能作用和审判效果，对办案中发现的社会治理问题，以司法建议、分析报告等形式，推进相关部门开展专项整治，努力做到办理一案治理一片。实践证明，人民法院积极开展司法建议工作，不仅有利于有关单位和部门及时有效地堵塞工作中的漏洞，弥补工作过失，健全各项规章制度，预防和减少各种违法犯罪及各种纠纷的发生，而且有利于引导单位和个人更好地知法、懂法、用法、守法，在客观上起到法治宣传的作用。为进一步加强和规范司法建议工作，更好地体现司法能动功效，提升参与社会治理能力和水平，2021年H省高级人民法院制定了《H省高级人民法院关于进一步加强和规范司法建议工作的若干意见》，统一规范全省的司法建议工作。

（一）强化司法建议工作是诉源治理工作机制落地生根的重要措施之一

1. 司法建议工作推动诉源治理工作机制落地生根

诉源治理工作机制在推动基层法院参与社会治理的过程中，司法建议工作发挥了重要作用。司法建议是相对主动和适度超前地介入社会生活，为各种社会矛盾提供司法救济，实现社会公平正义的重要举措，这一作用与诉源治理工作机制贯彻的能动司法，提前介入矛盾纠纷源头，及时将涉法涉诉问题化解在萌芽，实现社会和谐稳定的目标任务不谋而合。司法建议是人民法院坚持能动司法，依法延伸审判职能的重要途径。法院制发的司法建议，有利于进一步提升司法监督的影响力，有利于督促行政机关、有关部门、单位、行业协会整改问题，更好地科学决策，依法履行职责，保障公民合法权益，维护和保障社会秩序的稳定。

2. 司法建议工作更好地发挥了诉源治理工作机制在社会治理中的作用

诉源治理工作机制的运行，有利于人民法院分析研判基层矛盾纠纷的现状和特点，及时针对基层社会管理漏洞和薄弱环节，提出司法建议。对没有形成纠纷但具有潜在风险的社会问题，向乡镇、社区有关单位提出法律风险防控预案；对已经发生矛盾纠纷的社会问题，提出可能适用的法律依据以及相应裁判尺度；对审判、执行、信访等工作中发现的普遍存在的社会问题，通过司法建议、白皮书、大数据研究报告等方式，及时向党委、政府反馈。这些司法建议的制发，最大程度上实现了司法的社会效果，减少了司法资源的浪费，以和谐的方式最大限度地减少社会纠纷带来的摩擦与内耗，防患于未然，从根本上实现息诉止争。

3. 司法建议保障诉源治理工作机制在运行中起到示范指引作用

司法建议的制发，目的是减少同类案件多发频发，防范"衍生案件"，降低诉讼成本，减少当事人诉累。和谐司法要求司法机关不能过度地使用国家强制力，司法建议能通过案件审理，依托诉源治理工作机制在基层矛盾纠纷化解中展露的矛头性问题，发现社会当中一些亟待解决和可能酿成不和谐因素的问题，及时提出合理性建议，以最低限度地使用国家强制力维护社会秩序和稳定。

（二）诉源治理工作机制促进司法建议工作深入规范运行

1. 诉源治理工作机制提升了司法建议的针对性

诉源治理工作实施后，对涉及乡村、社区、学校类司法建议的制发具有重要作用。以校园司法建议为例，发现被告人赵某思有伙同李某鑫、王某晴等人在校内外欺凌其他同学的行为。为维护未成年人合法权益，防止类似案件的再度发生，FN县法院向某中学制发司法建议书，建议学校定期在全校范围内进行涉校园欺凌法律知识的宣传，协调家长加强学生课余时间的看管、保护，引导学生树立正确的价值观。包联法官还通过法治课堂、模拟法庭、公众开放日、庭审观摩、法治漫画等丰富多样的形式与学校开展法治联建活动，充分发挥司法建议的核心作用，助力平安校园法治建设，为有效解决诉源治理难题奠定了坚实基础。

2. 诉源治理工作机制提高了司法建议的可操作性

加强对司法建议工作的理论与实践研究，自觉用司法建议的专业性、规范性、实用性擦亮诉源治理工作品牌，切实解决人民群众的急难愁盼问题。FN县法院的包联法官通过在诉源治理工作中发现的养老诈骗犯罪线索，向县市场监督管理局建议严厉查处以"保健药品""高息回报""婚姻介绍"等为由骗取老年人钱款的虚假违法广告和虚假宣传行为，发现线索及时移送相关部门处理，全方位、多形式地开展打击和预防养老诈骗宣传教育活动，增强了人民群众的司法获得感，提高了司法建议水平。

3. 诉源治理工作机制是促进司法建议工作创新发展的重要途径

诉源治理工作能推广应用甚至被写入最高院的工作报告，究其原因就在于其始终紧跟时代，坚持站在理论和实践前沿，将基层社会治理中的最新问题作为研究对象，不断调整自身策略，推动基本理念、运行体系、具体措施和技术手段等方面的创造创新，不断总结凝聚成最新成果。在不断拓展诉源治理工作内容中，将诉源治理工作加条线，完善与行政争议化解中心、行业调解协会、工商联等领域的司法建议制发工作，凝聚营造法治化营商环境和诉源治理的强大合力，并在实践中通过司法建议来检验调整，为司法建议的发展提供源源不断前进的动力，利用司法建议参与社会治理的客观性、针对性、倾向性和趋势性，为进一步夯实诉源治理工作机制的落地生根，提供了坚实的司法保障。

二、C市辖区基层法院司法建议和诉源治理工作开展情况

（一）C市法院司法建议工作开展情况

根据司法建议工作开展多次量化参数的权重及比例，本文对C市辖区11家基层法院近三年来司法建议的制发、反馈及制发部门等情况进行统计（表1、图1、图2）。

表1　C市辖区基层法院近三年司法建议制发情况

单位：件

法院名称	2020年	2021年	2022年
KC县法院	1	1	3
LH县法院	5	17	13
LP县法院	1	4	7
CD县法院	1	3	2
PQ市法院	2	4	7
YZ区法院	1	8	2
SL区法院	0	4	6
SQ区法院	1	14	20
WC县法院	0	5	4

续表

法院名称	2020年	2021年	2022年
XL县法院	2	11	12
FN县法院	2	8	37
合计	16	79	113

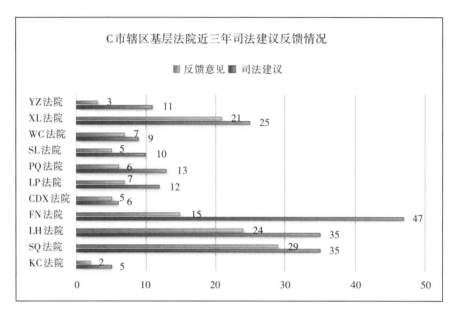

图1　C市辖区基层法院近三年司法建议反馈情况

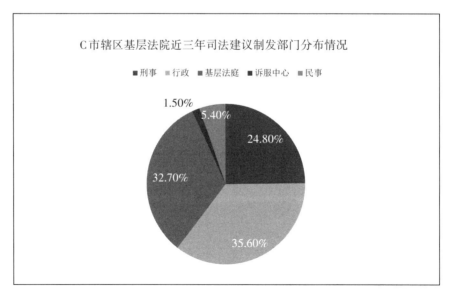

图2　C市辖区基层法院近三年司法建议制发部门分布情况

根据以上数据信息来看，全市法院近三年来司法建议制发情况整体呈上升趋势，特别是2022年，总体情况较前两年明显提升。各基层法院在制发司法建议工作中，少部分法院做法突出，效果良好，但大部分法院不管是从制发数量上还是质量上整体情况不容乐观。

在对C市辖区基层法院司法建议情况调研过程中，我们抽取了KC县、LH县、SQ区、FN县4家法院，对近三年制发的司法建议进行有针对性的调查研究，通过对数据进行详细比对分析以及参阅各院的制发文件内容，发现当前司法建议工作存在以下问题：

1. 文书格式不统一

抽取的4家法院中，FN县法院共发出司法建议47件，KC县法院共发出5件，LH县法院共发出35件，SQ区法院共发出35件。司法建议文书格式没有统一规范，缺乏统一制式格式。

2. 针对性不强、内容乏陈

司法建议的提出只针对一些日常管理问题的现象，没有针对性地指出问题的成因，具体加强管理、堵塞漏洞、防范风险、改进工作的对策。

3. 反馈内容不具体

建议内容较为空泛，有的仅提出问题，缺少深入分析原因，导致建议可操作性较差。从对抽取的4家法院司法建议回函情况分析来看，相当数量司法建议发出后杳无音信，有反馈的建议中被采用的为少数。从反馈的情况看，党政机关反馈较多，大部分为涉及地区经济社会管理中存在的普遍性问题，个案回复较少。不难看出，被建议单位普遍对司法建议不够重视，部分司法建议甚至很难在实践中落实。

4. 制作质量不高，表述不规范

根据调研发现，多数法院司法建议内容简单，篇幅简短，表述缺乏专业规范用语，没有原因分析，所提出的司法建议针对性、操作性不强，多数司法建议仅就审理的案件本身提出建议，从宏观角度提出系统地解决社会管理问题的司法建议较少。

（二）C市法院诉源治理工作机制概述

1. 诉源治理工作机制产生背景

党的十八大以来，以习近平同志为核心的党中央高度重视纠纷源头化解工作，应充分发挥能动司法的积极作用，建立诉源治理和多元解纷机制，推进基层社会治理机制现代化。2021年，中共中央、国务院印发《关于加强基层治理体系和治理能力现代化建设的意见》，就加强基层治理体系和治理能力现代化建设作了前瞻性布局、全局性谋划、系统性部署。

同时，为深入贯彻党中央关于加强基层治理体系和治理能力现代化建设重大部署，落实把非诉讼纠纷解决机制挺在前面的要求，促进基层治理体系和治理能力现代化，建设更高水平的平安中国，最高人民法院（以下简称"最高院"）出台了《关于深化人民法院一站式多元解纷机制建设推动矛盾纠纷源头化解的实施意见》等文件，将司法资源延伸至基层治理最末端，为基层社会治理提供有力司法服务和保障。

C市是H省面积最大的地级市，山高路远、地广人稀，特殊的地理环境和人口布局造成C市基层法院人民法庭服务半径较大，导致司法资源分布不均、基层司法力量下沉不足等问题长期存在。为深入推进市域社会治理工作，提升法治保障能力和水平，有效解决基层社会治理末端司法"供求"问题，C市中院党组经过大量调研和广泛征求意见，于2021年下半年提出构建"一村一法官、一社区一法官、一校一法官"的诉源治理工作机制，并制定《构建"一村（社区、校）一法官"诉源治理工作机制融入基层社会治理大格局实施意见》。

2. 诉源治理工作机制成效

（1）稳步提高社会综合治理能力

C市两级法院积极组织包联法官主动融入社区网格化管理体系，围绕婚姻家庭、邻里纠纷、民间借贷等多发类案件，大力开展普法宣传，加强人民群众的防范保护意识，最大限度地将矛盾纠纷消灭在萌芽状态。2023年上半年全市民事纠纷案件比上一年度同期下降了9.6%，创建无讼乡村469个。

（2）逐步提高人民群众司法获得感

C市两级法院将诉源治理工作机制作为"五抓五促十提升、向党和人民报告"主题实践活动和"为群众办实事示范法院"创建活动的重要抓手，以实际行动落实为民举措，法官入村进校到社区，深入开展上门服务，增加群众诉求表达渠道，真正把实事办到群众心坎上。2023年上半年基层法院服判息诉率比上一年度增长2.85%，各类信访案件同比减少8.3%。

（3）不断锤炼法院队伍

在诉源治理工作机制开展过程中，不断挖掘、培树、弘扬优秀法官、优秀特邀调解员和先进事迹，涌现出部分优秀的金牌调解员。此外，还有41名调解员先后在市县两级重要会议、培训课程上进行经验交流，解纷能力和水平均不断提升。在包联法官（法官助理）队伍中也涌现出了一大批有影响力的先进典型和优秀法官工作站。

3. 诉源治理对司法建议工作的内容要求

为适应社会发展变化的新要求，诉源治理工作机制在参与基层社会治理中，要不断加强与城乡基层组织联治，加强与基层党委政府、村"两委"班子联系，对没有形成纠纷但具有潜在风险的社会问题，向乡镇、社区有关单位及时提出风险预警；加强与基层调解组织联调，加强与人民调解组织、行业调解组织联系，合力调处化解矛盾纠纷；与综治网格联动，加强与网格员联系，协助做好网格化管理，针对多发、易发矛盾纠纷，及时提出司法建议，变审理后提示为纠纷发生前预防。

（三）诉源治理工作机制开展以来，C市辖区基层法院司法建议工作情况

以下为C市辖区11家基层法院2021年、2022年司法建议制发、反馈及部门分布情况对比图（图3、图4、图5）。

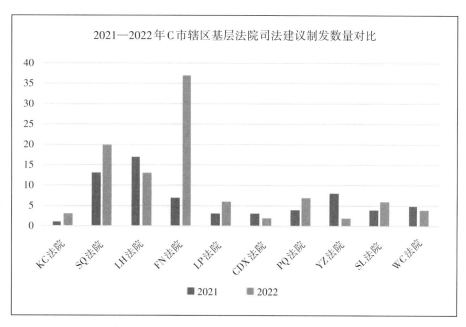

图3　诉源治理工作开展前后C市辖区基层法院司法建议制发数量对比

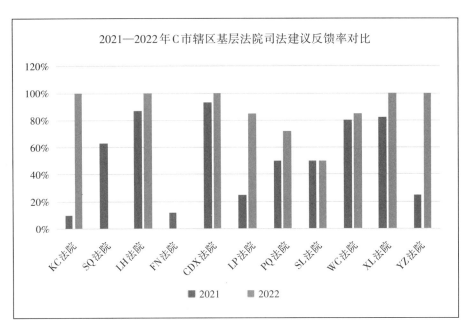

图4　诉源治理工作开展前后C市辖区基层法院司法建议反馈率对比

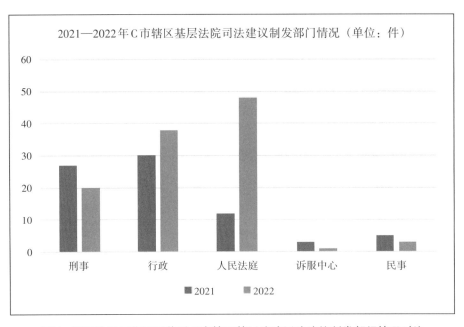

图5　诉源治理工作开展前后C市辖区基层法院司法建议制发部门情况对比

通过以上数据可以看出，自2022年C市中院在全市法院开展诉源治理工作以来，各基层法院司法建议数量、反馈率比上年度有了很大提高，虽然个别法院的司法建议反馈率相对较低，但大部分法院的司法建议已经落地有声，且以人民法庭成效显著。

三、司法建议工作更好服务基层诉源治理的路径探析

基层司法建议工作机制，要针对乡村、社区、学校等案件审理和诉前调解中发现的制度机制、治理监督和具体工作等方面存在的问题，及时向有关单位或个人提出科学决策、完善管理、消除隐患、改进工作、规范行为等建设性意见建议，以此提升服务诉源治理的能力和水平。最高人民法院先后下发《关于进一步加强司法建议工作为构建社会主义和谐社会提供司法服务的通知》等文件，要求人民法院充分发挥审判职能作用，就审判工作中发现的问题向有关单位积极提出司法建议，以最大限度实现司法审判政治效果、法律效果与社会效果有机统一。

（一）认清形势，提高认识，进一步增强司法建议工作的自觉性

积极主动履行司法建议职能，是C市辖区基层法院做好基层诉源治理工作的重要方式。随着各项工作的深入开展，为进一步加强和改进司法建议工作，要切实做到转变思想、转变观念、转变作风，提升政治能力、群众工作能力和社会治理能力。

1. 持续转变思想，不断提升讲政治、顾大局的意识

司法建议是人民法院能动司法的重要手段之一，是充分发挥审判职能作用的重要方式。上文数据显示，全市法院在基层诉源治理工作机制的实践中，要继续依法履行好司法建议职责，积极推进有关单位科学决策、完善管理、消除隐患、改进工作、规范行为，不断提高科学管理水平，预防和减少社会矛盾纠纷，不断提升干警政治能力。

2. 持续转变观念，不断提升服务群众工作能力

司法建议是人民法院坚持能动司法，依法延伸审判职能的重要途径。要坚持把能动司法贯穿司法建议工作，在充分发挥审判职能作用的同时，应当更加重视运用司法建议，准确把握人民群众日益增长的司法新需求。坚持以人民满意为目标，着力解决司法建议意识观念不强，工作不落实、不上心、不尽力的问题，坚持打通司法服务的堵点断点，把司法建议工作做到老百姓心坎上，不断提升群众工作能力。

3. 持续转变作风，不断提升参与基层社会治理能力

司法建议是人民法院提升司法能力和司法公信力的重要手段。法院干警要

主动融入基层社会治理大格局，高度重视和充分运用司法建议来扩展审判效果，以司法建议作为化解社会矛盾、创新社会管理的重要切入点和有效方法，不断提升人民法院化解社会矛盾和参与社会管理创新的能力和水平，努力维护司法权威，提升社会治理能力。

（二）创新机制，加强规范，切实提升司法建议工作水平

1. 司法建议工作应当纳入人民法院的整体工作部署

要创新建议形式，融入村规民约等"民间法"的治理方式。也要规范建议程序，确保建议质量，增强建议效果，推动司法建议工作依法有序开展，努力实现司法建议工作的法律效果和社会效果的有机统一。

2. 司法建议应当纳入司法数据统计范围，为分析和指导司法建议工作提供数据支持

可以在审判流程管理系统中增加司法建议一栏，将司法建议纳入司法统计范围；建设各基层法院之间的司法建议数据交流平台，充分整合、利用司法建议信息资源。如广州中院在其官方网站中设立"司法建议"专栏，专栏下设两个板块，板块一是对所发司法建议全文挂网，可清楚查阅每份建议书的内容。板块二是从2017年起每一季度均对该院发出的司法建议以及反馈情况进行的统计，统计表包含"发出部门""文号""发往机构""建议内容""发出时间""是否回复"以及"回复内容"。

3. 正确处理司法建议工作与立案审判执行工作的关系

坚持以做好审判工作为出发点，同时充分发挥司法建议延伸审判职能的作用，丰富内容，拓展司法建议领域。在C市法院"三个一"工作机制的基础上，开展"'三个一'+"工作，包括：三个一+行政机关，三个一+工商联、行业协会等，对于发现有关单位普遍存在的问题，人民法院应当及时提出司法建议。涉及诉源治理的司法建议，应当建立合议庭评议、专业法官会议集体研究制度，重大司法建议由审委会研究决定的程序。

4. 提出司法建议要秉承必要性、针对性、规范性和实效性原则

通过前期数据收集和司法工作的不断下沉，积累了更多量化数据并且撰写出了针对性强的大数据分析报告，撰写了高质量的司法建议。例如FN县法院在执行涉金融企业部分借款合同案件过程中，发现金融企业在借款合同和担保合同签订时，存在送达难、保证合同责任约定不明确、小额诉讼程序适用率低等情况，法院干警通过数据分析，找到问题症结，及时制发司法建议。

（三）加强领导，科学管理，为司法建议工作提供切实保障

1. 各级人民法院应当高度重视司法建议工作

切实加强对司法建议工作的组织领导和统筹协调。上级人民法院应当加强对本辖区内人民法院司法建议工作的指导，使司法建议工作更加规范，注重实效。FN县法院TC人民法庭辖区地处城乡接合部，交通事故多发，2022年向当地党委政府、交警中队、治超站首次发出了法律风险防控预案，已经被采纳，简报在H日报、H省法院内网刊发；针对土地流转问题向窟窿山乡党委政府发出司法建议书，该党委政府高度重视并复函予以采纳。

2. 确定司法建议工作日常管理机构

建立专业的司法建议工作管理制度，司法建议工作日常管理机构应当严格把关，确保司法建议质量，认真履行以下工作职责：负责本院司法建议书的审核工作；负责司法建议工作情况通报、总结工作；负责司法建议培训、经验交流等工作，定期向党组汇报情况。

3. 加强司法建议情况通报和总结工作

司法建议工作日常管理机构应当定期制作司法建议情况通报和年度司法建议总结报告。探索将司法建议作为评估指标和鼓励性考核分值，作为法官助理的入额条件和员额法官绩效考核标准，不断提高司法建议质量和法官工作积极性。

4. 加强司法建议工作培训、经验交流等工作

各院要开展司法建议专项培训，增强法官调查研究和科研创新能力，提升司法建议书制作水平。组织司法建议经验交流活动，推荐优秀司法建议书，开展司法建议评查活动以及优秀、精品司法建议评选工作，定期"晒"出司法建议，推广工作经验和方法，努力提高司法建议工作水平。

5. 培养综合型司法建议人才

实现办案一线与总结提升司法建议工作的有机衔接，需要培养一批勤学善思的综合型人才。通过"领导干部出题目、审判人才出成果"等方式，在实战锻炼中增本领、长才干。投入专项资金保障，让司法建议更务实，让人才培养可持续。

（四）提升配合，多方联动，拓展司法建议工作发挥效能路径

1. 积极争取党委、人大和政府对司法建议工作的支持

推动将司法建议工作纳入当地社会治安综合治理工作体系。在对有关单位进行综合治理考核时，由人民法院对司法建议的反馈、落实情况提出考评意见，最高人民法院、省高级人民法院可以通过司法解释、司法指导文件增强司法建议的强制力，被建议单位经督促仍不整改和反馈，人民法院可以对其采取罚款、训诫等措施。

2. 加强与新闻媒体等社会各个方面的合作

通过多种渠道和形式加大司法建议宣传力度，在省市两级法院政务网上开设"司法建议"发布平台、回馈平台，逐步扩大为通过广播、电视、网络等大众媒体，予以公开曝光，以吸引公众关注和媒体监督，促进被发送者积极采取措施予以整改解决问题，努力赢得社会各界对司法建议工作的理解、尊重和支持。

3. 强化与被建议单位的沟通联动，让司法建议书成为"必要之书"

一要事前沟通。在司法工作下沉基层中发现的问题，对拟建议把握不准，或已经形成初步建议方案的情形下，可以设置先行沟通环节，联系村镇司法所、特邀调解员等沟通实际情况，确保发出司法建议的必要性和可行性。

二要跟进反馈进度。与一些行业协会、主管部门、行业监管部门、党政机关单位建立长期联系、沟通机制，可以探索召开联席会议、人大常委会备案评查机制，征求被建议单位的工作意见，共同研究解决问题的办法，督促其反馈落实。

三要强化跟踪回访。由司法建议的日常管理机构定期走访受建议单位，调查了解受建议单位对所发司法建议的落实情况、总体评价以及是否存在相关改进建议，跟踪回访结束后，及时填写司法建议反馈单。

（五）调研前置，以案说法，促进司法建议全过程参与

1. 建立司法建议调研前置制度，贯彻落实大兴调查研究的决策部署

调查研究是发现问题和解决问题的有力武器，无论是微观的实务研究，还是宏观的重点调研课题，都应当坚持问题导向。基层法院干警，特别是人民法庭的法官要紧紧依托"三个一"工作机制，把深入基层、发现问题作为能动司法的一项重要内容，从纠纷隐患入手，从诉前调解纠纷入手，掌握基层社会治

理的热点、难点以及人民群众急难愁盼的问题，有针对性地研究分析，提出可操作性强的司法建议。

司法数据分析报告和司法建议是延伸职能、辅助决策的重要抓手，虽短小精悍，却着实是"干货满满"的调研成果。司法建议调研前置制度，需要形成"找问题""想办法""抓质量"的工作格局，形成大数据分析报告、风险防控预案和白皮书等解决实际问题。同时，司法建议可以采取课题调研的形式，实行法院调研部门与高等法学院校联合研讨的形式，开展对司法建议制作和发送的实证分析以深化对司法建议工作的认识，找准司法实践中阻碍司法建议运行的节点、难点问题以做好司法建议工作。

2. 拓展司法建议的适用范围，理清司法与行政的权力界限

目前，最高人民法院《关于加强司法建议工作的意见》对司法建议内容有所拓展，可适用于：一是针对社会、行业中存在的普遍性、重大问题；二是针对严重管理漏洞和重大风险；三是针对国家利益、公共利益受损；四是针对民生问题。除此之外，司法建议的内容在上述规定的领域中应不断拓展延伸其范围，还应涵盖扫黑除恶、自贸区建设、"一带一路"建设、司法救助、"僵尸企业"处理、义务教育等社会热点和重点领域。在电信市场、融资租赁市场、网约车市场等领域也应有司法建议的涉足，同时将涉及的风险防控种类细化到信息风险、技术风险、交易风险等，从"诉讼保障"领域延展到"社会治理"领域。

随着司法建议的内涵不断延伸，还应避免审判裁决的出现。例如在行政案件审理过程中，以司法建议替代行政机关行使职权的现象时有出现，基于某些考核的影响，法院为减少行政机关败诉率，对于存在行政违法的行为，不予依法纠正，作出裁决。而是在作出裁决后，以司法建议的形式向行政机关提出意见，整改或者纠正的措施，虽然暂时可以平息当事人的不满情绪，但是客观上也会造成行政审判的"程序空转"。另外，在刑事审判中，涉黑恶案件的司法建议书也应该符合实际，切中要害，杜绝单纯追求数量而忽视内容质量的现象。

3. 以案讲法、以案说法的方式形成司法建议

H省高院在《关于进一步加强和规范司法建议工作的若干意见》中规定，要进一步加强和规范司法建议工作，更好地延伸和拓展审判职能作用，推动平安H省、法治H省建设。可以通过个案司法建议、类案司法建议、综合司法建议等形式，紧紧围绕党委政府的中心工作和重点，提出更多有见解、有水平、高质量的司法建议。

司法建议是司法领域中的"小切口"，做的是社会治理的"大文章"。切实把司法建议和诉源治理工作机制有机融合，使其作为新时代人民法院主动参与社会治理、发挥司法职能作用的重要手段，达到办理一案、治理一片。要着眼于加强完善基层社会治理、保障和改善民生、提升行政机关依法行政水平、推动社会诚信体系建设、实现企业依法合规经营、改善营商环境等方面整体推进，分类建议，力求落实。如何建立科学客观的司法建议指标评价体系，稳步推进法治建设进程是我们要思考的方向和努力的目标。提高司法建议水平，提升采用率及函复率，力求通过司法建议让企业合规、决策科学、制度规范。

司法建议作为人民法院的任务之一，其目的是宣传法律，教育人们遵纪守法，自觉履行法律规定的义务，享受法律所赋予的权利。在开展审判活动中，人民法院通过开庭审理，公开审判，可选取典型案例邀请特邀调解员、综治干部、妇联干部、网格员等诉源治理工作主力进行旁听，以最直观、最震撼的方式开展法治教育，以案明纪、以案说法，将案件疑难问题形成司法建议的"兴趣点"，征询广大干部群众的制发意见，收集切合实际的基层调研信息。

四、小结

以基层法院司法建议工作的不断提升，推动基层诉源治理工作不断完善，是践行习近平新时代中国特色社会主义思想、贯彻落实习近平法治思想的重要体现，是基层人民法院能动司法的重要举措。其重点强调要针对多发、易发的矛盾纠纷，及时提出司法建议，变事后审理为事前预防。依法发送司法建议既是人民法院的重要司法职能，也是基层法院能动司法，积极参与基层社会治理的重要手段。打造多元解纷体系，服务基层社会治理格局，司法建议工作可以极大地促进有关单位在创新管理理念、改进工作方法、消除潜在隐患等方面发挥示范作用。

做好高质量的司法建议是践行习近平法治思想、践行以人民为中心的司法理念的重要工作方法和手段，是符合多元化解矛盾纠纷的要求和原则，更是符合C市司法环境的实际需求。司法建议工作要在交流中碰撞火花，在对标中找准问题短板，在探讨中凝聚共识。C市地区基层法院应当深耕司法建议工作，充分发挥人民法院服务基层诉源治理的职能作用，为中国式现代化H省场景C市实践贡献司法力量、展现司法担当。

参考文献

[1] 赵秋雁，贾琛. 新时代"枫桥经验"的法治价值及其创新发展路径研究 [J]. 北京师范大学学报，2022（3）：113-119.

[2] 王思斌. 乡村振兴中乡村社会基础再生产与乡镇社会工作站的促进功能 [J]. 东岳论丛，2022（1）：169-175+192.

[3] 习近平. 高举中国特色社会主义伟大旗帜　为全面建设社会主义现代化国家而团结奋斗——在中国共产党第二十次全国代表大会上的报告 [M]. 北京：人民出版社，2022.

[4] 肖琦. 新时代社会治理格局下基层法院协同参与治理的角色定位、现状与路径探析 [D]. 南昌大学，2022.

[5] 俞可平. 中国城市治理创新的若干重要问题——基于特大型城市的思考 [J]. 武汉大学学报，2021（3）：88-99.

[6] 强昌文. 软法及其相关问题研究 [M]. 北京：中国政法大学出版社，2019：5.

[7] 姜晓萍，吴宝家. 人民至上：党的十八大以来我国完善基本公共服务的历程、成就与经验 [J]. 管理世界，2022（10）：56-70.

[8] 李成富，付黎明. 习近平法治思想指引下人民法院参与社会治理路径研究——以司法建议创新社会治理为镜鉴 [J]. 辽宁公安司法管理干部学院学报，2023（02）：45-51.

[9] 李志芬. 司法权社会引导功能实现路径探索——以民商事审判风险建议书为实践样本 [J]. 浙江审判，2012（1）：18.

[10] 程新斌. 司法建议初探 [D]. 南京师范大学，2011.

[11] 陈一新. 完善社会治理体系 [C]. 北京：人民出版社，2022：484-491.

"燕赵山海·公益检察"
实践创新路径研究

孔令江　林　琳　上官岚竹

【摘　要】2022年10月，党的二十大报告首次把"依法治国"作为专章独立阐述，并指出"推进美丽中国建设"。2023年3月以来，河北检察机关主动探索开展"燕赵山海·公益检察"生态环境保护专项办案活动，取得显著成效。本文以河北峰峰矿区检察院在"燕赵山海·公益检察"实践中办理的典型案件为切入点，通过概述"燕赵山海·公益检察"的基本理论与基本实践，分析"燕赵山海·公益检察"实践中存在的主要问题，最后提出"燕赵山海·公益检察"实践的创新路径。

【关键词】生态环境；公益诉讼；河北检察；实践创新

一、问题的提出

党的二十大报告和《中共中央关于加强新时代检察机关法律监督工作的意见》（以下简称《意见》）关于"推进美丽中国建设""完善公益诉讼制度""加强大数据建设和数字中国建设"的重要论述，体现了中央对我国生态环境保护和公益诉讼检察工作的重视和期望，并为新时代数字检察工作的构建与发展提供了明确的风向标。近年来，破坏生态环境案件数量居高不下，根据2023年10月21日最高检关于生态环境和资源保护检察工作报告[1]，"2018年至2023年6月，共办理生态环境和资源保护领域行政、民事公益诉讼44.7万件。向行政机关发出诉前检察建议32.6万件，整改率99.3%"。在"打击环境资源犯罪，推进美丽中国建设"的时代背景下[2]，公益诉讼检察亟须找到创新性的履职保障切入点，打开全新的环境公益诉讼检察监督思路与格局。

"燕赵山海·公益检察"生态环境保护专项监督以来，邯郸市峰峰矿区检察院十分重视公益诉讼检察宣传工作，通过向整个辖区200多块社区智慧电子屏投放公益广告，循环播放海报和专题片，公示受理群众举报热线电话；检察官深入30多个自然村和数十个社区，通过发放宣传册、购物袋、文创产品等形式，让"燕赵山海·公益检察"家喻户晓。前不久，峰峰院检察官在城区广场组织开展"燕赵山海·公益检察"宣传，家住附近的张大爷闻讯赶来，拉住正在发放宣传材料的检察官，称其所住小区环境污染严重，无法开窗通风。检察官经过实地调查发现该老旧小区，垃圾堆积多年无人清理，一进院就可以闻到一股恶臭，小区仅有的一点空地垃圾成堆、蚊蝇飞舞，公共空间十分局促，居民向相关部门反映多次，问题均未彻底解决。查明公益受损事实后，该院依法启动行政公益诉讼诉前程序，与相关部门和属地街道办事处进行磋商，邀请职能部门代表和属地街道工作人员到该小区实地查看。整改工作迅速启动，属地街道办事处安排了3辆铲车，用了5个多小时，将该小区内堆放的10余吨固体废物全部清理干净，并对污染地面进行消毒和重新硬化。相关职能部门在该小区设置分类垃圾箱，安排专人定期清理。近日，该院邀请人大代表和"益心为公"志愿者对该院所办案件整改情况进行回访，某小区的张大爷一眼就认出了办案检察官，并说道："就是这个同志，在广场上进行法治宣传时，现场受理了我反映的问题，当时是抱着试试看的态度，同时也想检验一下检察院是走过场搞宣传还是真为群众办实事，没想到他们当场受理、认真办理，这么快就解决了我们100余户居民的烦心事。"[3]

以上是"燕赵山海·公益检察"生态环境保护专项行动落地见效的典型个案。近一年来，河北省三级检察机关围绕大气、水、土壤及生态资源保护开展深入走访，广泛发动群众，拓宽线索来源，办理了一批典型案件并取得明显社会效果，已形成具有河北特色和辨识度的"燕赵山海·公益检察"生态环境检察品牌。

二、"燕赵山海·公益检察"基本理论

(一)"燕赵山海·公益检察"的提出及内涵

2013年《民事诉讼法》首次规定环境公益诉讼制度，是我国民事公益诉讼制度设立的标志。2017年《民事诉讼法》第55条新增第二款、《行政诉讼法》

第25条新增第四款，标志着我国环境公益诉讼制度体系正式建立[4]。2018年《检察公益诉讼案件适用法律若干问题的解释》具体规定了环境公益诉讼检察的办案规则。2023年3月，河北检察机关首次提出"燕赵山海·公益检察"护航美丽河北建设专项监督行动，将公益诉讼检察职能充分运用到极致，以法治之力促进污染治理修复，为京津冀生态环境保护作出河北检察贡献。自该专项监督开展以来，河北省三级检察机关围绕大气、水、土壤及生态资源保护开展深入走访，广泛发动群众，拓宽线索来源，办理了一批典型案件，打造出了具有河北特色和辨识度的"燕赵山海·公益检察"生态环境检察品牌。

（二）"燕赵山海·公益检察"的总体目标及监督重点

"燕赵山海·公益检察"生态环境保护专项监督行动围绕护航美丽河北建设目标任务，坚持问题导向、办案导向、效果导向，办案力度持续加大，办案质量持续提升，办案效果持续增强，环境有价、损害赔偿的恢复性司法理念得以全面有效贯彻落实，行政机关依法全面有效履行生态环境和资源保护工作职责，生态环境和资源保护的社会氛围进一步浓厚。举全省检察之力，实现公益诉讼高质量发展，为美丽河北建设贡献河北检察力量和智慧。"燕赵山海·公益检察"专项监督重点聚焦河北重点区域生态环境保护综合治理，助力经济社会发展绿色化、低碳化，服务保障经济强省、美丽河北建设大局，主要以破坏大气、水、土壤、生态资源环境等四个重点领域开展生态环境保护专项监督行动[5]。

（三）"燕赵山海·公益检察"的理论价值

"燕赵山海·公益检察"生态环境保护专项监督行动是以习近平生态文明思想为根本指导，全面贯彻党的二十大精神和《意见》，坚持以人民为中心的发展思想，坚持绿水青山就是金山银山的环境发展理念，紧紧围绕全省环境保护总体部署，聚焦护航美丽河北建设大局，大力弘扬塞罕坝精神，统筹山水林田湖草沙一体化保护和系统治理，推动首都水源涵养功能区和京津冀生态环境支撑区建设，充分发挥检察公益诉讼职能作用，以有效履职持续强化生态环境司法保护，为河北全省生态环境保护事业提供司法保障，全力护航美丽河北建设。

三、"燕赵山海·公益检察"基本实践

(一)"燕赵山海·公益检察"基本实践现状

2024年1月,河北省检察院召开"燕赵山海·公益检察"专项监督领导小组第十二次会议,会议指出自专项监督活动开展9个多月来,取得了沉甸甸的成果:一是办案力度持续加大。共立案环资领域公益诉讼6337件,比去年同期增长近30%,环资领域公益诉讼办案数量处于全国领先地位;起诉334件,其中提起行政公益诉讼120件,处于全国第一方阵。最近,唐山市检察院督促打捞7年沉船案被两高评为典型案例。二是恢复性司法成效显著。已督促修复受损林地耕地草原2.2万亩,治理恢复被污染水源地436处、清理被污染和非法占用河道1255公里、清除垃圾和固体废物121万余吨,督促整治或依法关停严重污染企业371家。三是数智平台全面启用。2023年12月28日,我们隆重举行公益诉讼检察大数据智能化应用平台三级院同时启用仪式,为专项活动开展提供了更为有力的内在科技支撑,被《检察日报》头版报道。目前该平台获取案源信息37034条,自动推送线索8661条,已立案500余件。四是社会各界支持度越来越高。我们持续开展不同层级、形式多样的深入宣传,在中央及省级媒体发稿1728篇,其中《检察日报》刊发稿件80余篇,整版报道3次。承德、保定等地总结有关做法,在《法治日报》《河北日报》等刊发。

(二)"燕赵山海·公益检察"实践中存在的主要问题

根据最高法相关数据显示,环境公益诉讼检察实践存在的突出问题是办理的公益诉讼案件数量明显不足,该问题的根源在于检察机关获取破坏环境案件线索的途径有限。在实践中,获取损害环境公益诉讼检察案件线索的途径主要有三种:一是依赖于普通公民的举报或者其他机关单位的移送;二是检察机关内部其他办案部门的移送;三是公益诉讼部门在履职时自己发现的案件线索。环境公益诉讼制度使检察院突破了原有的职能范围,需要承担收集线索等更多的工作。但是,许多污染环境的行为主要处在预备阶段、初期,依靠其自身力量难以获得有效线索。除此之外,当前"燕赵山海·公益检察"专项监督仍然存在以下问题:一是数智平台使用仍然不够充分。总体来说,河北省数字检察建设虽然取得一定成效,但数字化办案、数字化管理、数字化服务还在初级阶段，智能辅助办案工具使用不多，跨部门数据共享和业务协同进展缓慢；检察业务管理、检察队伍管理、检务保障数字化建设存在缺项，智能化程度较低，辅助决策时效性不高、科学性不强，为民服务手段不够丰富，人性化不足，数字检察基础设施老旧，难以有效支撑上层应用；大数据智能化与检察工作融合不足，应用场景不够丰富，难以适应新时代检察工作发展的需要。二是四个领域办案不均衡问题依然存在，大气领域只办理不到10个案件，数量明显偏少。三是平台成案率低，底座技术改进不够标准、规范。四是监督问题、模型与平台关系问题研究不深入，推动为监督办案服务。

四、"燕赵山海·公益检察"实践创新路径

（一）践行检察大数据战略，赋能"燕赵山海·公益检察"实践，搜集梳理一批案件线索，"一体化"履职批量案件

通过检察大数据、互联网信息、公益诉讼志愿者，与其他司法、行政部门的协助，批量收集有价值的公益诉讼办案线索。特别是践行数字检察战略，建成了全省三级院统一运行的公益诉讼检察大数据智能化应用平台，以数智平台为引擎最大程度释放数智平台赋能办案作用。通过深入开展技术培训，让公益诉讼检察人员懂操作、真正能操作，会用、善用平台办案。另外，通过举办快速检测技术培训、无人机取证比赛、大数据监督模型竞赛，培育大数据分析师，使办案人员运用新技术取证固证能力全面提升。针对性地开展工作，研究成案指数体系，根据实践情况调整参数，提升数据识别、智能分析能力，确保有价值的案件能够更精准及时地推送出来。重在着力提升平台办案量，因为平台作用发挥得好不好，主要看通过平台所办案件数量多不多，平台不能变成参观的样品，要切切实实发挥作用。通过强化督导检查，督促应用尽用，努力消灭空白点，开展平台线索推送后立案情况抽查，不断提升运用平台办理案件数量及占比。河北检察机关通过积极"一体化"能动履职，集中全省检察办案力量，真正办理一批检护民生的案件，在解决环境问题的同时，进一步实现办案质效提升，进而彰显专项监督成效。

（二）坚持溯源治理与恢复性司法理念，修复治理一批遭破坏的生态环境、推动解决一批系统性行业性治理难题

河北省检察机关在"燕赵山海·公益检察"生态环境保护专项监督行动中坚决贯彻习近平生态环境理念，推动生态环境损害赔偿制度落实，加强对生态环境损害赔偿和修复过程的监督，通过办案督促行政机关依法履职，促使相关责任主体及时修复治理受损生态环境。强化对生态环境和资源保护领域行政执法活动的监督，督促行政机关既坚持抓末端"治已病"，更突出抓前端"治未病"，开展源头治理，通过磋商、制发诉前检察建议、提起诉讼等方式着力解决行政机关久而未决的生态环境难题。

（三）大力开展生态环境保护司法实践，注重形成办案指引，健全完善河北检察公益诉讼办案长效机制

河北省检察机关在"燕赵山海·公益检察"生态环境保护专项监督行动中十分重视与其他社会组织的有效协作，依法支持其提起生态环境民事公益诉讼，并支持有关行政机关依法提起生态环境损害赔偿之诉，积极推动会签的相关文件如《推动职能部门做好生态环境保护工作的实施意见》的落实。通过积极深化协作配合，充分发挥现有协作机制的作用，真正让机制既建立又见效，注重在办案中梳理总结已有机制存在的问题不足，在实践中细化完善。遵循生态环境和资源保护领域公益诉讼办案特点规律，发挥基层院首创精神，指导各地积极主动作为，在"燕赵山海·公益检察"护航美丽河北建设专项监督活动下，因地制宜开展具有地域特色的专项监督工作，及时提炼总结办案中的好经验好做法，形成推广一批规范办案全流程的制度机制，进而实现科学办案、依法办案的形成。

（四）注重示范引领，总结发布一批典型案例，着力打造具有河北特色和辨识度的"燕赵山海·公益检察"河北生态环境检察品牌

河北省检察机关十分重视高质效办案，重视发现办案中形成的典型案例，及时发布各级检察机关在"燕赵山海·公益检察"生态环境保护专项监督行动中办理的具有严格依法办案、社会效果明显、群众反映强烈的典型案例和优秀检察建议，为全省检察机关"燕赵山海·公益检察"生态环境保护办案提供可参考的办案经验。坚持以新理念、新思想、新举措推动工作，围绕人民群众最

关心、反映最强烈的生态环境难题，维护蓝天、碧水、净土的基本环境需求，着力服务"生态护城河"建设，筑牢首都生态安全屏障，在更高起点上做好具有鲜明特色的生态环境和资源保护检察工作，形成"燕赵山海·公益检察"河北品牌。

五、结语

"燕赵山海·公益检察"生态环境保护专项监督行动是推动我国经济稳定与生态环境绿色发展的重要司法实践活动；是聚焦京津冀生态环境协调发展，全省三级检察机关协同发力共同开展的专项监督活动；是依据相关法律法规，对标对表《河北省生态环境保护"十四五"规划》《美丽河北建设行动方案（2023—2027年）》，主要以污染、损害大气、水、土壤、生态资源环境等四个重点领域专项监督办案活动。该专项监督活动由省院统一部署，三级院分别实施，通过边摸排线索、边办理案件、边推进整改、边总结梳理、边完善提升的方法全面推进，综合采取领导包联、督导指导、总结分析、情况通报、宣传引导等方式推动专项监督深入开展。"燕赵山海·公益检察"生态环境保护专项监督司法实践，有利于打破原有环境公益诉讼检察监督效果不佳的困局，有利于推动公益诉讼检察工作的高质量发展，有利于检察机关更加全面、深入参与社会治理，有利于推动中国式现代化的实现。

参考文献

［1］应勇.最高人民检察院关于人民检察院生态环境和资源保护检察工作情况的报告——2023年10月21日在第十四届全国人民代表大会常务委员会第六次会议上［R］.2024-2-5.https://www.spp.gov.cn/xwfbh/wsfbh/202310/t20231021_631451.shtml.

［2］新华社.打击环境资源犯罪 推进美丽中国建设——来自全国人大常委会专题询问现场的声音［R］.2024-2-5.https://www.gov.cn/yaowen/liebiao/202310/content_6911271.htm.

［3］肖俊林.河北：打造公益检察品牌 守护美丽燕赵山海［N］.检察日报，2022-5-28.

［4］陈晓景.检察环境公益诉讼的理论优化与制度完善［J］.中国法学，

2022（4）.

［5］肖俊林.""燕赵山海·公益检察""护航美丽河北建设［N］.检察日报，2022-3-30.

京津冀协同立法实践中的问题及对策研究

刘 艺

【摘　要】区域协同立法，是在国家推动区域协同发展战略背景下提出并贯彻的实践立法活动。作为一种新的立法形态，是京津冀协同治理的重要措施和法治保障。从我国目前的实践来看，京津冀区域协同立法存在着以下一些问题。主要表现为：协同立法的跨区域性与各区域发展不平衡之间存在着矛盾、在立法活动中公众参与功能发挥不充分、立法权属主体界定不清存在争议以及三省主体状态不对等，以至于存在被动协同的现象等问题。但是我国现阶段相关理论研究还无法满足实际的发展需要，因此，区域协同立法应该从精准区域协同立法的利益导向、强化协同立法的外在动力以及健全以人民为中心的立法参与机制等多方面出发，对于京津冀协同立法的内容继续深入分析，综合推动京津冀协同立法的完善。

【关键词】区域协同立法；京津冀协同立法；利益协调；区域法治

一、京津冀协同立法实践现状

2014年，习近平总书记正式明确提出，京津冀协同发展是一项重大国家战略这一思想，其核心应以北京为引领，河北和天津为依托，三地优势互补，转移并疏解北京部分功能，从而实现并带动京津冀区域高质量发展，并为我国其他区域提供示范。于是在2015年4月，中央政治局审议通过了《京津冀协同发展规划纲要》（以下简称《纲要》）。这一指导文件的落地，意味着京津冀协同发展上升为国家战略，三地协同发展的顶层设计基本定型，推动战略的总体方针明确下来，统领京津冀协同健康发展。在2019年1月，总书记亲自走访了京津冀三地，主持召开了三地协同发展座谈会，他在会上发表讲话，对京津冀协同发展的推动工作提出了明确的要求。2021年1月，总书记再次主持了冬奥会、冬残奥会筹办工作汇报会，强调京津冀协同发展的重要性，并提出期望：在交通、环境等范畴取得更大进展。除此之外，十九届六中全会也明确提出了"四个全面"的战略布局，其中的全面推进依法治国被视为重要内容，法治也是高质量发展的一个显著标志。《规划》的实际推进更应以法治为前提，也就意味着京津冀三地的协同需要依靠立法来作为指南，在法治的轨道上开展，使得三地的发展以及重大变革有法可依，于法有据。在我国法治全局进程中，区域法治是其中的重要环节。随着国内部分区域踊跃参与并推动区域协同立法，京津冀三地作为区域一体化高质量发展的重要抓手，更应坚持法治协同，通过区域协同立法来保障《纲要》的具体实施。而区域协同立法实践中所遇到的问题也就更受到重点关注。

目前，京津冀协同虽然已经初见成效，但是"学术界对于京津冀法治问题的研究，目前是着重研究某个具体的法治问题发展状况，从而不能综合分析各个领域的法治发展情况"，且在京津冀立法协同实践中对于社会管理、市场营商环境、经济发展等方面交流较多，对于大型的产业转移、生态环境补偿等其他方面的立法协同深度不够。因此缺乏对京津冀地区协同立法的整体、系统的分析。京津冀协同是一个逐步完善、多方面推进的过程。所以，对京津冀跨地区协同立法中所遇到的瓶颈和必须突破的问题方面还需要进一步明确和改进。

从理论上来讲，区域协同立法工作的开展践行了习近平法治思想，充分贯彻了中国特色社会主义法治道路。研究京津冀立法协同中的问题能够丰富和推动区域法治研究，更好做到为区域协同活动发展中遇到的问题提供法治上的指导。通过京津冀搭建的法治协同体系，能够为我国其他区域法治提供理论基础，丰富我国区域立法协同理论。从实践上来说，区域协同立法能够有助于以法治手段促进区域间的合作与协调发展，同时这种协同模式还能够有效节约立法资源，为区域发展提供法治保障。并且能够基于协同立法，加快推动京津冀区域内各方面的合作与健康发展，进而促进中国特色社会主义治理体系的完善和治理能力现代化的进一步提升。由此看来，京津冀协同立法的难点在于哪里，如何在现阶段已有经验的基础上吸取转化为相关的立法，以及怎样基于本身已存在的立法体制定位协同立法意义十分重大。

（一）国内区域协同立法实践的发展现状

从我国目前社会实践来看，一些频繁出现的社会问题如大气污染、河湖污染等明显需要跨区域治理。同时，国家治理现代化要求区域协同立法体系现代化。面对这些问题，协同立法成为首选。早在2006年，黑吉辽三省就签署了《东北三省政府立法协作框架协议》，开启了中国协作立法的第一步。在此后的实践中，三省政府法制部门围绕着振兴东北工业基地、促进科技发展等方面完成了一些立法项目，推动了该区域协同立法走向实质。尽管该实践后续进展较少，但是从客观上来说，东三省的立法协作方式为我国整体的区域协同立法打下了基础。近几年来，积极促进区域协同立法发展正逐渐成为地方立法的闪光点。实践中，协同立法在推动跨区域生态治理方面发挥了重要作用，有许多地方通过协同立法模式，打破已有区划界线，强化各方治理理念，构建相对统一的法治环境，为解决跨区域生态治理问题提供了有效保障。2021年，云贵川三省为了推进赤水河流域的保护，达到对赤水河流域共同治理的需求，《关于加强赤水河流域共同保护的决定》由三省人大常委会共同起草，并分别审议通过，于2021年7月1日实施。四川省、重庆市两地也首次尝试推动流域生态环保协同立法，于2022年，审议通过《关于加强嘉陵江流域水生态环境协同保护的决定》《四川省嘉陵江流域生态环境保护条例》[1]。2022年广东地区实行的三部条例"成为市与市之间同门类、共有非遗项目制定地方性法规进行保护传承的先例"[2]。2023年，川陕甘三省为满足对跨区大熊猫国家公园的保护，三地人大常委会协同制定的《四川省大熊猫国家公园管理条例》和《关于加强大熊猫国家公园协同保护管理的决定》于2023年10月1日同时施行。从以上实践可总结现在区域协同立法主要有三方面特点：第一，在不同立法机关合意基础上展开。第二，协同立法主体之间没有隶属关系。第三，协同立法并非单纯地制定法律文件，还应当贯穿于立法全过程。

（二）京津冀区域协同立法实践的发展现状

区域法治的发展构成了国家法治的现实基础，国家对于京津冀地区协同发展非常重视。"区域协同立法和跨区域现代化治理二者互为依托，协同立法是现代化治理的必然路径。"三地作为国家部署的区域发展一体化的典型示范区，更应该坚持法治先行，以期以京津冀区域法治把握机遇，能够推动国家全局法治的进程。基于对京津冀三地各地特殊情况和实际需求，构建完善的立法体系和保障机制至关重要。通过加强沟通与合作，可以形成科学、有效且连贯的立法协同模式，确定区域协同发展的观念，从而为京津冀协同发展提供坚实的立法保障。

在现实实践中，三地作为区域发展一体化的典型示范区，一直在区域协同发展治理问题上敢想敢做。2015年，京津冀首次人大立法协同工作座谈会在天津市成功举行。经过讨论，最终形成了关于人大立法工作协同的指导性文件《京津冀人大立法工作协同若干意见》（以下简称《意见》），会后三地分别审议并通过。其中明确：京津冀在地方立法工作中应深入贯彻指导思想，遵循优势互补原则，以区域一体化和大气、水污染联防联控为切入点，重点优化产业结构、推动创新驱动发展。《意见》为京津冀各地在立法协同工作上奠定了坚实基础。而后京津冀三地分别在2017年、2018年陆续通过了《京津冀人大立法项目协同办法》和《京津冀人大立法项目协同实施细则》等文件，自现有机制的搭建完成以来，"京津冀人大立法协同工作座谈会"已经逐渐落实并深化，2021年改为"京津冀人大立法协同工作机制会议"。由此京津冀搭建了协同立法的制度框架，搭建了较为系统、更加明确的协同立法规范性文件支撑体系，形成了操作性更强的京津冀协同立法工作制度，为区域一体化进程注入了新的动力，为后续的区域协同立法奠定了基础。

2014年，习近平总书记在北京视察时强调，要结合本地与区域特点推进大气污染治理。随后在2015年，审议通过的《纲要》中指出，在发展过程中，应该优先推进生态环保、交通和产业升级转移领域，力求在这些方面取得显著成果。三地坚持以这几方面为抓手，努力构建京津冀可持续发展保障机制。例如，在环境治理方面的动力形成机制是高位推动为主导。《京津冀协同发展规划纲要》的通过，将协同发展提升为重大国家战略，并明确了生态环境保护作为优先发展的重点方向之一。这一顶层设计不仅改变了过去相邻地区分散作战的发展模式，更为推动大气污染的协同治理提供了重要推动力。同时，三地地方及时响应、贯彻执行、各主体积极配合，根据政策指导，制定了地方性方案和区域性策略，聚焦大气污染治理工作。在党中央、国务院的领导下，京津冀地方政府遵循"统一规划、标准、监测和防治措施"的要求，运用多元化治理手段，有效减少了地区间的行政障碍，深化了在大气污染治理方面的协作力度，经过这些举措的努力实施，京津冀地区慢慢建立起协同合作的互动机制，推动形成了更为紧密的关系。

京津冀地区连续三年合作开展秋冬季大气污染综合治理攻坚行动，成效较为显著。在更强调"法治"作用的基础上，推出了一系列治理举措，在环境治理方面不断取得进展。2018年，为探讨机动车和非道路移动机械排气污染防治问题，京津冀三地人大法制机构召开了协同立法会议。并在2020年开展了《机动车和非道路移动机械排放污染防治条例》的立法协同。这部法律推动"超标车辆一处超标、多处受限管控格局"的形成，并强化了对其的严格监管力度，实现了在法规名称、调整对象、生效时间等方面最大程度一致，有效提升了精准治污水平。作为落实京津冀协同发展战略的首个立法协同项目，该条例的审议通过不仅是对京津冀三地协同环境治理问题有效治理的表现，更是以规范形式切实回应了涉及公众切身利益的立法项目的反映。2020年9月，京津冀人大立法协同工作座谈会第七次会议达成共识，审议并通过了《京津冀人大关于协同推进强化公共卫生法治保障立法修改工作的意见》，这一意见详细规定了协同推进公共卫生领域立法修法工作的核心原则、主要任务和保障机制。

在传统文化保护方面，2019年，中办、国办先后印发重要文件，对大运河文化遗产的保护、传承与利用工作进行了系统性的规划与安排，确保其得到全面、有效的推进。2022年底，为了落实上述文件的要求，建设大运河文化带、生态带、旅游带，促进京津冀区域创新融合协调发展，京津冀人大常委会相关机构合作起草了《关于京津冀协同推进大运河文化保护传承利用的决定》，在审议后陆续得到批准表决通过，2023年施行。法治在保护传承大运河文化中发挥着不可或缺的作用。几年来，京津冀三地一直探索法治措施，以更好地推动大运河文化的保护与发展，此次所采取的区域协同立法方式共同通过的《决定》正是将大运河的系统保护纳入法制化轨道的关键步骤。"以环境资源的保护为基石，促进资源的高效、集约和可持续利用，已经成为近年来区域协同立法，推动高质量发展的重要体现之一。"[3] 这是对新修订的立法法的积极探索，是立法领域的重大实践。

2023年4月，为了更加深入营造京津冀区域协同和产业创新协作的氛围，推动京津冀协同发展走深走实，为进一步提升区域协同创新能力提供法治保障，京津冀三地人大常委会举办会议，在协同立法规划中纳入推进协同创新共同体，立法工作专班把关键部署如"打造产业集群，聚焦三地产业优势"等转化为法规条款，根据三地实际情况，力求所制定的法律能够回应发展，解决现实问题。并在6月起草了以协同立法服务保障京津冀协同创新共同体建设的《决定（草案）》初稿。2023年11月下旬，京津冀三地分别审议通过了《关于推进京津冀协同创新共同体建设的决定》。该决定通过法治整合和优化区域资源及区域体系，为创新协同建设提供坚实的制度保障，为区域的高质量发展提供了有力支撑。

二、京津冀协同立法实践中存在的问题

（一）跨区域性与区域发展不平衡的矛盾

区域社会治理直接面对的一个难题是区域发展存在节奏差异、区域利益表达不同、区域发展不平衡的矛盾问题。区域间两个或以上主体由于相近，文化和习俗等有多种相似之处，所以存在着共同利益。这是区域一体化社会治理能够有效推行的前提。但需要协同问题的跨区域性，首先就给治理难度抬升了一个台阶。

目前较为成功的协同立法成果主要集中在环境保护领域。之所以如此，主要是因为：一方面环境污染的跨区域、跨流域特征，需要区域内各个地方共同努力才能奏效，区域协同立法可以解决区域特色的事。另外，2015年《立法法》修改后，所有设区的市人大及其常委会获得了地方立法的授权。我国区域协同立法在未来无疑将会得到更为蓬勃的发展。但是设区的市立法权限范围包括城乡建设与管理、环境保护、历史文化保护等三个方面，环境保护的范围还是十分明确和清晰的，而城乡建设与管理、历史文化保护的范围还很难确定，现有的区域协同立法成功样本也较少，因此难以直接借鉴。

而且，京津冀地区较为特殊。在立法方面，三地的协同采取了一种以北京为核心、三地协同的立法模式。也就使得在协同立法过程中，当北京和天津、河北发生利益冲突时，处于相对弱势一方需要牺牲的利益更多。且从现有情况来看，京津冀三地在经济发展水平、产业结构方面呈现明显的不均衡性。特别是北京和天津两地的经济相对发达，第三产业在产业结构中占据主导地位，同时也在逐步实现从第二产业向第三产业转型升级。河北省产业中重工业占比大，无论是在生态环境保护、交通还是产业升级转移方面，都面临着不小的压力。从已有实践上来看，如大气污染治理问题，河北由于重工业占比大，导致大气污染物排放量相对较高，因此在污染治理方面承担着较重责任，然而需要注意的是，河北人均生产总值在三地中也是较低的。所以，河北所需要面对的压力是相对北京和天津更大的。地方立法资源在面对这一类现实问题时需要进行大量整合优化。所以，当京津冀协同的内容涉及各个区域核心利益的时候，可能会出现没有办法协同，某个地区不愿让步自身利益进行协同的情况。以上多种因素导致协同立法可能会偏离初衷，步调难以一致。

（二）地方立法中公众参与功能不充分

立法参与能够坚持全过程人民民主，并突出展现出保障人民当家作主的目的。各区域公众能最直接反映本地区的利益需求。人民群众的积极参与是能够推动区域协同立法的重要力量。

但是我国现存区域协同立法制度存在着一些公众参与不完善等方面问题。首先，表现在公众个人的参与意愿和立法知情方面，有些公众由于受到自身教育水平和法律专业知识的限制，难以对社会立法提出合法合理意见，或者公众不知道从哪里了解地方立法活动、怎样去参与立法。其次，某些地区对协同立法的认知存在误区，他们片面地认为协同仅仅是指机关之间的沟通，而忽略了人民群众参与的关键作用，导致立法主体在立法阶段不可避免地忽视公众利益。"协同立法活动成为权力之间的圆桌会议，最终制定的法规因缺少公众参与、难反映民众的利益诉求，未获得民众的支持。"[4] 再次，公众意见表达渠道不够完善，在立法工作中，公众有些表达方式受到条件限制。比如，参与讨论会、座谈会首先公众得拥有出席的资格。最后，看似简便的表达方式，如写信和在电脑上发邮件等，也可能会使部分地区没有相应的条件，公众难以真实表达自己意见。"《立法法》第5条，第36条第1、3款，第67条第1款，是确保公众能参与立法的关键依据。却没有为立法机关设定采纳意见的义务。最终可能导致公众参与停留表面。"[5]

（三）立法主体权属界定不清且争议不断

不同立法主体之间的权限划分问题，是我国立法体制优化的现实操作中所面临的难题。在现有区域协同立法实践中，真正负责实施和推动工作的主体是地方人大及政府。关于区域协同立法，根据我国宪法、组织法规定，人大及其常委会是行使国家及地方立法的唯一主体。但从三地已实施的立法协同中来看，受政府推动，区域层面立法大多数是行政主导的。长期以来的属地划分和分割的行政模式，使得地方主义盛行。这种行政模式导致各地在资源和权利上相互竞争，使得各地更倾向于维护自身利益，从而忽视长远和整体利益。截止到现在，我国区域合作地方区域政府之间都采取区域合作协议方式。"区域合作协议机制已成为我国区域合作实践中运用最广泛的一种区域治理机制。"[6] 还有"红头文件"代替区域合作立法的现实存在。当执行"红头文件"的机关在自己行政区域利益与整体区域利益发生冲突时，更愿保障的一定是自身区域利益，不止如此，当各行政机关对同一文件也是各有各的理解差异，当认知差异不断累积，区域也就难以实现协调发展[7]。区域地方政府，虽然说对于推动区域协同立法发展合作有明显优势，开展区域立法协同工作、制定法规等，离不开地方政府的作用，但也存在以上问题，限制了区域协同立法的效能发挥。有关部门也承受着一定压力，如何在实践中有条不紊地推进系统立法工作，是地方协同立法面对的关键挑战之一。

（四）三地主体状态不对等，存在协同被动现象

在协同立法中，各个主体应该是地位平等的。起点和机遇也应是平等的，可以平等阐述参与意向和利益诉求，共同参与协同立法。京津冀三地虽然地理位置相靠，但行政级别并不一致。北京和天津是直辖市，而河北则是省份，"三地属于'强—中—弱'的政治格局，处于不同地位行政级别，导致三地在话语权和资源调配能力上存在一定的天然差异"[8]。北京作为我国的政治中心，是国家最高权力机关所在地，汇聚了众多不同层的职能部门和机构，这种结构导致了各种权力之间的博弈，进而影响了整个地区的政府主导型的发展模式，对经济和政治的发展产生了深远的影响。河北省和天津市的协同也是存在着被动性。京津冀的协同发展似乎存在着隐形的等级划分。2015年的《京津冀协同发展规划纲要》也指出其目标是"以首都为中心，化解首都压力、有序疏解北京非首都功能"。从而使得京津冀不同主体的出发点就存在着某些意义上的不平等。此外，在2013年9月，国务院出台《大气污染防治行动计划》，其中第26条明确了对地区的指导意见，在中央政策指导下，京津冀三地进行了多次协同实践，并推动着协同立法的进一步发展。但目前为止京津冀仍未建立核心的利益协同机制。

综上，京津冀三地之间对于目前大气污染协同是一种有目的的协同，在这一过程中体现了较强的政治色彩，其推动力主要源于宏观政策，并非是在三地的主观推动下展开，而是一种被动式的、为回应中央层面而进行的协同。

三、京津冀立法协同实践中问题的解决措施

（一）精准区域协同立法的利益导向

2018年《关于建立更加有效的区域协调发展新机制的意见》指出：区域协

同立法基本原则之一是坚持目标导向与问题导向相结合。这类原则对区域协同立法原则有指导意义。

在区域合作过程中，必须考虑区域整体利益和单一行政区划利益之间的关系，区域内地方之间之所以愿意合作，首先需要在合作收益与合作成本之间进行均衡，否则区域合作很难获得持久的动力支持。京津冀协同立法能否顺利进行，在于各方对立法内容的认可程度，只有各方立法机关进行了有效的协调才有可能达成一致。"在牵扯到多方的立法活动中，直面不同地域利益差别应该对协同实践的引导意义更为突出。"[9]区域协同立法工作的成功与否，和各区域人们对利益的认识和协调状况紧密相连。利益作为推动主体参与的核心动力，对于保障主体持续发展与存在具有不可或缺的作用。因此应该破除地区之间利益藩篱，直面区域主体因为经济和政治地位的不平等带来的难题，妥善处理好共同所面对的利益矛盾冲突，建立健全沟通协作机制确定目标、制定规划。在立法内容中兼顾各方需求，促成利益的最大化，构建"互惠"的利益格局，才可以保证各主体最大程度地享受社会治理的成果。找准区域治理问题为精准出发点，实现区域之间的优势互补，在协调中拓宽发展环境，找准协同立法切入点，完善立法协同运行程序，才能通过区域协同立法推动京津冀法治一体化进程。"将各区域的利益诉求置于统一的法律制度框架之下，以保障各方都受到具有强制性的共同规则的约束"[10]，能够做到以实现区域共同利益为目标，尽可能减少区域之间地方性法规的冲突与不协调。

"区域利益独立性为其获取利益补偿权提供了正当性基础，同时，作为国民经济的一个独立组成部分，该区域也是一个具有整体利益的综合体。"[11]只有不断强化区域利益观念，然后从区域利益中分享到具体地方利益，实现对地方治理需求的精准回应，才能提高各个立法主体参与区域协同立法的积极性。

（二）"以人民为中心"作为导向，建立健全立法参与机制

人民主体是新时代"枫桥经验"的核心价值，实现人民利益是新时代"枫桥经验"的价值导向。应该以"枫桥经验"作为立法理念赋能地方立法先行、凸显地方特色的机制构建。伴随着我国改革的深入和社会的迅速发展导致的经济结构大幅度变化，利益群体越来越多元化，尤其是在区域协同立法中，公众的意见和建议能够为立法提供更加全面和深入的视角，确保立法能够更加符合社会的实际需求。当协同立法需要超出其本身固定不变的行政区域，整合各地不同立法资源，更应切实达到区域内不同群众的需要[12]。首先在立法过程中，

人民群众作为立法参与中的民意传播者，应当加强自身专业知识的学习，提高参与能力。并且地方立法机关可以举办培训会，加强关于立法的宣传，提升公众参与社会立法的能力。而且在启动地方立法的公众参与程序方面设置应当相对减少，包括对参与主体资格、参与方式、时间的限制等。

其次，"由立法主体召开联席会议确定事项，把法律文本草案多种形式在各辖区内公开征求意见"[13]，为民众搭建方便表达意见的平台，增强立法透明度。让人民群众尽可能多地参与立法，更要重点去征求和梳理将要立法所调整范围内群众和涉及的利益群体的意见。这样有助于提高立法的民意基础和公信力，促进人民对立法的自觉服从。同时"应该明确并了解，立法是个大循环的过程，在实行法治的国家，为不断适应发展变化的社会和满足法律实施的需求，总是要随时代发展制定规范性文件，已生效的，可能还要进行修改、补充、解释或废止。这就使得我国应当坚持不断的健全和实行立法民主化"[14]。

（三）协调人大与政府关系，在立法中发挥党的领导和人大主导作用

在全面依法治国的语境之下，"党领导立法，不仅是我国立法工作的最高政治原则，也是坚持和加强党领导的法治保障和制度优势"[15]。党中央的科学指引是区域协同立法的重要推动力。在京津冀协同立法中应坚持党的领导和人大主导，同时协调好区域协同立法中政府与人大的关系。《立法法》第51条明确规定："全国人民代表大会及其常务委员会加强对立法工作的组织协调，发挥在立法工作中的主导作用。"在京津冀立法实践中，如何从实践出发，加强各主体之间的互动，切实做到在党的领导下坚持人大主导立法是实际应考虑的问题。

在地方立法层面，制定地方性法规和政府规章，地方各级人大常委会党组及政府党组应及时主动向同级党委请示报告。地方党委要"加强对地方立法工作的领导，支持和发挥人大在地方立法工作中的主导作用"。在法律法规草案的起草阶段，做到由人大主导。加强对法律案起草的组织协调工作，提前介入，自觉坚持党的领导，坚持党中央的顶层设计和党把握的立法方向。"中国共产党既然把法治确定为治国理政的基本方式，那就要善于通过立法过程把党的意志上升为国家意志""党领导立法不是削弱人大及其常委在立法中的主导作用"[16]。人大在协同立法中主导并不等于独断，根本上还是要坚持人民群众的主体地位，代表最大多数人的利益选择。

在立法过程中，行政主体的高效协同是重要组成部分。因为在我国，政府

147

也是立法的重要主体，人大主导立法也不是将政府排除在外。在区域协调立法实践过程中，地方政府在区域发展中存在着对本地区情况更加明确了解的天然优势。应调动地方的积极性，在人大主导的条件下，充分发挥政府在地方立法中的有利条件。要适应社会发展变化，坚持问题导向。努力建设一支适应新形势新要求的立法工作队伍，从而促进京津冀区域协同立法的不断完善。

（四）多角度出发，强化区域协同立法的外在动力

克服被动式协同对于京津冀协同立法是非常有必要的，可以从外在动力出发，健全区域补偿机制并加强理念驱动和平台交流机制的建立。

首先，在京津冀协同过程中，我们可以将其总结归纳为"损益型模式"。即上述对应问题中所说的：在协同制定法律的环节中，有时需要部分地区为了大局考虑，为区域合作发展牺牲一些自身利益，是以牺牲部分区域的发展代价为前提的，由此会导致某些地区在利益上受到不公平的影响。"所以需要加快构建补偿机制，才能提高各立法主体参与区域协同立法积极性。"[17]在京津冀协同格局的构建过程中，需要重视公平问题的权衡。由于行政级别不一致，受到地位不同的影响，三地发展中存在一定程度的不平等现象。以环境治理中大气污染问题为例，应将各地治污责任、任务与成本相分离，构建均衡利益补偿体系。在国际温室气体治理背景下，鉴于发达地区在过去发展过程中占用了更多的资源和容量，根据国际温室气体减排的责任分担原则，这些地区应当承担起更多的治理和减排责任。在这一层面来讲，北京作为京津冀中的发达地区，在大气污染治理中应承担更多，然而，这种"对公平的追求可能会导致表面上的不公平现象"。即从公平担责角度出发，对北京是不公平的。所以进一步探讨为以下可行性方式：将三地治理任务进行划分，从节约高效角度出发，将北京部分任务分给治理成本较低的河北。为了确保不同区域在跨界治理中利益均衡，可以通过合理的利益补偿来平衡大气治理中的特殊情况和额外负担。京津地区可以向河北地区提供其在法定外所承担的成本，继而可以确保河北地区不会由于承担额外任务而利益受到损害，形成三地在跨界大气治理上的独立平衡利益格局。

其次，应加强理念驱动，坚持立法"齐步走"，避免立法规划由一方主导。基于地方本位主义、区域分割等多种因素引发治理主体沟通失灵和信任危机，不同主体之间难以达成统一的治理思维。所以，三地的协同立法应该是以信任关系为基础，形成稳固的关系，降低风险和成本，保持主体间长期稳定的沟通

与协作，在中央层面的主导下积极主动去寻求利益共通点。"构建参与者共同的价值追求和理念取向，形成对原因和方法的共识，进而推动主体采取相应行动。"[18]对发展目标、行为选择等产生影响，从而推进协同合作开展，并对协调主体间的利益诉求形成有益补充，从而进一步推进京津冀社会治理的协同立法。

最后，各地方之间可能存在内容较为相似的立法，导致出现同质化现象，在某种程度上造成了立法资源的浪费。造成这一现象主要原因在于地方主体之间缺乏有效沟通机制。所以地方之间应当建立有效的沟通协商机制。在资源依赖理论看来，"组织间协作机制的建立，能推动目标协同、信息共享和组织互信，从而促成组织间的合作"[19]。一个信息相互保密，各方彼此缺乏交流的环境，是很难使得京津冀三地实现立法上同步与协作的。而区域协同立法则要求各主体在开展立法工作之前，需要进行充分沟通，这样各地区才能共享某一地区掌握的信息，保证了信息渠道的全程贯通，也可以节省多次调研的经济成本，同时协同主体之间也能够分摊。所以应当搭建一个京津冀协同的信息交流平台。这样基于利益趋同最大化基础上所搭建的京津冀协同的信息交流平台，可以节约立法资源，并且作为实现三省立法协同信息互享的基础。搭建这一平台有助于强化数据共享和信息沟通，打破"信息孤岛"，形成合力。立法信息的及时性和准确性对京津冀立法至关重要，只有立法信息流通迅速且准确无误，京津冀的立法体系才能顺利运转，区域协同立法才能具有强大的外在动力。

四、结语

总体而言，区域协同立法的产生是我国区域协同发展的必然结果。通过对京津冀地区协同立法的研究分析，了解到立法实践现状和可能存在的部分问题，例如，协同立法的跨区域性与区域发展不平衡之间存在着矛盾、在立法中公众参与功能发挥不充分、立法权属主体界定不清存在争议、三省主体状态不对等、存在协同被动现象等。并探讨了可行性的解决方案，主要从精准区域协同立法的利益导向、强化协同立法的外在动力以及健全以人民为中心的立法参与机制提出解决措施。但现阶段相关理论研究还无法满足实际的发展需要，对于京津冀协同立法的许多内容分析还不够深入，从现实出发解决上述问题，在实施上存在着一定的困难性。由于京津冀三地的特殊性和重要性，对于三地协同立法还需要进一步研究和完善，我们不仅要清晰地认识到区域协同立法可能带来的实践问题和理论风险，还要深刻地认识到区域协同立法对于推动社会发展和优化社会治理的价值和意义，才能进行有效的理论研究并提出可行对策，以达到对区域问题的准确有效解决，才能真正做到为实现京津冀一体化发展保驾护航，为我国的法律发展贡献出应有的力量。

参考文献

[1] 金歆. 区域协同立法共护绿水青山 [N]. 人民日报，2023-07-06（018）.

[2] 妥学进. 非物质文化遗产领域协同立法模式探究 [J]. 文化遗产，2022（05）：27-35.

[3] 侯涛. 环境保护中的区域立法协同研究 [D]. 北方工业大学，2023.

[4] [5] [10] 杨清望，熊小雅. 论社会治理现代化视域下区域协同立法之完善——以《酉水河保护条例》的立法模式为例 [J]. 北方论丛，2022（02）：103-114.

[6] 叶必丰. 我国区域经济一体化背景下的行政协议 [J]. 法学研究，2006（02）：57-69.

[7] 陈建平. 国家治理现代化视域下的区域协同立法：问题、成因及路径选择 [J]. 重庆社会科学，2020（12）：108-118.

[8] 魏丽华. 京津冀产业协同发展问题研究 [D]. 中共中央党校，2019.

[9] [美] 约瑟夫·齐默尔曼. 州际合作——协定与行政协议 [M]. 王诚，译. 北京：法律出版社，2013.

[11] 陈婉玲. 区际利益补偿权利生成与基本构造 [J]. 中国法学，2020（06）：142-159.

[12] [16] 王春业. 区域合作背景下地方联合立法研究 [M]. 北京：中国经济出版社，2014.

[13] 李店标，岳瑞琳. 区域协同立法的理论证成与机制建构 [J]. 黑龙江社会科学，2023（01）：95-101.

[14] 朱力宇. 全过程人民民主在我国立法中的体现论析 [J]. 人权，2022（01）：114-127.

[15] 封丽霞. 党领导立法的逻辑与意义 [J]. 行政法学研究，2023（03）：

3-16.

[17] 韩业斌. 我国区域协同立法的动力困境与优化路径 [J]. 兰州学刊，2023（08）：103-114.

[18] 李夏卿. 京津冀区域大气污染协同治理机制研究 [D]. 中共中央党校，2023.

[19] 邱泽奇，由入文. 差异化需求、信息传递结构与资源依赖中的组织间合作 [J]. 开放时代，2020（02）：180-192+9.

京津冀人大区域协同立法：
成效、困境及路径优化

赵　戬

【摘　要】随着京津冀协同发展战略不断深入推进，应当以法治为抓手引领京津冀一体化发展，人大区域协同立法是新时代背景下的重要战略创新，在规范依据、政策指引和现实基础等维度上具备了理论支撑。当前京津冀人大协同立法在立法成果、机制建设等方面取得了阶段性成效，但存在协同立法实效性不足、立法后评估机制缺乏、公众参与不充分、区域间利益冲突协调等问题的实然困境，需要充分发挥地方人大的功能优势，超越地方利益来寻求立法共识。以可操作性为原则提升立法技术水平，强化法律责任条款设计，增加程序性规则的供给，推进协同立法的实质化运行。以民主立法为原则保障公众参与，借助信息化技术手段，从立法项目调研上把握区域内公众和市场主体需求，切实解决区域内公共问题。以法制统一为原则，建构以人大为评估主体，以合法性和实效性为评估标准的后评估制度，以评估促进立法质量的提升。以平等原则优化三地沟通协商机制，选择地理位置中立的地方，合理设置参会代表比例，保障区域各方的参与权。以开放合作为原则推进三地立法信息资源共享，借鉴长三角地区经验，搭建立法信息交流平台，结合地方实际开展调研，为切实发挥人大区域协同立法的作用提供坚实保障。

【关键词】人大；京津冀协同发展；区域协同立法；公众参与；立法后评估

理念是行动的先导，党的二十大报告强调要贯彻新发展理念，为新时代发展给出了战略指引。"创新、协调、绿色、开放、共享"五大理念已成为长期坚持的理论指南，其中"协调"是持续健康发展的内在要求，是解决当前我国地区发展不平衡不充分矛盾的方法论。实践上，京津冀协同发展战略作为"协调"理念的具体体现被确定为国家重大战略之一。当前全国区域经济协同发展建设如火如荼，京津冀协同发展需要紧跟新趋势新要求，充分发挥法律治理的功能优势来解决区域协同发展过程中的深层次问题和结构性矛盾，以地方人大为主导的区域协同立法在法律治理中扮演着重要角色，为新时代京津冀区域治理体系和治理能力现代化创造优越的法治环境。

一、京津冀人大区域协同立法的理论基础

（一）京津冀人大区域协同立法的规范基础

宪法作为国家的根本大法，必须始终维护其权威和尊严，在区域协同立法活动中应当正确处理地方法律法规同宪法的关系，强调以宪法为依据或不与宪法相抵触。作为国家和公民权利的确认和保障书，宪法在国家法治保障方面发挥着指引作用。"区域协调发展"也充分体现于宪法的文本内容中。2018年"贯彻新发展理念"被写入宪法，成为国家发展的大政方针。新发展理念中的"协调"有"区域协调"之义，这充分表明了区域协调立法的"合宪性基础"。

最新修订的《中华人民共和国地方各级人民代表大会和地方各级人民政府组织法》和《中华人民共和国立法法》（以下简称《立法法》）都明确提出地方人大可以开展协同立法。人大区域协同立法至此得到了法律形式的确认，这为后续区域间协同立法工作提供了规范基础。无论是宪法序言里的"协调"，还是基本法律的关于"区域协同立法"的文本表述，均体现了我国以国家整体利益为出发点，保持法律体系内部的和谐一致的法制统一原则，彰显了我国的国情特色。

（二）京津冀人大区域协同立法的政策基础

政策与立法，作为上层建筑要素各有其特殊性。"政策具有指导性和灵活性，法律具有规范性和稳定性，二者协调互补，整合共生。"在我国，政策对国家的一切活动都有着指导作用，任何一项工作均离不开政策的指导，立法活动当然也离不开政策的调整，特别是具体政策，有助于立法活动与形势相适应，促使法律实施合乎实际。党的二十大报告有关区域协调发展的论述为新时代区域协同立法提供了发展坐标。"区域协同立法"这一关键词频繁出现在近年出台的政策性文件中，宏观上，《法治中国建设规划（2020—2025年）》《法

治政府建设实施纲要（2021—2025年）》（以下简称《纲要》）明确了建立区域协同立法工作机制的工作部署；微观上，2021年出台的《中共中央、国务院关于深入打好污染防治攻坚战的意见》提出要深化区域执法协作。综合上述政策，中央层面已经为地方区域协同立法工作谋划了蓝图，肯定了区域协同立法的法治保障作用，有力支持了地方立法实践的展开。

（三）京津冀人大区域协同立法的现实基础

京津冀三地古属幽燕、燕赵，历经元明清，八百余年同为一家，历史渊源深厚。空间上地缘相接，交往半径相宜，能够互相融合、协同发展。推进京津冀人大区域协同立法活动具有深厚的历史基础和显著的客观优势。在中国式现代化发展的背景下，京津冀区域协同发展更强调地区间邻近效应作用、更侧重区域联通。以京津冀跨区域流域保护为例，2022年京津冀人大分别召开会议通过了《关于京津冀协同推进大运河文化保护传承利用的决定》，推动了大运河传承保护和旅游的融合发展；生态领域方面，河北省政府与北京市政府签署了密云水库上游潮白河水源涵养生态补偿协议，这些规范性文本是京津冀协同立法的有益尝试，为今后三地人大区域协同立法的发展奠定基础。

二、京津冀人大区域协同立法的阶段性成效

经过十年的沉淀，在京津冀三地人大及其常委会的共同努力下，制定了一批区域协同相关规范文件，实施了一批协同重点立法项目，初步建立了协同立法的工作机制，京津冀人大协同立法工作取得了阶段性成效。

（一）机制建设方面

1. 联席会议机制

联席会议机制以提高工作有效性、形成工作合力为目标，一般由一方牵头召开会议，就某些意见和方案达成共识，形成会议纪要或规范性文件，或通过学习交流新经验、新方法，推动某项事业的健康发展。联席会议的成员单位一般包括互不隶属但有工作联系的单位，如为规范监察机关的法律监督行为，开展监所检察工作，建立了检察机构联席会议制度，包括检察院、监狱、公安看守所等机构，相关工作以会议纪要形式公布，成为各方遵行的规范性文件。京津冀人大区域协同立法工作机制始于2014年，商定采用三方轮流召集的方式组

织联席会议，每年至少举办一次，迄今为止，共召开了十场会议。人大联席会议议题一般为年度立法计划和重点领域的立法工作、协同立法专门性文件等内容。工作机制的建立为京津冀人大协同合作提供了互动平台。

2. 协商沟通机制

2015年中共中央就下发了《关于加强社会主义协商民主建设的意见》，明确要开展人大协商工作，"人大协商"一词在高层会议或文件中多次提及，一般为联席会议召开前，由各地人大常委会法工委召开的筹备会议。迄今为止，累计召开会议20余场，初步构建起京津冀三地人大立法常态化协商渠道。特别是在修改《机动车和非道路移动机械排放污染防治条例》时，共召开会议10余场，有效促进了"一个文本、三家通过"立法协同目标的实现。

3. 立法规划计划协同机制

京津冀人大在区域立法规划计划协同上也取得了显著成效。京津冀三地按照各自立法需求协同制定，从协同发展实际出发，在2023年9月第十次会议上研究讨论了《关于京津冀人大协同立法规划（2023—2027年）（草案）》。贯彻落实国家"十四五"规划关于京津冀协同发展的目标要求，建立了完善的立法规划计划协同机制。通过设计立法"施工图""路线"，使区域协同立法在科学法治的轨道上继续向前。

4. 法规清理常态化机制

京津冀人大对符合三地协同发展方向的部分法规做到及时发现及时清理，对有关问题三地共同研究、互动交流、同步修改，尽最大努力保证京津冀三地法律的协同性。以京津冀中的河北为例，河北省人大常委会自2014年以来，对现行有效的地方性法律法规进行全面审查研究，废止27部，打包修改82部。

（二）立法成果方面

1. 程序性立法

2015年《关于加强京津冀人大协同立法的若干意见》（以下简称《若干意见》）出台，明确京津冀三地要加强立法的沟通和信息共享，结合京津冀协同发展实际制定立法规划和年度计划，加强重大立法项目联合攻关以及立法工作经验和立法成果的交流互鉴。除《若干意见》外，还出台了以"办法""实施细则"命名的规范性文件。系列文件对需要协同的领域、方式、机制等方面提出了更加具体的要求，对推进协同立法责任主体、工作机构联席会议及内容、法规征求意见机制等方面有了更加明晰的规定。为更深入地营造区域协同创新和产业协作的良好氛围，北京、天津、河北三地人大常委会分别于2023年11月24日、29日、30日审议通过了《关于推进京津冀协同创新共同体建设的决定》。着力以法治手段整合区域创新资源，健全区域创新体系，对协同创新共同体建设作出了制度安排。

2. 重点领域立法

京津冀协同发展战略实施以来，围绕协同发展要求，三地人大聚焦生态环境、产业转型、公共服务等重点领域，并取得突破性进展。2020年，京津冀人大分别表决通过了《机动车和非道路移动机械排放污染防治条例》（以下简称《机械污染防治条例》）。这是我国首部系统规定污染防治领域协同法律。针对机械污染防治工作，三地人大常委会法工委在反复协商、求同存异的基础上，寻求内容协同和文本协同的最大公约数，三地人大开展了起草、修改、通过等一系列协同立法活动，为其他区域开展相关协同立法工作提供了可资借鉴的范本。

三、京津冀人大区域协同立法的困境

（一）区域协同立法成果实效性不足

立法的实效是制定的法律法规产生的预期效果，是法律效力的实现样态和方式，在实质上表达着法律的实现过程。法律实效之不存，意味着法律只是一种摆设，而没有成为人们行动的准则。当前区域协同立法成果实效性不足主要表现为两方面：一是区域协同立法形式多以地方性法规为主，由于各地地方性法规一般仅对各辖区内产生约束力，导致相关合作区域难以产生刚性约束力，出现不同区域各自为政的局面，使区域协同立法流于形式。如北京、天津和河北共同发布了《机械污染防治条例》，但是北京与天津、河北对于信息共享范围定义有所差异，北京规定与天津、河北共同建立机动车超标排放信息共享平台，而天津、河北规定三方要推动建立排放超标车辆信息平台，建立机动车和非道路移动机械排放检验数据共享，将执行标准、排放监测、违法情况进行信息共享，范围远大于北京市的规定。二是实践中区域协同立法成果多为鼓励促进性条款，宏观政策性内容偏多，而缺乏具体可操作性的规定，较少有法律责任条款，导致立法的实效性欠缺。

（二）区域协同立法公众参与不充分

"保证公共决策合法性的民主方法之一，在过程上就是公众参与。"在全面依法治国的大背景下，公众参与立法是不可回避的问题，当前中国公众参与立法效果并不理想，表现在个体参与立法积极性不高，主观意愿弱，其根本原因主要有三：一是深受历史传统影响，我国公众天然具有"顺民""臣民"的历史传统，公民意识和身份地位认知淡薄，将地方立法天然视为公权力事务；二是区域协同立法参与机制不完善，区域协同立法一般以单方面的征求意见模式来吸引公众参与，设置一定的征求意见期限，期满无异议后经签批程序后公布。这种做法仅是形式上经历了公众参与环节，实质上并未能发挥公众参与的功能，同时反馈意见未被采纳亦无法知悉相关事由，难以调动公众参与立法的积极性；三是公众参与立法激励机制缺乏，《立法法》明确要求保障公众参与的各项民主权利，法律赋予的权利可行使也可以放弃，在多数情况下，权利人放弃行使权利是法律允许且无须干预的事项，但是如果某项权利的行使涉及大多数人的利益，就不仅仅是个人问题了，公民通过公众参与行使立法权利就属于此，人大或政府有必要设置法律激励机制保障公众参与区域协同立法。

（三）区域协同立法后评估机制缺乏

区域协同立法后评估是检验区域立法质量、实施效果至关重要的一种方式和途径。经过立法后评估可以将法律文本质量和实施效果存在的问题客观体现出来，并针对问题制定评估后的解决方案，即时进行修改或废止，以适应新形势的发展，维护法制统一。《纲要》提出要完善立法论证评估制度，为立法后评估提供了政策性基础，但是并未就立法后评估内容作专门陈述，仅就立法前评估和风险防范评估做了强调论述，表明政策更倾向于事前和事中的立法论证评估，对实施效果的后评估较轻视。

（四）区域协同立法主体间存在利益冲突

北京作为我国首都，与天津和河北两地存在政治地位差异，且经济发展领先于津冀，同时京津冀协同发展定位以突出"有序纾解北京非首都功能"为战略核心，政策倾向仍以北京市的需要为第一要务，使得北京市在区域协同立法中天然地具有更高话语权，相关立法内容多以北京为主导，立法主体利益表达更倾向于北京，一定程度上牺牲了津冀利益方的诉求，这也是京津冀区域经济发展落后于珠三角、长三角地区的重要因素。"不平衡性是区域的基本属性，协调则是区域的各个组成部分在发展过程中，未获得满意收益而在协作中愿意付出和接受的底线。"协调京津冀区域立法主体间利益冲突，加强三地人大间合作，建立利益沟通协调机制，可以破解京津冀一体化发展的体制机制障碍。

（五）区域间立法信息透明度不高

与长三角和珠三角相比，京津冀区域发展呈现出不均衡特征，就2023年各省市公布的GDP数据看，经与人口数做公式计算，北京市和天津市人均GDP分别达到了200342元和122797.6元，分列全国第一和第六，而河北人均GDP为59223.9元，低于全国平均水平，区域间发展差距大。一个重要原因就是作为首都，北京集合了大量的政策资源、公共服务等资源，使得区域间要素单向流动，立法信息资源就是其中一项。"没有充分透明的信息，公众只能是盲参。"在区域治理中，促进立法信息的公开与共享可以消除地方人大在区域协同立法过程中的"信息鸿沟"，形成区域间、区域立法机构和公众间的良性互动，是促进区域协同立法高质量发展的有效路径。当前京津冀三地仍存在信息透明度不高的问题，区域"信息孤岛"现象严重，如生态环境领域执法协作工作虽在宏观上建立了制度框架，但是具体到各区域行政主体间的信息共享制度建设仍有欠缺，企业、公民等其他主体的信息参与度也有待提高。区域协同立法信息资源共享将成为区域治理的重要手段，需要在三地人大立法协作方面搭建立法信息多元化主体参与共享平台。

四、京津冀人大区域协同立法的路径优化

（一）以可操作性为原则提升区域协同立法技术水平

可操作性是立法技术的基本要素，也是《立法法》的要求。立法技术是指立法主体在创制法规过程中采用的怎样使所立之法趋于完善的技术规则，通俗地讲就是法律法规在立、改、废、释活动中的操作方法。任何国家或地区立法主体要使所立之法发挥作用，不能不重视立法技术，以使立法臻于完善。如果忽视立法技术，那么法律内容缺乏科学性，产生很多弊端，立法目的和效果难以达到。所以，京津冀人大协同立法应坚持本地特色和国家立法大局相结合，以可操作性为原则提升区域协同立法的技术水平，使所制定和执行的协同法律

规则更加明确、内容更完整、要求更具体、适应性更强、针对性强。我们应当承认可操作性在当前京津冀协同立法上尚未贯彻到位，结合京津冀协同发展的新形势新变化，需要在思想认识上由政策指引转向法律规范，坚持开放立法思维。法律责任条款是区域协同相关法律法规的有机组成部分，对保障区域协同立法后的有效实施，实现区域协同规范化治理具有重要意义。立法的法律规范设计上首要考虑明确地方人大和地方政府的责任和义务，强化有利于推进京津冀协同发展工作的法律责任设计。除此之外，建议增加程序性规范的比重，以规范区域协同立法机制的运行，明确规定相关主体行使权利应当遵循的方式、步骤、时限和顺序，达到明文表达对相关利益主体的程序权益保护的效果，从程序层面提升立法技术水平。

（二）以民主立法为原则建立公众参与的保障机制

民主立法表现为地方人大协同立法上为立法过程开放和利益相关主体的立法参与，保障社会公众对立法草案的知情权、讨论权和听证权，并对所提意见、反馈问题是否采纳和考虑的答复制度。"大家的事应让大家同意"是民主立法的生动表现。协同立法是将影响区域立法的要素整合后形成的区域间的协同性共识，而达成这一共识既需要区域内行政机关的支持，更依赖于区域内公众的参与。建议可以从立法项目的来源入手，高度重视区域内公众和市场主体的现实需求，加大社会公众满意度调研，开展"法治问诊"进企业、进社区、进校园等活动，特别是针对矛盾纠纷多发频发的领域，如劳动争议、项目建设等，要以社会需求为导向，及时掌握分析不同群体的法治诉求，并转化为立法项目的来源。同时京津冀三地人大、政法委、公检法司及相关政府法律部门要充分利用大数据、自媒体平台等信息技术手段常态化调度舆情动态，实时掌握公众的热点法律需求和京津冀区域发展的意见，从中凝练出适合京津冀区域协同发展的普适性法律规范。

（三）以法制统一为原则，建构区域协同立法后评估制度

我国体制上呈现立法主体多元化的格局，既有权力机关的立法又有行政机关的立法，既有中央立法又有地方和区域立法。在此大背景下，肩负京津冀协同立法任务的三地人大应当打破地方保护和部门垄断，本着法制统一的原则建构起具有示范效应的京津冀协同立法后评估制度。在区域协同立法后评估机制的运行上，笔者认为至少要确定评估主体和评估标准两方面要素。作为集中体

现国家权力和人民权利相结合的人民代表大会应当对法律法规的实施负有重要的监督责任，也当然承担起自行制定法律实施效果的评估义务，人大的法制工作机构对法律法规的制定审查有着较丰富的经验，理应担负起评估重任。除人大作为评估主体外，还应有第三方评估机构作为补充评估，以防止区域协同立法过程中的片面性，破除地方行政区划的壁垒和地方保护主义的干扰，从而建构起客观公正的区域协同立法后评估机制。明确评估标准是后评估机制的重要抓手，笔者认为至少应从合法性、实效性两层标准体系考核区域协同立法的实施效果。合法性表现为是否与上位法或相关部门法相抵触，立法结构逻辑是否协调，与立法目标和基本原则是否相左；实效性表现为是否能够产生区域协同的效果，区域协同法律法规内容是否可操作。权威专业的后评估主体和严谨科学的后评估标准是拉动京津冀人大协同立法事业的两驾马车，对实现京津冀区域协调发展具有重要意义。

（四）以平等为原则优化三地沟通协商机制

"区域协同立法说到底是通过立法手段对各区域主体利益的再分配、再调整。"实现区域利益协调是京津冀区域协同发展的关键环节，京津冀区域利益的差异性是三地区域竞争的基础，京津冀区域间存在利益的一致性，是协同合作的前提，竞争与合作是成为当前和今后相当长一段时间三地区域发展的新常态，这需要构建平等理性的协商机制来达成一致的利益协调。空间上，协商机制应当突破行政区划的体制束缚，保持客观中立的基本特点，就京津冀三地来看，地理位置上可以选择在河北雄安新区、廊坊设置办事机构，以方便三地沟通联系；人员组成上，协商机制参加人员范围应当本着"梯次推进"的原则至少覆盖京津冀三地设区市地区，少数民族自治区域应当设置一定比例代表出席，职业构成方面机关公务员比例不超过15%，人员组成如此设置的目的就要通过协调机制保证社会主体各方面利益能够最大程度得到兼顾；机制运行上，可以定期召开立法听证会、立法后成果评估会等会议，参加人员均享有立法提案、建议权、异议权，选举成立京津冀人大区域协同立法协调常委会来组织协调机制开展工作，出于机构优化考虑建议常委成员不超过5人，成员应包括京津冀三地的代表。

（五）以开放合作为原则推进三地立法信息资源共享

"立法具有高度的信息依赖性，区域协同立法的成败在很大程度上取决于立法信息的质量和完整性。"在立法项目的前期准备和修订完善阶段，信息共享在很大程度上能够拆除各区域"藩篱"，减少京津冀立法主体间协作的信息不对称，有效整合配置区域间的立法资源，达到协调立法利益冲突的目的。作为区域协同发展的典型代表之一的长三角地区就立法信息共享进行了有益探索，建立了立法信息实时共享网络平台，及时通报协同立法动态和立法项目的进展情况。在推进长三角生态绿色一体化示范区建设中，苏浙沪人大及其常委会多次派出工作组赴当地开展联合调研活动，因地制宜地推进立法工作。建议就信息公开共享方面，借鉴长三角地区的模式，搭建京津冀人大立法信息交流网络化平台，定期向社会公布立法信息动态和人大协同工作安排，开设征求意见栏并对有关问题及时答复。除此之外，京津冀三地人大常委会可以抽调人员组建实地调研工作组，对三地经济开发区、经济不发达地区、落后乡村地区开展实地调研，使得协同立法更能贴近本地实际。

五、结语

法治化是区域协同发展的必然趋向，区域协同立法是京津冀协同发展的重要抓手。习近平总书记指出，"京津冀协同发展是一个系统工程，不可能一蹴而就"。目前京津冀人大区域协同立法中仍存在立法技术水平不高、公众参与不充分、立法评估欠缺、利益协调机制不健全、区域间立法信息资源不透明等现实困境，需要中央和京津冀地方形成合力，吸收先进区域协同立法工作经验，同时结合京津冀区域实际探索符合三地特色的人大协同立法新的法治路径和模式，持续推动区域法治高质量发展。

参考文献

［1］孟庆瑜. 完善立法工作格局 深化京津冀协同立法［N］. 民主与法制时报，2022-06-16.

［2］刘婕妤. 人大区域协同立法的理论基础与实践优化［J］. 重庆大学学报（社会科学版），2024（1）：1-15.

［3］李龙，李慧敏. 政策与法律的互补谐变关系探析［J］. 理论与改革，2017（1）：54-58.

［4］中共中央党史和文献研究院. 习近平关于城市工作论述摘编［M］. 北

京：中央文献出版社，2023：50.

［5］张贵，赵勇冠. 邻近—联通—效率：区域一体化分析新框架——对京津冀协同发展的新诠释［J］. 天津社会科学，2024（01）：58-74.

［6］［德］马克斯·韦伯. 论经济与社会中的法律［M］. 北京：中国大百科全书出版社，1998：331.

［7］孙洪磊. 哲学视域下的京津冀区域协调发展［D］. 中共中央党校，2014.

［8］蔡定剑. 民主是一种现代生活［M］. 北京：社会科学文献出版社，2010：197.

［9］张文显. 法理学（第四版）［M］. 北京：北京大学出版社，2011：199.

［10］焦洪昌，席志文. 京津冀人大协同立法的路径［J］. 法学，2016（03）：40-48.

［11］杨晖，贾海丽. 京津冀协同立法存在的问题及对策思考——以环境立法为视角［J］. 河北法学，2017，35（07）：107-119.

［12］赵云海，刘瑞. 京津冀地区环境协同立法的困境及路径选择［J］. 晋中学院学报，2022，39（06）：79-84.

［13］王保民，王珺. 区域协同立法的工作机制及其优化［J］. 地方立法研究，2023，8（03）：37-53.

以高质量地方立法推进中国式现代化建设

陈 玲

【摘 要】地方立法是中国特色社会主义法律体系的重要组成部分，是全面依法治国的重要环节。高质量地方立法是中国式现代化的题中应有之义，对于推动经济高质量发展、提高社会治理效能、提升人民生活品质具有积极作用。我国地方立法经过长期发展取得了明显进步，但是也存在一些亟待解决的问题：地方立法中存在重复立法现象，不同地方立法之间同质化程度较高；公众参与地方立法程度低；地方人大立法能力不足等。这些地方立法实践中存在的问题已经严重影响了我国地方立法的质量，难以保障人民群众的自身权益、实现社会公平正义。因此，要以高质量地方立法推进中国式现代化建设，为中国式现代化建设提供有力的法治保障，必须坚持党对地方立法工作的领导、积极更新地方立法理念、扩大公众对地方立法的有序参与、提升地方人大立法能力。

【关键词】高质量；地方立法；推进；中国式现代化建设

立法是法治的基础，地方立法是全面依法治国的重要环节。地方立法是指地方国家机关在其立法范围内，制定、修改、废止地方性法规的活动。地方立法对于完善中国特色社会主义法律体系、推动地方治理方式转变和治理能力提升具有重要作用。近年来，全国享有地方立法权的城市不断增加，地方立法权限逐渐扩容，地方立法整体上表现出积极活跃状态，在城乡建设与管理、历史文化、基层治理、生态文明建设等领域产出了大量地方立法成果，地方立法质量也在稳步提升。

党的二十大报告首次概括提出并深入阐述中国式现代化理论，强调必须"在法治轨道上全面建设社会主义现代化国家"，这充分表明了法治在推进中国式现代化建设中的重要作用，揭示了法治建设与中国式现代化的密切关系。地方立法是法治建设的重要环节，地方立法可以为中国式现代化实践保驾护航。高质量地方立法对于推动经济高质量发展、提高社会治理效能、提升人民生活品质具有积极作用。

一、高质量地方立法对于推进中国式现代化建设的重要意义

新时代新征程中国共产党的中心任务是全面建成社会主义现代化强国、实现第二个百年奋斗目标，以中国式现代化全面推进中华民族伟大复兴。

（一）高质量地方立法有助于推进地方治理体系和治理能力现代化

建设职责明确、依法行政的政府治理体系，是推进国家治理体系和治理能力现代化的迫切需要，是统筹推进"五位一体"总体布局和协调推进"四个全面"战略布局的必然要求，体现了中国式现代化在制度层面的基本要求。地方治理是国家治理的重要组成部分，是实现国家治理体系和治理能力现代化的基础。

作为地方治理的法治平台，地方立法在地方政府、社会和企业治理中发挥着不可替代的作用。良法是善治的前提。推进地方治理体系和治理能力现代化离不开高质量的地方立法。高质量地方立法可以从本地的具体情况和实际需要出发，充分发挥法律制度的引领、规范、保障作用，解决地方发展中不平衡、不协调、不可持续的突出问题，满足新时代地方治理体系和治理能力现代化实践的各项需求，进而完善地方治理体制机制，提升地方治理水平。

（二）高质量地方立法有利于实现地方经济高质量发展

习近平总书记在党的二十大报告中指出："高质量发展是全面建设社会主义现代化国家的首要任务。"实现经济高质量发展是全面建设社会主义现代化国家的首要任务，是我国实现社会主义现代化的必然要求。只有坚持经济高质量发展，才能为中国式现代化打下坚实的物质技术基础，才能全面建成社会主义现代化强国。

地方经济在我国国民经济体系中扮演着重要的角色，地方经济能不能实现高质量发展，关系到我国经济高质量发展的成效，关系到我国现代化建设的进程。法治是最好的营商环境。高质量地方立法可以优化地方营商环境，培育和

激发各类市场主体活力和社会创造力，助力市场主体发展。高质量地方立法将以法治力量提升经济发展信心和预期，推动地方经济高质量发展。高质量地方立法能让市场主体在法治框架内公平参与市场竞争，为市场主体健康发展创造广阔的市场空间。近年来，各地有关经济高质量发展、改革开放的立法数量日益增加，一批地方立法在实践中服务地方经济发展的效果显著。

（三）高质量地方立法有益于满足人民对美好生活的向往

中国式现代化是以人民为中心的现代化，实现人民对美好生活的向往是中国式现代化的重要目标。进入新时代，人民生活水平持续改善，人民对美好生活的向往不仅表现在物质文化生活方面，还表现在民主、法治、公平、正义、安全、环境等方面。推进中国式现代化，必须要不断满足人民日益增长的美好生活需要，增进民生福祉，提高人民生活品质。

为了人民、依靠人民、造福人民、保护人民，不断满足人民对美好生活的向往，是新时代立法工作的价值基础和追求。高质量地方立法可以在法制框架内解决好地方群众急难愁盼问题，妥善处理各种社会利益矛盾，健全社会主义法治，让人民群众在每一项法律法规中都感受到公平正义，让现代化建设成果更多更公平惠及人民。地方立法工作坚持立法为民，及时回应社会的期盼关切，注重推进社会、民生、生态环境等领域的立法，相继出台了满足人民美好生活必备的高质量地方性法规，真正实现好、发展好、维护好人民群众的根本利益。

二、当前推动地方立法工作高质量发展面临的困境

经过长期努力，我国地方立法工作不断发展完善，高质量地方立法明显增多，地方立法在实践中取得了良好效果，为经济社会发展提供了源源不断的法律支持。随着我国迈向全面建设社会主义现代化国家的新征程，人们对科学立法、民主立法、依法立法的要求越来越高，地方立法的作用没有充分发挥出来，地方立法还存在一些亟待解决的问题。

（一）地方立法中存在重复立法现象，不同地方立法之间同质化程度较高

在地方立法实践过程中，不少地方性法规对上位法的原则性规定，不能结

合本地实际情况予以具体化，而是照搬照抄上位法，主要表现为：在体例上抄袭上位法的章、节、条、款、项、目的篇章形式；在主要内容上重复上位法，有些是原封不动复制上位法的内容，有些是部分删改、重新整合上位法的内容。地方立法是对国家法律法规的有益补充，解决的是地方经济社会发展中国家立法不能解决的问题。重复立法现象与科学立法精神相悖，损害了上位法的权威，造成了地方立法资源的浪费，增加了立法成本，降低了社会治理效益。

同时，不同地方立法之间内容雷同、类似，同质化现象突出。这主要表现为：地方立法事项重复程度高；立法篇章结构安排相似；法律文本内容雷同，重复、套用其他地方立法的条文。地方立法同质化现象将导致地方立法失去地方特色，而地方立法的生命力就在于能够体现地方特色，从地方实际出发，有针对性地解决地方问题。

（二）公众参与地方立法程度低

公众参与地方立法是实现公民参与和管理国家事务等宪法权利的重要途径，有利于提高地方立法质量，实现良法善治。公众参与地方立法，能够使地方立法机关在制定地方性法规、规章的过程中吸纳民意、汇集民智，使地方立法合理反映人民的根本利益并兼顾不同阶层和不同方面群众的利益。这不仅可以提升公众对地方立法的认同，而且能够推动地方性法规的有效实施。

目前，虽然公众参与地方立法取得较大进展，但是公众参与地方立法程度仍然较低。这主要体现在：第一，部分参与地方立法的公众法律知识欠缺、法律素养不高，导致参与意愿不强，参与能力不足，很难有针对性地提出合理的意见和建议；第二，立法机关没有完善的立法信息公开制度，地方立法过程中立法信息不够公开、透明，立法信息公开的渠道有限、公开的形式不够丰富，因此公众不能及时获取全面、准确、可靠的地方立法信息，降低了公众参与地方立法的积极性和主动性；第三，地方立法机关缺乏健全的地方立法意见反馈机制，公众提出的意见得不到反馈或者得到的反馈不充分，影响公众参与地方立法的热情。

（三）地方人大立法能力不足

地方人大立法能力是国家治理能力的重要内容，是推进国家治理体系和治理能力现代化的重要抓手，是实现高质量地方立法的基础。加强地方人大立法能力建设是一项紧迫而艰巨的任务。地方立法工作具有很强的政治性、专业性、理论性、实践性，需要政治坚定、服务人民、尊崇法治、发扬民主、勤勉尽责的立法专业人才作为依托。当前，地方人大立法工作队伍中政治素质高、法律素养好、业务能力强的立法专业人才有限，难以保证有充足的时间和精力从事繁重的立法工作，严重影响地方人大发挥地方立法主导作用，限制了地方人大立法能力的发挥效能。目前，尽管地方立法工作人员配备较以前有所改善，但仍然难以满足新形势下地方人大立法工作的实际需要。总体来看，我国地方人大立法工作队伍的综合业务素质仍有待提升。

长期以来，地方性法规主要由地方政府提出议案并起草，容易出现"部门利益法制化"、法规草案"政府文件化"等问题，严重削弱了地方人大的立法主导地位。此外，地方人大在法案论证、协调、审议等各项环节也未能充分发挥主导作用，未能建立完善的听证论证程序、立法辩论制度、单项表决制度、备案审查制度，不能为地方立法质量提供基础性的制度支撑，不能形成对立法质量的刚性约束，不利于地方立法质量的提高。

三、提高地方立法质量的实践路径

地方立法是我国立法体制的重要组成部分，而地方立法现存的问题在很大程度上制约了地方立法质量的提升，严重影响地方立法功能的发挥，需要我们采取有效措施破解地方立法困境。

（一）坚持党对地方立法工作的领导

加强党对地方立法工作的领导，是党依法治国的重要内容，也是推进国家治理体系和治理能力现代化的重要方面。党的领导是中国特色社会主义最本质的特征，是中国特色社会主义制度的最大优势，也是社会主义法治最根本的保证。坚持党对地方立法工作的领导，要把党的领导贯彻到地方立法工作的全过程和各方面。地方人大要围绕地方党委贯彻落实党中央大政方针的决策部署，健全党领导地方立法的制度机制，确保党的政策主张通过法律保障在地方顺利实施，在法治轨道上全面建设社会主义现代化国家。

加强党对地方立法工作的领导，就要坚持把党的领导作为立法最高政治原则，确保这一政治原则在地方立法工作中得到贯彻实施。地方人大要不断增强党领导地方立法的政治自觉，加强党对立法工作的集中统一领导，坚持地方立法工作向地方党委请示报告制度，形成一系列党的领导法规制度，确保地方立法工作的正确方向。地方人大要用习近平总书记关于立法工作的重要指示要求引领地方立法工作，要深刻领悟"两个确立"的决定性意义，增强"四个意识"、坚定"四个自信"、做到"两个维护"，紧紧围绕中国式现代化的立法需求，把地方立法决策同本地改革发展决策紧密结合起来，推进科学立法、民主立法、依法立法，不断提高地方立法质量和效率。

（二）积极更新地方立法理念

"不抵触"原则是我国地方立法须遵循的一项立法原则，即地方性法规不得与宪法、法律、行政法规的内容与精神相抵触，省级以下的地方性法规不得与本省现行有效的地方性法规相抵触。地方立法机关要准确把握"不抵触"原则，积极更新地方立法理念，不能采取简单粗暴地重复上位法的方式来避免地方性法规与上位法相抵触。地方立法机关应提高对地方立法初衷的认识，使地方性法规起到补充国家立法以及自主解决地方事务的重要作用，使地方性法规在实践中更具有针对性、可操作性、可执行性。

"地方立法，贵在有地方特色，地方立法的生命力全在于此。"不同地方立法之间如果同质化现象严重、没有显示出明确差异、不能结合本地实际凸显地方特色，就难以实现立法初衷、体现法规价值、彰显立法权威。地方立法机关要从本地实际出发，依法履职尽责，积极担当作为，准确把握地方立法实施性、补充性、探索性的功能定位，及时回应人民群众的新要求新期待，解决地方经济和社会发展中需要立法解决的问题，制定适应时代要求、体现地方特色的地方性法规，以高质量地方立法来保障和促进地方经济持续健康发展。

（三）扩大公众对地方立法的有序参与

公众参与地方立法是我国民主立法原则的重要体现，也是推进全过程人民民主的具体实践。扩大公众对地方立法的有序参与，对于提高立法质量至关重要。

首先，要加强对公众的普法宣传和教育，提高公众参与地方立法的能力。对法律一无所知的公众，是不可能具备参与地方立法能力的。因此，要推动公众有序参与地方立法，就必须提高公众的法治素养。地方立法机关要以公众喜闻乐见的方式普及法律知识，使公众认识到地方立法与每个人的社会生活息息相关、参与地方立法就是对自身利益的预先保护，从而增强公众树立参与地方立法的意识与信心。

其次，要完善立法信息公开制度，拓宽公众参与地方立法的渠道。向公众提供正确、完整的信息，是公众参与地方立法的前提。因此，要强化地方立法机关公开信息的责任，扩大立法信息的公开范围，畅通政府信息的公开渠道，完善地方立法机关信息公开的监督和保障机制。地方立法机关要充分利用报纸、杂志、电视、电台、互联网等多类别信息公开方式，加大立法信息公开的力度，充分保障公众的知情权。

再次，要健全地方立法意见反馈机制。能否扩大公众对地方立法的有序参与，有赖于地方立法机关对收集到的公众意见和建议是否作出及时反馈。因此，地方立法机关要对征集的公众意见和建议作出必要的反馈。地方立法机关可以设立专门机构负责处理和反馈公众意见和建议，对是否采纳公众意见建议作出答复说明；还可以利用基层立法联系点，对公众提出的与自身利益密切相关的意见建议，以适当方式予以反馈。

（四）提升地方人大立法能力

提升地方人大立法能力，首先要建设一支德才兼备的高素质地方立法队伍，要教育引导地方立法工作队伍坚持人民至上的立场、厚植强烈的家国情怀、具备扎实的法学根底；要教育引导地方立法工作队伍坚持不懈用习近平新时代中国特色社会主义思想凝心铸魂，深入学习贯彻习近平法治思想；要组织开展立法技能培训，持续推进地方立法队伍革命化、正规化、专业化、职业化。

提升地方人大立法能力，其次要强化地方人大在地方立法中的主导地位。地方人大要在地方立法过程中的立法规划、立法草案提出、审议、表决等环节都要把握主导权。地方人大要通过立法规划、年度立法计划等形式，加强对立法工作的统筹安排；增强地方人大在立法中的统筹协调能力，抓好法规草案的牵头起草工作，对政府或其他方面负责起草的法规草案，做好提前介入、协调配合、督促推动等工作；要对法规草案进行逐条审议，排除地方立法中的地方保护和部门利益倾向；要完善表决程序，扩展表决方式。同时，地方人大还要建立健全立法工作体制机制，加快形成完备的地方立法法律规范体系，夯实地方法的根基，促进地方立法工作高质量发展。

参考文献

［1］封丽霞.中央与地方立法关系法治化研究［M］.北京：北京大学出版社，2008：373-381.

［2］段东升.设区的市地方立法的困境与进路［J］.学术交流，2021（4）：68-77.

［3］赵静波.地方立法特色的缺失及其规制——以地方立法"抄袭"为视角［J］.地方立法研究，2017（6）：81-90.

［4］宋才发.地方立法的基本程序及功能研究［J］.河北法学，2021（3）：2-16.

［5］王子正，赵佳丽.地方立法的公众参与问题研究［J］.河北法学，2018（3）：19-32.

中医诊疗侵权责任认定制度检视与实践

高振威

【摘　要】中医作为自然科学与社会科学交叉的综合医学，具有系统性和辨证论治的特色诊疗理念，相较于西方医学，中医的诊疗理念更强调整体思维。在一般人看来，中医的诊疗理念接近哲学或宗教，一般患者和医疗机构难以理解阴阳五行、六经辨证理论。当下越来越多的患者寻求中医诊疗方案，而在诊疗过程中出现症变，患者和司法机关都难以确认是否属于侵权。在西医诊疗体系的主导下，医疗鉴定机构和司法机关对于中医诊疗的过错认定和因果关系的鉴定、认定出现错搭，不能完全适用于中医诊疗，由此导致司法判决混乱、同案不同判，不利于医患矛盾的解决。因此，有必要结合中医药特点和中医诊疗方式，制定适用于中医诊疗特点的侵权责任认定制度，以适应医疗事业的发展，应用于司法实践，从而化解医疗纠纷、推动中医药事业的发展。

【关键词】中医诊疗；医疗损害；过错认定；过错责任原则

一、中医诊疗侵权责任认定制度检视

（一）立法对中医诊疗侵权责任认定的疏失

中医药是中华民族优秀传统文化遗产，在医疗卫生领域有着举足轻重的地位。然而，当前我国在中医药领域的立法还不够完善，没有专门性、针对性的中医药综合性法典，仅有湖南、云南等省市颁布实施了地方性中医法规，《中医条例》起草多年却没有颁布实施，分散的法律法规不能全面统筹中医药行业的发展和规范化管理，当前中医药立法方面存在诸多缺失和不足，不能为司法审判提供可操作性的法律依据。

1. 中医药立法无序化明显

目前有关中医药领域中法律位阶最高的立法性文件为《中华人民共和国中医药法》，除此之外，没有对中医诊疗制定系统有序的法律规范，中医药领域的立法性文件无序化明显：其一，对中医诊疗行为的管理、监督适用《中华人民共和国药品管理法》和《中华人民共和国执业医师法》，这两部法律并没有针对中医作出系统性的规定，没有体现中医诊疗规范秩序，仅仅是采用管理西医学的方法对涉及中医领域进行概括性监管，从而导致中医在诊疗、鉴定和司法程序中被"西化"；其二，部分地方性法规、行政规章缺乏上位法依据，没有形成统一有序的中医药法律规范体系，例如《中医师、士管理办法》和《中医医疗机构管理办法》仅为行政规章，在司法裁判时能否被审判人员援引尚不确定。立法无序化现象使得发生中医诊疗侵权事故缺乏系统性的法律依据，患者和司法机关援引法律陷入无序化困境。

2. 法律法规缺乏中医药针对性

当前有关中医的法律规范大多参照西医标准实施监督管理，没有根据中医诊疗行为的特殊性作出具体规定，现行法律规范对于中药的管理亦如此，将中药药品的市场准入机制参照西药模式进行监管，对中药药品进行临床分类和界定，采用化学结构、动物试验和数据公式的方法来研究中药成分和疗效，本身就不符合中医药诊疗的规律。西药的准入监管模式不适合用于中药传统炮制方法和配伍药效的管理，将临床医学的验证和管理方法用于界定、审批和监管的规制模式，不符合中医药的特色和优势，无法在制度上针对性地规制和监管中医药诊疗的有序运行。

此外，现行法律法规没有明确中医药行业的执法主体，缺乏针对性。中医药管理体制存在多头、无序化管理倾向，对中医药行业的监管除国家中医药管理局外，又牵涉食品药品监督管理局、发改委、卫检部门等多个部门，这些部门对中医药领域并非专业、专门管理，笼统地按照西方医学科学的模式进行交叉和无序的管理，各自对中医药的理解不同，其监管模式、监管标准存异，缺乏符合中医药发展的、统一协调的针对性方法。

（二）司法对中医诊疗侵权责任认定的困境

由于中、西医在诊疗理念、方法和药品等方面存在明显差异，在中医诊疗侵权案件中，西医药侵权案件所适用的因果关系、主观过错认定和司法鉴定方法不能完全适用于中医，司法上存在中医诊疗侵权认定的困境。

1. 侵权因果关系复杂性

由于中医的调理与治疗周期长、见效慢，当身体因诊疗受到损伤，患者在短时间内无法明确感知，或者在感知不适后，无法确定是中医诊疗的缘故或是其他因素所致。在西医的诊疗过程中，其治疗手段、药品药量均具有明确的标准，出现异常反应也均有明确的临床记载，能够显而易见地认定医疗行为与侵害后果之间的因果关系，而中医诊疗过程的隐蔽性强，身体出现异样具有滞后性，在认定诊疗行为与侵害后果的因果关系时存在一定的难度，没有丰富的中医知识和诊疗经验的人很难判断出诊疗行为与损害后果之间的关联性。例如，中医用"下"法来排出体内的病灶，如采用"茯苓"泄脾阴、"莲子"泄心火等方式让患者产生腹泻，用中医诊疗八法来评判，腹泻是必不可少的过程，是诊疗手段的一种，不属于损害后果，患者和法官没有专业的中医药知识和经验，无法判定腹泻的机理与作用。而西医以腹泻的直观结果来评判，以提取粪便、化验成分的判定标准将腹泻认定为"肠炎"，则属于医疗损害事故。审判人员并非中医专业人士，不具备充分的中医知识和行医诊疗经验，无法判定药效与身体损伤之间的因果关系。

2. 主观过错认定疑难复杂

中医诊疗过程中医师的主观过错包括故意和过失，但是在司法实践案件中，认定中医师是否履行告知义务存在难点。中医诊疗过程中，并没有向西方医学那样多样化、复杂的化验、检验和测试，而是通过问答、脉诊和望诊等经验来判断病情。中医师在用药配伍等诊疗活动中是否履行了告知义务、保障患者知情权是确定其是否具有主观过错的认定依据，而让患者理解抽象的中医理论、辨证施治的诊疗模式明显较为困难，故认定中医师的主观过错较为复杂。

其一，患者难以理解中医晦涩抽象的理论。中医的"四象""五行""六淫"理论非常抽象，以中医六淫理论为例："风、寒、湿、暑、热、燥"为六淫，"风为百病之首，治风先治血"。中医所指的"风"是将体内的五脏六腑的性质抽象概括后，按照其功能作出的比喻描述，并不是指人体器官所能感知到的气流波动，因此，患者难以理解中医所描述的"风"的概念，不能全面、准确了解中药的作用和适应的症状，用西医诊疗的理念和朴素认知来理解中医，难免出现谬误和晦涩难懂之处。例如，出自宋代钱乙所著《小儿药证直诀》中的中药方剂"六味地黄丸"，其成分包含熟地、酒萸肉、山药、茯苓、泽泻、牡丹皮共六味中药，用于调理肾阴亏虚、腰膝酸软等症候，以达到体内阴阳平衡的效果，而很多人会误认为六味地黄丸是治疗肾虚、增强性功能的药品，该理解并非该方剂的真正含义，可见，中医理论的抽象特性成为患者选择中医和中医师履行告知义务的一大难点。

其二，患者难以理解中医辨证施治的特殊性。中医诊疗最大的特色即辨证施治，即使不同患者的病情症状相同，也会根据不同患者的不同体质、脉象等判断病灶、病因，从而采取不同的治愈方案和疗法。而患者更愿意相信数字化的检测项目来检查病况，并用可量化的药品采取治疗措施。患者缺乏中医理论知识，很难理解和接受辨证施治的精髓，由此加大了中医师告知义务的履行难度，也难以保证患者的知情权，从而难以认定中医师的主观过错。

3. 中医诊疗过错鉴定体系不完善

在医疗损害纠纷中，举证规则为举证责任倒置规则，即医师和医疗机构承担医疗事故纠纷的证明责任，证明自己医疗行为不具有过错。因此，鉴定何谓过错、如何鉴定过错是法官据此判定侵权与否的关键性问题。但是，我国当前的中医诊疗过错鉴定体系并不完善，导致在司法认定过错的过程中较为困难。

其一，中、西医司法鉴定理念和标准互不融通。最高人民法院以司法解释的形式明确发生医疗损害纠纷可以申请医疗事故技术鉴定，也可以申请医疗过错司法鉴定。发生医疗损害事故，患者和司法机关首选具有法律标准依据的、有实验数据支撑的现代医学鉴定方法和鉴定机构。然而，中医与西医的医理、治疗体系不同造成了鉴定的混搭。

中医学与西医学互不融通之处甚多，中医的鉴定内容不以西医科学为标准，甚至不属于医疗事故的鉴定范畴，例如中医讲究"十八反"和"十九畏"等特殊配伍禁忌，而在西医学研究中却认为该种禁忌没有科学依据，否定这种配伍禁忌。大多数司法鉴定中心的鉴定医师只有基础医学背景，通常以西医学的标准和依据来评判中医方的过错，极有可能出现鉴定人员因专业知识的局限或偏见误判中医诊疗具有过错，对中医诊疗定性极为不利，不利于审判的公平性和正确性。

其二，当前的医疗损害鉴定并没有针对中医的阴阳平衡和辨证施治建立配套的医疗证据审查机制。在司法实践中，中医诊疗侵权损害案件的鉴定手段主要是通过现代化医疗机器设备和化验数据来衡量中医诊疗的正误，在医疗侵权纠纷案件的鉴定过程中，由于医疗诊治理论不同、诊断依据差异，无论是医疗鉴定机构、医疗鉴定人员，还是鉴定审查标准和鉴定方法，都没有建立具有中医药针对性的、整体性的辨证机制。

其三，不同的中医鉴定专家存在派别分歧和技术失误的可能性。中医的特色之一就有"同病异治"，诊疗思路和用药配伍方法有不同的门派体系，难以形成统一的诊疗标准。例如患者在外感风寒时，应当采用桂枝汤升阳扶正，还是采用麻黄汤宣肺解表，抑或是采用《备急千金要方》中的桂枝麻黄各半汤，想要鉴定孰对孰错就进入了门派纷争的困境，最终可能导致待证事实无法证伪。

（三）基础医学对中医诊疗侵权认定理念的分歧

1. 中、西医治疗方法与理念存在差异

西医学为患者诊疗时，通过体液化验、机器设备检查和指标数值判断的方法来检测人体的健康状态，通过检测数值来判断病症并开具相应的药品，而中医则通过望、闻、问、切来诊断病患所在，认为人体的脏腑器官互为表里，即心与小肠互表里、肝与胆互表里、脾与胃互表里、肺与大肠互表里、肾与膀胱互表里，认为病为患之所在，证为表象之所在。

以风寒发热为例，中医认为"百病起于寒"，人体具有自救的本能，当身体受寒、阳气受损时，中医主张驱寒、扶正，采用桂枝升阳、麻黄宣肺、百合滋阴、厚朴祛湿的配伍方法将体内的寒湿气祛除，从而达到治愈风寒的效果。而西医在面对风寒发烧时，则采用退烧的方法，达到37.0℃以下数值区间的绝对平衡。中、西医的治疗理念孰对孰错暂且不论，就其治疗手段而言，差异较大，无论是患者还是审判人员，都无法判定侵权与否。

2. 证据医学与辨证施治衔接不契合

证据医学是在医疗决策过程中将临床证据、个人经验和患者状况与真实意愿结合起来，从而形成的大样本临床试验学，也称为实证医学，追求治疗疾病要遵循准确充分、有说服力的科学依据，以证据为基础内容。中医作为传统的经验科学，以"阴阳五行"和"气血脏腑"理论作为指导，以"望、闻、问、切"作为诊疗手段，不同中医的诊疗思路和理念差异较大，难以形成像证据医学般统一量化的证据。

证据医学注重矛盾的普遍性原理，注重采集样本，通过大量的数据和证据来得出相关的结论，成为医学鉴定的参考依据。而中医理论更注重矛盾的特殊性原理，讲究"三因辨证"，即疾病因人、因时、因地不同。在中医尚未占领主流诊疗地位的情况下，只能有限地解决不同的个例问题，讲究具体问题具体分析的诊疗方法，中药的搭配方剂、药量和治疗方法根据患者不同情况"同病异治"，很难用反复的病情和重复的药方来收集大数据并用于解决单个病人的患情，并与证据医学相契合。在西医诊疗占领话语权的医疗体系中，中医诊疗尚未成为大众化的主流选择方案，这也是证据医学不能与中医诊疗衔接的原因。这种不契合的证据审查和不衔接的医疗理念导致中医诊疗技术、疗效的证据科学使得中医诊疗在司法鉴定中出现混乱和误解。

3. 中医诊断标准无法量化

西医科学注重血液和组织的化验、病理的解剖，力求细化、深化疾病发生的原因和形成机理，其化验、解剖的过程都可以依据操作标准、测量指标并用数据量化。而中医所描述的五脏并非解剖学、生物学形态下的五脏器官，而是根据五行"相生相克"理论指导，如肺主通调水道、主宣发肃降，其对肺的描述抽象为功能或作用，并且与身体的生理功能系统结合，无法用具体指标、数据量化表述。在司法实践中，用证据医学的规范化、标准化规范来衡量中医辨证施治，用西药的验证方法和原理来评价中药的疗效，明显脱离了中医诊疗体系，用大数据和临创试验来替代中医总结特殊化、个体化的经验，本质上来说是矛盾的。

二、中医诊疗侵权认定制度优化路径探究

（一）完善中医药法律规范架构

在诊疗事故中，医患双方的权利义务分配与司法鉴定意见、判决结果息息相关，而作出判决又以司法鉴定机构的鉴定意见和相关中医药法律规范作为依据和准绳，只有完善中医药法律规范体系才能让司法审判有据可循、有法可依。中医药的立法思路应当遵循中医诊疗活动的规律和中药配伍的特性，以古代中医典籍和现代权威中医药教科书作为参照依据，遵循辨证施治、与时俱进的原则。

第一，应当建立效力位阶高、内容专门化、制度系统化的中医药法律法规体系。建立中医药法律法规体系是一个系统性、连贯性的工程，涉及多个学科，并且在实践中不断出现新情况，需要动态调整、修改、补充和完善，所以中医药立法必须坚持系统观、整体观。要针对中医诊疗理念和特点制定具有针对性的中医药法，将中医诊疗的"四诊"（望、闻、问、切）理论、阴阳五行理论作为立法的基础理论和核心导向。

改变无序化的中医药诊疗立法现状，应当让《中医药法》成为区域性、地

方性中医药规章制度的上位法依据，最终构建出一套专门性中医药法律为指导、省级人大及其常委会制定地方性法规可具体实施、部委规章和地方行政规章为细则的中医药法律规范框架体系，既有法律位阶的权威性，又有符合各地区中医药行业实际情况的可操作性。

第二，建立中医药从业人员执业规范化、专业化、职业化准入体系。建立中医药从业人员资格、水平评定考核制度，对中医药职业人员的中医药基础知识理论进行定期考核，避免出现药材配伍错误、误诊等诊疗侵权行为。提高中医药执业人员脉诊和望诊等准确性与可靠性，逐渐在法律制度层面确认"望、闻、问、切"等中医诊疗手段，扭转和摆脱过度依靠"拍片"和"体液化验"等西化诊疗理念、方式，应当改变中医药执业人员使用化学方程式来配伍中药方剂，形成中医药人员采用辨证施治的特色中医诊疗制度。

（二）构建中医诊疗侵权归责原则体系

由于中医诊疗具有独特的理论支撑和疗愈方式，与西医对抗疾病的治疗方式有着本质的区别，其经验科学的属性决定了其侵权归责具有复杂性，举证中医侵权行为和患者人身损害结果具有一定难度，在举证责任倒置的司法规则下，证实诊疗行为侵权成为难点。笔者认为，应当构建适合中医诊疗特点的归责原则体系，即中医诊疗技术损害适用过错责任原则，中医诊疗伦理损害适用过错推定责任原则，中医诊疗产品损害适用无过错责任原则，严格适用公平责任和免责事由。

1. 中医诊疗技术损害适用过错责任原则

根据《中华人民共和国民法典》的规定，患者在诊疗活动中受到损害，医疗机构及其医务人员有过错的，由医疗机构承担赔偿责任。在西医诊疗活动中，医疗机构和医务人员实施诊疗的整个过程即是诊疗行为，诊疗行为结束则诊疗活动终止。而中医的诊疗侵权并不仅局限于诊疗活动，未履行告知义务、未全面履行告知义务有可能构成不作为的侵权行为，针对患者的特殊体质，未明确区分诊疗方案也有可能导致损害后果的发生。从中医诊疗的方式和特点来看，应当将过错分为故意和过失两种情形。

判断中医医务人员在诊疗过程中是否具有故意的过错形态，应当满足以下几个条件：其一，中医医疗机构是否在卫生行政部门获得许可并依法设立，中医医务人员是否有明显违反中医药法律规定、违反诊疗规范的行为，是否符合《中医坐堂医诊所基本标准》《中医坐堂诊所管理办法》《医疗机构基本标准》

等法律法规的诊疗执业规范；其二，中医诊疗医务人员是否通过中医药领域相关资格考试并取得执业医师或者执业医师助理资格证；其三，诊疗过程是否以疗愈患者为宗旨，是否以减轻患者痛苦、帮助患者恢复健康、缓解病痛为目的，若出现盲目配置药方、剂量明显不当、药品质量不合格、误诊或者违反中医药配伍禁忌等情况，则应当认定中医医务人员在中医诊疗过程中具有侵权的故意。

若中医医务人员疏忽或怠于了解患者的特殊体质、注意用药禁忌和考虑患者服用其他药物情形，其过错性质则应当按照过失来定性。以中药材"麻黄"的用量为例，根据《神农本草经》和《伤寒论》的记载，麻黄可发汗解表、宣肺利尿，配伍方剂有桂枝麻黄汤、小青龙方等，其用量在三钱（约15克）之内，过量发汗、开腠肌理会伤及津液，造成身体损害。若中医医务人员未询问患者是否服用含有麻黄成分的药物，或者因疏忽未明确告知患者注意事项，导致患者麻黄服用过量、产生身体损伤，则应当认为中医医务人员对侵权后果的发生具有过失。

2. 中医诊疗伦理损害适用过错推定责任原则

中医诊疗效果具有特殊性，其系统性、差异化的诊疗过程使得疗效不明显，或者患者体质不同，吸收药效的时间有所延迟。在中医药诊疗的特性下，一旦出现疏漏，其损害患者身体的程度更深、恢复周期更长，对患者的身体和精神双重打击，此时应当实行过错推定责任原则，由中医医务人员证明自己的诊疗过程、诊疗行为符合中医药诊疗制度规范，用药、配伍方剂合规并适合患情。鉴于专业知识的占有优势而言，由中医医师证明自己的诊疗行为安全合规，故在中医诊疗过程中，实行过错推定责任原则更有利于保护患者的身心健康。

3. 中医诊疗产品损害适用无过错责任原则

《中华人民共和国民法典》规定了医疗损害侵权的无过错责任原则适用情形，因药品、消毒剂、医疗器械的缺陷或者输入不合格的血液造成患者伤害时，患者可向生产者或者医疗机构请求赔偿。中医诊疗过程中配伍药品、饮片、制剂对患者出现侵害，或者中医针灸、正骨、推拿和拔罐所采用的器具对患者造成人身损害，患者可向中医诊疗机构或者中医诊疗器具生产者请求损害赔偿。中医诊疗机构、器具生产者对此承担严格责任，适用无过错责任原则。

4. 严格适用公平责任和免责事由

患者选择中医诊疗机构进行调理、疗愈时，中医诊疗机构即使对其进行了详尽的询问、说明、告知，患者在不知自身特殊体质的情形下仍然选择该种诊疗方式，最终造成身体损害的，应当参照"优者危险负担原则"的法理适用公平责任原则，由中医诊疗机构和患者共同承担因诊疗造成的人身损害后果。若出现法律规定的医疗损害免责事由，鉴于中医诊断方法、诊疗方式与人们普遍接受并采用的西医学检测、治疗手段大相径庭，应当严格适用中医诊疗的免责事由；发生中医诊疗侵权事件，应当结合中医药司法鉴定、双方举证情况，综合考量后再适用免责事由，避免出现医患纠纷扩大化倾向，强化中医药执业者的职业责任、减轻患者的受害成本。

（三）构建中医医疗损害鉴定和过错认定制度

针对中医诊疗过程中发生的医疗损害事件以及在司法实践中遇到的鉴定难点和困境，应当构建一套系统完整的、契合度高的司法鉴定制度，既包括组成专业的中医鉴定组织和建立鉴定理论依据，也包括中医鉴定人员的考核准入机制，还应当建立中医鉴定人员出庭质证制度，将权威、专业的中医药鉴定引入医疗损害纠纷案件中，促进中医药行业司法鉴定专业化、职业化、规范化。

1. 建立中医药鉴定人员司法数据库制度

在民事诉讼、刑事诉讼中，当事人、辩护人和诉讼代理人有权申请"有专门知识的人"出庭。在中医诊疗侵权案件中，可根据《中华人民共和国民事诉讼法》和《中华人民共和国刑事诉讼法》"有专门知识的人"这一规定建立中医药鉴定人员司法数据库制度，在全国中医药专业院校开设法医学专业，解决中医药领域鉴定人才短缺的不足。

此外，对在全国范围内中医药组织、中医药鉴定领域从业的中医药专业人员进行登记，对其进行中医药鉴定知识的考核，对于符合要求的人员予以准入，纳入全国中医药鉴定人员数据库。在进行中医诊疗侵权司法鉴定或者需要有中医药专门知识的人出庭时，可由司法机关或者当事人共同指定数据库登记的专业人员出庭质证，进行中医药专业领域的分析并提出相关专业意见。对纳入数据库的专业人员进行定期考核、专业能力培训以及涉及中医药诊疗纠纷的司法案件观摩，以提升其接入司法专业需要的能力，能够促进中医药医疗实践与司法案件的衔接与适用。

2. 建立医疗损害中医鉴定制度

根据《中华人民共和国中医药法》的规定，开展法律、行政法规规定的与中医药有关的评审、评估、鉴定活动，应当成立中医药评审、评估、鉴定的专门组织，或者有中医药专家参加并主导。该规定包含两个层次的含义：其一是发生中医诊疗侵权损害案件，应当组织具有中医药知识并具有从业经验的专业中医药专家成立专门的鉴定组织；其二是在不成立专门中医药鉴定组织的情形下，应当有中医药专家参加并主导鉴定活动。当司法案件中需要进行中医药医疗损害鉴定时，可在中医药鉴定人员司法数据库中抽选一定数量的专业人员，组成鉴定组织或者主导中医药司法鉴定。建立专业的中医药司法鉴定组织或中医药专家主导鉴定制度是解决医患纠纷和客观、专业评价中医药医疗事故的重要途径。

3. 构建中医药医疗损害鉴定理论依据和过错认定标准

现存的司法鉴定机构大部分是现代医学体系下的鉴定机构，以中医药理论为基础的司法鉴定机构目前为空白，如果将涉中医诊疗的司法案件交由西医理论指导下的司法鉴定机构进行鉴定，将会使鉴定结论的正确性大打折扣，所以以中医药理论体系作为涉中医诊疗侵权鉴定的理论依据和认定标准非常关键。在中医诊疗侵权案件的司法鉴定中，不仅要有专业的中医药鉴定组织和鉴定人员，更要有科学可行的鉴定理论依据，鉴定过程应当有适合中医诊疗规律的理论依据、符合中医药传统文化的过错认定标准。

首先，应当明确中医诊疗行为的理论依据，中医的诊疗行为、配伍方剂大多来自于中医药教科书、古代典籍和中医药文献资料，在鉴定中医诊疗行为的正当性时，应当以上述典籍作为参照依据。其次，应当针对诊疗对象的具体患情、结合中医师的诊疗行为和开具的方剂来判断是否符合中医药配伍规范，避免其无端地超越中医诊疗规范，同时也应当甄别和尊重中医师的主观能动性，不能将符合患者特殊病情的创新型技术突破认定为诊疗过错。最后，应当将中医诊疗事故鉴定从普通的医疗事故司法鉴定中独立出来，建立独立的中医诊疗事故鉴定机制、理论依据和过错认定标准，才能脱离中西医诊疗鉴定错搭层叠的困难处境。

（四）平衡中医师履行告知义务与患者知情权

医疗事故侵权案件中实行举证责任倒置原则，即由医疗机构或医师举证证明自己尽到了注意义务和安全告知义务，中医师由此才有可能适用侵权责任免责事由。

在中医诊疗医疗事故中，由于中医理论晦涩难懂，中医师对患者告知药性、药效以及禁忌等注意事项后，患者没有理解或没有完全理解，导致在诊疗过程中出现身体损害的医疗事故。中医诊疗思路和诊疗过程并不是一个单向输出的静态过程，是中医师和患者互动的过程，既要保证患者的自主选择权，又要明确中医师的专业见解，遵循"理解患者"与"具体患者"的双重标准，明确履行告知义务的内容和范围。

1. 明确中医师告知义务的范围

中医诊疗时，由于信息量占有的不平等性，中医师负有更强的告知义务，应当将诊疗模式的安全性、风险性、有效性和注意问题详尽告知患者，由患者决定是否采用该种诊疗模式，并非告知无害性或者由患者在告知书上签字就能免除中医师的责任。但是，强化中医师的告知义务并非追求专业诊疗知识的绝对平等，否则会将中医师置于不可预估的巨大医疗风险之中。基于患者生命健康权至上的前提，中医师明确告知诊疗和中药的具体内容应当包括以下内容：其一为药方成分和配伍禁忌，将中医处方向接受诊疗的患者公布以保护；其二为药物的炮制情况与生熟用法；其三为药物的煎煮调制方法、剂量、用法；其四为毒性药物的成分、炮制方法、不良反应、副作用和救济途径。

此外，仅以中药"不确定性"模糊告知患者，不能视为中医师已履行告知义务，中医师未履行告知义务，虽然没有给患者造成人身伤害，但是其不作为超出了患者的容忍义务，侵犯了患者知情权或给其造成精神损害，仍然属于诊疗侵权行为。

2. 明确患者知情权的实现方式

在诊疗过程中对患者赋以诊疗知情权并不是绝对的保护，而是相对的、合理的、限制的保护，应当在法律和诊疗活动能够实现的范围内保护。患者的知情权与中医师告知义务相互对应，在权利义务相一致原则的前提下，患者对其健康权益的自治和决策应当遵循责任自负原则，才能在中医诊疗过程中达到中医师履行告知义务与保护患者知情权的平衡状态。实现这种平衡状态既包含价值冲突，也包括价值博弈，既要为中医师尽以最大程度的告知义务，又要最大程度地保护患者的知情权。

中医医务人员告知患者明晰中医诊疗方案的用药内容、风险等内容后，由于中医药专业信息不对称的事实、中医药理论的抽象性和语境专业性，一般患者对中医理论的判断能力较弱，患者是否已经知情并同意，应当结合其对中医医务人员告知内容的识别能力进行综合判定，遵循最低限度知情原则：以中医师为主导、以患者为主体、以患者的健康利益为目标，在中医师和患者充分交流、沟通、告知的基础上实行共同决策，实现实质性信息知情和重大人身健康权益保护衔接。

参考文献

［1］颜霏．医疗纠纷中举证责任问题研究（一）［J］．基层医学论坛，2012（04）：503．

［2］刘大华，曹书华．论中医医疗过错鉴定体系构建的相关问题［J］．湖南中医药大学学报，2018（01）：104-105．

［3］吴颖雄．我国中医药立法比较分析与思考［D］．南京中医药大学，2009．

［4］周拓宇．非法行医罪的主体研究［D］．湘潭大学，2008．

［5］赵敏，等．中医医疗损害的特点及防控对策研究——以109例典型案件为例［J］．医学与哲学，2021（18）：66．

设区的市人大立法权扩容的困境与出路
——以实现地方治理现代化为视角

黄小鑫　陈徐安黎

【摘　要】我国经济社会的发展对提升城乡基层治理能力提出要求，设区的市人大立法权扩容成为必然趋势，关系到我国治理能力现代化进程。设区的市人大立法权扩容不仅因为顺应地方治理差异化的现实需要和保障地方立法先行性的要求而具有必要性，也因存在法理基础和法律制度依据而具有可行性。然而，在设区的市人大立法权扩容过程中也暴露出立法越权规制不足、地方立法功能没有充分发挥等问题。未来可以通过在立法制度层面明确立法权限划分、发挥小切口立法新型立法形式的功能、推动设区的市立法能力提升等措施加以完善，更为充分发挥设区的市在中国式现代化治理中的重要作用。

【关键词】设区的市；人大；立法权扩容；央地关系

一、问题的提出

中央与地方之间纵向权力分配问题与国家结构形式的类别、政府职能的划分息息相关，得到了我国历代政府的重视。而立法权作为国家权力体系中不可忽视的重要组成部分，立法权的央地配置不仅关乎以事权和财权为核心的国家治权分配，反映了不同层级的需求和各方利益表达，是其他央地关系建立的基础，更直接关涉各地人民权利义务的设置，对社会各领域的稳定和发展存在极大影响，因此，对于我国央地立法权限划分模式的优化得到了越来越多的学理关注和实践反馈。

我国是单一制国家，且受到中央集权的大一统国家的历史传统的深刻影响，在央地立法权划分上受到典型的国家主义理念的支配，主要表现为国家这一单一的主权者以全体人民的名义对中央与地方进行立法授权并划分权限，强调的是中央立法与地方立法的一体性与同构性、中央立法的优越性与地方立法的从属性。在新中国成立之初，这种国家主义理念的影响尤其突出，如我国五四宪法就规定："全国人民代表大会是行使国家立法权的唯一机关。"可见，当时所构建的是一种高度集中的立法体制。然而，法制统一固然是立法必须坚持的原则，但是考虑到地方具体情况的区别和立法积极性的发挥，授予地方必要的立法权是符合经济和社会发展规律的。因此，随着改革开放以来国家治理能力的发展，立法权不断下移，逐步授予省级人大及其常委会、经济特区、设区的市相应的立法权，从而形成了"一元两级多层次"的立法格局，保证在中央统一领导下充分发挥地方主动性。

市一级的立法权始于《地方组织法》1986年的修改，经国务院批准的较大的市的人大及其常委会也获得地方性法规的制定权。2015年《立法法》将市一级的立法主体扩大至所有设区的市。2023年《立法法》更将设区的市的立法事项范围在城乡建设与管理、环境保护、历史文化保护的基础上增加了基层治理。可见，设区的市人大立法权总体上呈现出不断扩容的趋势，这导致实践中涌现了大量的有益立法成果，为解决设区的市具体治理难题提供极大助益，但是由于立法权行使不当而产生的问题也随之而来。根据2023年《立法法》的修改可以看出，国家对设区的市人大立法权的发展实践总体上持肯定态度，所以，我们要做的并非简单回避问题而选择反对设区的市人大立法权的扩容，而应该探究如何通过制度设计让设区的市人大立法权在立法体制下有序运行，发挥最大作用。

二、设区的市人大立法权扩容合理性证成

（一）必要性

1. 地方治理差异化的现实需要

我国幅员辽阔，各省市之间的经济发展水平不均衡，文化传统习惯也各具特色，这决定了各地方根据具体实际情况存在不同的立法需要。尤其是改革开放以来，各设区的市社会发展的自由度大大提高，实际发展状况的差异性和复杂性日益凸显，所以根据地方特色设区的市量身定做合适的地方性法规是社会治理的必要手段。然而，中央甚至是省一级人大和政府的立法供给是有限的，

一方面，其适用范围较广，更侧重普适性，为了避免一刀切造成灵活度不足，无法进行非常细化的立法规定，不免导致立法在实践中的可操作性和可执行性不足，另一方面，其难以也没有必要耗费高昂成本面面俱到地把握设区的市的情况，从而可能无法及时回应各设区的市的地方特色和具体需求，因此，将全体的设区的市纳入地方立法权主体是顺应现实需要的选择。同时，出于现代法治社会下政府职能行使的需要，设区的市进行社会治理时必须有正当的法律法规作为依托，2023年《立法法》修改就将所授予的立法权范围在城乡建设与管理、生态文明建设、历史文化保护的基础上增加了基层治理，这些方面的内容回应了设区的市微观层面地方事务管理的需要，可以更好地弥补上级立法权对于基层需求照顾不全的不足，也有助于充分发挥设区的市的自主权，促进我国立法体系更加健全和具有活力。

2. 保障地方立法先行性的要求

在我国高度统一的立法体制下，地方立法的作用不仅仅是发挥地方的立法积极性来适应地方具体情况的需要，同样承担着为中央层面立法先行先试的重要责任。在社会主义法治下，任何一部国家立法都牵涉到全国各地区、各人民的利益平衡问题，因此，在法律正式颁布之前要经过漫长而严谨的准备阶段。而法律的生命在于运行，只有当其真正在实践中运行才能对立法质量进行评估检验，从而发现是否存在不完善之处。然而，稳定性与可预期性是法律的必要特征，全国性立法试错成本极其庞大、检验周期也较为漫长，将立法检验的场域转向"船小好调头"的地方立法，或许是性价比更高的选择。所以，既然需要地方成为预备中央立法的"试验田"，就要给予地方足够的立法空间。一方面，省级范围内的立法试点仍然可能覆盖面过广、对具体运行情况把握不够精准，在设区的市社会治理能力和经济发展水平快速提高的情况下，地方立法权主体层级下调有助于获得更具有价值的试点经验。另一方面，设区的市立法事项也限定在与基层实践密切相关又对整个国家治理具有重要影响的部分，能够更好地通过地方实践反哺国家顶层设计。就如基层治理，既是国家社会治理改革的重要抓手，同时，相较于中央和省，设区的市地方政府又是更为直接的执行者与观察者，能够获得更多更为精准的评估结果和实践经验。

（二）可行性

1. 法理基础

立法权的央地配置本质上是对立法权进行内部的纵向权力划分，如何寻找到一个恰如其分的界限对于国家治理的完善至关重要。一方面，地方立法权要维护法制统一。权力具有天然的扩张性，如果没有适当的限制和监督，很有可能在无限扩张中走向异化，阻碍我国社会法治化发展。尤其是我国身为单一制国家，中央和地方是垂直领导与从属的关系，央地法律法规必须能够和谐地容纳于同一个统一立法体制下，因此对于地方立法权需要保持足够的警惕态度，以防止我国法治碎片化。所以，需要从制度层面明确地方立法权的内容和权限以维护我国法制统一，而可喜的是，设区的市人大立法权虽呈现扩容趋势，但并没有突破我国法制的框架。另一方面，地方立法权要求足够自治性。我国的一切权力属于人民，但是中央层面的立法权在现代社会通常都通过代议制行使，不免出现立法权高悬而人民难以参与立法的局面。而地方立法权也同样属于国家主权的一部分，且与基层人民之间的距离更近，不仅可以为公民直接参与立法拓宽渠道，充分尊重人民参与和自身息息相关的国家事务的管理的权利，更可以借助基层人民丰富且宝贵的经验和智慧，为我国的地方立法提供强大的资源支持，从而促进我国立法的民主性和科学性的提高。因此，设区的市人大立法权的扩容正是中央逐步看到并释放地方自治性作用的体现。

2. 制度依据

随着近年来国家治理体系和治理能力现代化的不断发展，国家期望能在更高层次上实现政府职能转变新常态，以建立完善政府权力清单制度、提高简政放权的含金量。在这一背景下，设区的市人大立法权的扩容是必然趋势，我国现有制度框架也为其提供支持。从宪法层面看，总纲部分即开宗明义提出了中央和地方机构职权划分需要遵守"在中央的统一领导下，充分发挥地方的主动性、积极性"的原则，为设区的市人大立法权的取得和扩容留下空间。其还更进一步地直接赋予设区的市在不与上位法相抵触的前提下的地方性法规制定权，以根本法的形式确立了设区的市人大立法权的正当性。从法律层面看，《立法法》则对设区的市的立法事项进行了细化规定，更深入地明确了设区的市人大立法权的范围，并随社会需求的变化而适时灵活进行修改调整。然而，法律在授予设区的市更多的自主权力的同时，也同时设置了必要的限制，并非一刀切地无限度支持其扩张。一方面，设区的市层级毕竟较低，资格和能力都不足支撑其对其他涉及全国各方利益的事项进行完善的立法，《立法法》对设区的市立法事项的规定既是放权也是防止滥权。另一方面，《立法法》也要求设区的市所制定的地方性法规必须遵循不抵触原则，并须报省、自治区的人大常务委员会审查经批准后方可施行，有利于及时把握设区的市立法的方向和质量，防止对人民权利造成威胁。

三、设区的市人大立法权扩容过程中暴露的问题

（一）立法越权规制不足

根据上述分析，设区的市人大立法权的扩容与我国央地分权理念相契合，与社会发展状况相适应，因此，这一趋势得到了国家法律的促进和保障。然而，尽管现有体制对设区的市人大立法权的行使设计了一定的制约方式，但是，在实际运行中仍然存在有意或无意可以突破的薄弱部分，造成立法越权。

1. 立法事项界定不够清晰

事实上，央地立法权的分配主要就是通过法律制度的形式将中央与地方各自的立法权限范围规范化、制度化，因此，在法制统一原则下必须对设区的市立法事项范围进行明确的界定，才能保证央地立法权在各自的法治轨道上运行。《立法法》中也确实对设区的市的立法事项进行列举，包括城乡建设与管理、生态文明建设、历史文化保护和基层治理等。一方面，关于这四方面的内容的具体内涵与外延缺乏足够有说服力的解释。以新增加的"基层治理"为例，从广义上可以囊括对于城乡基层政治、经济、文化、生态等多领域内运用权力去引导、控制和规范公民的各种活动，以最大限度地增进公共利益。如果从这一角度理解，"基层治理"可能与前三项内容存在交叉范围甚至可以完全涵盖。虽然原有的三方面内容在范围上同样存在不清晰之处，但是已经根据一些学理或有权解释在实践中存在相对稳定的理解，但新增加的"基层治理"这一明显会存在内涵歧义的概念，却没有进行恰当的解释限缩，很可能会对之前的立法事项范围格局造成冲击，甚至可能为设区的市立法范围不当扩张提供方便。另一方面，关于"等"的理解也存在分歧。如果理解成"等外等"则给设区的市在根据实际需要在这四个方面之外进行立法提供正当性依据，如果理解为"等内等"则要求设区的市必须严谨审慎地在《立法法》划定的立法事项内行使立法权，两种理解将导致截然不同的立法效果，也有必要及时厘清。

2. 存在突破上位法的可能

地方立法作为为中央立法提供经验的试验田，在立法过程需要发挥积极性和创造性，对中央立法层面尚存空白的领域进行大胆的先行先试。然而，一方面，出于避免重复立法、突出地方立法的特色的考量，设区的市可能会刻意地

对上位法规定做出不同程度的改变，但是其立法位阶较低，因此存在大量的上位法挤压其立法变通空间，稍不注意就很容易出现"不一致"的状况。另一方面，设区的市处于立法权享有的末端，立法经验、立法人才和立法技术支持都远不如上一级，尤其是部分较为落后的市，很可能因为能力不足或者理解不到位而没有把握好与上级立法权之间的界限，从而使得所制定的地方性法规在程序或内容上超越权限的情况频发。

（二）地方立法功能没有充分发挥

设区的市人大立法权扩容的主要目的是服务于地区之间差异化立法需求的需要，充分发挥地方立法积极性，推动我国立法体制繁荣发展、不断完善，但是，在实践中可以看到，最初所期待实现的地方立法功能尚未得到有效实现。

1. 行使立法权过于被动

虽然改革开放以来，国家对于发挥地方立法积极性和功能的意识正在逐步加强，但是整体而言，我国央地事权变动的依据仍然主要是执政党和中央人民政府的决议、决定、意见、通知等文件，这使得纵向立法分权带有浓厚的行政化色彩和政策主导痕迹。在实践中一个突出的体现就是，由于省级人大常委会有审查批准设区的市所制定的地方性法规的权力，但是对于审查的具体标准和程序等可能缺乏统一的认识，因此导致审查时超越了合法性审查标准，对法规合理性、立法技术进行审查，或对报请批准的法规进行实质性修改的情况，甚至让省人大常委会对设区的市在法规立项、起草、审议等各个环节全程介入指导成为常态。这一定程度上有助于帮助立法经验和能力不足的设区的市立法活动的开展走上正轨，但是过度的领导与介入将会养成设区的市的依赖性，打压其立法创造性和积极性。同时，由于地方立法必须遵循不抵触原则，但是对于"抵触"的解释也莫衷一是，设区的市可能为了避免因为对于抵触标准的把握不到位，导致出现所制定的地方性法规与上位法相抵触的情况，从而在立法过程中过于保守，以消极的立法态度来降低出错的概率。

2. 立法权扩容目的难以实现

设区的市人大立法权扩容的本来意图是借助设区的市对于辖区内具体情况更精准的把握度来满足地方立法的差异化的需要，促进地方立法多元化蓬勃发展。然而，由于设区的市正式获得立法权的时间较短，对于自身立法机构和立法人才队伍的建设仍然不够完善，通过开展立法项目而积累的立法经验仍然不足，对于立法实际运行中得到的评估反馈依旧不够。"立法是兼具政治性与法律性、专业性与综合性、理论性与实践性的一项复杂工作，需要综合性的立法能力作为支撑"，在设区的市立法能力不足却又必须短期内达到治理要求时，一方面，其可能会选择遵循传统的立法结构和内容，既能够节省时间又能减少犯错，但这也导致路径依赖压制了设区的市立法的创造性；另一方面，其可能会倾向于研究其他地市已有的立法成果来学习经验，更有甚者选择直接进行抄袭照搬，从而造成立法同质化现象日趋严重。

四、设区的市人大立法权扩容的完善路径

（一）立法制度：明确立法权限划分

要达到在充分发挥设区的市人大立法权积极性的同时防止其突破立法权限危害法制统一的目标，首先必须从制度上加以完善，为立法权的行使范围进行相对稳定、明确的界定，帮助其在必要限制下充分发挥作用。纵观我国当前的立法体制，对于央地立法权的界限的设置仍然存在可以改进之处。

第一，要推动央地立法权限划分法治化。"当前央地的矛盾与失衡主要源于两个制度性缺陷：一是央地关系主要是通过政策手段而不是法律方式来调整的；二是中央政府在构造央地关系中居于主导地位。"相较于政策，法律更具有明确性和可预期性，将央地立法权限通过法律制度的形式进行清晰的界定，有利于在央地之间建立稳定的立法关系格局与立法行为预期，从而为形成一种权责明晰、权威高效、稳定有序的国家治理秩序奠定基础。虽然当前我国已经依据《立法法》《地方组织法》等法律初步奠定了央地立法权限划分的基础，但是仍然有待进一步细化。从规范设区的市人大立法权的角度看，一方面，有必要明确解释其立法事项概念的范围，对依据过于扩大解释开展的立法活动进行制止；另一方面，对过于抽象的央地立法权原则进行解释，避免设区的市因理解不统一而立法越权或保守立法。

第二，要留下央地立法权限划分的弹性空间。法律一经制定就必然落后于社会发展，也难以做到面面俱到、无所遗漏，所以可能无法及时回应我国社会快速发展、变革过程中的立法需求。如果在法律做出具体的央地立法事项划分后便只能机械地严格依照执行，是不可能一劳永逸地解决问题的，将会严重打击地方立法的积极性和灵活度。因此，当社会发展出现新情况时，为了设区的市能够根据具体情况判断是否拥有立法权限以及时回应实践需求，还应对央地

立法权划分的标准、方法、原则和程序等做出规定，从而在法律空白领域内央地立法权限产生冲突竞合时，提供一套具有规范性和可操作性的判定机制，具体问题具体分析地适时调整央地立法权限的划分，避免央地立法权限划分模式的僵化，从而在达到因地制宜提高地方治理能力的同时降低设区的市人大立法权无序扩容的风险。

（二）立法形式：发挥小切口立法的功能

小切口立法是近年来地方立法顺应时代发展和具体立法需要而兴起的新型立法形式，指的是："地方立法机关选取地方治理中迫切需要解决的问题作为立法的切入口，以精细化的立法方式、布局合理的立法结构以及切实可行的方案措施，来提升地方立法的针对性、操作性、适用性的立法形式。"这种立法形式之所以受到地方立法的青睐，是因为其既能以问题为导向，精准发现实践中存在立法空白的领域，以更高的效率及时进行规范，有利于地方立法积极性的充分发挥，又能做到形式精简、内容务实，避免横向的同质化和纵向的相重复。因此，面对在设区的市人大立法权扩容产生的问题，不妨考虑发挥小切口立法的积极作用。

第一，立法内容应更具有针对性。无论是从设区的市人大立法权扩容的本身目的与功能，还是从实践中产生的具体立法需求来看，设区的市人大立法权所需要解决的问题本就不像中央立法一样宏观、涉及范围较广，而往往是与地区具体情况息息相关的痛点和难点问题。因此，立法内容完全可以暂时搁置传统大而全的做法，而将注意力聚焦在实践调研中反馈出的亟须解决的问题上，以效率和实用性为立法导向。例如，北京人大常委会经过调研了解到当前养老领域的突出问题是居家养老服务供给无法满足需求的问题，于是决定改变立法方向，从修订《北京市老年人权益保障条例》改为制定《北京市居家养老服务条例》，这就是通过小切口立法充分发挥地方立法功能的成功案例。

第二，立法形式应更为精简。为了充分发挥小切口立法效率高、可执行性强、可掌握性广的特点，必须在其立法形式上进行必要的精简，避免冗杂烦琐的条文给设区的市地方性法规的灵活性造成的限制。一方面，立法选题要从微观入手。"小切口"顾名思义应当是从实践中不是特别宏观的问题切入，这类问题既没有达到需要兴师动众进行非常详细的立法的地步，又不可以听之任之丝毫不加以约束，选择从小切口的立法选题入手，将更好地解决这类问题。另一方面，立法结构要适当"减负"。在设区的市立法过程中，面对治理问题，不应当一味追求立法体例的完备，适当减少原则性、价值性、宣示性等抽象且可操作性弱的条款，做到实践需要几条就制定几条，减少立法资源的浪费、提高立法效率。

（三）立法质量：推动设区的市立法能力提升

强大的立法能力是促进设区的市立法质量提升，充分发挥其立法功能的重要支撑，然而，我们可以看到当前设区的市虽然获得了更充足的立法空间，却在经验、技术、人才等资源的积累上存在欠缺，导致其立法能力与立法需求的不匹配，由此引发了设区的市人大立法权扩容的一些问题。因此，加大促进设区的市立法能力的力度以适应社会发展和立法权下放的趋势迫在眉睫。

第一，要重视外部支持。要想提高设区的市立法能力，首先应从制度上、政策上为立法者开展立法活动提供良好的外部环境支持。首先，要优化立法机构结构，既要增加专职立法人员的比例，保证立法的专业化和职业化，又要适当吸纳其他专业人才，为立法提供各专业领域视角下的支持。其次，要注重立法经验累积，设区的市对于地方立法贡献不高的很大一个原因是立法实践起步晚，缺乏经验，往往摸着石头过河，才导致在立法过程中出错，所以必须看到经验的重要性，不仅可以向先进城市进行学习，也更要重视本市的经验复盘与积累，为立法者提供参照。最后，要做好保障工作。立法过程中无论是前期的调研、座谈、论证还是后期的评估、修正都要耗费极高的成本，设区的市提供足够的保障是很有必要的。

第二，要强调内在提高。立法能力是一个复杂的综合性能力体系，包括认知能力、决策能力、起草能力、协调能力、论证能力、审议能力和解释能力等，可见，具备优秀立法能力的立法者是极为罕见的。要提升立法能力，一方面，必须通过系统的立法培训打下扎实的立法相关技能的基础，并不断跟随学术界的发展动向学习最新理论成果；另一方面，还不可以忽视实践的重要性，立法能力是在一次次的立法调研、立法起草、立法论证等立法程序活动中磨炼出来的，只有真正亲身参与立法过程才能将所学付诸实践检验，并在经验累积中提升立法能力。

五、结语

立法关涉国家秩序的建立和维护，也直接指向公民基本权利义务的分配，是国家治理的重要环节。对地方立法权积极性的释放体现了当前我国治理理念的转变，中央期待地方能够合理、有效地运用立法权辅助社会治理。设区的市的立法权也在这一导向下不断呈现扩容趋势，可以看到这对我国立法体制的统一和稳定提出了挑战，但是也不可忽视其为地方解决实际需求、提高立法效率的发展所提供的机遇。在新时代国家治理体系和治理能力现代化发展的大背景下，设区的市更该不畏挑战，把握机遇，为我国法治体系的建设注入更多活力。

参考文献

［1］周尚君，郭晓雨.制度竞争视角下的地方立法权扩容［J］.法学，2015（11）：141.

［2］封丽霞.中央与地方立法事权划分的理念、标准与中国实践——兼析我国央地立法事权法治化的基本思路［J］.政治与法律，2017（6）：17.

［3］卓轶群.地方立法权扩容的困局与优化［J］.江西社会科学，2020（9）：164.

［4］梁西经.地方立法权扩容的"张弛有度"——寻找中央与地方立法权的黄金分割点［J］.哈尔滨工业大学学报（社会科学版），2018（3）：18-19.

［5］朱健刚.论基层治理中政社分离的趋势、挑战与方向［J］.中国行政管理，2010（4）：41.

［6］封丽霞.中央与地方立法事权划分的理念、标准与中国实践——兼析我国央地立法事权法治化的基本思路［J］.政治与法律，2017（6）：27.

［7］李飞.加强和改进省（区）人大常委会对设区的市立法工作的审批指导［J］.中国人大，2020（2）：17-18.

［8］孙莹、肖棣文.法制统一与分级治理：我国央地立法权的配置机制［J］.公共行政评论，2023（1）：96.

［9］宋方青.立法能力的内涵、构成与提升——以人大立法为视角［J］.中外法学，2021（1）：164.

［10］姜峰.央地关系视角下的司法改革：动力与挑战［J］.中国法学，2016（4）：140.

［11］封丽霞.中央与地方立法事权划分的理念、标准与中国实践——兼析我国央地立法事权法治化的基本思路［J］.政治与法律，2017（6）：29.

［12］杨铜铜.地方小切口立法的形式主义困境及其破解［J］.学术界，2022（10）：149.

［13］李振宁.简论地方"小切口"立法的内涵特征［J］.人大研究，2019（5）：10.

［14］宋方青.立法能力的内涵、构成与提升——以人大立法为视角［J］.中外法学，2021（1）：165-170.

乡镇（街道）综合执法改革研究

焦梦圆

【摘　要】中国共产党第十九届中央委员会第三次全体会议提出要深化执法体制改革，利用文献综述、实证分析等方法聚焦最新改革成果，新修订的《中华人民共和国行政处罚法》明确了乡镇政府的主体资格，解决了乡镇政府对于违法问题看得见却管不着的尴尬境地，随着改革的深入也暴露出一些值得解决的问题，例如执法队伍规格架构、执法职权授权方式，等等，检视改革现状并围绕明确授权界限、合理配置人员机构配置、授权程序、加强与刑事司法配合等提出应对之策，助力该项改革能够在基层更好地实施，切实达到改革的目的。

【关键词】乡镇；综合执法；改革

一、问题的提出

乡镇政府作为与人民群众关系最密切、交集最为广泛的公权力行使机关，职能涉及基层治理、医保、社保、贫困补助发放等直接与人民群众切身利益相关的职能。乡镇政府作为完善治理体系与治理能力的"最后一公里"，事关全面依法治国的成败、社会主义事业的兴衰、人民群众幸福安康。这就要求乡镇综合执法改革这场事关全局的改革必须贯彻落实习近平总书记提出的"加强顶层设计和摸着石头过河相结合"的思路，理顺乡镇综合执法改革的路径，坚持立法先行，紧扣执法实践所需，让法制为乡镇综合执法改革保驾护航，确保打通治理体系与治理能力的"最后一公里"[1]。让人民群众在每一个执法过程中感受到程序正义，确保执法决定符合实质正义。

中国共产党第十九届中央委员会第三次全体会议指出：整合监管职能，加强监管协同，形成市场监管合力。深化行政执法体制改革，统筹配置行政处罚职能和执法资源，相对集中行政处罚权，整合精简执法队伍，解决多头多层重复执法问题。一个部门设有多支执法队伍的，原则上整合为一支队伍。推动整合同一领域或相近领域执法队伍，实行综合设置。减少执法层级，推动执法力量下沉。这就要求我们必须将党的政策通过法定程序上升为国家意志，形成法律。保障党的政策与国家法律的良性互动，确保党的政策得到有效实施。

随着新修订的《中华人民共和国行政处罚法》（以下简称《行政处罚法》）颁布实施，其条文第24条：省、自治区、直辖市根据当地实际情况，可以决定将基层管理迫切需要的县级人民政府部门的行政处罚权交由能够有效承接的乡镇人民政府、街道办事处行使，并定期组织评估。决定应当公布。承接行政处罚权的乡镇人民政府、街道办事处应当加强执法能力建设，按照规定范围、依照法定程序实施行政处罚。有关地方人民政府及其部门应当加强组织协调、业务指导、执法监督，建立健全行政处罚协调配合机制，完善评议、考核制度。明确了乡镇、街道办事处的执法主体资格，以上条文在法律层面解决了乡镇、街道办事处对违法行为看得见却无法进行监管、处罚的境地，只能将有关情报通报给有执法权的机关。让有执法权的机关进行立案、调查、作出行政处罚。行政处罚法目前只对执法主体资格进行了明确。

检视各地执法权改革现状，不尽相同。例如，许昌市在基层行政体制改革中，以机构设置为切入点，在现有机构编制限额内，设置规格相当于副科级的综合执法大队，依照授权以乡镇名义行使执法权，由所属乡镇（街道）统一领导，重新构建了新型执法体制[2]。

河南省新密市在行政执法改革中以机构设置为抓手，将市直机关派驻的市场监管、财政、自然资源和规划机构及其编制下放，划入乡镇属地管理，组建乡镇综合行政执法大队。打破行政编制与事业编制之间的身份壁垒，合署办公、统一调度、统一指挥，由乡镇党委副书记为主管领导，强化人员待遇保障，改扩建装修用房，提供公务用车，进行规范化管理，统一标识、统一服装、统一文书，所属年度考核纳入属地考核，实现"一支队伍管执法"[3]。

湖南省在市场监管领域的机构改革中施行"三合一"改革，即工商、质监、食药监职能统一由市场监督管理局行使，除法律规定必须由省本级实施或者协调的大案、要案外，其他一律实行属地化管理，将执法力量向基层倾斜，充实乡镇市场监管所人员，保障基层机构的人员保障与设备配备，平均为每个基层站所核定7个编制[4]。

河南省新乡市在机构改革中，在乡镇设立便民服务中心，针对面向社会公众、法人企业的审批服务事项实施集中办理和"一站式"服务，围绕党的十八届三中全会对于机构和执法体制改革的要求，在新乡市实施"减县补乡"政策，连人带编下放乡镇，12个县（市、区）共下沉行政和事业编制3000余名，下沉工作人员2600余人，大大充实了乡镇和街道工作力量。在乡镇和街道组建统一的综合行政执法机构，按照经济规模及常住人口数量核定编制，在保持编制总额不变的情况下横向跨乡镇（街道），纵向跨部门进行编制调剂，持续做好深化改革"后半篇文章"[5]。

可见各地市纷纷响应党的号召，如火如荼地进行着执法权下放和机构改革工作，但改革的举措不尽相同，针对改革中暴露出的问题本文予以讨论，并提出相应解决措施，以细化该条文在实践中的可行性。

（一）处罚权的界限

《行政处罚法》第24条，仅规定将基层管理迫切需要的县级人民政府部门的行政处罚权交由下级的乡镇政府、街道办事处行使。该规范过于模糊，在实践中，各省、自治区、直辖市对基层管理迫切的理解不同，其所授权的范围不尽相同，从而引发的行政争议所产生的适格被告不同，例如，甲省乙县经过授权将有关城市管理方面的处罚权授权给所有的乡镇政府，由乡镇（街道办事处）综合执法机构进行执法，如因此行政行为产生的行政纠纷，适格被告为乡镇政府或者相应的街道办事处，依法由基层人民法院管辖。丙省丁县政府并没有将此项处罚权授权给乡镇政府和街道办事处，则因该行政行为引发的行政纠纷，适格被告为丁县人民政府，依法由中级人民法院管辖。这并不利于将纠纷化解在基层，也违背了立法原意。

（二）授权流程机制与权力运行监督

《行政处罚法》仅在法律层面对乡镇政府的执法主体资格进行了明确，并没有对授权机制以及授权程序进行规定，难以在实然层面进行实施。根据《行政处罚法》第39条的要求：行政处罚的实施机关、立案依据、实施程序和救济渠道等信息应当公示。且权力下放基层后，如何确保对执法权进行有效的监督与评估亦应一并被解决。

（三）乡镇综合执法机构的规格架构

近些年来，国家机构改革正在如火如荼地进行，中国共产党第十九次大会第三次会议指出：要优化职能配置，扁平化管理，执法层级下移。乡镇综合执法机构作为乡镇政府的内设机构，其规格架构既不能高于所属的乡镇政府，也应当与其他内设机构相区分，如何设置乡镇执法机构的规格以及其内部科室设置，目前，我国各省市对于执法权下放以后，均采用"一支队伍"管执法，行使相应的执法权，一般的乡镇（街道）机构规格为正科级，直辖市所辖街道、副省级城市（含计划单列市）市辖区所辖街道机构规格为正处级，对于正处级乡镇街道所辖的综合行政执法队伍，其级别设置是只有队伍主官高配为副处级还是整支执法队伍的级别为副处级，普通乡镇街道的执法队伍规格架构设置也面临着相应的问题亟待解决。

根据新修订的《行政处罚法》第58条第二款：行政机关中初次从事行政处罚决定法制审核的人员，应当通过国家统一法律职业资格考试取得法律职业资格。这就要求大部分新从事执法的人员必须有一定的法律知识以及取得法律职业资格。此条款对执法人员的配备有了更高的要求，目前基层执法队伍使用编制情况不尽相同，大部分地方使用行政编制或参公编制，也有部分地方使用全额事业编制，在绝大多数经济技术开发区采用合同制用工进行人员管理，不同的执法队员组成，其所享受的待遇不尽相同，毫无疑问，采用合同制用工的执法队员其基本工资与奖金要明显高于前两种用工方式。同样地，公务员的工资也要高于事业编制，随着立法对执法人员的素质要求逐渐提高，待遇保障也应随之进行保障，使得执法人员能够扎根于基层、乐业于基层。

（四）基层行政执法单位与司法行政机关、检察机关衔接

习近平总书记指出，我国国情决定了我们不能成为"诉讼大国"。目前我国司法资源较为紧缺，如果一有纠纷，就到法院起诉、立案，将会导致我国四级司法机关不堪重负，加剧"案多人少"的格局，严重影响我国以人民为中心的执政理念。围绕将"诉讼纠纷解决机制挺在前面"的改革方向，将司法所的宣教、人民调解职能纳入其中，从源头化解违法行为的发生。因此我们必须在末端治已病的同时，注重在前端治未病。行政处罚程序从立案审查到最后做出处罚决定间隔时间长，若当事人对处罚决定不服，后续还会提起行政复议与行政诉讼，该项过程需要一年半左右才能形成最终结论，不利于快速制止违法行

为、纠正违法行为，目前随着检察领域改革的深入，高检院提出聚焦"四大检察、十大业务"，其中就包含行政检察以及行政检察业务，针对一般的行政行为中管理与被管理的关系，随着检察权的介入，可见管理力量是进一步加强，下一步就应当加强与基层司法行政机关（司法所）和检察机关协作机制。

二、解决方案

（一）建议各省、自治区、直辖市制定配套实施的政府规章[6]

综合执法权作为行政权的一种，是由各级政府进行具体操作用来管理社会的主要方式，在我国政治体制中，上下级政府是领导与被领导的关系，为了提高权力授权的可操作性与合法性，应当由省级单位制定与行政处罚法相配套的政府规章，建立权力清单，明确什么权力是符合基层管理需要确需授权，什么权力不宜由乡镇政府实施，例如，《河南省生态环境机构监测监察执法垂直管理制度改革实施方案》要求，县（市、区）生态环境局调整为省辖市生态环境局的派出机构，名称规范为"××市生态环境局××分局"，由省辖市生态环境局直接管理，领导班子成员由省辖市生态环境局任免。银川市也有相应的文件对环境监测监察执法权实行垂直管理[7]，这就表明有关生态环境的执法权就不宜授权给乡镇政府、由乡镇政府进行实施。设立权力清单，目的在于明确授权边界，各省、自治区、直辖市可在权力清单内对本地区基层所迫切需要的权力进行授权，提高基层进行社会管理，有效地将纠纷化解在基层，对于基层乡镇政府制止违法行为，避免危害结果的扩大均具有积极意义。具体操作上应当由各省、自治区、直辖市党委组织部门、机构编制部门会同省政府办公厅等相应省级部门，深入基层一线，结合本地区基层实际，梳理本省域内围绕环境保护、服务民生、城市管理等重点领域适宜下放的行政权名单，由各省辖市政府依据各下辖区县（含县级市）申请报省政府批准后行使相应行政权，实然状态下应当是各县下放的权力不一致，具有地方特色，例如，在村办企业较多的乡镇，应当就涉及非法占用基本农田从事生产建设的处罚权下放给属地乡镇，有利于及早发现、及早处置、及早恢复，严守十八亿亩耕地红线，其他经济不发达的传统农业生产村落则不需要将该权力下放，各个地区所下放的审批权大体一致，但又各具特色的实然状态。针对审批期间权力行使的不确定性，应当明确尚未经过省政府批准的下放行政权，应该由原权力单位继续行使，确保权力的平稳过渡。2021年1月20日，中共海南省机构编制委员会和海南省司法厅经海南省政府同意下发文件《海南省乡镇和街道行政处罚事项清单》，文件中详细列明了103项行政处罚权的权力清单，涵盖自然资源领域，农业生产、城市管理领域，等等。各市县按照实际所需进行选择适用。以上行政处罚权均是由省政府授权基层乡镇政府进行实施。与上述所阐述的改革方向一致。

在上述规章中也应当对授权的程序进行明确，切实提高授权的可操作性，避免该项活动无法在基层有效实施，建立起一套明晰的授权程序，同时也应该在条文中对授权的评价机制进行规定，明确授权实施评价的要素，明确评价不合格时，应当暂时中止授权，由原授权机关行使权力，避免出现权力运用真空期，设定改正期限，期限届满再次进行评价，评价合格，准予乡镇政府继续行使原授权的权力进行执法活动，评价不合格或者第二次中止授权应该撤销该项授权，由原机关行使，并层报上级政府。在这场改革活动中牵一发而动全身，必须在法治轨道上运行，不能超越法律红线，这也是全面实行依法治国的应有之义。

（二）加强执法人员的职业保障与法治能力

鉴于目前基层行政执法队伍编制使用各不相同的现状，各省级机构编制部门，首先应将编制冻结，而后摸排清所辖区域执法队伍人员使用编制的情况，建立人员台账，后续建议参照政法专项编制管理模式，统一纳入公务员序列进行管理，根据各地级市的难易情况设立改革过渡期，确保权力平稳过渡。对于不符合公务员登记的人员进行分流，建立基层执法转编跨域调剂机制，每五年依据人口规模、经济发展程度重新核定编制，使得监管力度与经济发展同频共振。同时做好新进公务员招录工作，招录人员以法学专业为主，兼顾医药、化学、知识产权等专业，着力打造一支法制素养高、知识结构全面的行政执法队伍。

《行政处罚法》明确要求初次从事行政执法法制审核人员必须通过法律职业资格考试，这就要求基层政府在招录公务员时，必须在报考条件上限制通过此项考试的人才具有报考资格，这场考试目前在职称准入类考试中通过率是较低的，并且法官、检察官、律师均需通过此项考试，横向对比工资待遇，基层公务员是不占任何优势的。首先，应该鼓励在职在编的干部备考法律职业资格考试，政府内部进行优化，提高执法人员法制素养。其次，在法律允许的范围内增加执法人员执法津贴发放，提高一线执法人员的工资收入，本次改革必须要将一部分县（区）政府组成部门的人员转隶到乡镇执法机构，具体操作上应该将以前从事过行政处罚法制审核的人员转隶到乡镇综合执法机构，理顺执法程序，确保在改革期权力平稳过渡。

建立初次从事行政执法人员任前考试机制，严把入口关。不能让满足基层治理所需要的好政策变成基层人员吃、拿、卡、要的工具，明确执法人员行使处罚权的边界，杜绝多面执法、越权执法、重复执法等情况的发生。对于考核不合格的人员不予核发行政执法证件，建议其单位对其选派参加考试的人员重新进行培训，待考试合格后，再对其核发行政执法证件。连续两次未能通过执法资格考试的人员，设置一定时间的禁考期，不予参加行政执法资格考试。对于以前从事行政执法的人员也应重新进行考试，但是，按照"老人老办法"单独设立合格标准，未能通过考试的执法人员也应该暂停行政执法资格，直到其考试合格为止。对于通过行政执法人员任前考试的人员，也应建立评价机制，对于其所办案件的结果结合行政相对人的起诉率、胜诉率以及复议改变的比重进行综合考量，对于以上三率占比较高的，应当暂停行使行政执法资格，设定一定的学习期并通过考试，才能继续行使行政执法权，在工作过程中应当培养行政执法人员的法治思维，加强对行政执法人员的学习考试，邀请法学家、实务一线的高级人员进行培训，确保行政执法人员做出的每一个决定的结果符合实体正义，每一个执法的过程符合程序正义。

各省、自治区、直辖市党委机构编制部门应当明确基层执法机构的定岗定编方案，核定基层执法部门机构编制和人员配置方案，对于城市化程度高的乡镇、街道省级机构编制管理部门应当在省域内统筹解决机构编制，缓解基层执法人员短缺压力，切实提高基层行政执法人员的数量。设区市以下各级党委组织部门可按照干部管理权限，从驻地公立高校、事业单位、国有企业干部中调用符合行政执法人员条件的干部，充实进一线行政执法队伍。对于交流到一线执法机构的人员到一定年限后返回原单位工作时，原单位应当在职称晋级和干部提拔方面优先考虑，切实保证实施行政执法活动的人员符合要求。

鉴于基层编制有限，大量的执法机构利用编制外用工进行辅助执法即行政执法辅助人员，以满足基层执法实践所需，有力缓解了基层行政执法人员无法满足行政执法所需的局面，对于行政辅助执法人员应当建立统一的录用机制，提升招录人员素质，择优招录进入行政辅助执法队，对于新招录的行政辅助执法人员进行统一的岗前培训，全过程考核，对于考核不合格的人员，坚决清退出执法队伍，引导行政辅助执法人员树立法治意识，明确自己的职能范围和辅助执法地位，不能触碰法律底线，坚决避免辅助人员顶替执法人员做出处罚决定、单独执法情况的发生。河北省政府近期发布的《河北省行政执法辅助人员管理办法》，该项政府规章亦体现了上述的改革方向。

（三）明确综合执法机构规格架构

各省、自治区、直辖市根据各省、自治区、直辖市制定的权力清单对本地需要进行授权下放的权力，进行全面授权，统一由各乡镇综合执法机构行使，可见此机构的权力相对于乡镇政府的其他内设机构来说是很大的，必须将该机构规格提高半级进行管理，坚持党管干部，将该机构负责人按照程序增补为乡镇党委的党委委员并兼任乡镇政府副职，主要负责主持综合执法机构全盘工作，内设执法分队若干和监察办公室，同时也应设立综合办公室处理日常行政事务。执法分队主要负责调查、取证、做出行政处罚。监察办公室主要负责对执法活动的全程监督，进行法制审核，提出纠违建议。夯实内部监督和该机构在法治轨道上运用权力、监督权力的基础。确保权力始终为了人民、依靠人民、造福人民。

（四）推进全过程公开

根据《行政处罚法》第39条的要求：行政处罚的实施机关、立案依据、实施程序和救济渠道等信息应当公示。在省级层面建立执法信息公开平台，从授权决定到最后的处罚决定都必须坚持公开原则，让权力运行充分暴露在阳光下，避免多头执法、重复执法的发生。强化乡镇纪检组、监察委的监督效能，在改革后的执法活动中，主动接受纪委、监察委的监督，定期向乡镇人大报告工作，接受乡镇人大主席团、人大代表的批评、建议。有条件的地区可以探索利用直播方式对执法活动进行公开，切实保障公开执法。在有条件的地区探索执法过程全过程录音录像，一方面能够保证行政相对人的权利，另一方面能够倒逼行政执法人员文明执法、公正执法。对于影响重大的行政处罚决定，应当召开听证会，广泛征求社会各方意见、权衡各方利益和诉求，形成既合法又合理的决定，使得各方服从该处罚决定，达到案结事了，坚决避免因为处罚决定引起更大的舆情，让权力充分暴露在阳光下。

严格按照《中国共产党信访工作条例》要求，行政相对人对做出的具体行政行为不满时，做出具体行政行为的单位要引导行政相对人理性反映诉求。建立信访工作联席会议制度，将基层群众自治组织、司法所纳入基层综合治理范畴，形成多方主体共同化解纠纷，努力将纠纷化解在基层，切实做到"小事不出村、大事不出镇、矛盾不上交"。

（五）加强行政执法与司法衔接

建立行政执法机关、司法行政机关、法院、检察院联席会议制度，定期磋商、解决行政法、非诉执行程序、行政诉讼程序中的难点问题，形成解决方案，检察院依照宪法赋予的监督权，对以上活动进行监督，在有条件的地方实行法官大讲堂制度。针对行政处罚决定申请强制执行的案件程序性问题、证据标准、送达制度进行讲解，提升基层执法人员依法行政水平，提升一线执法人员法制意识，努力从源头化解争议。

基层司法行政机关应当就基层城市管理、自然资源领域等违法行为高发领域，做好普法宣传、教育工作。从源头解决基层人民群众法治意识淡薄的问题。切实做好"治未病"工作。

基层综合执法改革事关党执政兴国，与人民群众的幸福感、满意度直接挂钩，这就要求我们必须以"一盘棋"的思维进行本次改革，将各方主体纳入改革范围，将非诉讼纠纷解决机制挺在前头[8]，行政机关对于可罚可不罚的轻微违法行为，实行积分制管理，对于屡教不改的行政相对人按照规定进行处罚，对于首次违法、轻微违法的行为进行批评、训诫后不予处罚，扣除相应积分，定期张榜公布。

三、结语

根据党中央关于行政复议体制改革的要求以及在各级党委、政府的有力推进下，各地的行政复议体制改革逐渐完成，由地方政府统一行使复议权，具体业务由各地司法局（厅）承办。但对于专业性较强的海关、税务、国安等部门由其具有领导关系的上级部门行使复议权[9]，本文所讨论的执法权下放问题，明显不属于专业性较强的行政权力，同时由上级政府行使复议权，能够在纠正违法的同时进行授权评估，对于复议改变率超过30%的案件，应当进行调查，及时进行纠正，对于确实不适宜授权的行政权力，及时停止授权，并将该情况及时上报省政府。

改革必然触动一些人的既得利益并且伴随着阵痛，但是这场改革是适合中国实际需要，打通治理能力和治理体系"最后一公里"的必然之举，这就要求我们必须在党的领导下，全面贯彻实施，确保这场改革从提起动议阶段到实施评价阶段均在法治轨道上运行，确保改革的成果切实符合中国实际需要，法治与改革犹如"车之两轮、鸟之双翼"，这就要求我们秉持"审慎"态度对待此次改革，按照先期试点，成熟一个、下放一个的原则，以"功成不必在我，但功成必定有我"的使命担当来完成此项改革。下一轮能否将税务、村镇银行监管等专业性较强的执法权纳入这场改革也可被讨论。

参考文献

［1］何石. 基层治理现代化背景下乡镇综合执法体制改革研究［J］. 经济研究导刊，2021（30）：159-161.

［2］王怡. 优化体制创新机制深入推进乡镇（街道）综合行政执法改革［J］. 行政科学论坛，2022，9（12）：4-5.

［3］裴秋云. 破局重塑　守正创新　高质量推动乡镇管理体制机制改革走深走实［J］. 行政科学论坛，2022，9（12）：15-16.

［4］彭江辉，王思庆. 机构改革背景下市场监管综合行政执法改革的困境与对策——以湖南省为例［J］. 湖南科技大学学报（社会科学版），2020，23（03）：135-144.

［5］卜宪玺. 持续深化乡镇机构改革提升基层治理现代化水平——以新乡市为例［J］. 行政科学论坛，2022，9（12）：6-10.

［6］杨丹. 赋予乡镇政府行政处罚权的价值分析与法治路径［J］. 四川师范大学学报（社会科学版），2021，48（06）：82-90.

［7］银川市人民政府. 关于调整银川市生态环境局监测监察执法垂直管理制度改革工作领导小组的通知.［EB/OL］.（2019-02-21）［2021-12-30］. http://www.yinchuan.gov.cn/xxgk/bmxxgkml/shbj_2176/xxgkml_2179/rsxx_2199/201902/t20190222_1288078.html.

［8］张清. 习近平"法治国家、法治政府、法治社会一体建设"法治思想论要［J］. 法学，2022（08）：3-15.

［9］马怀德. 行政复议体制改革与《行政复议法》修改［J］. 中国司法，2022（02）：61-64.

论地方立法后评估现状、问题与对策

李晓鑫

【摘　要】地方立法是我国社会主义法律体系中的重要部分，在法律体系中扮演着重要的角色。从中央开始简政放权并伴随着《立法法》的出台，不同的地方性法律法规规章不断涌现，但由于地方的工作人员和资金限制，地方性法律的质量和效果无法达到预期。为了了解和确定地方性法律是否有益于地方发展，地方性法律实施之后是否起到了预期作用，可以建立一套立法后的反馈制度，即通过地方立法后评估制度来将其实施效果进行反馈，进一步研究地方立法后评估制度以更好地推进地方立法的发展。

地方立法后评估能够对所立的法进行客观的评估，从而挖掘其中的缺点和需要改进的地方，为修改和废除地方立法提供了方向和依据。地方立法评估对于民主性立法也有着重要意义，地方立法评估过程中需要公众参与填写调查问卷、意见接收信箱等，进一步丰富了公众参与立法和评估的渠道，充分调动了公众积极性，增加了法律在人民心中的权威性，进而推动民主性立法的发展进程。本文从地方立法评估中存在的评估主体不统一、评估合理性等问题的角度切入，对于相关问题提出针对性解决办法，为地方立法评估机制提供另一种思路和视角。

【关键词】评估制度；地方立法评估；法律实施效果

地方立法的"兴起"得益于中央将该权力的下放。在改革开放的大背景下，中央不断秉持将权力下放的宗旨，扩大了地方立法的权限，此后地方立法犹如雨后春笋一般蓬勃发展。地方立法相比于中央的立法不仅仅是门类和数量十分多，在我国成立的最初阶段，立法权限是由中央行使的，在向全国人大常委会批准的前提下，自治的区、州、县可以根据当地特殊情况制定自治条例和单行条例[1]。在这种情况下，中央行使立法权暴露出的弊端也是显而易见的，中央行使立法权更具有权威性，但是中央行使立法权进行立法却无法因地制宜地考虑不同地方的特殊情况。1982年12月4日，第五届五次会议通过的宪法明确表示地方有了立法权限，给予省、自治区、直辖市人民代表大会及其常务委员会进行地方立法的权力，地方从此可以因地制宜地进行立法，鼓励地方的发展，加强了地方的法律体系的完整性，也能更好地让地方在中央的领导下更符合情况地进行建设[2]。

中央和人民的期待是地方立法可以因地制宜，发挥更好的作用，但实践上存在着不足之处。首先，人民群众对地方性法规的认知程度不高，导致地方性立法的实施情况不如预期。其次，耗费了巨大的资源进行的地方立法，反而成了"空架子"。因此，地方性法规在预期和实际效果上表现出来的差异给予了重要启示，即立法不应该片面地追求数量，而更应该去关注地方立法的质量，数量在一定程度上可以表现出法律体系的完整和法律制度的优秀，但质量却是更为关键的因素，质量不过关，数量再多也是无济于事[3]。

一、概论

（一）地方立法体系和质量之相关规定

有关地方立法体系的讨论从20世纪80年代就已经开始了，有部分学者主张着重关注"地方立法层次"[4]，但是对于地方立法体系化解读中相对较多的还是具有针对性的解读，即在某一个领域进行精细化的阐述。涉及地方立法的为省和设区的市，地方立法中同样包含同等级别的政府根据自身情况指定的政府规章，相应级别的省和市的人大及其常务委员会又可以指定地方性法规，《立法法》规定的基础上又可以分为实施性立法、自主性立法、先行性立法[5]。

地方立法质量的问题存在着争议性，自从国家赋予了地方立法权之后，地方在进行立法后，具体的实施情况好坏、效果如何被大家不断关注。我国部分学者前辈对地方立法质量进行了研究和探讨，明确了提高立法质量，完善地方立法评价制度是不可或缺的，其中，立法是否符合民主性、科学性原则亦成为公众讨论的焦点问题。此外，地方立法是否体现了当地的经济水平，是否能体现当地的民情，能否体现出当地的人文环境等也是关键因素。

地方立法的质量问题在一定程度上对于地方治理和立法实施有着影响，地方法评估机制的完善可以提高地方立法的质量，可以促进地方立法向着高质量立法发展前进，提高地方立法质量可以从完善和更新地方立法评估机制、完善地方治理能力、深入贯彻和落实立法等多维度进行实施[6]，即地方立法质量就是地方立法活动的结果产生的法律的好坏程度[7]。

（二）评估机制初探

法律制度评估机制即法律制度实施效果评估机制，是指由别人组织接受制定或者实施法律的请托，通过其固有的标准进行评测和调查，对特定法律制度在运行过程中好的方面和坏的方面进行全面测试和评价的机制[8]。法律制度实施效果一词又源自于法律制度，即先存在法律制度，随后产生法律制度实施效果。法律制度，是指相对应的国家或者地区的法律规则、法律原则、政策性指示等，也可以是法律规则、原则经过时间的沉淀形成的一套行为标准。

法律制度实施效果就是法律在现实中实行的情况和被执行的结果的好坏。法律的关键在于它是否被严格执行，即使一开始是围绕着最初的目的执行，可执行过程中可能会出现偏差，这就需要我们通过法律效果评估来评定法律的实施情况，因此，可以将法律实施效果评估理解为一种针对法律的测量或者是评价，通过梳理分析和考察它是否符合最初的立法目的，它对于社会的作用达到预期与否等来得出最终的判定结果[9]。

（三）我国地方立法评估现状

从改革开放至今，我国进行了数量庞大的立法，涉及各个立法领域，不仅主体是多元性的，而且数量也是逐年递增。如今，中央要求地方进行立法，绝对不是让地方大量地进行立法，目前，我国地方立法的情况是各个地方工作的重点都偏向于进行制定法规，规范地制定法规确实是重中之重，但是制定法规之后，关于立法的效果是否达到当初的预期，地方的立法产生的实际效果却并不被关注。不同的法律文件逐渐增多，随之而来的就是旧的法律和新制定的法律产生了冲突，不同的制定主体之间也会产生冲突。法律在每个公民心中具有最高权威，不良情况频频发生会磨灭民众心中对法律的印象。因为立法的程序性，有时即使法律存在问题，也不能及时地进行修改，有的法律已经跟不上时代的要求，起到的作用微乎其微，甚至与本来的预期背道而驰，这种情况在目前的地方立法的大环境下已经屡见不鲜了[10]。

二、我国地方立法评估中存在的问题

（一）单一的评估主体

在立法的评估上应当首先考虑是否具有客观性。地方立法评估机制中进行评估的主体要在具有客观性的前提下进行，否则就会出现本身立法质量不足，无法解决相应的客观问题。我国目前对法律进行评估的主体依旧是制定法律的机关或者对法律进行执行的机关，不可避免的问题就是这种评估是否对外界具有说服力，在这种评估下对中国地方立法是有很大弊端的。仅由立法机关进行立法，无法及时收到社会公众和其他正确的观点和建议，对地方立法的发展是有害的。

（二）评估因素不统一

由于地方立法的发展时间较短，因此相关规定没有相对准确的时间限制。立法评估是对先前进行立法的实施效果和是否达到预期而进行的考察和评价，因此是在进行立法之后进行评估，但是，具体时间却并没有进行准确规定，甚至不同地区有着不同的规定。时间上的随意性可能会导致程序上的混乱性，对地方立法评估工作形成统一格局不利。评估的方法太过侧重于定性分析，对评估标准的具体权重等没有形成量化分析，这就可能导致立法后评估的结论说服力不足。在评估方法上一方面要拓展更广泛的方式，另一方面也要注意评估方法的科学性问题[11]。

评估完成后的评估内容及结果格式不同导致公众接受程度下降。评估完成的评估报告中至少要包含评估的名称、评估过程中报送的机关名称、评估的正文中的内容、评估中所带的附件、最终的落款这几项。不同省份的立法评估中并没有完全包含以上几项，对于地方立法评估的规范化是不利的。

评估完成后产生的结论也不统一。虽然各个省份对于评估足够重视并且贯彻落实评估，但由于评估结果的落实和工作人员的绩效和工作成绩并没有挂钩，导致评估落实得不充分不彻底或者根本就没有落实，不仅浪费了评估中消耗的人力物力财力等，更是将它视为表面工程，阻碍着地方立法评估的规范化和完善。

三、解决地方立法评估中存在的问题之对策

（一）基本原则

解决地方立法评估中的问题，是立法现代化的重要环节，推动着立法向高质量化、立法方式向民主化和科学化方向发展，是地方立法评估的原则。在地方立法后评估中应该遵从客观性、民主性、科学性，同样也要考虑它的实际效能如何，是否具有全面性等特点。因此，在地方立法后的评估中应当遵从客观性原则、民主性原则、科学性原则、全面性原则和失效性原则[12]。

客观性即真实性，其使用的措辞是否足够严谨，是否进行了夸张的描述，有没有偏离事实进行描述或者带有主观的想法的痕迹，如要保持客观性原则，应当透过现象看本质，不掺杂个人偏见或其他成分。客观性原则是此评估环节的重中之重。地方立法后的评估研究，首先要求的就是评估的全面性和真实性，评估结论是假的或者评估带有片面性都说明评估的客观性较差，因此就要求评估人员不得徇私枉法，不能受涉及评估本身问题以外的问题影响而偏离评估的轨道，这是让评估活动继续进行下去的前提。

科学性原则是指在评估中运用科学的思维方法和科学的行为对地方立法后的法律进行评估。是否遵行科学性原则，我们应当关注评估信息的来源是否准确和全面，进行评估的问题是否科学、具有时效性、是否正确，方向和目标上是否准确，评估的内容和方案是否合理和齐全，评估中进行的论证是否充分并且合理、分析得是否恰当等。

所谓民主就是人民本身享有的参与国家事务管理和参与社会事务管理的权利，也同样享有对国家和社会事务发表意见的权利。民主的过程就是尽可能听取更多人的意见，充分考虑更多人的意见和涉及他们的权利。民主性原则就是要充分保证公民参与和表达自己意愿的权利，存在于整个评估过程中，防止仅凭个人意愿进行评估和不公正评估。

在评估中要遵循全面性原则要求评估的内容要具有覆盖性的特点，评估的指标和条件必须全面而系统，防止片面化和单一化评估。

（二）评估主体

我们要对地方立法进行评估，应当首先知道是谁进行评估，即评估的主体

是谁。进行地方立法后评估的主体可以是一个组织或者机关单位，他们可以选择对法规进行评估与否或者如何进行评估，由于评估主体的不同，会导致评估产生的效果和评估过程中的侧重点有所不同，明确评估主体对地方立法评估后续进程具有重要意义。

1. 各省地方立法评估主体

2009年，甘肃省的地方性法规《甘肃省实施办法》中进行评估的组织和进行实施的主体是甘肃省人大常委会法工委，对其进行评估的主体则是甘肃省人民防空办公室。2010年，湖南省针对物业确立了《湖南省住宅物业管理条例》，此地方性法规进一步详细规定了对住宅户和物业的管理，对其评估的组织实施者是湖南省人民代表大会常务委员会法工委，而对其进行评估的主体则相对较多，其中包含组织实施的湖南省人大常委会法工委和各级基层的政府、省人大法制委员会和其他主体。2014年，北京市针对精神卫生方面出台《北京市精神卫生条例》，参与评估的主体为政府对其进行管理的主管部门、医院、卫生机构、广大社会公众。2015年，杭州市物价局针对物价出台了《杭州市场调节价格监督若干规定》，而它的评估主体则有所不同，是委托给了浙江财经大学法学院进行立法后的评估工作。2016年，海口市人大常委会法工委针对城镇的园林绿化出台了《海口市城镇园林绿化条例》，对其进行评估的主体是它的政府部门和立法的第三方评估研究中心。2017年，深圳市针对车辆出台了《绿色出租车小汽车管理规定》，对其进行评估的主体包括全国人民代表大会代表、相关的政协委员、相关专家学者、社会公众。

2. 评估主体多元化

如果想要保持地方立法后评估的客观公正性并且能够兼顾社会公众主体的利益，就势必不可以由进行立法的机关和进行实施的机关单独进行立法评估，但如果为了保持客观公正性和追求结果的稳定性而单单依赖外部主体的评估的话，就很难保证其能够完整并且顺利地进行下去，并且评估完成之后的认可程度也不高。因此，可以得出如果单纯地依靠内部的主体进行评估和单纯地依靠外部主体进行评估都无法妥善地解决问题。因此，大多数国家采取内部主体和外部主体相结合的方式进行评估，国内应当采取以内部评估主体为主，由法律实施的主体进行评估为辅，并且引导广大公众社会人士参与的评估方式是比较切实可行的[13]。

3. 建立第三方评估主体

地方立法评估中建立第三方评估主体是十分必要的，首先，建立第三评估主体可以保证在一定程度上的公正和客观，防止因为立法者自己进行评估而产生的主观评估现象发生；其次，能够进行第三方评估的主体在进行的立法领域存在一定专业性，能够保证评估的质量，并且能够针对评估的结果进行针对性的评价和分析；最后，第三方评估更容易让公众接受，不管是第三方独立进行评估还是第三方辅助性进行评估，都会尽可能排除立法者独立进行评估的情况，评估的结果也是更为容易接受的。2014年，北京市针对精神卫生方面出台《北京市精神卫生条例》，参与评估的主体为政府对其进行管理的主管部门、医院、卫生机构、广大社会公众，评估的主体是多元化的，多方评估主体进行评估虽然处于初级阶段，但是从结果和反馈中可以得出是正确的选择，只是还有待完善。从美国和英国等地方立法后评估较为完善的发达国家中，我们可以看出不仅要扩大第三方评估机制，其中第三方要尽量以相关者为主体，而在我国意识到以相关者为第三方评估主体则为少数。第三方相关者除了进行地方立法的主体和对地方立法进行实施的主体之外，还包括社会公众、不同的社会团体、众多的传媒方、有能力进行评估的主体包括有相关专业的大学和有相关资质的医院，等等。

（三）对评估对象的选择

1. 确定评估对象的原则

在评估对象的选择上要本着必要性原则和可行性原则进行挑选。必要性原则可以理解为我们要进行评估的对象是否具有对其进行评估的必要，必要性原则在地方立法中也有着充分的展现，首先是在地方立法是否合法的问题上，因为我国有权进行立法的主体很多，势必会出现立法的权限划分不明确的问题，也会出现因为立法能力的缺失而导致立法质量参差不齐的情况，因此，进行必要性评估有利于维护中国法律体系一[14]。另一方面我们通过了解评估的具体情况，包括人力是否成熟、物力和财力是否充足等，来判断进行评估的对象是否具备进行评估的条件，充分考虑评估的可行性。本着可行性原则进行评估时，要充分考虑其时间和是否需要继续，对时机的选择是很重要的，既不能时间过短，也不能随意对一个地方性立法就进行评估。时间太短就进行评估，评估的对象有的问题还没有充分地展现出来。时间太长才进行评估，对于问题的及时和妥善解决不利，一般在立法后的三到四年进行评估为黄金时期。对于我国还有部分含有有效期限的法律，在其即将到达有效期的时候，想要它继续合法有效地运行，就需要对其进行评估来确定它是否具备继续存续的资格和必要性。

2. 评估对象选择标准的完善

评估对象的科学合理的选取对于地方立法后能否完成有效评估和评估是否有意义有着重要的价值。我们通过观察以往被选取作为地方立法后进行评估的对象，例如对于农业方面相关的法律进行评估的重庆市和对就业严峻问题相关的法律进行评估的山东省，以及对城市环境建设问题相关法律进行评估的首都北京，我们可以从它们中得到共同的特点：（1）都是和人民生活息息相关的问题，具有强烈的社会需要性。（2）设计评估的法律所调整的问题也是相对单一的，比如农业或环境等单一问题。（3）该法律已经存续一段时间，时长到达足够进行评估的范围。（4）评估的难度相对容易，上手评估难度不大，相对容易。

在改革开放和《立法法》的双重作用下，我国的法律已经在以肉眼可见的速度增长，并且在很长时间内会保持高增长趋势。而不同的法律由于设立主体不同会导致质量参差不齐，但由于数量庞大，工作部门无法对每个法律都进行评估，因此我们需要将有限的精力和财力投入到经过筛选的评估对象中去。结合具体问题，我认为可以将评估对象用以下条件划分出来：（1）经过合法有效指定的地方性法律法规规章已经投入运行满两年的；（2）对社会的发展产生比较大的影响的和对国家稳定有影响的；（3）与人民生活息息相关的法律法规规章，实施之后产生的效果不如预期的或者产生不良效果的；（4）经过时代的变迁，法律法规无法跟上时代的脚步，无法及时有效地解决新产生的问题而产生不好的影响的；（5）新出台的上位法和上级机关新指定的法律法规或者政策有可能对地方性法律产生影响的；（6）指定法律的机关和实施法律的机关单位认为有必要对该法律进行评估的。

（四）完善评估体系

1. 评估指标

我国目前还没有一套完整的立法后评估制度，在评估过程中采用考察评估对象的合理性、合法性、是否协调等问题，因此将这些指标明确化和量化是目前需要解决的问题。对于评估指标这一问题，很多专业学者也有着深入的调查研究。俞荣根教授主张以立法必要性、合法性、合理性、可操作性、地方特色、时效性和成本分析、技术性为七个必要指标进行评估，邢亮教授在阅读了其他学者的文献并且进行总结的基础上，提出了以合法性、合理性、协调性、可操作性、规范性、时效性为六个必要指标进行评估，并设置了二级指标内容，姜述弢教授建议除了关于合法属性、合理属性、协调属性、规范属性、实效属性之外，可以增加必要属性和实施绩效两个指标，其中实施绩效指标包括成本效益分析评价和社会认可度两个方面[15]。

2. 具体评估计算方法

科学合理地确定评估指标是地方立法后评估的关键环节，我们通过将指标量化和具体化来确定指标，来确定地方性立法实施情况如何，进而使评估的结果反映到对法律法规的修改或者废除中去，从而得到更好的反馈。

通过把法律法规按照三个大标准进行评估，分别衡量法律法规的合理性、科学性，法律法规实施过程的情况和法律法规规章的实施效果。

第一部分中评估法律法规规章的合理性、科学性又分为四个指标分别进行评估，每部分都是二十五分。四个指标分别为合法性问题、合理性问题、技术性问题、公众参与性问题。合法性问题中涉及需要评估的问题有：进行评估的主体是否为法律规定中的主体、是否与宪法保持一致、进行立法的主体有没有进行立法的权限、立法的程序是否按照法律规定、是否与上位法有冲突等因素。合理性问题中涉及需要评估的有：内容是不是针对地方的问题而进行设计的、是否符合客观事实、有无地方性特点、执法的主体是否明确、执法程序是否得当、执法机关和相对负责人是否明确、立法目的是否明确合理等问题。在技术性问题中涉及需要评估的问题有：地方性法规的立法名称是否规范、评估对象是否具有特定针对性、与当时情况发展是否具有适宜性、地方性法律法规是否设计得合理、内容是否简洁易懂。公众参与性中涉及需要评估的问题有：社会大众对评估对象的任职情况、在制定和实施过程中是否召开了座谈会或者进行实地调研等方式征求社会大众意见。

第二部分中法律法规规章实施情况中进行评估的包括法律法规规章在实施过程中的保障和规范程度两个评估指标，每个五十分。实施过程中的保障中需要进行评估的有：针对法律执行机关的人员分配是否合理、对法律法规规章的实施情况的文件内容是否完整、经费是否充足。实施过程中的规范程度需要进行评估的包括实施的机关单位和工作人员对法律的实施是否规范、法律的实施主体对法律的认知情况和平时工作态度是否积极、法律实施中的程序是否合法以及是否符合法律规范。

第三部分中法律法规规章的实施效果是整个评估过程中需要侧重进行评估的。针对实施效果进行的评估不仅仅是单方面的评估，涉及对经济发展的情况、对社会发展情况、社会满意程度三个方面进行评估，其中包含需要评估的指标可以按照情况进行删减，每个方面五十分，第三部分共计一百五十分。经济发展情况中包括对市场发展情况、技术效益、总体经济效益三个情况：该法律法规规章的实施是否对市场经济的自由流动有促进作用、政府的经济管理行为是否依照法律规定实施、有没有对危害市场经济公平竞争的行为进行妥善处理、市场经济的运行规则有没有被良好的遵守。技术效益问题中需要进行评估的有是否推进技术研发和技术进步、对于新兴技术的推广是否有推进作用、立法过程中是否运用了新的技术。总体经济效益需要评估的包括有没有促进经济的增长、对稳定经济的增长所起的作用、是否改善经济环境。对社会发展情况包括对个人的思想是否产生了影响、对于人与人之间的交往有没有影响、是否有利于解决当时社会上之间的矛盾、是否有利于社会公平、对于相关机关和社会公众之间产生了何种影响、行政部门的执法效率问题、能否为社会创造更多的就业就会、是否对提高就业质量有帮助、对于工作者的权利义务安全和尊严的问题有没有妥善保护、对于社会公众的健康问题是否产生了积极影响、是否对社会犯罪进行了有效打击、是否对社会安全产生了积极影响、对弱势方是否进行了保护、是否进一步消除了贫富差距以及是否对社会的保障产生了积极的影响。社会满意程度的调查评估中需要进行调查的包括立法的程度、立法的质量、法律法规规章的实施情况、法律法规规章的公信力等问题。

最终地方立法评估的结果为上述三部分得分相加之和，得分仅供参考。

四、结语

地方立法评估问题在我国依旧处于一个发展中的阶段，需要不断地吸收和借鉴外国精华的部分，从中挑出适合我国国情的方法，不断地积累经验，在不断地尝试中成长。目前，地方立法评估问题仍旧缺乏理论研究，因此对该问题需要进行进一步的思考和探索。本文中基于对地方立法评估问题的理论性知识进行阐述，以此更加深入地理解地方立法评估机制。同时对于地方立法评估的现状进行了客观的阐述，通过对现状的分析找出了地方立法评估存在的普遍性问题，并通过论证和分析得出一套对于地方立法进行评估的方案。

参考文献

[1] 曲頫. 改革开放四十年地方立法 [J]. 地方立法研究, 2018, 3 (06): 100-101.

[2] 曲頫. 改革开放四十年地方立法 [J]. 地方立法研究, 2018, 3 (06): 101-102.

[3] 冯向明. 地方立法后评估的程序规制研究 [D]. 南京财经大学, 2019: 1-2.

[4] 杜莉. 论我国建立地方立法质量评估制度的意义 [J]. 山西广播电视大学学报, 2009, 14 (01): 71-72.

[5] 李成. 地方立法后评估制度研究 [D]. 华南理工大学, 2016: 5-6.

[6] 肖金明, 王婵. 关于完善地方立法质量保障体系的思考 [J]. 理论学刊, 2022 (01): 111-122.

[7] 过安衡. 地方立法质量保障研究 [D]. 深圳大学, 2017: 2-4.

[8] 江国华, 刘新鹏. 法律制度实施效果第三方评估机制 [J]. 江汉论坛, 2019 (08): 138-144.

[9] 江国华, 庞羽超. 法律制度实施效果评估触发机制研究 [J]. 社会科学动态, 2018 (01): 42-56.

[10] 李成. 地方立法后评估制度研究 [D]. 华南理工大学, 2016: 73-78.

[11] 姚明, 赵建国. 我国图书馆地方立法实证研究: 反思与超越——基于14部地方性法律规范的考察 [J]. 图书馆建设, 2020 (05): 23-28.

[12] 李成. 地方立法后评估制度研究 [D]. 华南理工大学, 2016: 108-120.

[13] 由理. 论地方立法后评估制度的完善 [D]. 东北财经大学, 2016: 23-25.

[14] 由理. 论地方立法后评估制度的完善 [D]. 东北财经大学, 2016: 104-109.

[15] 王全胜. 地方立法后评估制度的完善 [D]. 西北师范大学, 2021: 26-48.

我国个人破产的理论证成与制度研究

李志权

【摘　要】我国现行破产法缺失个人破产制度，学理上仅能称之为"半部破产法"。与企业一样面临经营风险的商自然人和因生活消费过度负债的普通民事自然人缺乏合理的债务退出渠道，长期维持过度负债状态将严重损害个人的生存权和发展权。目前我国对个人破产制度有着社会经济和司法实务的双重需求。2019年在中央层面实现的个人破产的政策供给和在地方进行的"个人债务集中清理"与"执转破"改革试点，为个人破产立法提供了契机。2020年，我国第一部个人破产成文法规《深圳经济特区个人破产条例》颁布，个人破产立法及实践达到了新的高度。本文结合该条例及个人破产的基础法理，总结了个人破产的基础理念从债权人本位向债务人本位过渡到折中并重的演进逻辑，剖析破产程序背后债之实体法律关系当事人间的权益博弈；解构了个人破产的程序价值，明确现代个人破产制度的首要价值是实现债务公平合理清偿，独特价值是实现"诚实而不幸"债务人的经济再生。在个人破产适用主体范围上，我国应吸收一般破产主义，将普通民事自然人也纳入个人破产。在个人破产的程序构造问题上，应建构个人破产差序合理的程序构造，在规则上合理引导有未来预期收入的债务人选择重整程序，使无预期收入且"诚实而不幸"的债务人能够进入破产清算程序实现免责，并在庭前庭外优先鼓励债务人债权人实现破产和解。

【关键词】个人破产；个人破产法；《深圳经济特区个人破产条例》

一、引言

尽管现代破产制度自1705年《英国破产法》确立至今不过300多年，但世界各国破产法律体系内规定个人破产制度已然为国际破产立法之趋势。英国、美国、德国、法国、日本等国家以及我国台湾、香港地区的破产法律都有关于个人破产的制度设计。根据现行《企业破产法》第2条、第135条，《合伙企业法》第92条，《农民专业合作社法》第52条及2010年最高人民法院《关于对因资不抵债无法继续办学被终止的民办学校如何组织清算问题的批复》、2012年最高人民法院《关于个人独资企业清算是否可以参照适用企业破产法规定的破产清算程序的批复》的规定，目前我国仅有企业法人、合伙企业、个人独资企业、农民专业合作社、民办学校具有破产资格，包括自然人在内的其他民事主体均不属于我国现行破产制度的适用范围[1]。

在20年前制定破产法时就有学者主张将破产适用主体扩展至个人，"一部没有个人破产法内容的破产法不是一部完整的破产法"[2]。遗憾的是，鉴于当时市场经济不够完善，社会征信体系尚未形成，贸然引进个人破产制度可能与我国当时的社会观念相冲突，尚须充分论证。现如今，伴随着我国社会经济的快速发展，对个人破产的社会经济需求日益旺盛。"诚实而不幸"债务人缺乏过度负债的退出渠道，司法实务中面临执行难等问题，个人破产入法已成为最近破产法修改的重点议题。在破产法修改前夕，本文试图参考《深圳经济特区个人破产条例》，结合我国社会经济和司法实务背景，分析我国是否应引进个人破产制度；应如何正确看待债权人和债务人的利益博弈，准确把握个人破产制度的程序价值，最终建构合理的个人破产程序构造。

二、引进个人破产制度的必要性

（一）我国个人破产的社会经济需求

随着我国市场经济的发展，个人的消费行为、经营活动对经济发展的影响力不容忽视。相比企业，个人自始至终就面临着来自生存、社会、经济等多方位的风险，对各种风险的抵抗能力难以企及企业。个人一旦遭遇风险，致使资不抵债将极大地影响个人的生存权和发展权。因此，能公平清偿甚至免除清偿责任的破产制度实为市场经济中个人参与社会经济生活之刚需。

社会经济环境的变化是加剧个人对破产制度需求的直接诱因。随着我国金融市场的发展，花呗、借呗等互联网借贷工具的出现提升了个人借贷的便利程度，信贷业务已经成为个人生活消费、购房、创业经营中重要的融资渠道[3]。

一方面，在高房价和经济下行压力的背景下，居民个人承受的房贷压力和创业风险与日俱增；另一方面，伴随着互联网经济的发展，直播"带货"、网上购物等互联网消费形式间接刺激了居民个人的消费欲望，致使不理性消费现象频发，个人也容易因超前消费背负上巨额债务。根据中国人民银行发布的《中国金融稳定报告（2023）》：2022 年末我国住户部门杠杆率为 71.8%。相比 2018 年，我国住户部门杠杆率上升了 20 个百分点，上升的杠杆率意味着居民的负债压力日渐增大，隐含着更高的债务违约风险。个人的抗风险能力较弱，一旦遭遇如疾病、失业、交通事故等变故，失去了稳定的创收途径或能力将极易导致债务违约。站在债权人的角度，个人的信用担保能力和资产体量远不如企业法人，在个人债务违约时往往会出现资不抵债的情况。这时，发挥公平清偿作用附带免责激励的破产制度更有利于激励债务人积极还债，实则更有利于保护债权人利益。

除了专注于生活消费的居民个人外，个人破产制度还有利于将面临商业经营风险的商自然人纳入其中。个体工商户、农村承包经营户为从事经营活动的自然人，属于法律明文规定的商自然人，有着广泛参与市场经济的经营需求，面临的经营风险较普通居民个人更甚，基于平等保护各类市场主体的原则更有适用破产制度的实际需求，自不待言。

（二）我国个人破产的司法实务需求

生效的民事判决尽管由法院居中裁判明确了不同主体间的债权债务关系，赋予私人之债由公权强制执行的效力保障，但有权执行且能执行到位的理想与现实往往不能统一。事实上，民事案件大量存在"久拖不执"和"久执未结"的"执行难"问题。根据最高人民法院的工作报告，有 40% 以上的案件进入执行程序。在进入执行程序的案件中，约有 5% 属于申请人民法院强制执行仲裁裁决、公证债权文书，约有 43% 属于确无财产可供执行的"执行不能"案件。民商事案件中，约 18% 的案件是"执行不能"案件。生效法律文书无法执行将直接损害法律权威，间接导致司法系统的公信力下降。"执行难"既有债务人积极避债行为，也有债务人资不抵债后无产可供执行的无奈情况[4]。针对债务人的积极避债行为，法院可以通过限制高消费令限制债务人的消费行为，亦可通过现已初步建成的联合信用惩戒体系，对债务人的行为进行限制并监控财产。尽管对积极避债的债务人的惩戒措施一定程度上可以达到"一处失信、处处受限"的惩戒效果，但仍难最终确保债权人债权的实现和多个债权人间的公平清偿。

对无产可供执行的债务人，《民事诉讼法》规定了终结执行的标准，第264条第五款规定"作为被执行人的公民因生活困难无力偿还借款，无收入来源，又丧失劳动能力的"由人民法院裁定终结执行。该标准说明仅无产可供执行尚不能成为终结执行的依据，还需要被执行人生活困难、无收入来源且丧失劳动能力的严苛标准。尽管执行的高终结标准有利于保障债权人的利益，但从长远来看无助于债务人改善既有资不抵债之困局，长此以往将严重影响债务人的生存和发展。

当存在多个债权人时，破产的程序价值是实现各债权人债权之公平清偿，但现有民事诉讼执行针对多个债权人主张债权的情况并未将债权人间的公平清偿视为其程序的首要价值。根据《最高人民法院关于人民法院执行工作若干问题的规定（试行）》第55条第一款规定："多份生效法律文书确定金钱给付内容的多个债权人分别对同一被执行人申请执行，各债权人对执行标的物均无担保物权的，按照执行法院采取执行措施的先后顺序受偿。"这意味着当多份生效法律文书对同一债务人执行时，无担保优先权等特殊情况，一律按采取执行措施的时间先后顺序受偿，这对后申请执行的债权人较为不公平。只有满足该条第三款的情形即"一份生效法律文书确定金钱给付内容的多个债权人对同一被执行人申请执行，执行的财产不足清偿全部债务的"才按照各债权比例受偿。

与破产类似的是，在执行程序中也有类似破产和解、重整的规定。如《民事诉讼法》第241条规定的执行和解制度、第242条规定的暂缓执行制度，都有助于缓解债务人的债务压力。但相比破产和解和破产重整，执行和解和暂缓执行制度仍然存在缺陷，无法在实务中替代个人破产制度。就执行和解而言，和解协议的达成缺少法院的参与，和解协议也仅由执行员记入笔录，双方当事人再签名或者盖章，相当于形成了另一份新的合同之债，其执行效力并未得到司法确认，后续再违约的强制执行上将缺乏效率。就暂缓执行而言，当存在多个债权人时便需要全体债权人同意，而且要求债务人向法院提供担保，最终暂缓执行仅是时间上的暂缓，并不能在债务数额上有所减免，这对债务人的要求颇高，且在程序价值上并无赋予债务人重整再生的意思。

三、个人破产的政策供给与地方试点

现有法律体系内的债权公平清偿方式无法彻底替代个人破产制度，个人积压不良债务也缺乏合理的退出渠道，严重影响了债权人和债务人的利益，不利于市场经济的良性发展。鉴于社会经济对个人破产制度之需求，结合司法实务中"执行难"的难题，近年来，我国在政策、司法、立法层面逐步意识到个人破产制度的独特价值。2018年，最高人民法院院长就"执行难"问题向全国人大常委会报告时提议"推动建立个人破产制度"。2019年，国家发展改革委、最高人民法院等13部门联合发布了《加快完善市场主体退出制度改革方案》，明确改革的总体目标是"逐步建立起与现代化经济体系相适应，覆盖企业等营利法人、非营利法人、非法人组织、农民专业合作社、个体工商户、自然人等各类市场主体的便利、高效、有序的退出制度"，在政策层面将商自然人的市场退出机制提高到了与其他市场主体同等重要的高度。其中提及"研究建立个人破产制度，重点解决企业破产产生的自然人连带责任担保债务问题。明确自然人因担保等原因而承担与生产经营活动相关的负债可依法合理免责。逐步推进建立自然人符合条件的消费负债可依法合理免责，最终建立全面的个人破产制度"。该政策文件对我国个人破产制度的建构有重大的指导价值，采取分步式策略，优先解决商自然人的债务退出问题，再逐步将个人的消费负债纳入债务退出范畴，实现了个人破产制度的政策供给，为之后我国各地方试点个人债务集中清理、个人破产制度提供了政策依据[5]。2020年的《中共中央、国务院关于新时代加快完善社会主义市场经济体制的意见》提出："健全破产制度，改革完善企业破产法律制度，推动个人破产立法，建立健全金融机构市场化退出法规，实现市场主体有序退出。"2022年，《最高人民法院关于为加快建设全国统一大市场提供司法服务和保障的意见》提出"推动企业破产法修改和个人破产立法"，破产法的修订纳入年度立法计划，个人破产将成为破产法修订的重点。

在地方试点上，2019年，台州、温州、丽水、苏州、淄博、东营等地也陆续开展"个人债务集中清理"的试点工作。对个人债务集中清理，有学者认为该制度属于个人破产制度[6]。本文对此持不同观点，个人债务集中清理在过程上尽管有类似个人破产的债权人集体决策、免责模式、失权与复权机制，程序选择上有类似个人破产的和解、重整、清算，结果上有类似个人破产的公平清偿和债务人免责，但本质上仍与个人破产制度存在差别，称其为"类个人破产制度"更为合适，理由如下：一是个人债务集中清理建立在执行程序上，本质上属于执行程序范畴。没有执行程序的启动也就无法适用个人债务集中清理，而个人破产制度本质上并未执行程序，而是债务的合理清偿程序，其启动依赖的是债务人或债权人的申请。二是债权人集体决策上，个人债务集中清理往往需要全体债权人达成意思合意才有一致行动的可能，而个人破产中的债权人会议仅需达到一定的人数和债权比例即可一致行动，在程序的基础法理上有所差别，现代个人破产制度相较执行程序的独特价值在于其完成了由债权人本位向多元价值协调的过度。尽管和个人破产制度有所差别，以个人债务集中清理为代表的类个人破产制度也为我国个人破产制度建构提供了重要的实践参考价值。如2019年8月，温州中院就率先出台了《温州市中级人民法院关于个人债务集中清理的实施意见（试行）》，同年，温州市平阳县人民法院审结债务人蔡某案，该案属全国首例类个人破产案件。本案在债权人会议上，债权人一方在充分了解债务人经济状况和确认债务人诚信的前提下，经表决通过上述债务集中清理方案，同意为债务人保留必要的生活费和医疗费，自愿放弃对其剩余债务的追偿权，并同意债务人可以自清理方案履行完毕之日起满3年后，恢复其个人信用。根据一系列的制度设计，债务人蔡某仅需一次性清偿1.5%的债务即可终结执行。

真正在地方上实现个人破产制度试点的应属2020年8月26日深圳市第六届人民代表大会常务委员会通过的《深圳经济特区个人破产条例》，该条例自2021年3月1日起施行。《深圳经济特区个人破产条例》不仅是我国第一部以"个人破产"命名的地方立法文件，同时也建构了程序上较为完备、内容上有所创新的个人破产制度，为我国个人破产立法提供了宝贵的立法和实务经验，意义非凡。

四、个人破产的基础理念演变和程序价值解构

（一）个人破产基础理念的演进逻辑

1. 债权人本位主义下的破产观

破产的实质是对资不抵债的债务人所欠债务公平清偿的处理程序，其程序背后的实体基础法理实为债之法律关系。"债者，指特定当事人间得请求一定

给付的法律关系。"[7]因此从债的内涵出发，债务人向债权人的给付义务可以称得上一种责任。债的发生原因既有法定也有约定，法定之债，包括侵权、无因管理、不当得利；意定之债，包括契约。不管是基于法定事由或约定事由，古今中外，只要不履行债之义务，即便是私人间的意定之债的违反，也能视为对统治经济秩序的破坏，将受到来自公权与私力的多重制裁。在我国就有"欠债还钱，天经地义""父债子偿"的传统观念。《唐律疏议》中记载："诸负债违契不偿，一疋以上，违二十日笞二十，二十日加一等，罪止杖六十。三十疋加二等，百疋又加三等，各令备偿。"古代债务人欠债相当于犯罪，将被责以笞杖，欠债时间越长处罚越重。对债权人权益的绝对保护和对债务人欠债所遭受社会的负面评价和制裁深刻影响了早期的破产制度，形成了将债权人利益置于破产程序首要地位，并严格限制债务人权益的债权人本位主义。1542年英国《破产法》就将破产者称为违法者[8]。

债权人本位主义下的破产观将债权人利益放在第一位。基于对债之履行的正当性，债权人本位主义在现如今对国内外执行程序和破产制度中仍有深远的影响。对债权人权益的保护符合我国民众的"欠债还钱"的传统观念，对恶意逃债的债务人进行道德谴责和法律制裁亦符合我国法律文化，因此将破产制度从企业拓展至个人，特别是破产中的免责制度是否会与我国社会传统观念冲突，还须适度考虑我国国情，有所取舍。

2. 债务人本位主义的破产观

不同时期法律制度背后的基础理念往往是随着社会经济环境的变化而出现调整。尽管法律规定和契约是债之履行的正当性依据，债权人本位主义仍为大多数法律制度的基本立场，但过度保护债权人利益则会造成债务人权益的极端贬损，陷入"零和博弈"之中，从长远来看不利于社会经济的发展。历史上，十七、十八世纪，英国因为封建制度动摇进入资产阶级革命，连年的战争、经济危机致使社会经济环境不断恶化，越来越多的个人出现违约情况且资不抵债，社会经济环境的恶化使得人们对破产的观念从负面转为中立，债权人本位主义逐渐淡化。其典型是1705年《英国破产法》，又称《安妮法案》，该法首次确立了豁免财产制度，规定破产者及其亲属的必需衣物不属于破产财产，以保护破产者的基本生存需要。更为重要的是1705年《英国破产法》首次确立了破产免责制度。免责制度是区分个人破产现代性的标志。只要破产者诚实主动地公布财产，最后就能获得一定程度上的免责。该免责制度为遭受商业风险而投资失败的人提供了退出渠道，一定程度上降低了以往商事活动中高风险高收益活动中的风险，间接激励了英国的海外投资贸易，促进了资产阶级革命后的经济发展。免责制度的确立是早期个人破产制度和现代个人破产制度的分水岭，它既是债权人妥协的产物，通过对部分债权的放弃激励债务人诚实公布财产以清偿债务；又是债务人利益融入破产基础理念，形成债务人本位主义的开始。破产制度不再仅考虑债权人的利益，债务人本位主义将债务人的生存权和发展权提高到了和债权人利益保护相同甚至更高的高度。

现代个人破产中注重保护债务人利益，对破产债务人态度最为宽松的典型当属1978年《美国破产法典》。该法可同时适用于企业法人和个人，对个人的规定主要集中在第7章"破产清算"和第13章"有固定收入的个人债务清理"，分别规定了个人的清算免责和重整程序，该法案将债务人的经济再生地位提高到了前所未有的高度[9]。在免责程序上，美国采取当然免责主义，即只要破产者不违反免责程序的负面清单内容，经过一定期间后将当然获得免责。债务人本位主义对破产债务人过于宽容也有其缺陷：一是破产免责门槛过低，个人破产容易成为个人逃废债的工具；二是对过度负债债务人采取宽松的免责程序将直接损害债权人的利益。如1978年《美国破产法典》对个人破产的程序选择干预较少，清算免责的门槛过低，导致大部分个人破产者宁愿选择第7章清算免责也不选择第13章的重整程序[10]。2005年，为改变个人破产滥用的困境，美国通过了《防止破产滥用和消费者保护法》，提高了清算免责的门槛，增加了信用咨询的前置程序以减少进入破产程序的破产者。在该法案正式生效前，大量个人为享受之前宽松破产免责的"优惠"，选择集中申请破产，导致该年末美国商业银行累积大量坏账，间接引发了次年的"次贷经济危机"。

3. 折中主义破产观

目前，仅用债权人本位主义或债务人本位主义形容个人破产的基础理念其实是不准确的。现如今世界各国的个人破产制度大多同时吸收了债权人本位主义和债务人本位主义的内容，遵循折中主义破产观，平等保护债权人和债务人的权益，不偏废任何一方，既要保护债权人公平求偿的权利，又要保护债务人的生存权和发展权，在双方的利益平衡中结合各国国情建构个人破产制度几近成为国际个人破产立法的趋势[11]。其典型是现代各国个人破产中往往同时规定了免责制度和对免责的限制性措施。

前文所述，免责制度是个人破产现代性的标志。免责制度的建立为债务人的经济再生提供了可能，将债务人生存权和发展权的保护提高到了和债权人权益同等重要的高度，即便债权有债之实体法律关系的正当性支持，也不能就此损害债务人的基本人权。但对债务人过度宽容的免责制度亦会招致反效果，如前文论及的1978年《美国破产法》，个人破产免责成为债务人逃废债的工具，商业银行往往会进一步提高对个人发放贷款的门槛和利率，个人的融资渠道进一步紧缩，实际上亦不利于市场经济的健康发展。折中主义破产观是对债权人本位主义和债务人本位主义调整的结果，是对债之实体法律关系两端当事人利益的平衡。

对免责的限制性措施，一是规定免责制度的负面清单，当事人只要有其中某些禁止性行为即可被认定为"不诚实"或"非不幸"。如《深圳经济特区个人破产条例》第98条规定："债务人存在下列情形之一的，不得免除未清偿债务……"不诚实主要表现为债务人违反行为限制、财产申报义务与存在欺骗行为，非不幸主要表现为奢侈消费、赌博等非不幸行为。二是规定免责考察期，在该期间内债务人仍须遵循行为限制和财产申报义务，如若违反将不被授予免责效果。英美法系对债务人采取了较为宽容的态度，免责考察期相对较短，如英国、新西兰仅为1年；而大陆法系则相对严格，如德国免责期长达6年且为不可变期间。《深圳经济特区个人破产条例》规定了3年的可变期间。从免责考察期的长短可见各国基于各自国情对债权人和债务人的利益平衡各有所侧重，但均在折中主义破产观对债权人和债务人利益同等重视的范畴之内。

个人破产的基础理念经历了债权人本位向债务人本位主义转变，再过渡到折中主义的过程。在债之两端当事人的利益博弈中总结个人破产基础理念的演进逻辑，亦可窥视现代个人破产的程序价值，为日后我国引进个人破产立法奠定法理基础。

（二）个人破产的程序价值

1. 个人破产的首要价值：实现债务公平合理清偿

制度的首要价值是指遵循既有制度程序实现制度目标所优位满足的制度价值，该价值在相应的制度程序中应居主导地位，其他价值目标与首要价值相冲突时应让位于首要价值。基于此，个人破产制度的首要价值就应是在遵循破产程序所优位实现的程序价值。至于何谓个人破产的首要价值，目前有大量学者主张个人破产的首要价值是实现"诚实而不幸"的债务人经济再生，如有观点认为"构建个人破产制度的目的是挽救'诚实而不幸'的债务人"[12]。亦有观点认为"我国个人破产法立法首要目标应当定于保障债务人的生存权和发展权"[13]。笔者对此持不同观点，个人破产的首要价值应是实现债务的公平合理清偿，其他程序上的价值，如债务人的经济再生也应服务于债务公平合理清偿而存在。

理由在于，个人破产制度的本质仍是破产程序，并不因适用对象从企业法人扩展至个人而改变。当债务人清偿不能或资不抵债时，债权人或债务人向法院申请依照破产程序公平合理清理债务仍是破产的主要内容。当债务人有财产且多个债权人同时主张时，破产在程序上能确保债务的公平清偿；当债务人无财产时，亦有相应的失权制度限制债务人的高消费行为，防止或惩戒债务人隐匿财产等积极逃债行为，只有经过严格的考察程序和相应年限，债务人才有获得免责的可能。如《深圳经济特区个人破产条例》第95条规定了免责考察期为3年。第100条规定了清偿比例越高免责考察期相应调整缩短的规则。这说明个人破产制度并没有超越破产制度实现债务公平合理清偿的首要程序价值。

破产制度诞生伊始就不是为了债务人的利益考虑，而是当债务人资不抵债时债权人就债务人有限的财产如何公平合理分配所创造出来的制度。根据一般的商事活动处理规则，当存在多个债权人时，谁优先起诉主张权利，债务人的有限资产就优先支付给谁。这对后主张权利的债权人极为不利，将原本债务人与债权人的矛盾转移为债权人间的矛盾，不利于商事活动的开展。中世纪后期意大利吸收古罗马法财产委付制度，形成了最早的破产成文法规。1542年《英国破产法》正是基于对前述"先诉先得"规则的约束。

因此，在引进个人破产制度时应明确个人破产作为破产程序所首先应具备的公平合理清偿价值，这体现了对债权人债的法定或约定内容正当性的尊重。公平合理清偿作为个人破产的首要价值并不否认实现"诚实而不幸"债务人的经济再生的其他价值。债务人的免责制度和破产制度虽然关系紧密，但两者之间应是相对独立关系，不能将破产制度等同于免责制度，免责虽必经破产程序，但破产未必产生免责效果[14]。

2. 个人破产的独特价值：实现"诚实而不幸"债务人的经济再生

个人破产的独特价值是相对于企业破产而言的，尽管同属破产程序范畴，但个人明显不同于企业法人。企业破产清算程序终结后就需要办理注销登记，企业的重整之中也可能涉及法人的分立合并问题，但自然人的人格显然不能注销，亦不能分离或与他人进行合并。另外，当个人资不抵债而长期生活困苦时，若缺乏相应的制度保障将严重侵害人的生存权和发展权，因此对债务人生活必需财产的豁免既是执行程序，也是现代个人破产制度的共识。基于上述特点，个人破产制度的设计就必然有别于企业破产。

个人破产的独特价值在于实现"诚实而不幸"债务人的经济再生。《深圳经济特区个人破产条例》开宗明义，其第1条规定："为了规范个人破产程序，合理调整债务人、债权人以及其他利害关系人的权利义务关系，促进诚信债务人经济再生……制定本条例。"从债务人权利保障上分析，经济再生的过程意义主要集中于对生存权和发展权的保护。在生存权的保障上，个人破产相比企业破产，增加了对生存生活必须财产的豁免制度，《深圳经济特区个人破产条例》第36条第一款第一项和第六项规定了债务人及其所扶养人生活、学习、医疗的必需品和合理费用和专属于债务人的人身损害赔偿金、社会保险金以及最低生活保障金属于豁免财产范围。生存权依《世界人权宣言》的定义是："人人有权享有为维持他本人和家属的健康和福利所需要的生活水准，包括食物、衣着、住房、医疗和必要的社会服务。"简而言之，对债务人生存权的保障就是维持债务人有人格尊严地生活所必需的基础物资和服务，目前已成为国内外人权保护之共识。在发展权的保障上，财产豁免制度将债务人职业发展、教育提升的必要花费纳入了豁免财产的范畴，如《深圳经济特区个人破产条例》第36条第一款第二项规定债务人职业发展需要必须保留的物品和合理费用属于豁免财产的范畴。保障债务人的发展权不仅仅是为了维护债务人利益，确保债务人有职业发展和接受教育提升的机会，将有利于债务人稳定收入、增加创收，对债权人而言亦有益处。

经济再生在结果意义上是利用破产免责制度，免除债务人部分或全部债务，从而鼓励债务人重新出发投入新的生活[15]。但是对债务的部分或全部免除意味着债权无法得到圆满清偿，若在破产程序中设定过于宽松的免责制度必然损害债权人利益，破产程序则有可能沦为债务人逃废债的工具，滥用破产制度逃避责任。因此，对债务人的经济再生必然有所限制，即限定为"诚实而不幸"的债务人。诚实要求债务人不存在积极避债、隐匿财产等不诚信行为，能如实申报财产，配合调查；不幸则要求债务人失败结果所遭受的风险属于正常的生活消费经营风险，不属于违法活动等不正常活动所遭受的风险。但是，"诚实而不幸"实质属于一种宽泛且标准难定的道德评价，在个人破产立法中如何用制度进行规制值得深思。较为常见的两种做法：一是规定做到什么标准才符合"诚实而不幸"；二是规定做出什么行为就"不诚信或非不幸"[16]。《深圳经济特区个人破产条例》采取了后一种做法，第98条规定了破产免责的负面清单，有其中任一行为则不得免除未清偿债务。概括而言，有债务人违反了行为限制、强制义务、财产申报义务，故意隐匿、毁弃、伪造或者变造资料或隐匿、转移、毁损财产的属于不诚信行为；奢侈消费、赌博等类似情况负债属于非不幸行为。按此方法，相比宽泛不确定的道德标准，破产免责中可以排除部分显然"不诚实非不幸"的人，从而防止破产免责沦为逃废债之工具，助益诚实而不幸的个人经济再生。

五、个人破产适用主体的争鸣与抉择

前文论及，根据我国现行法律及司法解释，我国仅有企业法人、合伙企业、个人独资企业、农民专业合作社、民办学校具有破产资格，包括自然人在内的其他民事主体均不属于我国现行破产制度的适用范围。将来我国若引进个人破产制度，将破产程序适用范围扩展至个人就有必要深入探讨个人破产适用的主体范围。主体范围的界定不仅关涉我国个人破产应基于何种基础理念及程序价值进行建构，更与我国民众的传统认知演变存在关系，若主体范围过宽，势必引起民众对个人破产沦为逃废债工具的担忧，且未必与我国各具特色的个人主体类型相契合；若主体范围过窄，则不利于民事主体的平等保护，因此，对主体范围的界定是未来个人破产立法的重要议题。

学理上，根据自然人是否以自己名义从事营利性业务，可以将自然人区分为商自然人和普通民事自然人。目前关于个人破产适用主体范围主要有两种模式，一是商人破产主义，主张破产仅适用于参与商事经营活动的主体；二是一般破产主义，主张将所有类型的民商事主体纳入破产主体范畴[17]。在破产发展史上，破产程序在很长一段时间内都是商人的特权。一方面，破产程序为商人所需且由商人发明。破产萌芽于中世纪后海洋贸易活动中商人自发对高风险高收益远洋投资贸易行为的管控，商人团体间约定债权人间共同瓜分债务人仅有的资产，以维护商人间的利益平衡。中世纪后期意大利吸收古罗马法财产委付制度，形成了最早的破产成文法规，如1244年实施的《威尼斯条例》、1341年实施的《米兰条例》和1415年实施的《佛罗伦萨条例》，由于此时法人制度并未出现，商人往往以自然人的形式承担责任，因此法人制度出现之前的破产法规均是商人破产主义，与我国现行的商法人破产主义有所区别。1542年英国颁布的第一部破产成文法适用对象也仅限于商人。另一方面，将破产程序限定为商人，而不扩及其他民事主体也有一定的合理性。商人从事商事经营活动往往伴随着各种各样的商业风险，这些商业风险往往是中性的，具有一定的随机性、难预测性，若缺乏相应的制度保障与个人无限责任进行切割，商人便缺乏因商业风险过度负债的退出机制，从事商业活动必然将无法承受商业失败对生活的影响，将不利于社会经济的良性发展。因此，将商人纳入个人破产的优先适用主体存在合理性。2019年《加快完善市场主体退出制度改革方案》采取"分步式策略"建立个人破产制度便提及"重点解决企业破产产生的自然人连带责任担保债务问题。明确自然人因担保等原因而承担与生产经营活动相关的负债可依法合理免责"。根据《民法典》总则篇关于自然人的规定，在我国商自然人包括个体工商户和农村承包经营户。除以上两类法定的商自然人外，只要自然人资不抵债的负债是由商事经营活动所致也应优先纳入破产程序适用主体范畴。

但对于是否应将个人破产适用主体扩展至普通民事自然人则存在较大的争议。"相较于投资性、经营性负债的免责，消费负债的免责存在一定程度的理念证成难题与规则设置难题。"[18]普通民事自然人的负债往往是生活消费所引起的，消费者实际上享受到相关商品或服务的好处，在超出自身偿债能力资不抵债时要求破产似乎存在道德上的问题。在采取一般破产主义的国家，个人破产制度建立的早期也曾经历过商人破产主义，认为普通人生活消费负债申请破产不存在法理上的正当性，不利于社会经济的良性发展。但此种观念之所以转变，一是经历过两次世界大战和数次经济危机，现代社会的风险普遍性、难预测性已为人们接纳。每个人都可能因各种风险导致原先的预期落空，对他人过去的宽容也是对自己未来的宽容，生活消费负债的退出渠道成为对社会风险普遍性与不可预测性的必要修正。现代个人破产"经济再生"价值地位的提高，对个人破产采取了较为宽容的态度。相比法人，个人承受了来自生存生活等各方面的风险且抗风险能力存在天然的劣势，如因失业、疾病等因素导致房贷断供。二是随着市场经济的发展，自然人的负债类型呈现多样化的特征，往往同时兼具商业经营和生活消费负债，再区分的必要性有所下降，以"诚实而不幸"设计免责标准将非诚实非不幸者剔出免责程序，而非仅以自然人类型判断能否纳入破产程序在立法技术上是一种进步。

尽管英美法系和大陆法系大多数国家现已采取一般破产主义，将非商人也纳入个人破产范畴已成为国际个人破产趋势，但引进个人破产制度仍须结合我国实际，考虑我国特殊的民事主体制度和民众传统观念，应有所取舍。《加快完善市场主体退出制度改革方案》在商人优先适用后提出："逐步推进建立自然人符合条件的消费负债可依法合理免责，最终建立全面的个人破产制度。"可见，我国在政策层面有向一般破产主义学习趋势，但是仍有所不同。一是相对从事商事经营负债的商自然人，对普通民事自然人提出了更高的适用门槛，即消费负债需要符合一定条件，且在免责程度上强调合理原则。这契合了个人破产的独特价值——实现"诚实而不幸"债务人的经济再生。

尽管如此，笔者认为：一般破产主义对不同类型自然人适用相同的破产程序和免责制度未必合适，未来引进个人破产制度仍不可忽视不同自然人的特殊性。我国的法律制度独具中国特色，对民事主体的分类除了以是否从事商业经营进行区分，还须考虑城乡因素。最典型的是考虑农民的破产问题。因我国农村特殊的集体土地制度，一方面，农民的宅基地地上住房兼具身份性和财产性，转让受限的财产能否纳入破产财产清偿有待考虑；另一方面，对农民适用个人破产制度是否会损害农民和农民集体有待商榷。对农民这一类主体应基于民事主体平等保护的原则予以纳入个人破产适用主体，但在最终财产申报、财产豁免和财产清偿上应有专门的条款予以规制。深圳作为全国首个没有农村的城市，在制定《深圳经济特区个人破产条例》时没有专门规定农民个人破产的情况情有可原，但未来制定全国性个人破产法律时便有专章规定农民个人破产特殊条款的必要。

六、个人破产的差序程序构造研究

狭义上的破产程序指破产清算程序，对无清偿能力的债务人，强制清算其所有财产并对全体债权人公平清偿的法律制度。广义上的破产程序除破产清算，还包括破产重整和破产和解。破产重整指对具备破产原因但仍有经济再生价值的债务人进行业务重组和债务调整，以帮助债务人恢复营业能力的法律制度。破产和解则指具备破产原因的债务人和债权人就债权债务另行约定清偿和豁免协议，以双方和解妥协的方式清偿债务和实现经济复生的制度。完整的个人破产程序构造包括个人破产和解、个人破产重整和个人破产清算，《深圳经济特区个人破产条例》亦规定了以上三种破产程序，但对三种程序的选择顺位和适用条件有必要再深入研究。"差序"本义为等级，形成个人破产的差序程序构造即根据不同破产程序的特点，设计有选择顺位的个人破产程序构造，在规则上合理引导有未来预期收入的债务人选择重整程序，使无预期收入真正"诚实而不幸"的人能够进入破产清算程序实现免责，并在庭前庭外优先鼓励债务人债权人实现破产和解。

（一）个人破产重整与清算的差序程序构造

《深圳经济特区个人破产条例》第七章"破产清算"包含"破产宣告""财产分配""免责考察"三节。前两节与《企业破产法》破产清算内容差异不大，个人破产清算特殊之处集中在"免责考察"一节，免责考察期的引入在我国立法中属于首创。《深圳经济特区个人破产条例》规定"自人民法院宣告债务人破产之日起三年，为免除债务人未清偿债务的考察期限"。在免责考察期内债务人仍须以其收入清偿债务，遵守必要规范和失权规则。提前清偿债务比例越高，免责考察期时间越短。违反禁止性规定则有可能延长免责考察期或不予免责。而《深圳经济特区个人破产条例》第八章"重整"包含"重整申请与期间""重整计划制定和批准""重整计划执行"三节，实质上除个别特殊条款，整体上与《企业破产法》的既有重整程序差异不大。

《深圳经济特区个人破产条例》对申请重整的债务人限定条件是"有未来可预期收入的债务人"。虽然重整是对高经济再生能力的债务人适用的破产程序，但该规定与破产清算免责考察期中强制债务人以其个人收入清偿债务的规定间的关系应如何理解存疑。破产清算是对无力清偿能力的债务人适用的破产程序，债务人的经济再生能力偏低甚至没有，在免责考察期内规定债务人再以个人收入清偿债务，是否默认了有稳定的预期收入的债务人也能进入清算程序？有未来预期收入的债务人何不选择重整程序？

清算程序上引入免责考察期，一定程度提高了个人破产免责的门槛，在我国破产立法中所有创新值得肯定。个人破产免责考察期在比较法上借鉴了德国考察期的相关规定，目的在于避免债务人利用免责制度随意逃避债务。但《深圳经济特区个人破产条例》规定了一般免责考察期的三年期限，该期限对个人的经济再生是否合理存疑。对因严重疾病、失业、事故导致"无产可破"的债务人，仍须在免责考察期内以其个人收入的大部分偿还三年债务，这对债务人的经济再生实质帮助不大。未来立法免责考察的设置，笔者认为可以将债务人无力清偿的原因作为考量因素，一般免责考察期限仍为三年，但对因严重疾病、失业、事故等"不幸"致贫的债务人可免除免责考察期内强制清偿债务的义务或适当缩短考察期限，从而协助"诚实而不幸"的债务人经济再生。免责考察期的目的不在于清偿，而在于考察，并利用其结果意义上的免责效果协助"诚实而不幸"的债务人经济再生，基于此，对无清偿能力的债务人不应设置过于严苛且无助于困境缓解的考察标准。

对于有未来预期收入的债务人，制度设计上应使其优先选择重整程序而非清算程序，基于其持续收入能力最大限度地保障债权人利益，实现双方的利益平衡[19]。对此，建议在立法上明确有未来预期收入的债务人在破产程序上应遵循重整程序前置规则。只有当债权人和债务人长期无法达成重整计划时再允许选择破产清算程序。重整能最大限度地偿还债务，更有利于保障债权人利益，因此债权人在制度选择上对重整程序天然具有利益倾向性。重整计划的达成需要债权人表决通过，但重整计划草案的拟定仍不能缺少债务人的合意，因此为避免债务人"消极重整"（即进入重整程序后长期消极不配合债权人协商重整计划或提出明显不合理的重整草案，以此达到规避重整、进入清算的目的），在免责考察上可以将"消极重整"纳为"不诚实"的表现之一，最终破产效果上不允许债务免责。

（二）建构庭内外破产和解优先程序构造

《深圳经济特区个人破产条例》第九章"和解"包含"和解申请"和"和解协议认可"两节，内容上该条例的创新之处是首次规定了委托和解制度，人民法院、债务人与全体债权人可以就债务清理委托人民调解委员会、特邀调解员、特邀调解组织或者破产事务管理部门等组织和解。委托和解制度实现了破产程序的繁简分流，允许将原本由法院组织和解的工作交由特定机构进行，使法院能够将更多的精力集中在破产专业事务，实现府院的职能分工和职能协作，这一制度应予肯定[20]。除了委托和解制度，该条例允许债权人和债务人实现庭外和解，相比庭内和解，庭外和解将组织和解工作交由专业的调解机构，法院仅须根据当事人的申请审查认可和解协议，一定程度上节约了司法资源，提高了破产程序效率。

但对于个人破产制度中是否有必要设置和解程序，目前争议较大。反对意见一是认为和解在企业破产中实践的案例相比重整清算极少，并没有发挥和解应有的作用[21]。特别是个人债务清理试点中的案件几乎是执行不能才申请个人债务清理，在庭审阶段和审判后的执行阶段必然涉及和解问题，若能在审判前和执行中便达成和解，何以拖至个人债务清理或个人破产时再和解呢？二是基于法院司法审判职能和政府行政职能的分离，将和解交由庭外和解即可，不应再设置庭内和解制度分散法院精力。法院在和解中仅须负责审查和解协议效力即可[22]。笔者对此持不同观点，一方面，尽管企业破产和解实践不尽如人意，但也不能否定破产和解制度的价值。除去先前提及的破产程序和府院职能繁简分流，注重调解解决纠纷一直是我国纠纷解决机制之特色，"枫桥经验"和"人民调解制度"便是这一特色的宝贵成果，既符合我国"以和为贵"的传统观念和现实需求，又为债务人的债务疏解提供了更为高效、灵活的债务退出渠道，不应予以舍弃。另一方面，尽管专业的调解机构能分担法院的业务压力，但仍难以取代庭内和解程序。缺乏庭内和解程序将不利于个人破产的差序程序构造，重整和清算程序难以和庭外和解程序相衔接，削弱了当事人根据双方合意快速解决纠纷和反悔进入重整清算程序的选择权。

建构完整的破产和解程序构造，首先，需要明确优先和解原则。和解之所以优先，是因其能最大限度尊重债权人和债务人的意愿，双方能达成一致时公权力介入的目的便转为审查和解协议效力、监督和解协议执行。在和解协议达成时亦能节约行政和司法资源，实现案件繁简分流[23]。其次，是允许个人破产全过程和解启动。在个人破产案件进入重整或清算程序时，只要债务人和全体债权人能达成和解协议就应允许启动和解程序而中止其他程序。《深圳经济特区个人破产条例》第146条规定："自和解程序终结之日起一年内，债务人不得再次提出和解申请。"笔者不认同此种限制和解的规定，破产程序是个动态变化的过程，债权人和债务人对自身利益的追求亦有一个动态的认知过程。破产实质上是债权人和债务人相互妥协的产物，双方利益的博弈往往不能短时间内达成一致，应对多次和解采取更为宽容的态度，允许双方在试错过程中妥协，寻求公平清偿债务和实现经济再生的价值平衡点。最后，庭内和解更有利于重整、清算程序转和解，相比庭外委托特定组织调解和解，庭内程序的转换在程序衔接上更有优势，此时，法院更为了解当事人情况和意愿，庭内和解具有无可替代的作用。

参考文献

［1］江苏省高级人民法院课题组，李荐．我国个人破产制度立法模式的选择［J］.中国应用法学，2021（05）：6-18.

［2］李曙光．关于新《破产法》起草中的几个重要问题［J］.政法论坛，2002（03）：8-14.

［3］李曙光．中国个人破产立法的制度障碍及其克服［J］.政法论坛，2023，41（05）：73-86.

［4］汤维建．制定我国《个人破产法》的利弊分析及立法对策［J］.甘肃

政法大学学报，2021（06）：41-56.

　　［5］徐阳光，武诗敏. 个人破产立法的理论逻辑与现实进路［J］. 中国人民大学学报，2021，35（05）：17-31.

　　［6］沈芳君. 个人债务集中清理司法探索与个人破产立法设想——以浙江省为主要视角［J］. 法治研究，2021（06）：33-43.

　　［7］王泽鉴. 债法原理（第二版）［M］. 北京：北京大学出版社，2022：3.

　　［8］袁跃华. 近代英国个人破产观念的变迁［J］. 河北大学学报（哲学社会科学版），2021，46（02）：150-160.

　　［9］朱腾飞. 我国个人破产立法的实践与思考——以“深圳个人破产重整第一案”为切入［J］. 法律适用，2023（09）：139-146.

　　［10］张晓冉，文学国. 中国构建个人破产机制的规范研究：问题、规制与进路［J］. 南方金融，2021（01）：80-90.

　　［11］翟业虎，刘荣浩. 论个人破产免责的限制［J］. 法律适用，2022（05）：166-176.

　　［12］刘冰. 论我国个人破产制度的构建［J］. 中国法学，2019（04）：223-243.

　　［13］殷慧芬. 个人破产立法的现实基础和基本理念［J］. 法律适用，2019（11）：69-76.

　　［14］胡守鑫. 比较与抉择：个人破产程序构建之本土化思辨［J］. 甘肃政法大学学报，2021（06）：57-71.

　　［15］周陈. 我国个人破产免责考察期制度的反思与重构［J］. 法商研究，2023，40（06）：169-182.

　　［16］魏霞，周益. 我国个人破产免责的模式锚定与体系构想［J］. 金融发展研究，2023（08）：71-79.

　　［17］李飞. 我国个人破产制度构建的理论展开——以《深圳经济特区个人破产条例》为参照［J］. 投资研究，2021，40（03）：47-57.

　　［18］周颖. 消费信贷视角下个人破产免责的理念与规则［J］. 现代法学，2024，46（01）：164-176.

　　［19］汪青松，张汉成. 论平衡性个人破产免责制度的构建［J］. 湖北社会科学，2023（01）：135-144.

　　［20］白田甜. 个人破产立法中的争议与抉择——以《深圳经济特区个人破产条例》为例［J］. 中国人民大学学报，2021，35（05）：1-16.

中国式现代化区域制度与政策创新研究

［21］齐明. 破产法学：基本原理与立法规范［M］. 武汉：华中科技大学出版社，2013：167.

［22］颜卉. 我国个人破产程序设置的模式选择［J］. 甘肃社会科学，2021（02）：145-151.

［23］张善斌，翟宇翔. 论我国个人破产庭外程序的体系构建［J］. 山东大学学报（哲学社会科学版），2023（03）：155-167.

跨区域环境公益诉讼治理现代化探究

周迎新

【摘　要】在中国特色社会主义法治进程中，"五位一体"建设全面推进，生态文明建设成为必不可少的重要组成部分，环境保护与治理在生态文明建设中占据着一席之地，工业与现代科技的发展，使得新型环境污染问题日益突出，以检察机关作为主体的环境公益诉讼制度应运而生，对于区域间协同治理不平衡的问题仍作为环境公益诉讼治理现代化的一大难题，传统的区域环境公益诉讼制度是否仍能应对新型环境污染所导致的问题仍有待探究。本论文通过对于环境公益诉讼以及区域环境公益诉讼概述及特点进行分析，深入探究区域环境公益诉讼在现代化治理中存在的问题，针对不同问题逐步探究，提出区域环境公益诉讼进程中现代化治理的完善建议及措施。

【关键词】区域；环境公益诉讼；环境治理

一、跨区域环境公益诉讼相关概念的界定

（一）环境公益诉讼的界定及特征

环境公益诉讼是指为了保护环境资源、维护公共利益而进行的诉讼活动。它是一种由行政机关、群众组织或者公民依法向法院提起的诉讼，旨在通过司法手段解决涉及环境资源破坏、公共利益受损的案件。

1. 环境公益诉讼的界定

依据我国现有法律规定，我国环境公益诉讼主要分为两大部分，一类是民事环境公益诉讼，另一类是行政环境公益诉讼，两者主体都包括检察机关，区别为检察机关在其中的诉讼顺序不同，在民事环境公益诉讼中，检察机关与符

合条件的环保组织都可提起有关诉讼，无顺序限制；而在行政环境公益诉讼中，检察机关作为用尽其他救济途径最后的诉讼主体，并且要符合一定的前置程序，提出检察建议，发布公告等流程。在民事环境诉讼中，检察机关或是符合环保规定的组织在提起环境公益诉讼后，公民个人还可再次提起民事诉讼获得民事侵权损害赔偿。

我国区域环境公益诉讼依据起诉目的可以分为三类，一类是与环境相关的对于公民人身权益的保护，一类是与环境相关的对于公民财产权益的保护，最后一类是只针对环境保护，为了纯环境利益不掺杂公民人身、财产权益的环境保护公益诉讼；按照侵权损害程度可以分为两类，一类是直接侵权损害导致的对于环境救济提起的纯环境诉讼，另一类是由于环境的侵害导致的对于公民的人身或者财产损害的间接侵权而提起的环境公益诉讼。在实践中，绝大多数提起的环境公益诉讼是由于公民的合法人身、财产权益遭受侵害的间接侵权诉讼，而极少数才是对于纯环境保护提起的直接环境公益诉讼。对于纯环境保护提起的公益诉讼也往往以失败告终，环境公益诉讼必须产生实质的损害后果，影响到公民的切身利益，诉讼的天平才会趋向胜利倾斜。生态环境的保护和救济在此种情况下作为公民受环境影响遭受损害的间接积极后果，既然环境自身的社会公益利益得到了补救，对于再次对纯环境公益诉讼便无再提起的必要性，而对于一些例外情况，比如只产生纯环境破坏而对于公民权益未侵害的行为的救济措施和诉讼手段讨论和完善则很有必要。

依据区域环境公益诉讼的主体分类，针对现行《中华人民共和国环境法》《民法典》以及相关法律规定，只有符合特定主体条件才能提起环境公益诉讼，分为两类主体，一类是人民检察院，根据《人民检察院刑事诉讼规则》第330条，对于破坏生态环境和资源保护的，人民检察院可以提起附带民事公益诉讼；另一类根据《中华人民共和国环境法》第58条规定，必须是依法在设区的市级以上人民政府民政部门登记并且专门从事环境保护公益活动连续五年以上且无违法记录的社会组织才可以。在学界中相对热门的讨论话题为公民是否应具有提起环境公益诉讼的主体资格，在我国现行法律规定中并无此规定，法律仅规定在环境污染侵犯公民权益后，可以向法院另行提起民事诉讼，依据损失确定赔偿范围，提起侵权损害赔偿请求。此种情况下公民合法权益是否可以得到切实救济，无须另行赋予其主体资格。

2. 环境公益诉讼的特点

环境公益诉讼作为一种重要的环境保护手段，具有一系列独特的特点。一是公共利益性。环境资源是人类共同赖以生存和发展的基础，环境品质的提高对于所有人都有利。环境公益诉讼是为了追求整体社会的利益，保护公众的共同权益，推动社会公正和可持续发展。二是综合性，它不仅涉及环境方面的问题，还涉及法律、经济、社会等多个方面的因素，环境问题本身是复杂的，环境公益诉讼要求综合考虑各种因素，通过多方合作来解决环境问题，推动环境保护工作的开展。三是民众的参与性。环境公益诉讼的发起主体不仅限于行政机关，还包括群众组织和公民，社会公众的参与可以增加诉讼的合法性和公正性，有利于推动环境公益诉讼事业的发展，同时，民众的参与也能够促进环境保护意识的提高，形成广泛而深入的环境保护氛围。四是其追求的是效益的长远性。环境问题的解决需要一个长期的过程，而环境公益诉讼正是为了推动这一过程的开展，通过司法手段解决环境问题，可以起到震慑和引导作用，推动环境保护工作的深入开展，提高环境品质和公众福祉。五是依据法律性。环境公益诉讼的发起和实施必须依法进行，法律是环境保护的基础和保障，环境公益诉讼旨在通过司法手段维护公众利益和保护环境资源，但必须在法律的框架下进行，遵循法律程序和原则。

（二）跨区域环境公益诉讼的概述及特点

跨区域环境公益诉讼是在环境公益诉讼的基础上融入进了区域行政划分的要素，对于检察机关而言不能进行统一管辖，需要协同超出自身管辖范围之外的区域，涉及不同检察机关以及行政机关的参与来进行环境公益诉讼，此种诉讼涉及多个行政区域，需要各行政区域之间的协调与合作。

跨区域环境公益诉讼的特点主要包括：一是地域性。跨区域环境公益诉讼涉及多个行政区域，需要各行政区域之间的协调与合作，因此地域性是其一个重要特点。二是公众参与。跨区域环境公益诉讼通常需要公众的参与，公众可以通过各种方式，如举报、参与环境调查和评估、支持环保组织等方式，参与到诉讼中来。三是复杂性。跨区域环境公益诉讼通常涉及多个因素，包括但不限于地理位置、资源的跨区域共享、法律适用的冲突等，因此具有很高的复杂性。四是跨国性。随着全球环境问题的加剧，部分环境问题可能涉及跨国性，需要跨国或跨地区的合作和协调。五是法律适用。跨区域环境公益诉讼的法律适用问题是一个重要的问题，在不同的行政区域内，可能会有不同的环境保护法规，这会对诉讼产生影响，同时在国际环境诉讼中，可能需要采用国际法进行处理。六是经济影响。环境问题通常会对当地经济产生影响，因此，跨区域环境公益诉讼可能会涉及经济问题，如赔偿问题、环境修复问题等。以上是对跨区域环境公益诉讼的一些基本概述和特点，具体的情况可能会因为环境问题的具体性质和各行政区域的具体情况而有所不同。

二、跨区域环境公益诉讼现代化治理中存在的问题

（一）法律体系规定不完善

当前我国法律法规对于环境公益诉讼的规定比较简单，缺乏具体而细致的制度设计和操作规范，法律的滞后性使得立法存在法律漏洞，空洞的理论不能解决现实存在的实践问题。环境公益诉讼的法律条款散见于各部门法体系中，其涉及环境法、民事诉讼法以及行政诉讼法等多层融合性学科法律知识，其中对于环境公益诉讼的规定在正式法条中条款较少，规定较为宽泛笼统，未能细化落实到具体实际之中，在各个省份及以下地区发布的法规及政策等法律位阶低下，强制力不足，法律效力欠缺，未形成完善的法律规定体系。

（二）法律适用标准不统一

不同区域存在不同的环境保护法规，导致在解决跨区域环境问题时，需要找到一个统一的法律原则或标准，这是一个挑战。各行政区域环境污染程度、监测标准以及保护力度等层面不同，对于环境公益诉讼的构成要件等标准也不尽相同，使得法律适用标准不统一。实践落实层面也给予了检察机关在决定起诉时以及行政机关在强制执行时较宽泛的自由裁量权，容易造成权力滥用行为，导致不同行政区出现"同案不同判"现象，不利于社会秩序的稳定。环境公益诉讼的目的是保护环境资源和公共利益，但在实践中常常面临司法救济力度不足的问题。一方面，由于环境公益诉讼案件的复杂性和难度，判决和执行的效果并不如人们期望的那样明显，造成了对环境公益诉讼的救济力度不足。另一方面，环境公益诉讼的标的物往往是环境资源和公共利益，而非个人财产，因此在受损程度和经济赔偿方面的司法救济还存在较大的不足。并且对于受损程度在实践中也不好界定，损害到何种程度才应提起诉讼，损害轻微起诉造成司法资源的浪费，损害造成严重后果则会导致救济力度不足，受损损失难以恢复，严重损害社会公众的环境利益。对于检察机关提起环境公益诉讼后的赔偿金应用问题，若受损程度轻微而赔偿金额多，则对于企业有损公平；若

受损程度严重而赔偿金额少，则损害结果难以恢复，公共环境利益难以得到切实维护。

（三）信息共享不及时、不充分

跨区域环境问题常常涉及多领域、多专业的知识，需要各方面、各领域的专家共同参与以及线上与线下各项数据开放共享的支撑。然而，在实践中，大数据后台的联网系统常面临信息更新延迟，导致信息共享不及时、不充分，导致检察机关与行政机关、环保组织的协调合作不足，不利于环境公益诉讼的良好推进，各部门联络较为松散，行政机关忌惮检察机关的威严，环保组织自我救济意愿强烈，容易引发冲突和矛盾。法院对于环境公益诉讼案件的审理力度不足，效率不高，审理时间长并且未能得到良好解决，尤其在执行方面，与行政机关的配合难，被告拒不履行，执行期间往往存在一系列的问题。如何有效地进行信息共享和知识交流，以便于在多个区域之间互相协作，是一个重要的问题。

（四）司法资源配置不平衡

各行政区域经济发展与产业结构等情况不同，导致司法资源配置不同，由于行政机关跨区域环境公益诉讼需要耗费大量人力、物力、财力等资源，如何合理公平地分配这些资源，以实现对跨区域环境问题的有效解决迫在眉睫。首先，环境公益诉讼的标准相对较高，需要相关机关和组织投入大量的人力、物力和财力，同时需要具备一定的技术和专业知识。其次，环境公益诉讼案件的复杂性和多元性也增加了司法保护的难度，涉及环境污染的源头、传输途径、受害方等多个方面的问题，需要充分调查和取证。再次，环境公益诉讼案件的审理周期长、成本高，对司法机关的工作压力较大，同时涉及的利益关系也比较复杂，各方的合作与协调需要一定的时间和精力。在环境公益诉讼的具体实践中，存在着跨不同行政区域的情形，涉及两个甚至两个以上行政区域，由于涉及层面多、跨区域广，多个区域都存在管辖权，导致跨区域管辖难度大。

（五）调查取证鉴定难度大

跨区域环境公益诉讼案件处理范围包括水文、土壤、大气等多种环境要素，这些环境要素的流动性和复杂性较高。检察机关需及时迅速认定环境损害事实并固定证据，否则会面临救济不力的风险。这对检察机关的调查取证能力提出了较高要求，既要精通法律知识，也需了解环境案件调查取证的技术要求。除此之外，在处理环境公益诉讼案件时，检察机关需要承担较重的证明责任，对技术也有较高要求。检察机关要证明侵权行为和损害后果以及二者之间的因果关系，证明责任在环境公益诉讼案件并不占优势，还要达到《检察机关民事公益诉讼案件办案指南》中"条件相当"的证明标准，调查取证面临着较大的证明责任。缺乏组织保障是一个问题。在处理跨区域环境污染与生态破坏案件时，侵权行为地点和损害发生地点常常涉及多个地区，这就使检察机关与行政机关、专门机关之间的合作显得尤为紧要。虽然我国法律赋予检察机关调查取证的权力，但是缺乏强制性保障措施。对于行政机关来说，行政机关与检察机关并没有直接的隶属关系，行政机关在协助检察机关进行调查取证时反应各不相同，当因为懒政怠政或者包庇企业以权谋私的原因而拒绝合作时，并没有强制手段进行保障，这可能会导致很多冲突。实践中，基于以上困顿，检察机关调查取证有流于形式的情形，通过调卷、谈话等完成形式性调查取证，这样对于后续办案的展开存在不利影响。

三、跨区域环境公益诉讼现代化治理的解决途径

为了实现跨区域环境公益诉讼的现代化治理，可以采取以下措施：

（一）完善相关法律框架

需要进一步完善相关的法律框架，细化跨区域环境公益诉讼的规则和程序，以确保实践中的公平和公正。由于跨区域环境公益诉讼在正式法律规定中相关条款较少且效力较低，必要情况下可以考虑设立环境公益诉讼的专门法，将跨区域环境公益诉讼单独列为一章，提高其法律位阶，真正做到有法可依。加强环境公益诉讼相关法律法规的制定和修订，建立健全相应的司法解释和操作指引，加强对环境公益诉讼案件的专门机构和人员的培养和管理等方式。针对环境公益诉讼实践中的问题，需要建立健全一套完善的环境公益诉讼机制。首先，可以加大对环境公益诉讼实践案例的总结和沉淀，形成一定的案例法律效力和指导性，为实践提供参考和依据。其次，可以加强环境公益诉讼相关机构和人员的培训和管理，提高从业人员的素质和专业水平。同时，还可以加强对环境公益诉讼案件的审理和执行力度和效果的评估，为后续的工作提供实践经验和借鉴。最后，需要加强环境公益诉讼案件的宣传和公众参与，提高公众

对环境公益诉讼的认知和了解，增强公众对环境保护的意识和责任感。通过建立健全环境公益诉讼的机制，可以更好地推动环境公益诉讼制度的健康发展，保护环境和公共利益。

（二）法律适用统一标准

上位法标准统一，将相关各行政区域环境污染程度、监测标准以及保护力度考虑进立法范畴内，对于环境公益诉讼的构成要件、内容和程序进行综合评价，各区域下位法在此标准下进行相关法规及政策等规定，对于救济力度中受损程度和经济赔偿进行更加细致的划分和界定，对于轻微、中度和重度环境污染行为进行范围的限缩，对各种生态环境侵权情形更加具体详细地进行分类和具象。加强执法和司法保护环境公益诉讼的能力和水平，提高法律和证据标准的可操作性，加强检察机关与环境保护行政部门、强制措施执行部门的合作，加大法院对环境公益诉讼案件的审理力度和效率等措施来解决。加大对环境公益诉讼案件的宣传力度，提高公众对环境公益诉讼的关注度，加强环境公益诉讼案件的执行力度和效果等方式来增加执法、司法救济的力度。加强司法保护能力和水平，增加司法救济力度，加快法律体系建设，并建立健全环境公益诉讼的机制，以推动环境公益诉讼的健康发展，保护环境和公共利益。

（三）加强信息交流和合作

需要加强各地区之间的信息交流和合作，形成信息共享的机制，以便更好地开展跨区域环境公益诉讼。在大数据信息共享系统中及时有效地更新数据，消除信息的滞后性带来的不利因素，并且在信息交流和合作时充分公开可利用的环境治理大数据信息，在面对环境污染时能迅速作出决策，进行实时分析启动环境公益诉讼。

（四）优化资源配置

为了实现跨区域环境公益诉讼的有效实施，需要优化资源的配置，包括人力、物力、财力等，以保证诉讼的顺利进行。同时制定相关政策法规，促进绿色经济发展，引导产业结构供给侧改革，对于不同发展情况的行政区域，合理分配相应司法资源，最大化统筹不同行政区域的司法资源，合理分配各区域管辖权，依据《民事诉讼法》等相关程序法规定确立管辖权，适用相关司法程序。

（五）完善调查取证程序

首先，减轻检察机关的举证责任。公诉部门在环境公益诉讼中扮演着双重角色，作为环境公益诉讼的提起者扮演着普通诉讼主体的角色，作为国家的监督机关是国家权力部门。当公诉部门提起环境公益诉讼时，也面临举证、鉴定的重要课题，其角色地位相当于原告，应依据相应诉讼证明的统一标准，缓减公益诉讼的举证义务。其次，规定调查取证权的强制措施。赋予所拥有的权力，不规定其完成路径的实施，等同于形同虚设，落实配合义务构成要素包括但不限于环境行政部门、基层组织等机构，否则依赖于合理的原因无法配合调查，但同样要出具相应书面说明，对于没有正当理由不接受配合相关调查要依赖于一定的处罚措施。

（六）建立仲裁机制

在必要的情况下，可以考虑建立跨区域环境公益诉讼仲裁机制，以解决在法律适用和资源配置方面的争议。考虑是否借鉴劳动仲裁以及行政复议前置的形式将仲裁在特定情形下作为必经程序前置，对于简单的案例中的特殊情形具体规定，据此节约司法资源，提高司法效率。

以上是对跨区域环境公益诉讼存在问题的一些基本探究，具体的解决措施需要根据具体的情况进行选择和调整。

参考文献

一、专著类

[1] 蔡守秋.中国环境资源法学的基本理论［M］.北京：中国人民大学出版社，2019：425.

[2] 穆治霖，环境立法利益论［M］.武汉：武汉大学出版社，2017：282.

[3] 陈冬.美国环境公民诉讼研究［M］.北京：中国人民大学出版社，2014：276.

[4] 秘明杰.环境正义视角下的环境权利及其法律实现［M］.北京：中国政法大学出版社，2018：206.

[5] 王莉.环境侵权救济研究［M］.上海：复旦大学出版社，2015：303.

二、期刊类

［1］吕忠梅.环境公益诉讼辨析［J］.法商研究，2008（06）：131-137.

［2］王树义.论生态文明建设与环境司法改革［J］.中国法学，2014（03）：54-71.

［3］李汉卿.协同治理理论探析［J］.理论月刊，2014（01）：138-142.

［4］蔡守秋.从环境权到国家环境保护义务和环境公益诉讼［J］.现代法学，2013，35（06）：3-21.

［5］史玉成.环境公益诉讼制度构建若干问题探析［J］.现代法学，2004（03）：156-160.

［6］李文星.地方政府间跨区域经济合作研究［D］.四川大学，2004.

［7］张明华.环境公益诉讼制度刍议［J］.法学论坛，2002（06）：91-97.

［8］周伟.地方政府间跨域治理碎片化：问题、根源与解决路径［J］.行政论坛，2018，25（01）：74-80.

［9］熊烨.跨域环境治理：一个"纵向—横向"机制的分析框架——以"河长制"为分析样本［J］.北京社会科学，2017（05）：108-116.

［10］王俊敏，沈菊琴.跨域水环境流域政府协同治理：理论框架与实现机制［J］.江海学刊，2016（05）：214-219+239.

［11］吴志强，甘筱青，黄新建，等.国外大河大湖流域综合治理开发的启示［J］.江西科学，2003（03）：156-159.

［12］后立胜，许学工.密西西比河流域治理的措施及启示［J］.人民黄河，2001（01）：39-41+46.

［13］张翔.关注治理效果：环境公益诉讼制度发展新动向［J］.江西社会科学，2021，41（01）：152-161.

［14］吴勇.关于跨区域环境审判机构设置的思考——基于漳州中院生态巡回法庭审理首例公益诉讼案的启示［J］.环境保护，2015，43（17）：52-55.

［15］李义松，刘永丽.我国环境公益诉讼制度现状检视及路径优化［J］.南京社会科学，2021（01）：91-98+162.

第三篇
区域生态环境治理制度创新

生态环境损害责任条款的
定位与适用研究

林浩然

【摘　要】顺应现代民法的绿色化趋势，《民法典》第1234—1235条创设性地以生态环境本身为救济对象确立了生态环境损害责任条款，却也因生态环境之公益属性与民法之私法本位的抵牾引发其定位与适用的困惑。生态环境损害责任条款中侵害客体、请求主体、责任形式等因素的特殊性决定其以公法属性为本质，且不因其出于《民法典》而有所动摇。故此，该条款在体系定位上与生态环境侵权责任条款形成二元耦合关系，在借用相关规则、共享基础法理的同时，特别地不适用无过错责任原则、因果关系的推定、惩罚性赔偿制度而形成独立地位。就《民法典》乃至整个法律体系而言，该条款还具有与《民法典》侵权责任编的一般性规定、生态环境损害责任制度的具体规范文件进行衔接的转介功能。当相关责任发生牵连冲突时，具有直接救济效果的生态环境修复责任在适用顺位上应当优先于生态环境损害赔偿责任，而救济私益的生态环境侵权责任也应优先于生态环境损害责任得到适用。

【关键词】民法典；环境污染和生态破坏责任；生态环境损害责任条款；生态环境

一、问题的提出

随着我国工业化和城镇化的加速推进，环境污染、生态破坏事故频发，全球气候变暖、水土流失加剧等环境问题日益凸显，21世纪美丽中国的现代化建设、绿色发展迎来严峻挑战，通过立法强化生态环境的保护力度成为当代课题。以行为的侵害对象及性质来划分，侵权人污染环境、破坏生态的，既可能对特定民事主体的人身权益、财产权益等私益造成损害即生态环境侵权，也可能对生态环境本身这种公益造成损害即生态环境损害，或称"环境公共权益的损害"。实践中二者往往结合在一起出现，但受私法本位理念的影响，我国民法早期在原《侵权责任法》等规定中局限于对前者进行救济而没有重点关注后者，导致了法律保护上的不周全。《民事诉讼法》《环境保护法》等虽对环境民事公益诉讼的相关规则作出填补，却终究属于程序性的规定。2017年印发的《生态环境损害赔偿制度改革方案》（以下简称《改革方案》）、2020年修正的《最高人民法院关于审理生态环境损害赔偿案件的若干规定（试行）》（以下简称《若干规定》）等亦尝试对生态环境损害赔偿制度进行探索，但仍属于政策文件或司法解释的范畴，实体性的法律规范始终阙如。

在习近平生态文明思想的指引下，绿色原则逐渐进入现代民法的视野，以生态环境本身为救济对象的生态环境损害责任也得以落实为具体规范。基于功能主义的立法观，《民法典》充分吸纳了与生态环境损害相关的规范文件和司法解释，以行为人违反国家规定造成生态环境损害为基础要件，确认了第1234条生态环境修复责任和第1235条生态环境损害赔偿责任，为私法路径下构建生态环境损害责任体系筑牢基础。《民法典》第1234条及第1235条之规定（以下合称"生态环境损害责任条款"）突破了生态环境救济以私人利益为中心的传统，将生态环境这种公共利益纳入侵权责任编的调整范围，在赋予国家规定的机关或者法律规定的组织以起诉主体资格的同时，缓解了生态环境损害赔偿诉讼、环境民事公益诉讼等制度中民事实体法依据缺失之尴尬处境，是对绿色原则中保护生态环境和环境治理中多元共治理念的贯彻落实。

但生态环境具有显著的公益属性，相关救济规则本应归属于公法的调整范畴。而民法是调整平等主体之间人身和财产关系的私法规范，其侵权责任编也是以民事权益即私益的救济为核心。在《民法典》中引入生态环境损害责任虽有助于公法与私法协同应对环境治理问题，却也意味着相关条款将作为外源性条款游走于公法与私法之间，在法律体系、价值目标等方面造成了一定的抵牾与冲突，并引发学界争鸣和司法混乱。在生态环境损害责任条款已然确立的前提下，当务之急应是回归到解释论的时代需求下，剖析该条款的本质属性并厘清其在《民法典》乃至整个法律体系中的定位，以求消减法律适用上的不确定性，为司法实践提供明确指引。同时要搭建起自洽于私法规范的生态环境损害责任体系，通过公法与私法的融通为生态环境提供切实的法律保障。

二、生态环境损害责任条款的性质剖析

作为确立于《民法典》侵权责任编中的特殊侵权规定，生态环境损害责任条款首先在法律性质上面临交叉口，其究竟是公法规范还是私法规范并不明晰，并且直接影响其在民法中的体系定位与适用空间。但《民法典》中的规范并不等于私法规范，生态环境损害责任条款是为救济生态环境公益而特设，其在侵害客体、请求主体、责任形式等方面存在明显异于传统私法规范的公法属性，本质上是披着私法外衣的公法规范。

（一）生态环境损害责任条款的私法外衣

以平等主体之间的人身关系和财产关系为调整对象，《民法典》是一部权利法，其主旨在于确认和保障民事主体合法权益即私益不受侵犯；《民法典》也是一部救济法，侵权责任编的相关规定为民事权益提供了损害的预防和救济措施。就此而言，《民法典》的私法属性更为凸显，私法本位的理念与生态环境损害责任的公益性似乎存在客观冲突。

但在公法因素的介入下，现代民法逐渐关注生态环境保护等公法问题，并因公法规范的掺杂而丧失纯粹的私法属性，《民法典》中生态环境损害责任条款即为此类规范。毕竟"《民法典》中的规范"与"私法规范"并非等同，《民法典》在现代社会因政治意志与社会需求的影响而承担着多元化的功能和角色，以私法规范为首要规定的同时也会特别地涉及公法规范。一方面，生态环境损害责任与生态环境侵权责任密切关联，实践中侵权人的环境污染、生态破坏行为往往会同时对二者客体造成损害，将相关条款置于《民法典》中不仅是着力加强生态文明建设理念的体现，也是构建同时涵盖私益与公益救济之环境污染和生态破坏责任完整体系的基础。另一方面，生态环境损害责任是以传统的生态环境侵权责任为渊源演变而来，在法律适用上可以参照适用相关规定以节约立法成本，并为公法救济与私法救济的衔接提供桥梁。

是故，《民法典》在价值和规则上已无法坚守民事法律规范集大成者的地位，生态环境损害责任条款也并非严格意义上的侵权责任规范或私法规范，实为基于特殊原因被规定在《民法典》中的公法规范。至于该条款之公法属性对《民法典》私法本位和特性造成冲击的担忧，在厘清其体系定位和法律适用规则后自然会得到化解。

（二）生态环境损害责任条款的公法本质

生态环境损害责任条款的立法宗旨在于通过确认侵权人的生态环境修复责任、生态环境赔偿责任以实现生态环境的保护，其在侵害客体、请求主体、责任形式等方面与私法规范存在根本差异，且以公法属性为本质而不因其出处而有所动摇。

1. 侵害客体

传统的生态环境侵权，或称"民法上的损害"，是指侵权人通过污染环境、破坏生态的行为对特定民事主体的人身权益、财产权益造成的侵害，一般源自企业的不法经营活动。以《民法典》第1129条"造成他人损害"为表述，此种损害的对象为特定民事主体，客体则是民事权益即私益，生态环境本身仅仅作为侵权行为的媒介而间接受到损害。

与之相对应，生态环境损害是以生态环境本身为对象的直接损害，其客体乃公益性的生态环境利益，并因此具备显著的生态特色和公法色彩。在概念定义上，《改革方案》将生态环境损害概括为环境要素、生物要素的不利改变以及生态系统功能的退化。尽管学者们对损害的认定角度存在差异，但也普遍认为纯粹的生态环境损害是生态环境本身因工业活动等所遭受的不利益，具体表现为水土流失、荒漠化等，并且不涉及私主体的人身和财产损失。对此，《民法典》第1234—1235条以"造成生态环境损害"为相应表述，2020年修正的《最高人民法院关于审理环境民事公益诉讼案件适用法律若干问题的解释》（以下简称《公益诉讼解释》）也以"损害社会公共利益"的表述与生态环境侵权进行区分。同时，有别于民事权益只能归特定主体所享有的特性，生态环境利益具有公益性而涉及不特定的多数主体和国家，其作为公共产品又享有无法被特定主体所独占支配或排他利用的广泛性、公共性。

2. 请求主体

鉴于生态环境侵权中客体的特定性，此时有权请求侵权人修复、赔偿的主体也仅限为特定民事主体即"被侵权人"。而生态环境损害中客体的公益性使其扩散为公众所享有，故不存在排他决定其价值的特定主体，遭受不利益的主体随之转变为不特定多数人，请求主体也应当与一般私益侵权诉讼中的自然人、法人、非法人组织相区别。

从政府机关的社会管理职能和环境治理中的公众参与机制出发，《民法典》对生态环境损害赔偿制度中的赔偿权利人与环境民事公益诉讼中的原告进行融合，将请求主体特别地限定为国家规定的机关或者法律规定的组织。政府部门是公共利益、公共权力的主要代表，而以生态环境部门为首的各级机关是生态环境治理的第一负责人。结合《改革方案》《民事诉讼法》等规定，所谓国家规定的机关首先指的是省级、市地级人民政府及其指定的相关部门或机构、受国务院委托行使全民所有自然资源资产所有权的部门，其次也包括在相关机关和组织不存在或者不提起诉讼的情况下作为候补原告发挥督促、补充作用的国家检察机关。实践中环境保护组织是公众参与环境治理的中坚力量，其通常由公民依法自发设立，并有权代表公民提起环境公益诉讼以实现保护环境的宗旨。所谓法律规定的组织主要指依据《环境保护法》第58条规定依法在设区的市级以上人民政府民政部门登记，专门从事环境保护公益活动连续五年以上且无违法记录的社会组织。

3. 责任形式

生态环境损害责任条款主要涵盖生态环境修复责任与生态环境赔偿责任两种责任形式，二者分别源自民事法律规范中的恢复原状责任和损害赔偿责任，在法理基础上具有一定的共通性。但生态环境损害责任需要恢复原状责任和损害赔偿责任从私法领域跃迁至公法与私法交叉重叠的环境治理领域，该责任在具体化、生态化的过程中将发生法律性质的变化，其内涵、标准等亦有所丰富而具备特殊的公法属性，故难以纳入民事责任的体系范畴。

生态环境修复责任虽然与恢复原状责任在形式上相近而同属于行为给付，也都以受损客体的恢复为救济目的，但其仅适用于生态环境损害领域，二者在对象、标准、方式等方面存在根本性的差异。就对象而言，传统民法的恢复原状责任主要针对易于识别、稳定的有体物，而生态环境修复责任需要修复的是结构复杂、动态变化的生态环境，其价值和状态因各项环境要素的密切相连而难以得到全面把握。就标准而言，恢复原状责任强调受损之物在物理层面具体地恢复至受损前的状态，而生态环境修复责任更注重生态系统的功能性、多元性恢复，需要采取整体主义的思维，将其稳定、平衡地恢复至基线状态。就方式而言，恢复原状责任通常由侵权人亲自进行简单的修复即可满足，而生态系统的复杂性意味着生态环境修复责任的履行需要专门的调查评估并制定修复方案，其公共性也要求政府部门的介入指导以及社会公众的参与监督。

生态环境赔偿责任与损害赔偿责任均是以金钱给付的方式对权益损害和相关费用进行弥补，但在认定标准、赔偿范围等方面始终难以等同。损害赔偿责任的计算一般采取"差额说"，将被侵权人遭受侵害前后人身或财产之利益状况的差额作为损失价值进行金钱赔偿，其计算是以被侵权人的不利益之差额易于确定、比较为前提。但生态环境的利益由民众共享，各项环境要素又不断发生动态变化，导致其损害程度难以通过市场机制量化把握或仅凭侵权人的经济获利进行覆盖，在计算时还需要考量社会现实影响，故"差额说"在此难以适用且对司法实践并无实用。在赔偿范围上，生态环境赔偿责任也具有特殊性而优先适用《民法典》第1235条的规定，其具体内容可以类型化为生态环境服务功能受损而产生的纯生态价值损失、请求主体调查鉴定损害等所支出的辅助性费用、请求主体代为清除污染等所产生的代履行费用。

三、生态环境损害责任条款的体系定位

在与传统私法规范进行比对后，生态环境损害责任条款在私法外衣下的公法本质得以明晰，但该属性与《民法典》的私法本位相冲突，条款的具体内容、构成要件又较为笼统，尚无法为司法实践提供直接、全面的制度依据。是故，有必要厘清生态环境损害责任条款在"环境污染和生态破坏责任"章节、《民法典》乃至整个法律体系中的法律定位，为相关法律的衔接适用提供明确指引。

（一）环境污染和生态破坏责任的二元耦合

鉴于生态环境损害责任与生态环境侵权责任之间既存在二元性也存在耦合性，《民法典》"环境污染和生态破坏责任"章节形成了特殊的二元耦合结构，使得生态环境损害与生态环境侵权的责任机制能够相互区分和衔接，共同构造了涵盖私益侵权与公益侵权的完整救济体系。

1. 生态环境损害责任与生态环境侵权责任的二元性

生态环境损害的公益性与传统生态环境侵权的私益性相抵牾，在如何将前者引入传统私法领域的问题上学界可谓聚讼纷纭。有学者提出利用生态环境损害与生态环境侵权的部分重叠，当受损的生态环境同时是被侵权人的财产时，以赔偿被侵权人损害的方式兼顾对生态环境损害的救济。也有学者提出直接在侵权责任编纳入生态环境损害的概念，或是借鉴域外做法增设拟制条款，将生态环境损害对政府或有关主管机关造成的不利负担视为侵权责任法规定的损害。甚至进一步认为生态利益与财产权都是为人类提供生存和发展的适宜空间，其主体都是可以特定的，二者在本质上并没有区别。

但生态环境损害与生态环境侵权在侵害客体等方面的差异是根本性的，客观上的二元性导致其整体无法直接纳入传统侵权责任法领域，否则会引发民法的部门法性质与体系定位的紊乱。因此，在设计生态环境损害责任条款时，其体系构建也应当与生态环境侵权责任条款相区别且分层规制，在价值取向、责任要件等方面适用特殊规则以体现生态特色，绝不能贪图方便而完全照搬复制相关规定。《民法典各分编（草案）》未作区分而将两种损害混为一谈的做法备受学界批评，全国人民代表大会宪法和法律委员会在关于《民法典侵权责任编（草案）》修改情况的汇报中也指出，二者在责任构成要件、请求权主体、赔偿范围等方面有所不同，中央有关文件对此作了区分，草案应当进行相应的修订。

2. 生态环境损害责任与生态环境侵权责任的耦合性

生态环境损害责任与生态环境侵权责任在原因行为、法律渊源等方面相通，二者能够共享基础的法律规则和原理而具备耦合性。一方面，二者虽然在侵害的客体上有所不同，但都是由侵权人污染环境、破坏生态这一共同的原因行为引起，并且以生态环境为直接或间接的对象。实践中一个行为往往同时损害公共的生态环境利益与特定主体的民事权益，导致两种权益之间存在难以分割的关联性，并为相似规则的衔接适用提供内在需求。另一方面，两种损害的责任机制具有渊源性的联系，在底层逻辑上都归属于环境污染和生态破坏责任体系。生态环境损害从演变过程来看始终是脱胎于传统侵权责任规范中的生态环境侵权，相关责任的认定也都以专业的生态环境知识为基础，二者应当是相互交集而非完全竞合的关系。基于以上共性，侵害客体上的差异并不影响生态环境损害条款与生态环境侵权条款在识别原因行为、认定损害事实等方面存在耦合，相关制度的设计理应保留共享基础规则的空间。

随着学理与实践研究的深入，生态环境损害责任与生态环境侵权责任的二元性和耦合性得到更为全面的认识，《民法典》第七章也是明确以"环境污染和生态破坏责任"为上位概念同时涵盖生态环境侵权责任和生态环境损害责任，并以法益客体为划分形成了对立并存的二元耦合结构。就条文结构而言，《民法典》第1229—1233条是对侵权人"造成他人损害"即侵害私益进行规制的生态环境侵权责任条款，第1234—1235条是专门对侵权人"造成生态环境损害"即侵害公益进行特殊规制的生态环境损害责任条款。就具体内容而言，《民法典》第1234—1235条并未就生态环境损害责任作出全面详尽的规定，在归责原则、构成要件等方面似乎有所遗漏。但从体系化的视角来看，生态环境损害责任条款还是生态环境侵权责任条款的衔接性规范，在司法适用中可以凭借其概括性和耦合性参照类推生态环境侵权责任条款的法律规则和司法解释，为私益救济与公益救济的协同合作奠定法律基础。例如在多数人侵权的问题上，《民法典》第1231条和2023年发布施行的《最高人民法院关于审理生态环境侵权责任纠纷案件适用法律若干问题的解释》（以下简称《生态环境侵权解释》）以原因力的大小为不同类型对生态环境侵权行为进行区分规制，其在生态环境损害领域同样有适用的空间。

（二）生态环境损害责任条款的独立地位

作为《民法典》的特殊侵权责任，生态环境侵权责任的认定在归责原则、构成要件等方面适用特殊规定。而生态环境损害责任是应当基于耦合性进行类推适用还是基于二元性进行区分适用，却存在不同的学术见解。有观点认为，《民法典》第七章在制度设计上具有复合性特点，《民法典》第1229—1233条属于全章的一般规定，而第1234—1235条属于特殊规定，因此在法律适用上后者未特别规定的应当自动适用生态环境侵权责任的一般性规定。

但生态环境损害责任与生态环境侵权责任具有根本上的异质性，其规则设计的公法色彩赋予其在环境污染和生态破坏责任体系中的独立地位，并限制其不得机械沿用私法性的生态环境侵权责任条款以避免责任的泛化适用。二者的法律关系实为貌合神离，尤其体现为生态环境损害责任条款无法类推适用生态环境侵权责任条款的无过错责任原则、因果关系的推定以及惩罚性赔偿制度。

1. 不适用无过错责任原则

为避免环境污染和生态破坏中被侵权人因侵权人主观过错方面的举证困难导致其损害无法得到有效救济，《民法典》第1229条与国际环境保护立法通例相接轨，延续了原《侵权责任法》中的无过错责任规则，并于《生态环境侵权解释》第4条中得到明确。在生态环境损害领域，不乏学者从我国传统侵权责任规范以及世界各国规定出发认为无过错责任原则仍有适用基础，并且能够充分发挥生态环境损害赔偿制度的预防、填补、责任追究价值，而违法性要件也存在制度规定不清、实践取舍不明的问题。由于现行立法未对生态环境损害责任的归责原则作出明确规定，司法适用中有法官直接引用《侵权责任法》《民法典》及原《关于审理环境侵权责任纠纷案件适用法律若干问题的解释》中的无过错责任原则，并以此为生态环境损害赔偿纠纷或生态破坏民事公益诉讼中的裁判依据，要求被告承担生态环境损害责任。

但从逻辑体系、利益关系、双方地位等角度来看，生态环境损害责任条款的二元性阻碍其直接类推适用无过错责任原则。从逻辑体系来看，《民法典》第七章划分为对私益侵权进行规制的第1229—1233条以及对公益侵权进行规制的第1234—1235条，而设立于《民法典》第1229条的无过错责任原则是以"造成他人损害"为要件，《生态环境侵权解释》也以"造成他人人身、财产损害"为适用前提，这显然与"造成生态环境损害"的生态环境损害责任相抵触。从利益关系来看，生态环境损害责任条款调整的是侵权人的私人利益与公共的生态环境利益之间的关系，而不再是单纯私人利益之间的衡量，双方利益并没有鲜明的强弱对比关系，不加区分地适用无过错责任是对公平原则的违背，还会影响企业经营自由和经济发展。从双方地位来看，生态环境损害责任条款中与企业等侵权人相对的请求主体不再是相对弱势的公民，而是转变为在收集整理证据、启动诉讼救济等方面更有优势的国家规定机关或法律规定组织。尤其是政府部门作为行政机关享有公共权力，本身就以监督和管理企业为职能，自然能够更全面、权威地搜集相关证据信息并通过诉讼等方式实现救济，无过错责任原则在此缺乏适用的正当性和必要性，反而会造成双方地位的实质不平等。

结合《民法典》第1234—1235条创设性地将"违反国家规定"作为承担责任的重要前提，生态环境损害责任应采取过错责任原则并以违法性为过错的客观化判断标准，从而实现经济建设发展与生态环境保护之间的平衡。毕竟企业经营或公民生活中污染物的排放是难以避免的，在政府部门已经综合各方利弊制定相应排污标准的情况下，行为人当然有理由相信其合标的排污行为不会造成生态环境损害。违法性要件的设置不仅起到守法激励的效用，还对个人行为自由、社会经济发展与生态环境保护之间的矛盾进行调和，在追求绿色发展的道路上避免了环境损害成本过度内部化的问题。在行为违法性的表达上，该条款还刻意使用了"违反国家规定"这一灵活表达，其外延应当比"违反法律规定"更为宽泛。除了与保护生态环境相关的各项法律、行政法规等体系化的法律规定之外，此处的国家规定还包括没有直接法律效力的政策性文件、国家排放标准等技术性规范，司法实践中法院通常采取"非法""违规""超标"等用词来表明行为的违法性。

2. 不适用因果关系的推定

由于生态环境系统结构复杂而包含多项不断变化的环境和生物要素，加之环境污染、生态破坏行为的长期性、累积性，侵害行为与人身、财产权益受损之间的因果关系往往具有不确定性而难以证明。基于公平正义的理念，《民法典》第1230条规定生态环境侵权中侵权人需要承担行为与损害之间不存在因果关系的举证责任，通过因果关系的推定来减轻被侵权人的举证负担。但该规则只以"因污染环境、破坏生态发生纠纷"为限定，其在生态环境损害领域能否适用尚不明晰，实践中亦有法院在环境民事公益诉讼中采用因果关系的推定规则，以被告未就侵权行为与环境损害不存在因果关系提交证据为由要求其承担不利后果。

但除了前述的逻辑体系不对应以及双方地位发生转变之外，生态环境损害中因果关系的证明难度、请求主体的利益获取也与生态环境侵权存在差异，因果关系的推定规则在此难以适用，应当回归到"谁主张，谁举证"的一般原则。一方面，不同于生态环境侵权中被侵权人的民事权益是以生态环境为媒介受到间接损害，生态环境损害中因果关系的证明链条大幅缩短。生态环境利益的受损是环境污染、生态破坏行为的直接结果，二者的因果关系不需要通过中间要素进行再次传递，故其证明难度显著降低而失去举证责任倒置的法理基础。另一方面，环境污染、生态破坏行为主要源于企业的生产经营活动，生态环境侵权中被侵权人的民事权益单纯受到侵害而没有任何获利。而政府部门等请求主体在因生态环境损害遭受不利益的同时，还会从上述行为中获得经济发展利益，因此，其适用因果关系推定的正当理由被削弱，却也不会引发"无法承受的社会后果"。

生态环境损害责任条款在《民法典》侵权责任编中得到首次确认已是传统民法的极大突破，直接跨越至统一适用生态环境侵权责任条款、对请求主体予以倾斜保护未免矫枉过正。但生态环境损害中证明因果关系的复杂性、技术性乃客观事实，可以转而通过降低原告初步证明标准等方式来实现救济目的，譬如只需达到关联性标准即认为损害行为与结果之间存在因果关系。

3. 不适用惩罚性赔偿制度

顺应加强生态环境保护力度的社会需求与司法呼吁，《民法典》第1232条在生态环境侵权领域专门增加了惩罚性赔偿的规定，为主观故意且客观造成严重后果的侵权人承担超过实际损害金额的赔偿责任作为惩罚提供了法律依据，而该规定在适用范围上的模糊性及《最高人民法院关于审理生态环境侵权纠纷案件适用惩罚性赔偿的解释》第12条又似乎为生态环境损害领域的适用留下了解释空间。故有观点认为惩罚性赔偿具备惩罚、警示等功能，其在生态环境损害中的适用更有助于遏制污染环境、破坏生态的行为，并且从《民法典》立法进程和宗旨来看，其甚至恰恰是针对生态环境利益而为的救济，该制度的适用范围并不局限于私益侵权。

即使不论惩罚性赔偿作为私法性惩罚机制与生态环境损害责任在性质、体系上存在不适应，从该条款的文义解释、目的解释、相关责任配置的角度出发，其也不应当溢出到生态环境损害领域。就文义解释而言，处于生态环境侵权责任体系中的《民法典》第1232条以"被侵权人"为惩罚性赔偿请求主体的称呼，而该表述在整个《民法典》侵权责任编中都指向民事权益遭受侵害的特定主体，自然无法适用于明确以"国家规定的机关或者法律规定的组织"为请求主体且不存在特定被侵权人的生态环境损害。就目的解释而言，惩罚性赔偿在填平补偿被侵权人损失之余还要求侵权人承担额外的赔偿，此部分超额赔偿金不仅能惩罚、制裁侵权人的不法行为，还对被侵权人主动维护合法权益具有经济激励的作用。而生态环境损害责任条款是以生态修复而非损害赔偿为核心目的，其立法宗旨与惩罚性赔偿制度的惩罚初衷相悖，相关请求主体也以救济生态环境损害为职责而不适用经济激励机制。就责任配置而言，即使不引入惩罚性赔偿，该制度的警戒功能尚且可以通过生态环境损害赔偿责任中各因素的综合考量或虚拟治理成本的倍数计算来实现。在民事责任体系外，侵权人还可能因其不法行为同时承担行政罚款、刑事罚金等公法责任，此时惩罚性赔偿的再叠加很可能导致惩罚重复甚至过度的问题，实践中也难以执行。

（三）生态环境损害责任条款的转介功能

生态环境损害责任条款在《民法典》"环境污染和生态破坏责任"章节中的体系地位虽已厘清，但其具体适用仍然需要与《民法典》侵权责任编的一般性规定及生态环境损害责任制度的具体规范文件进行衔接，发挥其在《民法典》体系内乃至整个法律体系中的转介功能。

1. 与侵权责任编一般性规定的内部衔接

在实体法上我国生态环境损害责任的救济规则尚不完善，《民法典》将生态环境损害责任条款置于第七章"环境污染和生态破坏责任"，不仅是为了形成私益救济与公益救济兼顾的责任体系，还在于引导其借用体系成熟的侵权责任编一般性规定，通过法律条款的转介避免立法叠床架屋式的重复。

生态环境损害责任条款以传统侵权责任规范为渊源，在体系上又属于《民法典》侵权责任编的特殊规定，应当留有适用总则性的侵权责任编一般规定，借鉴民法损害和救济基本法理的空间。故《民法典》第1234—1235条未作特别规定的，在构成要件、多数人侵权、免责事由等问题上可以共享侵权责任编第一章"一般规定"、第二章"损害赔偿"、第三章"责任主体的特殊规定"等，以保证立法的效率和质量。

特别是在责任方式上，生态环境损害责任的司法需求并不止于修复和赔偿，还应当包括停止侵害、赔礼道歉等多元化的侵权责任。《民法典》第1167条中停止侵害、排除妨碍、消除危险等责任在类型上属于预防性侵权责任，其作用在于通过事前的预防来消除现实损害发生的危险，以免事后只能采取赔偿等亡羊补牢的措施。而生态环境具有不可逆性而无法借助事后的修复、赔偿等措施得到完全恢复，其对事前预防、防止损失扩大的需求更为紧迫、直接，侵权责任编"一般规定"中的预防性侵权责任在此应当得到更多适用。此外，实践中生态环境损害情形多样复杂，赔礼道歉等道德性侵权责任亦有适用的可能，并且媒体、报纸上的公开赔礼道歉具有特别的道德内涵，对于教育警示侵权人和社会公众、弘扬社会主义核心价值观具有重要作用。《若干规定》第11条亦承认生态环境损害赔偿案件中法院可以判决被侵权人承担预防性和道德性侵权责任，不过在具体适用时应当注意情形、内涵等差异而不得全盘照搬相关规定。

2. 与生态环境损害责任制度的外部衔接

生态环境损害责任制度兼顾生态环境领域的专业性和侵权责任的特殊性，其具体发展经历了从地方试点到全国试行、全面构建的过程，并在实践中衍生了大量的司法解释和规范性文件，包括《改革方案》《若干规定》《公益诉讼解释》等。从整个法律体系的构建来看，《民法典》生态环境损害责任条款的定位还在于确立统一术语、设立共通规则作为体系基础，并作为转介条款实现私法规范与公法规范之间的衔接融通。

就生态环境损害责任制度的构建而言，《民法典》生态环境损害责任条款无法提供完整的制度规范，但仍能通过概念术语、共通规则的确立形成整体框架。诚然，《民法典》第1234—1235条更像是概括性、倡议性规定，其并未明晰实践中生态环境修复责任和赔偿责任的构成要件、认定标准等具体规则，亦无法成为完整的请求权基础。但也正是该条款的概括性促使其成为整个生态环境损害责任制度的总则性规定，成为环境民事公益诉讼、生态环境损害赔偿等不同制度的共通基础，而非单单某项制度的完整规则。"违反国家规定""造成生态环境损害"等表述具有开放性，具有统一基本概念术语、初步构建责任体系的功能。同时其作为责任构成要件，又为损害认定、救济标准等具体内容被相关政策文件进一步明确和续造留下了接口。由此，生态环境损害救济制度形成以《民法典》生态环境损害责任条款为一般规则奠定制度基础，以具体规范文件为特殊规则进行补充细化的特殊结构，二者协同合作共同应对生态环境问题。

此时，生态环境损害责任条款成为沟通私法规范与公法规范的转介条款，并通过体系外的串联避免生态环境之公益性对《民法典》私法本位的过度冲击。毕竟在生态环境治理领域，具体规范文件乃实践适用的主力军，《民法典》侵权责任编的私益救济性限定生态环境损害责任条款应保持谦抑的态度，只能通过引致、连接公法规范起到辅助构建开放且多元的责任制度之作用。而将该法第1234、1235条设置为转介条款，能够最大程度地维护民法的私法本位和体系架构而免受公益救济之引入与原有体系的不自洽，同时增强《民法典》与具体规范文件的衔接联系和体系协调，让生态环境损害责任要件不清、标准不明等问题得到缓解，多元价值亦保有嵌入并向外延展的可能。

四、生态环境损害责任条款的适用顺位

实践中侵权人污染环境、破坏生态的行为很可能同时造成生态环境的公益损害和特定主体的私益损害，其具体的责任承担方式又是多元变化的。生态环境损害责任条款内部存在生态环境修复责任与生态环境损害赔偿责任的先后优劣问题，在外部也极易与生态环境侵权责任条款发生牵连。而相关责任的关系与生态环境损害责任机制的救济效果直接相关，生态环境损害责任条款的内部与外部的适用顺位亟须厘清。

（一）生态环境修复责任优先于生态环境损害赔偿责任

同属于生态环境损害责任条款内部，生态环境修复责任与生态环境损害赔偿责任分别是行为与金钱方面两种责任形式，前者对于生态环境本身的救济效果要远胜于后者，在法律适用上应当优先于后者。实践中法院却更倾向于运用简单易操作的虚拟治理成本法来计算赔偿数额，导致生态环境损害赔偿责任得到更为高频地适用，甚至异化为对不法行为的罚金或机关筹集资金的借口，而生态环境修复责任反遭冷落。

但从救济目的、条文编排、具体规定等角度来看，在生态环境具备修复可能的前提下，生态环境修复责任在生态环境损害责任条款内部具有第一顺位适

用的优先性，而生态环境损害赔偿责任应当次之而成为补充责任。且与传统的恢复原状责任相比，此种修复责任的优先性应当更为彻底和坚定。

首先，恢复生态、保护环境是生态环境损害责任条款的核心目标，而旨在将生态系统恢复至基线状态的生态环境修复责任正是实现该救济目的最直接、有效的手段，且与民法绿色原则、可持续发展理念相契合，乃生态环境损害责任机制的重心。故金钱上的赔偿责任断然不可取缔行为上的修复责任，抑或泛化为生态环境损害责任的主要承担方式。其次，《民法典》第1234—1235条、《若干规定》第11—13条在编排顺序上均将生态环境修复责任置于生态环境损害赔偿责任之前，体现了生态环境治理中修复优先的理念。尤其是与《民法典》第179条对民事责任承担方式的规定相比，生态环境修复责任作为恢复原则责任的生态化表达，在《若干规定》第11条中被提前至赔偿损失等多项民事责任的首位，足见该责任在适用上的优先地位。最后，《民法典》第1234条、《若干规定》第12条在具体内容上都体现了受损生态环境能够修复则应当修复的思想，《改革方案》亦在工作原则中规定生态环境损害赔偿制度要"体现环境资源生态功能价值，促使赔偿义务人对受损的生态环境进行修复"，并且在生态环境损害无法修复时才实施货币赔偿，用于替代修复。

（二）生态环境侵权责任优先于生态环境损害责任

在侵权人的污染环境、破坏生态行为同时造成公益和私益损害时，生态环境侵权责任与生态环境损害责任需要同时适用以实现不同权益的救济，但二者毕竟是不同领域的法律责任，在价值取向、责任性质等方面迥然不同。当二者发生牵连聚合而无法同时满足时，何种责任应当优先承担存在疑问，其适用顺位亟待梳理。

不过从本质来看，生态环境侵权责任与生态环境损害责任的适用顺位实际上是私益救济与公益救济的协调，而民法的私法本位、民事责任优先规则要求前者得到优先保障。《民法典》侵权责任编以民事主体的人身、财产等私人权益为首要客体，生态环境损害责任条款作为公法性、外源性条款在进入该规范时，必须以尊重原有体系、实现逻辑自洽为基础，切不得为了生态环境保护的大道理而完全偏离私法本位的小道理。生态环境侵权责任作为私益救济当然属于民事责任，而生态环境损害责任作为公益救济由于其公法色彩而偏向于行政责任。借用《民法典》第187条在侵权人财产不足时民事责任优先于行政责任和刑事责任得到支付的规定，在适用顺位上生态环境侵权责任应当优先于生态环境损害责任，以坚守侵权责任编的私法本位和特性。

以两种责任中的金钱给付为例，国家规定的机关或者法律规定的组织与民事主体个人相比在承受财产损失方面差异巨大，生态环境损害赔偿对于前者而言并非主要的财政收入，但赔偿损失对于后者而言是更为直接的救济，该责任的不履行很可能使其陷入经济上的困难和窘境。《公益诉讼解释》第31条亦规定此种情形下侵权人原则上应当将履行其他民事诉讼生效裁判所确定的义务置于环境民事公益诉讼之前。举轻以明重，行为给付中生态环境修复责任也应当优先于恢复原状责任得到适用。

五、结语

生态环境根本好转、美丽中国目标的基本实现离不开私法路径下生态环境损害责任体系的科学建构和协调运行，借助制定《民法典》的顺风车，生态环境损害责任条款得以确立并为生态环境损害制度、环境民事公益诉讼等制度的实践提供共通基础。但该条款具有特殊的公法色彩和明显的概括性，其具体实施规则尚不清晰而有赖于具体规范文件的补充细化。生态环境问题的综合治理应充分发挥该条款与生态环境侵权责任条款的二元耦合关系，利用其转介功能汇通《民法典》与具体规范文件之间的桥梁，由私法与公法共同协作打造全面、高效的生态环境损害救济制度，实现人与自然和谐共生的现代化。

参考文献

一、著作类

［1］竺效. 中国环境法学［M］. 北京：中国人民大学出版社，2023.

［2］邹海林，朱广新. 民法典评注侵权责任编（第二册）［M］. 北京：中国法制出版社，2021.

［3］程啸. 侵权责任法教程［M］. 北京：中国人民大学出版社，2020.

［4］张新宝. 侵权责任法［M］. 北京：中国人民大学出版社，2020.

［5］王利明，等. 民法学［M］. 北京：法律出版社，2020.

［6］最高人民法院民法典贯彻实施工作领导小组. 中华人民共和国民法典侵权责任编理解与适用［M］. 北京：人民法院出版社，2020.

［7］黄薇. 中华人民共和国《民法典》侵权责任编解读［M］. 北京：中国

法制出版社，2020.

[8] 汪劲. 环境法学 [M]. 北京：北京大学出版社，2018.

[9] 王利明. 侵权责任法研究 [M]. 北京：中国人民大学出版社，2016.

二、期刊类

[1] 谌杨. 论生态环境损害赔偿责任的复合构造及规范适用 [J]. 环境保护，2023（20）.

[2] 林潇潇. 体系化视角下民法典环境损害责任条款的规范定位 [J]. 南京工业大学学报（社会科学版），2023（1）.

[3] 巩固. 公法视野下的《民法典》生态损害赔偿条款解析 [J]. 行政法学研究，2022（6）.

[4] 巩固. 生态损害赔偿制度的模式比较与中国选择——《民法典》生态损害赔偿条款的解释基础与方向探究 [J]. 比较法研究，2022（2）.

[5] 窦海阳. 生态环境损害责任的体系解释与完善——以生态环境法典编纂为视角 [J]. 中国法律评论，2022（2）.

[6] 周峨春，吕靖文. 《民法典》中环境污染和生态破坏责任的内部逻辑与外部衔接 [J]. 中州学刊，2021（12）.

[7] 吴卫星，何钰琳. 论惩罚性赔偿在生态环境损害赔偿诉讼中的审慎适用 [J]. 南京社会科学，2021（9）.

[8] 杨雪. 《民法典》第1234、1235条生态环境损害责任之三阶构造论 [J]. 甘肃政法大学学报，2021（6）.

[9] 徐以祥. 《民法典》中生态环境损害责任的规范解释 [J]. 法学评论，2021（2）.

[10] 王利明. 《民法典》中环境污染和生态破坏责任的亮点 [J]. 广东社会科学，2021（1）.

[11] 高一飞. 生态环境损害责任的规范构造——以《民法典》侵权责任编为切入点 [J]. 华中科技大学学报（社会科学版），2021（1）.

[12] 梁勇，朱烨. 环境侵权惩罚性赔偿构成要件法律适用研究 [J]. 法律适用，2020（23）.

[13] 陶凯元. 以习近平生态文明思想为指引切实贯彻实施《民法典》绿色条款 [J]. 法律适用，2020（23）.

[14] 王旭光. 《民法典》绿色条款的规则构建与理解适用 [J]. 法律适用，2020（23）.

[15] 刘超.《民法典》侵权责任编的绿色制度创新 [J]. 法学杂志, 2020（10）.

[16] 刘卫先. 我国生态环境损害补救路径的整合 [J]. 暨南学报（哲学社会科学版）, 2020（10）.

[17] 刘士国. 民法典"环境污染和生态破坏责任"评析 [J]. 东方法学, 2020（4）.

[18] 房绍坤, 张玉东. 论《民法典》中侵权责任规范的新发展 [J]. 法制与社会发展, 2020（4）.

[19] 陈伟. 环境污染和生态破坏责任的二元耦合结构——基于《民法典·侵权责任编》（草案）的考察 [J]. 吉首大学学报（社会科学版）, 2020（3）.

[20] 李丹. 环境损害惩罚性赔偿请求权主体的限定 [J]. 广东社会科学, 2020（3）.

[21] 冯洁语. 公私法协动视野下生态环境损害赔偿的理论构成 [J]. 法学研究, 2020（2）.

[22] 吕忠梅, 窦海阳. 以"生态恢复论"重构环境侵权救济体系 [J]. 中国社会科学, 2020（2）.

[23] 林潇潇. 论生态环境损害治理的法律制度选择 [J]. 当代法学, 2019（3）.

[24] 樊勇. 私人自治的绿色边界——《民法总则》第9条的理解与落实 [J]. 华东政法大学学报, 2019（2）.

[25] 吕志祥, 陈如. 生态环境损害赔偿法律责任的法理分析 [J]. 中国环境管理干部学院学报, 2019（2）.

[26] 李昊. 论生态损害的侵权责任构造——以损害拟制条款为进路 [J]. 南京大学学报（哲学·人文科学·社会科学）, 2019（1）.

[27] 张新宝. 侵权责任编起草的主要问题探讨 [J]. 中国法律评论, 2019（1）.

[28] 南景毓. 生态环境损害：从科学概念到法律概念 [J]. 河北法学, 2018（11）.

[29] 冯汝. 论生态环境损害赔偿责任违法性要件的确立 [J]. 南京工业大学学报（社会科学版）, 2018（5）.

[30] 马腾. 我国生态环境侵权责任制度之构建 [J]. 法商研究, 2018（2）.

［31］吕忠梅，窦海阳.修复生态环境责任的实证解析［J］.法学研究，2017（3）.

［32］吕忠梅."生态环境损害赔偿"的法律辨析［J］.法学论坛，2017（3）.

河北省太行山区生态环境
协同治理制度体系完善路径研究

黄岩迪　王丽慧

【摘　要】生态治理问题是区域持续发展中的重中之重。河北太行山区作为重要的生态屏障与生态功能区域，对其生态环境治理的制度体系进行完善有着重要意义。但由于河北太行山大多处于省际交界的跨区域地区，生态环境协同治理的能力具有差异性。因此，本文从协同发展的视角出发，在对河北太行山区生态环境协同治理的现实条件以及现实困境分析的基础上，从主体、执行、管理、监管方面对该地区的生态协同发展进行制度完善，科学制定解决生态协同治理难题的生态治理制度体系，从而提升生态环境协同治理效能，以期为其他地区进行生态协同发展提供有益参考。

【关键词】太行山区；协同治理；生态协同；制度体系；完善路径

引　言

强化生态治理的区域协同，是把生态文明建设制度优势转化为生态环境治理效能的现实需要，更是健全美丽中国建设保障体系的客观要求。2019年，党的十九届四中全会在审议坚持和完善中国特色社会主义制度、推进国家治理体系和治理能力现代化的重大问题时，将生态环境保护制度纳入其中，凸显了生态文明建设在国家治理体系中的重要地位。这一决策标志着自党的十八大以来，我国在生态文明建设方面的制度设计已经初步完成，并且正在逐步融入并成为国家治理体系的核心要素。2023年9月5日，环绕太行山的北京、河北、山西、河南四省（市）的高级人民法院共同签署了太行山生态环境保护司法协作框架协议，旨在通过司法协作机制，加强四省（市）在生态环境保护方面的合作，形成合力，共同应对和打击跨省的生态环境违法行为，从而加快推进太行山生态环境保护的法治化、系统化和科学化进程[1]。这些都对河北省太行山区实现生态共治提供了制度基础。但多年来，太行地区包括生态环境在内的诸多协同问题得不到有效解决的根本就在于不合理的制度体制。那么，河北省作为整个太行山地区中的一员，在推进太行山整体生态协同发展的进程中，如何破解省内太行山地区5市在生态环境协同治理的制度性障碍？如何对制度体系进行完善从而带动太行山区生态环境协同治理得到新的发展？因此，解决好太行山区跨区域生态协同治理问题无疑是贯彻习近平生态文明思想的根本要求，更是实现区域一体化高质量发展的重要保障。

生态环境协同治理是对协同治理理念在跨域生态环境治理领域的深化应用与实践。生态环境协同治理指的是将协同治理理念应用于跨域生态环境治理中，它强调在跨越两个或多个行政区域的范围内，在特定的制度安排下，整合各级政府、企业、社会组织和公众等多元主体的力量，通过平等的协商和协同合作，明确各自在生态环境治理中的角色和责任，共同应对和解决区域内的生态环境问题，实现区域生态环境的可持续发展和整体改善。跨域生态环境协同治理作为一种创新的治理模式，已经逐渐成为国内外研究的热点。汤学兵从生态环境治理联动共生体系的角度出发，指出了当前相关理论在环境整体治理目标导向下的系统性制度安排方面存在不足[2]。罗丽等指出以"领导+主导+参与"为主导的生态环境合作型治理模式是实现生态环境治理现代化的关键环节，需要在制度协同运行中加以强化[3]。司林波等基于制度性集体行动理论认为生态保护应构建更为紧密的复合型合作机制，以充分发挥协同效能[4]。杨旭等则针对长三角一体化示范区的环境协同治理，提出了"理念—制度—实践"的理论框架，并从触发、驱动和行动三个机制维度探索了激发跨域生态合作动力的机制[5]。王江等认为府际协同治理是推动流域生态治理体系和治理能力现代化的重要手段，并构建了基于成本—收益驱动的生态属地治理模式与府际生态协同治理模式的博弈模型[6]。胡春艳等运用模糊集定性比较分析方法，揭示了跨区域环境治理存在"高位主导型""辐射带动型"和"全面支持型"三种协同路径[7]。综上所述，现有成果大部分是关于国内其他地区生态协同治理的研究，缺乏对河北太行山区现实发展的指导，因此，有必要在协同发展的视角下对河北太行山跨区域生态共治的制度构建展开探讨。

河北太行山区包括张家口市、保定市、石家庄市、邢台市、邯郸市5个市、27个县（市、区），总面积3.83万平方公里，占太行山总面积的38.22%，其中有着奇特的地貌、丰富的植被、矿产等资源，是河北平原的生态屏障，也是石家庄、保定、邢台、邯郸、雄安新区等城市的主要水源地，生态地位极其重要。但由于其行政区划、经济发展水平等因素导致地区之间生态环境协同相对较少，因此，本文以协同治理理论为理论基础，选取河北太行山区作为研究对象，探讨跨区域生态协同治理的现实困境，尝试对生态协同治理的制度进行创新，以期为其他区域推进生态协同治理提供参考和借鉴。

一、河北太行山区生态环境协同治理的现实条件分析

（一）理念因素：协同意愿萌发

一方面，新时代生态协同建设的理念要求。党的十八大以来，习近平总书记高度重视生态文明的建设问题，明确指出，建设生态文明是中华民族永续发展的千年大计。在探讨生态环境治理的路径和方法时，习近平总书记强调了区域协同对于强化生态建设的关键性。在全国生态环境保护大会上，总书记深刻阐述了如何有效促进区域生态治理的协同。他指出，生态治理必须坚持系统观念，同时强化目标协同、多污染物控制协同、部门协同、区域协同、政策协同，以确保各项工作的系统性、整体性、协同性不断增强。另一方面，政策的不断支持。为了支持生态治理的深入推进，2016年国家出台了《国务院办公厅关于健全生态保护补偿机制的意见》，为构建完善的生态补偿机制提供了明确的指导和蓝图。2019年，国家林业局对关于支持太行山绿化建设的建议进行复文，中央预算内投资初步安排河北省重点工程营造林补助12亿元支持太行山绿化建设。2020年3月27日，河北省第十三届人大常委会第十六次会议通过《河北省生态环境保护条例》，从省级层面为太行山生态保护确立划定明确标准。2023年，河北省检察院及保定、张家口、石家庄、邢台、邯郸等5个设区市检察院检察长签订《关于建立太行山（河北段）生态环境和资源保护公益诉讼检察协作机制的意见》[8]，这是河北省在司法协作方面对太行山区加强跨区域协作的又一重要举措。在此基础上，河北省太行山地区包含的5市应进一步加大协同力度，完善太行山区生态治理制度，使得生态协同治理得到进一步深化和推进。

（二）驱动因素：生态问题显著

为了脱贫致富，河北省太行山区中的一些地区片面追求经济效益，导致了生态污染的加剧。首先，工业企业的排放污染是主要原因之一。一些依赖于煤炭作为生产能源的企业为了降低成本，在生产过程中没有及时处理有害气体的释放，而是放任有害气体的排放，导致空气污染加剧，雾霾天气更加严重。其次，森林覆盖率较低。太行山区作为历史悠久的石质山区，自古以来开发的频率就比较高。从20世纪初开始，由于战争破坏和人为砍伐等因素，自然植被受到严重破坏，原有的森林植被的覆盖情况已经没有原本的茂密，许多地区的植被变得稀疏零落，岩层暴露，土质也变得贫瘠，只有少数深山地区还存在着天然次生林。再次，矿山开采、废弃矿山等也造成了生态问题。河北太行地区矿产资源开发历史长，在过去的几年里，为了加快贫困地区摆脱贫困的进程，一些地方鼓励和支持开发矿产资源，高强度的矿业开发却给原生的地表环境带来了破坏，对矿区周围的自然环境产生了不可忽视的影响。20世纪80年代起，位于邯郸市丛台区西部的太行山余脉有着"邯郸第一山"的紫山区域先后开办了40多家矿厂，多年开采导致地貌破坏、山林损毁、矿坑沉陷，这里逐渐成了"城市后背上的一块巨大疮疤"。由于开采技术的滞后，矿区周边的植被和环境遭到了严重破坏，造成了异常严重的粉尘污染。为了保护太行山区生态环境，河北省采取了露天矿山治理行动，关停了许多非法开采矿山的企业。然而，这些被关闭的废弃矿山周围的岩石裸露，山岭面貌也发生了巨大的改变，这给生态保护带来了极大的困难。最后，水资源短缺。太行山一带是资源型缺水区，地表水过度开发利用，导致地下水严重匮乏。为了获得更好的耕地质量，当地许多农户增加了灌溉用水量，加大了地表和地下水的开采强度，加剧了水资源危机，导致地下水水域面积急剧减少，形成了一个恶性循环。因此，严峻的生态共性问题致使河北省太行山区需要进行生态协同治理。

（三）现实因素：生态协同良好

由于太行山区独特的自然条件和一系列现实挑战，其生态治理曾一度陷入困局，不仅对当地生态环境构成威胁，更使华北平原的自然生态环境陷入恶性循环。面对这一严峻形势，河北省政府果断行动，明确了各级党委和政府作为环境综合治理的主要责任主体，形成了全面、协同的治理机制。自1986年起，河北省在植被恢复方面取得了显著成效，通过启动太行山绿化工程、退耕还林工程、三北防护林、京津风沙源治理等一系列重点生态环境协同治理工程，不仅大大提高了森林覆盖率，还有效减少了水土流失，保护了广大耕地。涉县、内丘、赞皇等地的卓越表现更是荣获"全国造林绿化先进县"的称号，充分展示了河北省在生态治理方面的决心和成果。据统计，河北太行山地区的森林覆盖率由1994年的11%提高到现在的32%，森林面积增加到1800万亩，每年可吸收二氧化碳256.2万吨，有效减少水土流失面积1.5万平方公里，减少土壤流失1100万吨，800多万亩耕地得到有效保护[9]。此外，河北省太行山区还成功建设了30多个国家和省级森林公园，如五岳寨、洺河源、前南峪、驼梁、天生桥等。这些森林公园不仅增强了太行山区的生态产品供给能力，更为当地居民和游客提供了丰富的自然休闲资源，实现了生态与经济的双赢。综上所述，河北省太行山区在生态协同治理方面已取得了显著成果，为未来的生态环境持续改善和可持续发展奠定了坚实的基础。

二、河北太行山区生态环境协同治理的现实困境

（一）主体困境：发展协同性不高导致协同意愿较低

河北太行山区主体的碎片化特征会人为地在生态治理上设置障碍，政府、企业、社会等作为协同治理体系中重要的主体，其协同性也会受到一定程度的影响。首先，从目前太行山运行的生态环境治理机制来看，石家庄市作为省会对于生态协同治理的积极性显然要更高一些，在整体的发展过程中处于主体地位，负责政策文件的签订与发布以及牵头举办关于生态协同治理的会议。除此之外，目前河北省的太行山生态协同治理的主体主要以各地的政府以及负责生态环境的相应职能部门为主，企业则大多数处在政府的对立面，为了节约自身的生产成本，对于生态环境治理的工作仅仅停留在表面，长期在生态治理政策中"钻空子"，没有承担其自身相应的责任。另外，生态协同治理对于社会公众来说也较为陌生，对于生态一体化发展的认识还不够深刻，致使社会公众还未形成相应的理念，仍然处在以政府为主导的环境治理模式中，生态协同治理积极性不够。因此，目前在河北省太行山区突破生态协同治理主体困境方面仍存在阻力。

（二）执行困境：协作基础薄弱致使合作的执行成本过高

首先，从沟通成本的角度看，生态协作基础薄弱意味着各方在信息交流、理解和协调方面存在障碍。河北太行山区由于缺乏统一的规划和平台，导致各方在生态保护和恢复工作中难以形成合力，在合作过程中，各方需要投入更多的时间和精力来解决冲突和达成共识，这种沟通成本的增加不仅延长了合作周期，还可能导致合作效率的降低。其次，太行山区的生态保护和恢复工作需要大量的资金投入和技术支持，各方在资金和技术方面的投入也存在不均衡的情况，这进一步加大了合作的难度和成本。因此，河北太行山区生态协作基础薄弱导致合作的执行成本过高，这主要体现在生态问题的复杂性、缺乏统一的规划和协调机制、资金和技术投入不足等方面。

（三）管理困境：管理分散难以满足协同需要

首先，资源难以有效整合。管理分散导致河北太行山区内的各种资源（如资金、技术、人力等）难以得到有效整合，不同部门、地区或机构各自为政，缺乏统一的规划和协调，使得资源分配和利用出现重复、浪费或不足的情况。其次，决策效率低下。河北太行山区由于缺乏统一的生态决策机构和协调机制，各方在决策过程中难以达成一致意见。各方可能因利益诉求不同、决策标准不一等原因而产生分歧和冲突，导致决策过程复杂而漫长，这不仅影响了协同治理的及时性和有效性，也可能错失保护生态环境的良机。最后，信息沟通不畅。不同部门、地区或机构之间缺乏有效的信息交流机制以及合作平台，导致信息流通不畅、信息不对称或信息遗漏等问题，导致协同治理的效果大打折扣，限制了生态环境协同治理的整体效果。

（四）监管困境：生态环境协同治理监督考核机制尚未完善

河北太行山区生态环境协同治理责任考核机制尚未完善，这一现状对该地区的生态环境保护和恢复工作带来了诸多挑战。首先，不完善的责任考核机制导致各方在生态环境协同治理中的责任不明确、落实不到位。在缺乏明确责任划分和有效监督机制的情况下，各方可能会出现推诿扯皮、敷衍塞责的现象，导致协同治理工作难以有效开展。此外，在河北太行山区生态协同保护的实践中，整体在执法、检查、监督、司法等领域普遍缺乏相应的协同监督问责机制以及绩效考核机制，弱化了地方政府的监管意识，导致推动区域生态环境协同治理的动力不足，条块分割特征明显，标准仍未统一，这大大增加了协同监管的风险性和不确定性。

三、河北太行山区生态环境协同治理的制度体系完善路径

实践已证明，以行政区域为界限的分割化、碎片化生态治理方式，在应对跨界性强、外溢性明显的生态环境问题时显得捉襟见肘。河北太行山区当前迫切需要推动跨界一体化的协同治理策略。基于协同治理理论的构建框架，我们需要从主体多元化、执行协同化、管理合作化、监管严格化这四个方面着手，深入探索制度创新，共同构建生态共治体系，以期加快实现可持续发展的目标。

（一）主体多元化：塑造生态协同新局面，构建多元主体参与制度

多元主体是确保生态环境协同治理的制度体系有效发挥作用的关键。首先，强化顶层设计的引领作用。基于生态协同治理中各主体角色的制度配置，河北省政府应发挥核心主导作用，制定协同治理的总体规划和政策框架。通过明确协同发展的治理愿景，激发行政交界区的跨域系统思维，确保政策连贯性和目标一致性，进而实现行动的高效协同。其次，建立"一个中心，多元参与"的治理模式。多元共治的生态环境协同治理是一个综合性的过程，它不仅仅局限于政府的单一行动，而是需要包括企业事业单位、非政府环保组织以及广大社会公众在内的多方参与和合作。其中，政府与企业之间可以建立环境合作协议，通过这种跨域合作的方式，基于平等和自愿的原则，激发企业参与环境治理的内在动力和责任感。此外，通过公私合作（PPP）和建设—运营—移交（BOT）等模式，企业可以被纳入污染治理的主体，从而实现从环境污染者到环境保护者的角色转变。最后，降低公众的依赖心理，通过建立公众参与平台，让公众更好地了解和熟悉生态协同治理的知识和理念，提高公众对协同治理的认知度和参与度，形成全民参与环境治理的良好氛围。同时，建立有效的反馈机制。公众可以对治理效果进行评价和反馈，帮助我们及时发现问题并进行调整和改进，激发公众参与环境治理的积极性和责任感。

（二）执行协同化：完善执行过程框架，建立生态利益的协调制度

跨域生态环境治理措施和制度的成功与否，其核心并不仅仅在于这些措施

和制度的制定本身，而是取决于各行政区在实施这些措施和制度时的联合执行力度。

一是畅通多向沟通协调渠道。建立太行山区共商共享的生态环境协同治理综合信息平台，降低沟通成本，从而明确协同治理的目标、任务、措施等，深化立法、司法、交通、文旅中关于生态等方面的执行方案，增强各执行主体协同解决太行山区的突出生态问题的信心和意愿。二是拓宽生态补偿资金渠道。单一依靠政府支付生态补偿资金是远远不够缓解太行山区的生态环境问题，先明确中央对省、市财政资金的拨付比例，省、市根据实际划定拨付比例，再充分调动社会资本参与到协同生态补偿资金中来，增加生态补偿资金的来源，确保生态补偿的长效性和生态协同治理的可持续性，缓解政府财政压力，促进社会资本的有效利用，共同推动太行山区生态环境质量的持续改善。三是完善区域利益协调制度。区域间在协同执行生态工作时，往往牵涉面和涉及的利益重大，因此政府要引导省市县区签订生态保护补偿协议，有效地调节多方利益关系，确保各地区在区域合作中能够公平分享合作成果，实现生态涵养与经济发展同步。

（三）管理合作化：打破行政壁垒，建立生态协同的联动管理制度

生态联动管理制度的建立可以起到统筹全局的作用，协调解决各主体间的冲突问题。一是推行统一标准的管理方式。针对目前生态部门资金、技术、人力等多方面的条块分割、碎片化考核问题，应从生态协同治理的整体性视角出发，建立跨部门协同工作小组或项目团队，负责推动特定任务的实施，从而全面提升跨区域生态治理的协同效率。二是构建跨市域生态环境协同治理的联席会议机制。这一机制旨在强化各行政区的协同决策意识和意愿，通过定期召开联席会议对跨界生态环境问题进行及时、有效的决策。在会议中引入第三方机构提供专业意见，降低决策管理障碍，实现跨域生态环境的协同共治。三是优化多向沟通协调渠道。借助协同管理数据平台，河北太行山区涉及的五个地方政府可以实时进行沟通协调和意见交流，为各地表达利益诉求、争取发展机会提供便捷渠道，进一步完善全域进行合作化管理。

（四）监管严格化：促进区域间相互监督，建立生态协同监管制度

严格的监管制度有利于生态环境协同治理制度体系建设的有效推进。一是建立联合监管机制。由于河北太行山区隶属5个市，每个市所拥有的生态资源

也不尽相同，这就需要省政府牵头结合区域生态环境特点和发展需求，制定统一的生态环境监管标准，明确河北太行山区内涵盖政府的权、责、利与义务的关系，促使各方政府互相监督、互检互查，确保各地区在监管工作中遵循统一要求。二是建立区域性的生态协同监管机构。该机构的主要职责是监督生态环境协同治理的考核与监督工作，对于地方政府在跨域生态环境治理中的权力行使、责任落实、考核评估以及激励措施的执行情况，该机构将进行全程追踪、监督、落实和考核，确保相关制度的有效实施，推动地方政府在跨域生态环境治理中更好地履行职责。三是推进区域生态环境司法合作的新模式。构建一体化的生态环境司法合作制度是为了落实跨区域生态环境协同治理的有效举措，对于跨区域的环境治理案件开展环境联动执法，严厉惩处跨区域的环境违法行为，进一步规范生态协同治理的监管机制。同时，鼓励公众、媒体等社会力量参与生态环境监管工作，通过奖励制度引导公众参与监督的积极性，促进监管工作的透明化和民主化。

四、结语

综上所述，太行山生态建设是一项全局性事业，是当前京津冀协同发展的战略格局中的先手棋和突破口。而其中生态协同治理的制度完善不仅是一个理论问题，更是一个实践问题，需要政府、企业、社会组织和公众等多方主体共同参与，形成合力，把太行山生态保护作为一个整体来推进，打破自家"一亩三分地"的思维定式，形成跨域的系统思维。只有这样，才能确保政策和目标在行政交界区也能保持连续性和统一性，实现生态协同治理行动上的耦合。

参考文献

［1］中华人民共和国最高人民法院. 京冀晋豫四地法院联手铸造太行山"司法屏障" 构建跨区域联动生态环境保护长效机制［EB/OL］.（2023-09-11）［2024-02-01］. https://www.court.gov.cn/zixun/xiangqing/411382.html.

［2］汤学兵. 跨区域生态环境治理联动共生体系与改革路径［J］. 甘肃社会科学，2019（1）：147-153.

［3］罗丽，赵新. 论制度协同框架下生态环境治理现代化之创新［J］. 环境保护，2023，51（08）：42-45.

[4] 司林波，张盼. 黄河流域生态协同保护的现实困境与治理策略——基于制度性集体行动理论 [J]. 青海社会科学，2022（01）：29-40.

[5] 杨旭，高光涵. 跨域环境治理的组合式协同机制与运作逻辑——长三角生态绿色一体化示范区的个案研究 [J]. 河海大学学报（哲学社会科学版），2023，25（05）：95-109.

[6] 王江，王鹏. 流域府际生态协同治理优于属地治理的证成与实现——基于动态演化博弈模型 [J]. 自然资源学报，2023，38（05）：1334-1348.

[7] 胡春艳，周付军. 跨区域环境治理如何实现"携手共进"？——基于多案例的模糊集定性比较分析 [J]. 东北大学学报（社会科学版），2023，25（03）：67-76.

[8] 肖俊林. 河北：建立区域协作机制保护太行山生态 [EB/OL].（2023-05-17）[2024-02-01]. https://www.spp.gov.cn/spp/dfjcdt/202305/t20230517_614210.shtml.

[9] 河北省林业和草原局. 河北生态蝶变绘就人与自然和谐共生新画卷 [EB/OL].（2023-07-11）[2024-02-08]. https://lycy.hebei.gov.cn/article_72350.html.

资源机会成本下健全环境
生态补偿法律制度
——以京津冀区域环境生态补偿法律制度为例

陈玉佩

【摘　要】生态补偿的实质是对资源机会成本的弥补，而识别资源机会成本需要考虑整个资源利用链条上的活动和群体。该制度得以高效落实的关键需要以资源合理分配和高效利用的物质保障为基础，发挥法律的权威制度性支撑功效，推动区域间生态补偿制度的落实。本文以京津冀区域生态补偿制度为例，研究三地推进生态补偿制度进程中法治建设所反映的问题，并提出推进生态补偿制度发展相关的法律方面的建议，推动京津冀协同发展。研究发现，当前京津冀区域间生态补偿存在生态补偿法学理念具有局限性、生态补偿实体法律缺失以及生态补偿具体法律制度不健全等相关法律制度问题。为推动京津冀区域建设，需推进京津冀区域生态补偿可持续发展深入落实，促进京津冀生态补偿实体法律多维度建立，以及健全京津冀区域生态补偿具体法律制度，为推动京津冀区域可持续、快速发展提供智力支持。

【关键词】资源机会成本；京津冀区域；环境生态补偿；法律问题

一、引言

健全生态保护补偿机制是党中央、国务院的重要部署，也是推进生态文明建设的重要任务。习近平总书记指出："良好生态环境是最公平的公共产品，是最普惠的民生福祉。"中国经济社会发展水平已发生历史性提升，人民群众对美好生态环境的需求不断增长，为解决资源恶化问题、促进生态向好发展，重大生态保护修复项目正在全面推进，涉及群体将更加广泛，生态补偿势必成为保障和促进生态保护修复的重要工具。2021年5月，中央全面深化改革委员会第19次会议审议通过了《关于深化生态保护补偿制度改革的意见》，习近平总书记强调要进一步推进生态保护补偿制度建设，发挥生态保护补偿的政策导向作用。目前，中国已建立了基于资源、区域、流域等不同层级的生态补偿机制，取得了积极成效，但仍面临生态补偿机制不完善、补偿覆盖范围有限、补偿客体划分不明确、相关主体协调难度大等问题，在"补什么""补给谁""补多少"等关键问题上没有明确的理论和制度依据。

生态补偿制度的贯彻落实，需要立足于资源机会成本之下，发挥资源供给的保障功效，同时，生态补偿制度的有序运行，必须依托于法律制度的规范与保障，在法律规定的框架下合理运行，严格依据法律评议补偿主客体的适格问题、补偿落实的真实性、合理性以及合法性，这些制度规范都离不开法律制度作为保障。但考虑到不同地区之间经济发展水平和生态环境的差异性，生态补偿落实必须具有一定的地方特色，本文主要以京津冀区域为例，研究京津冀三地区域协同发展进程中如何推进生态补偿法律制度建设。本文主要分为四个部分，第一，从理论方面入手，制度建立的基础不可脱离最基础的理论依据。第二，从当前京津冀区域生态补偿的实景进行考察，为后续发现问题、解决问题做好铺垫。第三，对京津冀区域法律制度发展的问题进行检视。第四，针对上述检视所发现的问题，破解阻碍生态补偿发展的难题。

二、生态补偿制度概述及理论基础

（一）概念演变：生态补偿制度多领域发展

生态补偿制度概念的确定是一个逐渐发展的过程，生态补偿与资源成本、生态学和环境学有很大的关联，根据其所侧重的补偿主客体之间的差异性，在不同理论方面有所差异，因此，生态补偿不断建立起与资源机会成本、经济学以及法学等领域的联系。

1. 生态补偿制度的资源机会之概念

生态补偿在学理上主要侧重在"补什么""补给谁""补多少"方面的研究，这样从该角度呼应了本文研究方面的意义和价值。立足于资源机会成本视角之下，"补什么"是生态补偿的核心话题，它与资源机会成本紧密关联。针对"补什么"，现有研究将生态补偿的情境分为两种。第一种是激励型的，即对行为主体的生态行为所产生的不能完全市场化的正外部性进行补偿。第二种是限制型的，即实施生态保护修复项目对行为主体的资源利用造成限制，由此对行为主体部分丧失或完全丧失的与资源相关的发展机会进行补偿。"补给谁"是确定生态补偿的补偿客体。首先，从资源利用方式或强度变化的角度看，"补给谁"所涉及的群体较为狭隘。现有研究认为生态补偿主要考虑资源利用链条的前端环节。其次，从资源机会成本的角度看，"补给谁"所涉及的群体十分广泛。现实中，资源机会成本所涉及的补偿客体不仅存在于耕种、采伐和捕捞等资源利用链条前端，也大量存在于资源利用链条上的其他环节。生态补偿的落实会造成当地产业结构调整，由此产生闲置固定资产和富余劳动力，这就需要从资源机会成本视角对补偿客体进行充分识别，避免福利水平降低。

2. 生态补偿制度的生态学概念

生态学将生态补偿界定为自然生态补偿，指的是生态系统自我恢复和自我完善的能力。从生态学角度来看，自然生态系统是一个稳定的、完善的并可以进行自我修复的整体系统，其具有一定程度的自我修复能力，但这个该能力较为薄弱，这就导致需要相当长的时间才能达到自我的净化，当人们大量地消耗自然资源，严重破坏生态系统，使生态系统无法进行自我恢复，超过必要的限度，人类就应该积极地采取措施来保护环境，对环境进行良性的修复，不能再继续肆无忌惮地破坏环境，真正地保护生态环境，维持生态系统的健康发展。生态学把生态补偿界定为生态环境遭破坏后的自我完善和自我修复，它是一个自我更新的过程，是一个稳定的系统存在。为了我们的生活能够有好的不被污染的生活空间，我们应该积极地保护环境，实现人与自然和谐发展。

3. 生态补偿制度的经济学概念

环境本身就承载着自身的生态价值，同资源共同构成经济学中的生态资本。从经济学角度来看，我们当前的生产模式中，仅仅通过利用消耗环境资源来实现生态效益，付出的仅为生产成本，没有付出生产成本或者仅仅付出了一小部分，这就产生了自然资源的外部不经济性，而生态补偿制度恰恰可以实现把生态问题的外部不经济性内在化[1]。它可以从成本与效益的角度进行剖析，阐述了当前生态效益所存在的缺陷和障碍根源，为了实现生态经济的健康发展，消除生态环境外部性，调整生态产品的成本与收益，运用新的机制加以优化，使成本和收益趋于一致，从而实现外部效益的内在化。在经济学中生态补偿更多体现的是一种人文情怀，对自然资源的关怀，我们追求的不仅仅是经济效益，更多的是追求生态文明的健康发展之路。

4. 生态补偿制度的法学概念

在现实生活中，生态补偿制度的实施存在一定的困难，如何确定补偿主体、选取何种补偿标准和采用何用补偿方式等问题都是生态补偿在具体实践过程中所面临的问题，这些问题在不同的地区会存在很大的不同，尤其是在经济发展水平差距很大的地区更是明显。但是，通过法律的手段对生态补偿予以明确化、规范化，对生态补偿赋予法律的意义。从法学角度来看，生态补偿在法律上可以被看成是一种契约，法理上讲各主体之间要有契约精神，生态补偿可以看成是各主体之间的契约，采用约定的方式对破坏环境者给予惩罚，以收费或者其他方式对生态环境受损者给予补偿，实现权利和义务的公平分配，并维持生态系统的平衡和稳定性。

（二）理论基础：生态补偿法律制度的学理释义

1. 法理学基础：权利与义务相一致

公民的权利与义务是一致的，没有权利就没有义务，没有义务就没有权利，两者是对立统一的。公民权利与义务的一致性表明，在国家中，公民不能只履行义务不享有权利，也不允许公民只享有权利不履行义务。京津冀在推进生态补偿法律制度时必须要充分考虑到权利和义务的一致性。在这里需要强调的是，生态补偿中所提及的权利和义务一致性不仅仅指公民之间，还有区际政府之间、各部门之间等的权利和义务应做到一致，没有无权利的义务，也没有无义务的权利，二者是相辅相成的，具有一致性[2]。京津冀在协同发展的过程中，北京和天津享受了绝大多数的权利和利益，而河北则承担了绝大多数的责任和损失，这是不平衡的，为了维持区际间的生态和利益的平衡，就需要北京和天津在享受权利的同时，适当地履行一些义务、承担一些责任，给河北适当的经济利益补偿，使得京津冀三地能够达到一种利益的基本平衡。这体现出了我国在制定法律政策时所依据的法理学基础：权利和义务相一致。

2. 法经济学基础：外部性的内部化

在法经济学领域，可以将外部性分为正外部性和负外部性，负外部性通俗地称为"损人利己"，也被称为外部不经济性；而正外部性通俗地称为"损己利人"，也被称为外部经济性。生态环境遭到破坏，但对破坏者没有给予一定的惩罚，利益受损者没有得到任何的经济补偿，体现的是外部不经济性。同时保护生态环境具有正外部性，因为一方主体保护环境，其他主体受益，但受益方并没有给予保护环境主体经济补偿，这种受益是免费的，但是提供保护的主体却付出了一定的成本，因此具有正外部性。

在京津冀协同发展的过程中，河北为北京和天津提供了巨大的资源和环境的利益舍弃，北京和天津的很多重污染企业都逐步搬到河北，京津的环境在逐渐变好，而河北则遭遇巨大的环境压力，鉴于此，北京和天津为河北提供必要的经济补偿是必需的，这也就是为何要推行京津冀区域生态补偿制度。生态补偿具有明显的正外部性特征，其系对生态环境的正外部性的补偿，而环境负外部性的问题由环境保护法规定的"谁污染、谁治理"的原则规制，并通过损害赔偿、排污收费等具体法律制度解决负外部性影响。因此，在环境保护法学中，生态补偿是针对产生正外部性的"使用者的功能性恢复"进行生态效益或者生态利益的补偿，该制度需要依靠政府采取行政措施使外部成本内部化，通过借助生态补偿制度的实施，实现付出的成本和获得利益之间的平衡。

三、京津冀区域生态补偿制度落实之实景呈现

生态补偿制度是实现缩小区域间差距的有效途径，在一定程度上可以缓解河北省因生态维护与建设和生态资源供给产生的经济发展落后的压力。《京津冀协同发展规划纲要》将北京定位为全国政治中心，天津为改革开放先行区，河北则是生态环境支撑区，根据定位不难发现，河北省需要牺牲自己的生态利益和发展利益为京津地区提供资源与空间的保障，出于公平的法理性考虑，京津地区政府也会做出相应的补偿，否则因为环境之间的关联性，河北环境的恶化，必定会影响到京津地区。

（一）现状审视：逐步推进有成效

京津两地作为三地协同发展的受益者，逐渐开始落实向河北省承担生态环境保护的地区进行生态补偿，目前京津冀区域生态补偿主要通过三地省级政府协商或合作模式进行。据资料统计，自20世纪90年代起，北京就多次向河北省拨款用于水资源保护，主要集中于承德市潮河流域的三宁、滦平两县，以及设定专项资金帮助河北省开展密云水库、官厅水库上游地区水资源治理。而天津市对河北省的补偿主要通过《天津市实施引滦水源保护工程专项资金项目管理办法》予以规定，规定自2009年到2014年拨专款用于支持河北省对引滦水源地区的生态治理项目。随后，河北省与北京市通过合作在张家口、承德两市营造生态水源保护林，对密云水库和官厅水库上游流域重点水资源供给区的宜

林荒山、荒地、荒滩进行生态保护林建设。

（二）难点剖析：责任机制主体存在竞争

京津冀地区进行生态补偿过程中必须要考虑的一个因素就是行政区划制度，因为行政区划决定了地区之间的"公共财政"，而地区内财政的使用必然严格地局限在行政边界之内，因此行政边界也是地区利益边界[3]。而生态环境是具有公益性的，一些地区为其他地区提供了生态利益，却很难得到受益地区的补偿。因此，在区域生态补偿中，要让地区政府承担生态补偿责任，存在行政区划制度障碍。这种行政区划制度障碍表现为地区政府之间因存在利益关系的排他性和竞争性，导致地区间难以形成责任机制。生态补偿责任机制的主要难点在于横向生态补偿，即同级别政府部门之间的竞争上。在我国的行政区划制度下，进行生态维护与建设的受偿地区与因获得生态利益而负有补偿义务的地区如果是同一行政级别的政府，两者就存在竞争性和排他性，因此，生态维护与建设地区对获得生态利益而负有补偿义务的地区的求偿权，能否实现完全由负有补偿责任的地区政府决定，而代表自身地区利益的补偿责任主体更倾向于维护本地区的利益，而怠于对生态维护与建设地区的生态补偿。

京津冀区域中，三地政府是横向行政关系，地区之间的利益关系具有排他性、竞争性，河北省进行生态维护与建设却得不到补偿，根据上述分析，其原因在一定程度上是由于存在行政区划制度障碍。因为京津冀三地的地位存在事实上的不平等，同时加之国家对京津两地特殊的政治经济功能定位，在京津有资源需求的时候，国家从地区发展战略上考量，都会选择优先满足京津地区的利益需求，国家都会无条件地将河北省的生态资源优先提供给京津。但在河北省做出利益牺牲后，现实的情况是由于行政区划制度障碍河北省难以及时地得到利益的填补与恢复，这也就造成河北生态环境发展面临困难。

（三）问题反馈：短期发展阻碍可持续发展

在当前，为了保障京津区域的供水，在河北水资源严重缺乏的情况下，还继续为京津地区提供充足的水资源，河北省为北京和天津提供水资源承受了巨大的压力。

另外，京津冀区域现有的生态补偿措施的目的重点倾向于解决生态环境问题，而并非基于区域生态权利义务平等性而采取的生态补偿措施，过于强调短期效益，忽视了产业的可持续发展[4]。这种情况下，一旦生态补偿措施结束或停止，生态维护和建设地区的人们只能回归原先的生产方式以维持生活，采用粗犷型发展模式的地区的生态环境将再次恶化，生态维护和建设效果不具有持续性，最终只能由政府进行新一轮的生态补偿。目前，对河北省的补偿资金大部分是通过中央财政的纵向转移支付实现，京津冀区域横向转移支付的补偿力度不够。要实现京津经济和社会可持续发展，需要有良好的生态环境作为支撑，京津冀三地应在区域发展上统筹协调，实现优势互补，京津两地应对河北省提供的生态资源利益共建共享，实现区域整体的协调发展。

四、京津冀区域生态补偿法律制度之问题检视

（一）法理模糊：生态补偿法律理念有局限

法律理念表现为贯穿于法律始终，具有精神性和规范性的特征。法律理念的明确，对于我国立法、司法以及执法方面都具有一定的法律指引作用和价值评判的功能。在法律演进过程中，法律理念和法律原则都是不可或缺的重要因素。二者相辅相成，法律原则是在法律理念的基础之上提出的，也是贯穿于一部法律的全过程，法律原则是法律的本源性真理，为制定法律规则提供了本源性和基础性的综合原理。

在我国生态环境发展进程中，无论从法理构建还是立法设定方面，可持续发展原则都贯穿于全程，该原则是基于人与自然的和谐发展和共同利益为出发点，从而提出有利于人类和环境长期共同和谐发展的模式。根据可持续发展原则，这就要求我们在制定生态补偿的法律和政策时，要将生态补偿利益和社会利益作为一个共同进行的和谐持续的发展，京津冀的生态补偿必须有益于京津冀地区的发展，且京津冀的经济发展需以保护资源和环境为基础，要把经济发展限制在地区环境和资源所能承受的范围之内；可持续发展原则不仅要实现代内公平，也要实现代际公平，也就是说，可持续发展原则要求我们除了能满足当代人发展的同时，还要考虑子孙后代的资源利用问题，不能以损害子孙后代的利益来谋求当代人的发展和需求满足。我们利用自然资源的行为实质上是借贷自然资源的行为，所以生态补偿的本质其实也是对于自然资源的补偿行为。可持续发展原则是生态补偿法律制度遵循的原则，所以，生态补偿法律制度不仅要满足当代的需求，还要重视和考虑未来环境和资源的有限性问题。

现如今，我国的宪法和法律的内容都是围绕经济建设为中心制定的，从而

也就忽略了对于环境的保护。传统的对于环境保护的法律理念为"谁开发，谁保护；谁收益，谁补偿；谁破坏，谁恢复；谁排污，谁付费"原则，这种法律理念对于环境和人类赖以生活的可持续性是不利的，因为其没有预防环境被破坏的意识，而是将重点放在了环境破坏后的修复和末端治理，这样并不能满足生态补偿的需求；传统的环境法律理念只考虑了当代人的利益而忽视了后代们的可持续发展，这就造成了"先污染、后治理"的对环境不利的局面，人们习惯于用金钱来补偿被破坏的环境，从而破坏了后代的生存环境和可利用资源，有损于后代的生存和发展利益。

（二）规范缺失：生态补偿实体法律不配套

1.《环境保护法》与规制需求不适

在我国资源环境保护领域，《环境保护法》作为我国最常用也是基本法之一的法律规范，对破坏环境的行为，它规定的主要是采取收费等方式对这种外部不经济行为进行抑制，它更注重对资源环境破坏的预防和治理，它没有规定对保护环境的正外部性行为给予补偿，存在一定的漏洞，对积极保护环境的主体应该给予物质或者精神方面的奖励，这样才能鼓励其他主体积极地保护环境。因此，从发展需求角度来看，《环境保护法》应该从法律的角度对正外部性的提供收益一方给予补偿，弥补漏洞。另外，《环境保护法》作为基本法，在环保领域具有权威性，其规定我国环境保护的基本国策、基本原则、基本制度、目标对象等环保领域的基本要素，在我国的环境法体系中处于仅次于《宪法》的核心地位，但该法中对涉及自然资源保护的基本制度、理念、原则的规定几乎不见踪影，更不用说生态补偿了，因此，为推动京津冀区域生态补偿的协同发展，就需要为生态补偿制度提供法律支撑，尤其是《环境保护法》这一基本法的支撑，只有在《环境保护法》中明确了生态补偿制度，这一制度才能在实践过程中真正有法可依，才能把这一制度积极地投入到京津冀的环境保护当中。

2. 自然资源保护专门性法规缺失

在现行法律配置中，我国当前尚未出台《生态补偿条例》，导致关于生态补偿的规定散落在我国各个生态环境保护法律法规中，一些地区开展生态补偿相关活动需要依靠地方规章进行处理，甚至有一些北方地区针对生态补偿的地方性规定都未曾确立，这也就造成京津冀地区适用生态补偿制度缺乏权威性的法律依据。从地方立法来看，京津冀三地都尚未出台专门的生态补偿法律规范，另外，三地法律规范中对生态补偿的规定并不多，对地区生态补偿的规制大多存在于政府规章中[5]。但是，从当前实践情况来看，三地多以项目合同的方式落实生态补偿，这就导致实践操作缺乏法律基础。另外，根据从国家法律法规数据库检索发现，京津冀三地对于生态补偿制度的具体的实施细则和条例面临缺失，法规的硬性规定缺乏补充性的柔性政策。另外，极少在政府规范性文件中提及的区域生态补偿缺乏约束力，但是，该文件只是提出推动建立跨区域生态补偿机制，更多表现为倡议的性质，具体如何建立需要三地之间加强协调和沟通，到目前为止还没有详细的规定。

京津冀一体化已经上升为国家战略层面的区域建设，京津冀区域生态环境是一个密不可分的整体，要改善区域环境，京津冀区域生态补偿法律制度必不可少。但现实问题却是京津冀区域生态补偿的立法建设还不够完善，生态补偿实践缺乏法律依据，即使少数地区有法律规章规定生态补偿的内容，其效力等级也无法满足实际发展需求，这就造成实践中政策的贯彻落实可能大打折扣。

（三）制度残缺：生态补偿具体法律不成熟

1. 生态补偿管理协调机制不健全

有效的监督管理机制可以为区域间生态补偿制度的落实提供保障，但我国在法律层面对生态补偿监督管理无法实现"产出"与"需求"的匹配，因为目前我国对生态补偿的监管还仅仅依靠政府出台规范性文件，甚至一些地区的生态补偿监管法律规范还完全空白。因为确实权威性的监管规范，只能依靠行政机关的自我约束力，这就导致承担补偿义务的行政机关很难从可持续发展角度考量，忽视生态补偿的长期效应，使得生态补偿的效果不理想。

另外，在京津冀区域生态补偿中，管理机制也不完善。一方面，在实践中并不存在专业性的生态补偿管理机构。按照我国《环境保护法》《水土保持法》等法律的规定，生态补偿涉及多个部门，但是部门之间缺少组织协调，管理体系条块分割，各部门采取不同的管理方法，导致生态补偿管理混乱[6]。另一方面，缺乏生态补偿资金管理办法，资金管理的疏忽可能导致权力滥用、滋生腐败。另外，京津冀区域生态补偿监督机制不健全，缺乏对补偿资金和日常事务的监督。京津冀区域现行模式以项目合作形式进行的生态补偿对资金的监督具有较强的随意性。例如，生态建设项目资金不到位问题，其原因就是补偿资金监督机制缺失，对项目的资金和项目进程没有明确有效的监督，以及缺乏监督机构对补偿资金拨付进行催告，规划的资金不及时到位，导致生态建设区牺牲的利益得不到及时的实际补偿。这种补偿的不及时给生态建设区造成的损失，将会加剧贫困落后地区的贫困，使生态补偿的效果大打折扣。

2. 生态补偿激励机制和奖惩机制有空缺

在运用经济激励机制时，要考虑经济和环境之间的关系，注重成本和效益，以经济利益为媒介，通过法律的途径，实现个人利益和社会整体利益的促进与协调。我国自然环境相关法律是计划经济的产物，随着市场经济的发展推动其发生了一定的变化，但从根本上仍保留计划经济的阴影[7]。这也就造成我国自然环境相关法律具有较强的约束性，管制色彩较强。例如，排污收费制度、排污许可证制度和各种行政措施等环境保护政策，这些执法政策在一定程度上造成了对主体生态保护行为主动性的限制，多表现为被动的应对模式，长期下来一定会造成主体环境保护的消极心态，无法起到正向的激励作用。

同样，京津冀生态补偿法律制度也具有同样的特点，主要表现为政府以"强干预"方式进行补偿，资金的投入方式主要依靠政府的财政转移，目前，资金的来源主要涉及几大方面：政府、银行、社会资本等，资金的来源面很窄，关联到的产业单一，内涵不足。另外，政府的大力干预在顶层设计上能够宏观调控经济，但是存在的问题也很多：一是政府的手伸得过长，导致市场机制无法全面发展，二是没有完善的经济激励机制，奖励机制也不健全，相关主体没有积极性，大大限制了市场机制的发展[8]。

五、京津冀区域生态补偿之难题破解

（一）法理建构：生态补偿可持续发展原则深入推进

面对京津冀环境污染、资源浪费、生态破坏等突出的问题，导致了京津冀生态环境状况面临严峻挑战。同时，人均生态资源贫乏的中国生态状况持续恶化、生态危机正在迫近，无论是从法律构建角度还是从社会整体的长期发展来看，将可持续发展原则贯穿于政策和法律规范始终，是对资源环境保护的时代回应，同时也是实现代内公平和代际公平相协调的最正确选择[9]。随着京津冀协同发展的不断深入推进，生态补偿制度也在得到越来越多的关注，因此，立法制定工作者以及政策研究专家应该牢牢把握当下"机遇"，在法律规范制定以及政策出台方面，不仅要将可持续发展原则贯彻到法律理念的构建之中，还要实现可持续发展原则在推进过程中，落实政策之间、法律规范之间以及政策与法律规范之间的条理性和逻辑性，避免出现约束冲突情况的发生，以期更好更快推进京津冀三地生态补偿制度的协同发展，促进区域间的公平性落实。

（二）规范设定：生态补偿实体法律多维度构建

1. 明确生态补偿的宪法地位

确立生态补偿的宪法地位。随着经济的空前发展，脆弱的环境已经不堪一击，生态环境修复面临巨大的挑战，这些年国民开始高度重视生态环境保护，如何快速高效地解决环境问题是目前我们国家所面临的巨大挑战，国外很多国家都已经建立了生态补偿制度，并且通过实践的检验，效果明显，我国正处在经济发展的关键期，在我国完美的环境保护体系尚没有完全建立起来之前，我们可以积极地吸收西方国家先进的经验，在我国建立起生态补偿法律体系。我国虽然已经初步建立起了自己的环境法律体系，但是在生态补偿方面的法律没有系统化、体系化[10]。宪法作为我国的根本大法，是其他法律的立法基础，通过借助宪法为京津冀生态保护和建设提供权威性支持，有助于实现在生态保护和建设的全过程中，生态补偿在解决生态损失的事前预防和事后补救发挥至关重要的作用。因此，要想建立起一个完备的京津冀生态补偿法律保障制度，首要的一步就是确立生态补偿的宪法地位，这也是落实科学发展观、建设生态文明的内在需求。

2. 制定专门的生态补偿条例

在新时代下，伴随经济发展的日新月异，生态环境的保护越来越成为老百姓所关心的问题，生态保护要做到规范化、市场化，也是京津冀协同发展、建设生态文明的必由之路。为此，除了要使生态补偿具有稳固的法律基石，确立其宪法地位外，还应当有专门的立法对其进行规范。可以通过设立《京津冀生态补偿条例》，推动其实现以行政法规的形式将生态补偿制度确定下来，有利于从根本上改变生态效益无偿使用、生态保护者只有投入却无回报的不合理状况。另外，《京津冀生态补偿条例》还可以以专门立法的形式宣示国家对生态补偿的重视以及生态保护的紧迫性，有利于人们更清楚地认识到生态资源的重要性，促使人们在思想观念上树立起重视生态环境的信念，自觉保护生态资源，拥护生态补偿制度。因此，专门性生态补偿条例的出台可以为今后京津冀三地协同发展进程中涉及的生态补偿提供制度、政策以及方向等角度专门的法律依据，也为京津冀生态补偿制度程序化和法制化的实现创造必要的法律环境。

3. 推进京津冀生态补偿协同立法

鉴于《生态补偿条例》存在空白，开展三地生态补偿协同立法工作可能更加符合环境保护和社会发展需求。生态补偿协同立法，以法律形式规范各类生态补偿行为，协调三地各项法规所调整的规范内容、社会关系、法律责任，使违法成本和处罚幅度大体一致。另外，协同立法还可以调控不同地区和社会主体因生态维护与建设行为产生的利益关系，这不仅有利于维护社会公正，也是促进区域协调发展以及生态文明建设的重要措施。

京津冀区域协同立法可以通过各地区之间的人大立法合作，保持区域各地区法规规章的协调，协调区域社会公共利益和公共事务，也避免了区域立法存在的授权和效力问题，为解决区域法律法规不健全、冲突问题提供了行之有效的途径[11]。当前，京津冀三地人大常委会已联合发布《关于加强京津冀人大协同立法的若干意见》（以下简称《意见》），推动区域协同立法。《意见》主要从协调京津三地在产业转移、区域生态环境治理、区域公共产品供给等方面的利益进行立法制定，进行区域间协调治理与规范。另外，针对大气污染防治领域，《意见》也要求三地加强重大立法项目联合攻关，强化大气污染协同防治实效。可以说，实行生态补偿协同立法符合京津冀区域协同立法的趋势。

（三）制度保障：生态补偿具体法律制度落实

1. 健全生态补偿管理监督机制

完善的生态补偿管理监督机制能够有效地监测生态补偿的实施情况，对补偿资金的使用和生态补偿的进度和效果有良好的反馈，有助于推进生态补偿实施。建立京津冀生态补偿管理机制。首先，设立专门的管理机构。在推进区域协同发展进程中，实现区域生态补偿，可以通过三地联合设立专项领导小组，主要负责三地的生态补偿事务，细化分工，精准高效。还需要在环保机构下设立专门的管理部门，协助生态补偿小组管理生态补偿事宜。其次，为确保生态补偿资金适用清晰明确，还需要制定严格的补偿资金管理使用办法。加强生态补偿资金管理，对资金的用途和使用范围作出详细的规定，确保补偿资金的使用做到专款专用。

为促进管理机制与监督机制的密切配合，需要完善京津冀生态补偿监督机制，重点加强对资金的监督。上级主管部门应该要求管理机构将补偿资金的使用情况定期进行汇报，同时定期组织审计部门进行生态补偿资金使用情况的审查工作，并及时向社会公开。同时，设立生态补偿监督委员会负责生态补偿制度落实的监督工作。组成人员由三地政府各自委派专员，主要负责监督区域生态补偿义务主体是否履行缴纳资金的义务等情况。当生态补偿义务主体不履行资金缴纳义务时，监督委员会应当催告补偿义务主体履行其补偿义务。如果经催告生态补偿义务主体仍然拒绝履行义务，监督委员会有权召集补偿义务主体和受偿主体进行协商，协商不成则申请由上一级政府进行裁决。

另外，京津冀生态补偿的监督还应当包括社会公众监督、新闻舆论监督等多元化监督方式，尽量避免单一的行政监督方式，促进京津冀生态补偿监督管理机制的完善发展。

2. 筑牢生态补偿激励机制的资金基础

生态补偿激励机制与奖惩机制的有效落实，最为关键因素之一就是政府的资金储量，政府资金储量富裕，激励机制和奖惩机制就可以得以顺利推进，因此，我国需要不断刷新融资模式，拓宽融资渠道。当前，我国已逐步构建起多层次资本市场，企业或项目融资形式多样。在诸多融资方式中，BOT、绿色保险可在推动市场化生态补偿中发挥重要作用。BOT融资方式在流程上可以简单归纳为"建设—经营—转让"。具体而言，就是实施生态补偿项目所在地的政府，授予投资主体在一定时期内对生态项目的特许经营权，在特许期内由该投资主体成立专门的项目公司，以特定生态环境项目作为建设与运营对象，并在这一过程中获得相应收益。在特许经营期满后，由项目公司将该生态补偿项目无偿交付给项目所在地政府。当然，BOT融资方式对项目性质有一定要求，通常适合生态旅游开发、次生林种植以及污水处理厂等绿色建设项目。项目能否启动，除了与投资主体的投资意愿有关外，还取决于特定区域内的资源环境状况以及市场需求状况。当项目符合相应的投资条件时，由发改委审批立项，并以公开招标方式选出符合条件的投资机构[12]。除了BOT融资方式以外，PFI（即私人主动融资）也是推动市场化生态补偿的重要方式，该融资方式较BOT融资方式相比更具灵活性，有利于进一步调动广大企业甚至是个人投资生态环境保护与恢复项目的积极性。这些新型融资方式，不仅能扩大生态补偿资金来源，还能改变以往仅依靠政府财政支持而导致的生态补偿效率不高的窘况。

六、结语

生态补偿制度的实践过程，其本身也是区域政策资源、技术资源、人力资源、资金资源等相互结合并重新配置的过程，其最终将推动区域经济步入内涵式发展的轨道，以实现高质量发展的目标[13]。因此，要推动生态补偿制度的高效落实，就需要立足资源机会成本基础之上，推动法律制度的不断健全与完善，对"补什么""补给谁""补多少"问题进行明确具体的"回答"，为推动京津冀协同发展提供制度保障和依据。通过本文研究发现，从生态补偿的概念和理论基础作为切入点，对京津冀区域生态补偿情况进行实证考察，挖掘京津冀区域生态补偿法律问题存在立法层次偏低、补偿主体不明确、补偿方式单一、监督管理不健全、缺乏有效的激励机制与奖惩机制等问题，提出了完善京津冀区域生态补偿法律制度需要实行区域生态补偿协同立法，明确补偿主体、完善生态补偿的补偿方式，完善区域生态补偿管理监督制度以及为促进激励机制与奖惩机制需要拓宽融资渠道。为生态补偿的实施提供切实有效的法律保障，为京津冀区域的发展提供可持续的动力。

参考文献

［1］张永芳，聂承静. 京津冀生态共享与生态补偿机制研究［J］. 安徽农业科学，2015，43（18）：232-235.

［2］梁胜文，李勇洲，韩素娟. 完善环京津贫困区域生态补偿机制［J］. 中共石家庄市委党校学报，2016（03）.

［3］丁四保，王晓云. 我国区域生态补偿的理论基础与体制机制问题探讨［J］. 东北师大学报（哲学社会科学版），2008（8）.

［4］张瑞萍. 京津冀法制一体化与协同立法［J］. 北京理工大学学报，2016（4）.

［5］张伟. 京津冀生态补偿问题分析与对策建议［J］. 河北林业，2022（08）：28-30.

［6］朱媛媛，文一惠，谢婧，等. 京津冀跨区域生态补偿机制探讨［J］. 环境保护，2021，49（15）：21-26.

［7］赵婧羽. 京津冀生态补偿行政立法研究［D］. 中国人民公安大学，2020.

［8］胡少雄，史志华，马振刚，等. 京津冀横向生态补偿问题与优化策略［J］. 现代营销（信息版），2020（02）：185.

［9］陶红茹，马佳腾. 京津冀区域横向生态补偿机制研究［J］. 绥化学院学报，2019，39（12）：17-20.

［10］冯丹阳，吴文良．京津冀生态补偿协同发展的路径研究［J］．中国井冈山干部学院学报，2019，12（06）：41-46.

［11］王雅敏．完善京津冀跨区际生态补偿机制的对策研究［J］．山西农经，2022（16）：127-129.

［12］周旭．论京津冀流域生态补偿法治完善［J］．环境与发展，2022，34（09）：22-30.

［13］张雅婷．京津冀协同治理下生态补偿法律问题研究［J］．环渤海经济瞭望，2018（11）：82-83.

"双碳"目标下跨区域环境协同治理制度研究

邓凤玉

【摘　要】党的二十大报告提出，"积极稳妥推进碳达峰碳中和"。实现碳达峰碳中和，事关中华民族永续发展和构建人类命运共同体。在分析"双碳"目标下跨区域环境协同治理的必要性上，提出强化跨区域环境协同治理理念，突出工业、农业、建筑业、服务业和交通运输业的重点领域协同增效，健全区域内政府、企业、社会团体、个体公民的多元主体环境责任协同机制，强化信息共享机制、建立跨区域环境合作组织机制、建立跨区域环境协同立法执法合作机制的方式维护跨区域环境协同治理合作关系，建立跨区域排污权交易制度，提高跨区域环境协同治理成效，助力实现美丽中国建设和"双碳"目标。

【关键词】双碳；跨区域环境；协同治理

一、问题提出

党的十八大以来，党中央把生态文明建设摆在全局工作的突出位置，生态文明建设的成就举世瞩目。天蓝、地绿、水清，污染防治攻坚向纵深推进。据生态环境部统计，新时代十年，全国经济高速增长，GDP增长69%，环境空气质量显著改善。全国森林面积和蓄积量持续双增长，森林覆盖率提高至24.02%，为全球贡献了约1/4的新增绿。能耗强度累计下降26.2%，全国74个重点城市PM2.5平均浓度下降57%，重污染天数下降92%。自2020年起地级及以上城市已连续三年PM2.5浓度值降到世界卫生组织设立的第一阶段35微克/立方米以下[1]。显然我国已经成为全球森林资源增长最快最多，全球能耗强度降低最快，全球大气质量改善速度最快的国家。2020年，习近平主席在第七十五届联合国大会一般性辩论上的讲话中宣布中国支持联合国并发挥核心作用的重大举措——中国二氧化碳排放力争于2030年前达到峰值，努力争取2060年前实现碳中和。这是中国为了改革完善全球治理体系对国际社会的承诺，也是我国经济社会发展全面绿色转型的战略方向，更是生态文明建设的重要抓手。

但是，当前作为最大的发展中国家，由于区域经济发展不平衡，经济粗放式的发展状态尚未完全扭转，新动能培育还处于阵痛期，使得我国碳排放与经济增长还未能实现脱钩，且在未来一段时间内碳排放仍然继续增长[2]。同时，我国产业结构偏重，能源消耗总量大，煤炭占比偏高。实现碳达峰碳中和（以下简称"双碳"）目标将面临着重大的挑战。众所周知，气候变化问题不仅仅是气候变化问题，"双碳"目标涉及政治、经济、社会、科技等多个方面，是一场广泛而深刻的变革，可谓牵一发而动全身，不是轻轻松松就能实现的，需要各部门、各领域张弛有序、统筹协调推进，各方面力量协同发力。经过多年的实践，人们逐渐认识到在刚性的行政区划基础上形成的闭合式的环境保护无法有效解决环境污染问题。于是，复杂的环境问题催生系统性、整体性的环境治理理念和治理机制，即跨区域环境协同治理理念和体制机制。

二、跨区域环境协同治理的必要性

（一）生态系统具有整体性、系统性

生态系统是在一定的空间内，各种生物与环境在不断进行物质和能量交换后构成的统一整体。经过自然的长期演化，生物与环境之间相互影响、相互制约，形成一种相对稳定的结构。生态系统具有等级结构，较小的生态系统组成较大的生态系统，简单的生态系统组成复杂的生态系统，具有整体性、系统性、稳定性的特征。在生态系统这个巨大的网状组织里，物质之间的关系不是某两个或某几个之间以线性的方式相联系，而是所有的物质相互渗透、相互制约、相互作用并以循环的方式彼此交叉连环，这也就意味着，当局部地区出现问题后会因蝴蝶效应最终影响到整个生态系统。如常见的大气、水等生态资源因具有广域性、跨域流动性，可以不限空间、时间相互运动的特征，一个区域内的环境污染势必会影响到地理相邻地区。以日本福岛核废水排放为例，核废水排入海洋后不仅会通过洋流运动扩散至周边海域，最终污染将波及全球海域，还会随着大气环流，通过降雨的形式传播到陆地上，对整个生态系统造成

不可逆转的破坏。而森林、热带雨林、湿地等这些具有调节气候、固碳储碳、涵养水源、提供生物栖息场所等生态功能的自然资源，却在今天或因山火肆虐，或因农业和种植园的扩大生产，或因不可持续的采伐，或因全球城市化进程在加速中不断被摧毁、被侵蚀。如今全球大气中的二氧化碳含量上升，生物多样性的下降，生态系统遭遇破坏，从而导致当地乃至全球生存环境恶化。可见，生态系统的整体性、系统性单靠一个国家、一个地区的力量难以维护，全球生态环境的恶化与生态危机的蔓延充分证实了这一点。为了改善生态环境质量，实现减污降碳的目标，需要尊重生态系统的规律，打破地方行政区隔，跨区域之间深度耦合和同频共振，强化减污降碳的目标、任务、政策以及监管，统筹兼顾、整体施策、多措并举协同治理。

（二）协同治理是生态文明建设的发展趋势

党的二十大报告指出："中国式现代化是人与自然和谐共生的现代化。"生态文明作为中国式现代化新道路的重要内容，将面临全球新一轮科技革命和产业变革新的战略机遇，建设人与自然和谐共生的现代化新的战略任务，以降碳为重点新的战略阶段，经济社会发展绿色化、低碳化新的战略要求，以及百年变局和世纪疫情相互交织新的战略环境，生态文明建设任重道远。在新征程如何推动生态文明建设行稳致远？2023年7月，习近平总书记在全国生态环境大会上明确提出，推进生态文明建设需要处理好重点攻坚和协同治理的关系。我国环境容量有限，生态系统脆弱的国情决定了生态环境保护工作的复杂性和艰巨性，意味着要抓主要矛盾和矛盾的主要方面，重点攻坚。同时，生态环境的不可分割性和关联要素的多元性若是地方部门各自为政、互不协同单一的治理模式往往不能达到预期目标。同样，生态环境的长期性和系统性必然决定了治理的客体、治理的主体、治理的区域协同的必要性。可见，协同治理是生态文明建设的发展趋势。

三、"双碳"目标下跨区域环境协同治理路径选择

"双碳"目标的实现是一项复杂的系统性工程。2022年，习近平总书记主持中共中央政治局第三十六次集体学习，对如何做好"双碳"工作提出要注重处理好四对关系，其中就明确强调要用系统的思维处理好整体和局部的关系。既要坚持全国统筹，加强政策措施的衔接协调；又要因地制宜、分类施策，研

究确定各地产业结构调整方向和"双碳"行动方案。

当前，我国生态文明建设进入了从过去以末端治理为主转向源头减碳、过程降碳、末端固碳等多个环节协同发力，以降碳为重点战略方向；协同推进温室气体与大气污染物减排，实现减污降碳协同增效；以绿色低碳循环发展经济体系，促进经济社会发展全面绿色转型；实现生态环境根本好转和碳达峰碳中和两大战略任务。面对生态文明建设新形势新任务新要求，基于环境污染物与温室气体主要形成于化石原料燃烧后由同一设备和排放口排出，具有高度同根、同源、同过程特性和排放时空一致性特征，2022年生态环境部等7部门联合印发了《减污降碳协同增效实施方案》。此方案立足实际，遵循减污降碳内在规律，提出加强源头防控、突出重点领域、优化环境治理、开展模式创新、强化支撑保障、加强组织实施，构建减污降碳一体推进体系。

（一）强化跨区域环境协同治理理念

由于各地区资源禀赋、经济发展程度、产业分工的不同，对环境质量的要求在各省份之间存在很大的差异。有些省份受"GDP至上"的政绩考核制度的影响，为了追求本地经济利益最大化，会通过主动降低环境规制的标准吸引内外资进入该省份，以促进本省经济的发展。众所周知，环境问题具有跨界化、外溢性等特点，污染物质不仅局限于污染排放地的自然环境，还会在太阳辐射、地球引力等的作用下，溢出排放地，污染"相邻"或"邻近"地区的环境。这就决定了环境治理作为一种跨界性的公共问题仅依赖以行政区划为单位的"一城""一地"自行其是的传统属地管理模式难以适应区域环境污染防治[3]。因此，环境治理必须打破地方行政区域的藩篱，形成"协同共治、共享共赢"的整体治理思维，这才是实现区域环境治理的必由之路[4]。理念协同是环境协同治理的前提。协同概念的提出者德国科学家哈肯认为，整个环境中的各个系统间存在着相互影响而又相互合作的关系。若系统中各子系统能很好配合、协同形成一个系统整体，"整体大于部分之和"，系统整体的功能往往超过各子系统。因此，各区域可以通过合作、协商加强对环境公共目标的认识和理解，组织上跨部门，地理上跨区域，秉持"跨域合作、污染共治、成效共享、多方共赢"的宗旨，将协同理念引入环境治理中行政决策、监测预警、制度保障、立法执法等全过程[5]。

（二）突出重点领域协同增效

一是，突出工业领域减污降碳。工业是污染物产生和排放的重要来源。工业在推进人类社会发展的基础动力，创造巨大物质财富、推动人类社会迅猛发展的同时，在工业生产过程中会产生各种废气、废水、废渣对环境造成危害。根据中国电子信息产业发展研究院的数据显示，工业是碳排放的重要领域，约占70%[6]。构建有利于碳减排的产业布局，遏制高耗能高排放项目盲目发展，加快淘汰落后产能，优化重点行业产能规模，推动产业低碳协同示范，全面开展工业领域清洁生产，从而减少污染物和碳排放总量和浓度。二是，农业发展全过程减污降碳。农业是第二大温室气体排放源，也是碳排放的重要来源之一。我国是一个农业大国，推动农业农村领域节能降碳，实现农业绿色发展是实现"双碳"目标的重要途径。当前，农业领域减污降碳的进度与预期目标仍存在一定的差距。例如，农业规模化生产水平低、减排模式集成不足，农田草地固碳的巨大潜力尚待挖掘，农业生产减污降碳的责任不明等问题。加快构建丰产减排协同生产模式；加强农田草碳汇研究，强化管理能力，培养专业人才，建立农田草增汇技术示范区，提高农田草地固碳的能力；落实地方主管部门、农业生产从业人员、农业生产环境监管执法人员在减污降碳中相关责任迫在眉睫。三是，积极推动建筑业、服务业和交通运输业减污降碳。建筑业需大力发展装配式建筑、绿色建筑、超低能耗建筑，从使用绿色建材、优化节能技术等方面入手，推动建筑节能工作逐步迈向能耗、碳排放总量和强度"双控"。服务业领域要加快提高服务业绿色发展水平、构建绿色供应链、加强再生资源回收利用，为实现"双碳"目标和推动高质量发展提供有力支撑。交通运输业可以从优化交通运输结构、推广节能低碳型交通工具、积极引导低碳出行等方面加快推进低碳交通运输体系建设。

（三）健全区域内多元主体环境责任协同机制

生态环境是典型的公共产品，关系到政府、企业、社会团体、个体公民等不同利益相关者，其治理必然是一个典型的公共事务。打好污染防治攻坚战，是一场全民共治的战役，需要全社会多元主体的共同参与[7]。首先，地方政府作为环境治理体系中的主导者，通过约束与激励"双向用力"的措施，抑制企业高污染高耗能行为，鼓励企业践行绿色生产方式。一方面可以加大对违法排污行为的处罚力度，及时向社会公布违法排污"红黄牌"企业名单，对情节严重的违法排污行为，责令限制生产、停产整治、停业、关闭等处罚措施，倒逼高碳排放高污染企业减污降碳，转型升级创新；另一方面可以出台一系列激励企业绿色发展的税收政策，激发企业的创新意识。比如，企业从事符合条件的环境保护、节能节水项目的所得可以免征、减征企业所得税，形成企业推进环境治理的内在动力。其次，企业是污染物排放的主体，也是环境治理中的关键环节，要主动承担环境治理主体责任。具体而言，对于企业来说治污减排不仅仅是法律责任、社会责任，更是企业生存的现实需要，积极寻求减污降碳的有效方法。例如，从产品的设计、材料的选择、产品的制造、产品的销售以及回收的全过程践行绿色生产方式[8]；利用绿色信贷和绿色融资等手段发展绿色技术，降低绿色生产、绿色消费、绿色出行的成本和价格。最后，公众自觉践行绿色生活方式。习近平总书记多次强调，要形成绿色低碳的生活方式，把建设美丽中国转化为全体人民自觉行动。因此，每一个人都应成为绿色低碳生活的践行者、倡导者和传播者。公众在日常生活和工作中以点滴行动为美丽中国、低碳中国出力：从倡导步行、公交和共享绿色出行到自觉实行垃圾减量分类，从杜绝食品浪费，坚决制止餐饮浪费的"光盘行动"行为到节水节纸节电节能，从义务植树、"云端植树"到担任民间河长湖长，自觉履行生态环境保护义务[9]。

总而言之，政府、企业、社会团体、个体公民应该在厘清各自环境责任、确立角色定位的基础上，各司其职、各尽其责、共同发力，进一步健全区域内多元主体环境责任协同机制。

（四）建立维护跨区域环境协同治理合作关系制度

实践证明，分割的、碎片化的、以行政区域为界限的环境治理模式在应对环境要素的整体性、流动性等特性的污染问题时暴露出"顾此失彼"或"按下葫芦浮起瓢"的弊端。科学有效的合作机制体系，是实现环境区域协同治理的关键。一是，强化信息共享机制。数据壁垒、信息孤岛是造成环境沟通协同共治能力不足的重要原因，所以，充分运用数字技术，建立跨区域、跨部门、跨层级的数据信息共享和流程互联互通的信息平台，提升相关主体制定治理方案的准确性，为打赢蓝天、碧水、净土保卫战，服务保障碳达峰碳中和目标实现提供了数据支持。二是，建立跨区域间环境合作的组织机制。建立区域合作组织机制是实现区域环境协同治理的第一步。合作各方在合作组织框架内商定的合作目标和任务，作出统一的行动决策可以提高环境治理的效率。例如，长三角区域作为我国最强经济增长极，以4%的国土面积创造了全国近1/4的经济总量，同时，长三角区域也面临整个区域的大气污染、跨行政区河流断面上的水污染等严峻的环境问题。自2008年，苏浙沪两省一市共同签订了《长江三角洲地区环境保护工作合作协议（2009—2010年）》，成立了环境保护联席会议，建立区域环境保护合作机制。今天长三角地区在协同推进降碳、减污、扩绿、增长上取得了重大突破和成效。类似的还有珠三角经济圈建立了《泛珠三角区域合作框架协议》，制定泛珠三角区域环境保护合作工作计划、长株潭经济圈联合推进湘江污染治理等的区域环境合作组织[10]。三是，建立跨区域环境协同立法、执法合作机制。法治是推进区域环境协同治理的根本保障。如果立法不能协调统筹，就容易出现法律冲突和利益分化，难以产生裂变聚合效应。为此，地缘相近的两个以上平行立法主体可以根据具体客观情况和具体目标共同确定立法项目、协同立法程序，明确相对统一的执法依据和执法标准，使得区域环境协同治理有法可依[11]。与此同时，跨区域环境治理美好蓝图的实现在通过区域环境协同立法为区域环境协同治理提供法律依据之后，还需要通过协同执法合作才能不断推进区域环境协同治理实践。执法合作是区域内各方就区域共同面对的环境问题展开合作执法，其执法主体、权限、依据以及程序和标准都需要予以制度化和规范化。合作执法依赖长效合作机制的建立：建立跨区域内重大跨界环境事故的联合预警协调联动机制，提高突发环境事件的应急响应能力。例如，上游对下游的联动预警和下游对上游的反馈协查。增强突发环境事件应急预案的科学性、实效性和可操作性，快速、高效地防止环境污染事故的恶化；建立跨区域环境问题线索通报反馈和信息共享机制，使环境执法合作有的放矢；建立跨区域环境联合监察机制，定期召开联席会议，实行环境信息共享，实行环境问题共查；建立跨区域环境交叉执法机制，形成联合打击跨省市生态环境违法行为的常态合作。

（五）建立跨区域排污权交易制度

近年来，在国家积极推进排污权交易的背景下，各地也出台了不少政策措施，推动排污权交易体系发展，但在行政区划内进行排污权交易不仅市场规模有限，而且地区之间缺少协同，其减排效果不佳。2023年11月30日，习近平总书记在上海主持召开深入推进长三角一体化发展座谈会并发表重要讲话，明确指出，长三角区域"要建立跨区域排污权交易制度，积极稳妥推进碳达峰碳中和"[12]。推动跨区域排污权交易，这是排污权交易体系建立后的一次积极探索，不仅有效激活排污权二级市场，实现多地资源的优化配置，还能有效降低减排成本。为了更好地实现跨区域排污权交易，需要完善制度框架体系：一是，配额总量设定制度。跨区域排污权交易应该体现总量减排的基本原则，各行业、企业指标可以在划定范围内自由流动[13]。二是，建立严格的排放权分配与定价制度。在跨区域排污权分配中要注意省级公平，不能按照"一刀切"的方式来分配排污权配额。需考虑地区差异和行业差异，采取倾斜分配排污权的方式来制定初始排污权核定标准和排放权定价。三是，建立高效的监督机制。要实现跨区域排污权交易顺利推进，一方面可以设立独立的监督机构。可采取与行政权力分离的模式以减少不适当的干预，确保行政执法更加公正和有效。另一方面环保部门需要加强科技攻关，建设较为完备的现代化的环境监测网络平台。

参考文献

［1］寇江泽. 持续推动大气环境质量改善 过去10年全国重污染天数下降92%［N］. 人民日报，2023-03-29.

［2］易成栋，曾石安. "双碳"目标下都市圈碳排放协同治理研究［J］. 中共中央党校（国家行政学院）学报，2023，27（01）：96-104.

［3］胡中华. 关于完善环境区域协同治理制度的思考［J］. 法学论坛，2020，35（05）：29-37.

［4］韩兆坤. 高质量推进区域环境治理现代化［N］. 中国社会科学报，2022-12-07.

［5］段娟. 新时代中国推进跨区域大气污染协同治理的实践探索与展望［J］. 中国井冈山干部学院学报，2020，13（06）：45-54.

［6］王分棉. 以数字技术推动工业绿色低碳转型［N］. 经济日报，2021-08-11.

［7］李海生，王丽婧等. 长江生态环境协同治理的理论思考与实践［J］. 环境工程技术学报，2021，11（03）：409-417.

［8］李戎，刘璐茜. 绿色金融与企业绿色创新［J］. 武汉大学学报（哲学社会科学版），2021，74（06）：126-140.

［9］刘毅. 大家都做生态文明建设的实践者、推动者［N］. 人民日报，2022-06-05.

［10］胡中华．关于完善环境区域协同治理制度的思考［J］．法学论坛，2020，35（05）：29-37.

［11］夏红真．区域协同立法 共护绿水青山［N］．人民日报，2023-07-05.

［12］新华网．取得新的重大突破 谱写新的发展篇章——习近平总书记在深入推进长三角一体化发展座谈会上的重要讲话振奋人心、指引方向［EB/OL］．（2023-12-01）［2024-02-15］．https://www.news.cn/politics/leaders/2023-12/01/c_1130002528.htm.

［13］张进财，曾子芙．论我国排污权交易制度的不足与完善［J］．环境保护，2020，48（07）：51-53.

区域生态环境治理创新实践探究
——数字赋能河北环境公益诉讼检察监督新路径

孔令江　林　琳　上官岚竹

【摘　要】2022年10月，党的二十大报告首次把"依法治国"作为专章独立阐述，并指出"加强大数据和数字中国建设""完善公益诉讼制度""推进美丽中国建设"。2023年以来，河北检察机关探索开展了"数字+环境公益诉讼检察"办案实践并取得显著成效。本文以河北检察机关通过公益诉讼指挥平台办理的数字赋能环境公益诉讼检察监督典型案件为切入点，通过概述数字检察与环境公益诉讼检察的基本理论与实践，分析数字赋能环境公益诉讼检察的重要意义，最后提出应对数字时代河北区域环境公益诉讼检察工作的新路径。

【关键词】数字检察；河北环境治理；公益诉讼检察；实践新路径

一、问题的提出

党的二十大报告和《中共中央关于加强新时代检察机关法律监督工作的意见》（以下简称《意见》）两个纲领性文件中关于"推进美丽中国建设""加强大数据建设和数字中国建设""完善公益诉讼制度"的重要论述，体现了党对我国生态环境保护和公益诉讼检察工作的重视和期望，并为新时代数字检察工作的构建与发展提供了明确的风向标。2022年6月29日，最高人民检察院（以下简称"最高检"）首次部署数字检察工作，2023年6月19日，最高检党组书记、检察长应勇在北戴河数字检察工作座谈会上再次提出加快推进数字检察战略，公益诉讼部门充分运用大数据办案切实履行好环境公益诉讼检察职能已刻不容缓。近年来，破坏生态环境案件数量居高不下，根据2023年10月21日最高检关于生态环境和资源保护检察工作报告，"2018年至2023年6月，共办理生态环境和资源保护领域行政、民事公益诉讼44.7万件。向行政机关发出诉前检察建议32.6万件，整改回复率99.3%"。在"打击环境资源犯罪，推进美丽中国建设"的新时代背景下，公益诉讼部门应当如何走出传统检察监督手段乏力的困境，高效获取更多、精准的案件线索，亟须找到适合的履职保障切入点，打开全新的环境公益诉讼检察监督思路与格局。

河北省邯郸市检察机关通过公益诉讼指挥平台助力"燕赵山海·公益检察"提质增效的典型案例，提供了全新的数字检察办案思路。2023年4月，邯郸市检察院通过公益诉讼检察大数据智能化应用平台，获取某地10余条非法采矿案件线索，并利用卫星遥感技术开展调查取证，共定位150处非法采矿点，遂向侦查机关移交案件线索。经刑事侦查查明，某农业开发公司以建设猪舍、挖沼气池等名义违法采矿，共采挖山体170余万立方米、销售9482万余元。检察机关督促刑事立案2件，打掉犯罪团伙2个，抓获犯罪嫌疑人41名。邯郸市公益诉讼指挥平台是集案件线索统一管理、办案人员统一调用、办案资源统一调配为一体的综合项目，可实现线索智能研判、远程办案指挥、专项监督指挥、宏观决策指挥等，助力构建信息化、规范化、一体化的工作运行机制，切实提升办案质效和法律监督能力，不断拓展公益诉讼发展空间，全面推动新时代公益诉讼检察工作高质量发展。该平台设立了"案源库、线索管理、调查取证、检察建议、辅助决策、知识库、检察装备库、行业资讯"等八大功能模块，能实现案源信息一站式汇集、案件线索一站式筛选、案件办理一站式协作。该平台有利于破解当前工作中线索发现难、调查取证难、诉讼推进难、跨区域协作难、办案资源调配难、监督效果不明显等实质性问题，大大节约了办案时间。

以上是当前河北检察机关积极推动数字检察战略落地见效的典型个案。邯郸市检察院建成的公益诉讼检察大数据智能化应用平台，经过在全省范围内推广应用，于2023年12月28日在三级院正式全面启用，为河北检察机关"燕赵山海·公益检察"专项活动开展提供了更为有力的内在科技支撑。目前，该平台获取案源信息37034条，自动推送线索8661条，已立案500余件，取得了显著成效。

二、数字检察与环境公益诉讼检察概述

（一）数字检察基本理论

1. 数字检察的提出及其内涵

2021年浙江检察机关率先开展了数字检察试点工作。2022年6月29日，全国检察系统正式启动"数字检察"战略。2022年11月，最高检成立数字检察办公室，副主任翁跃强提出数字检察的基本概念，即检察机关通过数字化、智能化技术，在履行司法办案职能过程中，通过对业务规则进行梳理分析，建立法律监督模型及配套系统，发现类案线索后移送相关部门对相关违法犯罪进行查处，是对社会治理机制进行系统性完善的法律监督新模式。2023年8月，最高检印发《2023—2027年检察改革工作规划》，提出进一步健全数字检察制度体系。

2. 数字检察的本质

数字检察的本质是检察业务的一场数字革命，是检察理念及监督模式的一场巨变，是契合党的二十大对新时代检察监督工作新要求的一场伟大变革。数字检察的价值追求在于实现数字正义，而数字正义的本质是实现社会公正。数字化塑造正义空间发生了从"接近正义"到"可视正义"的深刻转型。我们不能将数字检察工作简单地理解为依赖计算机、人工智能来进行数字法律监督工作，或者仅仅是由检察技术部门负责数字法律监督工作。

3. 数字检察的根本目标

数字检察的根本目标是实现社会治理现代化，将检察办案模式从"个案办理"转变为"类案监督"，最后上升为"系统治理"，以"数字赋能监督，监督促进治理"的全新法律监督模式，实现数字化技术的新优势转化为社会治理的新动能。数字检察模式下的类案监督，是检察机关融入社会治理大局的最佳方式。为更好发挥检察机关法律监督职能，有必要加快推进数字化改革，以"数字检察"助力国家治理体系和治理能力现代化。

（二）环境公益诉讼检察理论与实践

1. 环境公益诉讼检察的由来

2013年《民事诉讼法》首次从法律层面明确规定环境公益诉讼制度，标志

着民事环境公益诉讼制度的创立。2014年《环境保护法》对于社会组织起诉主体条件进一步细化。2015年《检察机关提起公益诉讼改革试点方案》的通过，标志着检察环境公益诉讼全国试点工作开启。2017年《民事诉讼法》第55条新增第二款、《行政诉讼法》第25条新增第四款，标志着我国环境公益诉讼制度体系正式建立，检察环境行政公益诉讼和民事公益诉讼作为诉讼体系中的两种法定形态，成为保障我国生态文明建设的重要手段。2018年《检察公益诉讼案件适用法律若干问题的解释》具体规定了环境公益诉讼检察的办案规则。

2. 环境公益诉讼检察的实践现状

根据《生态环境和资源保护检察工作报告（2023）》《中国环境资源审判（2022）》《中国环境司法发展报告（2022）》，我国环境公益诉讼检察实践现状主要表现为：一是检察机关办理的环境民事公益诉讼案件明显多于环境行政公益诉讼案件，并且主要为刑事附带民事公益诉讼案件。二是各地区检察机关通过建立合作机制，进行跨行政区划协作办案。三是检察机关办理的环境公益诉讼案件类型呈现多元化特征。除了传统的大气、水、土壤等环境公益诉讼案件外，现多涉及鸟类、濒危植物、湿地等类型的环境公益诉讼案件。

3. 环境公益诉讼检察实践中存在的主要问题

根据最高法相关数据显示，环境公益诉讼检察的案件数量明显不足，其主要的问题在于检察机关获取破坏环境案件线索的途径有限。在实践中，获取损害环境公益诉讼检察案件线索的途径主要有三种：一是依赖于普通公民的举报或者其他机关单位的移送；二是检察机关内部办案部门的移送；三是在履职时发现的案件线索。环境公益诉讼制度使检察院突破了原有的职能范围，需要承担收集线索等更多的工作。但是，许多污染环境的行为主要处在预备阶段、初期，依靠其自身力量难以获得有效线索。

（三）数字检察与环境公益诉讼检察的关系

数字检察与环境公益诉讼检察两者的关系使用围棋的术语形象地概括为：数字检察"一子落"，环境公益诉讼检察工作"满盘活"，可以说数字检察为其打开了全新的办案思路、提供了强大的智慧依托。数字检察打破了各协作单位固有的"信息孤岛"，充分发挥了各协作单位之间的信息协同性，极大地化解了传统检察监督手段不足、案件线索较少的问题。数字检察作为一种高效的办案工具与手段，通过归集相关数据、建立监督模型、发现损害环境案件线索等构建全流程的数字化、智能化办案系统，以大数据赋能环境公益诉讼检察办案，实现办理损害环境个案向类案的转变，助推我国环境公益诉讼检察工作高质量发展。

三、数字赋能环境公益诉讼检察工作的重要意义

（一）数字检察可以"激活"环境公益诉讼检察工作

数字检察有助于化解传统环境公益诉讼检察监督不足的困境，为其插上"活力、智慧的双翼"。理念是行动的先导。数字赋能法律监督的核心在人，人的关键在思维。公益诉讼检察部门应当以数字检察革命为契机，全方位激活环境公益诉讼检察工作，充分发挥大数据办案的动力和活力，不断提高应用大数据发现环境公益诉讼案件线索和取证等高效办案的能力。数字检察需要数字应用技术的强力支撑，并以服务于检察业务实践为根本。信息共享是数字检察的根基，建立数字检察平台根本目的在于打通各协作部门之间存在的数据"壁垒和断点"，通过大数据系统的整合、融合，实现办案过程"全程化和一体化"服务，从立案阶段开始一直服务到办案终结为止。通过自动化全方位检察监督，实现大数据与环境公益诉讼检察办案的完美融合，建立起真正意义上的智能检察监督平台。该平台可以实现"类案"办理的高效能监督，以自动化技术抽象出类案监督，通过构建法律监督模型在具体的案件中筛选线索并进行智能化分析，从根本上解决环境公益诉讼检察工作的智能化问题。

（二）数字检察可以促使环境公益诉讼检察工作形成"主动式"监督模式

在数字化时代，数字检察的应用给环境公益诉讼检察工作打开了前所未有的办案思路。为满足党的二十大对新时代公益诉讼检察工作提出的新要求，助力环境公益诉讼检察业务的高质量发展，将"被动式"监督模式转换为"主动式"监督模式是数字检察改革的必由之路。"主动式"检察监督当前主要体现为能动检察，即依法能动履职，是指检察机关在依法履行法定职责时，心怀"国之大者"，充分发挥主观能动性，全面提升法律监督的质量和效果。"主动式"检察监督模式运行的关键环节在于如何高效地获得案源线索。在此前传统的环境公益诉讼检察办案中，案件监督的模式主要是"等、靠、要"被动监督模式，导致案件线索少且难以获得，这是环境公益诉讼检察业务难以高效开展

和监督不力的主要原因。因此，主动掌握、发现案源线索便成为事关环境公益诉讼检察业务成功开展的关键环节。在2015年之前，环境公益诉讼检察工作基本处于真空状态，之后虽然在全国开展了一系列的专项检察行动，但是没有形成固定的、规范的监督模式，有限的案件线索依然是影响环境公益诉讼检察工作开展的绊脚石，但是大数据为其开辟了一条全新的数字监督之路。以数字检察为切入点，开展主动式检察监督，全力聚焦案件线索，推动环境公益诉讼检察工作走上"依托大数据，拓展线索源，增强精准度，提升权威性"的主动监督、高质量发展之路。

（三）数字检察可以"助力"司法公正的高效实现

党的二十大报告强调"公正司法是维护社会公平正义的最后一道防线"，而环境权作为重要的人权，关乎公平正义的最终实现。司法公正不仅是形式上的公正，更强调结果的实质公正。公平正义是客观公平正义与人民群众主观公平正义相统一的公平正义。检察机关是确保司法公正的重要践行者、监督者、参与者。司法人工智能让人们看到了"可视正义"和"数字正义"的希望。当前，环境公益诉讼检察工作的智能化转型工作仍处于起步阶段，大数据利用不充分、信息共享受阻等问题依然存在，检察机关必须牢牢把握新时代公益诉讼检察工作转型的关键期。为真正实现环境公益诉讼检察司法实质性监督的法律作用，应当充分开发、利用大数据监督平台，深度挖掘海量数据背后的案件线索，全力打造环境公益诉讼检察工作智能化融合平台，"助力"司法公正的高效实现。

四、数字赋能河北环境公益诉讼检察新路径

（一）转变固有观念形成大数据办案思维

当前，数字革命在各行各业全面兴起，正深刻地影响环境公益诉讼检察工作的改革与发展。从环境公益诉讼检察实践看，每一起环境公益诉讼案件，如果只是"形而上学"地观察单个信息单元很难有所获，但是，在共享的大数据并进行信息比对后，就会比较容易发现案件线索。因此，环境公益诉讼检察工作中要树牢大数据办案思维，提高对大数据的认识和重视程度，强化对大数据的收集、分析意识。丰富和优化监督类案办理的思维方式，从办理诉讼类案件

更多注重因果关系的思维，转变到相关关系和因果关系并重的思维。运用好大数据战略思维需要做到：一是不断深化对大数据的认知层次，深入了解其背后的本质内容，掌握具体的应用场景，不断提升灵活运用的能力。二是坚持以问题为导向，丰富大数据赋能检察工作的应用场景，将大数据与环境公益诉讼检察工作充分融合。三是打破信息鸿沟、全方位进行信息共享。四是信息安全建设同步进行。

（二）建立智慧监督平台并充分发挥大数据优势

我国智慧检务经过快速发展，已推出应用系统2.0等产品及智慧监督、智慧出庭、类案检索、"三远一网"等场景应用。目前，应当建立起环境公益诉讼案件的大数据智能监督平台并充分发挥其智能化优势，具体为：一是精准筛选目标数据。先在庞大的数据库中对数据进行筛选，以数据的关联性为标准，通过关键词筛选与环境公益诉讼检察工作密切相关的数据，加强所选数据的针对性。二是能动采集目标数据。采集数据是大数据赋能环境公益诉讼检察工作的重要组成部分。大数据的类型主要有三种：结构化、半结构化和非结构化数据，应当根据目标数据的类型确定相应的采集方法。三是精准分析目标数据。在经过对数据的选取和采集形成数据库的基础上再进行精准分析，这是大数据赋能环境公益诉讼检察的核心要点。数据分析主要是经过关联性分析，发现数据链上的异常情况，进而发现背后可能存在相关的案件线索。

（三）充分利用法律赋予检察机关的调查核实权

《意见》指出"要加强对监督事项的调查核实工作"。早在2018年《人民检察院组织法》第21条就首次明确了检察机关的调查核实权，赋予其法律监督的"牙齿"。调查核实权主要包含调查取证、核实案情。其中"调查取证"是指执法机关为了证明特定的案件事实，按照法律规定的范围和程序，收集证据材料的法律活动。"核实"是对刑事案件中所有与其相关的证据、案情的具体细节进行审查。环境公益诉讼检察工作和公诉案件的本质一样是办案。通过对大数据的共享、比对、分析和碰撞发现问题线索后开展更深入的调查核实工作，进一步收集、固定相关证据，最终依法提出相应的检察意见并督促相关单位及时履行职能，是环境公益诉讼检察工作的办案流程。从大数据思维看，后续调查核实和收集、固定相关证据，完善证据链条，需要以前期大数据为基础，属于大数据的延伸使用。在环境公益诉讼案件的调查核实工作中，要注意调查有关单位履职不到位或怠于履职问题。在以上工作的基础上，依法纠正违法行为，或者向有关部门和单位移送职务犯罪线索。

五、结语

传统的河北环境公益诉讼检察业务工作中，利用法律监督平台等智能化方式办案基本处于空白状态，导致数字化时代河北环境公益诉讼检察工作难以充分发挥法律监督作用。党的二十大报告和《意见》相关论述为数字检察业务的发展指明了方向，数字赋能公益诉讼检察业务的高质量发展成为河北环境公益诉讼检察工作实现飞跃式发展的关键一招。"燕赵山海·公益检察"专项监督活动主动适应数字化时代的新要求，以数字革命的积极形态充分发挥社会治理功能。"燕赵山海·公益检察"数字检察实践，打破了原有环境公益诉讼检察监督效果不佳的困局，推动了环境公益诉讼检察业务工作的高质量发展，实现了检察机关更加全面、深入参与社会治理，最终助力中国式现代化的实现。

参考文献

［1］应勇.最高人民检察院关于人民检察院生态环境和资源保护检察工作情况的报告——2023年10月21日在第十四届全国人民代表大会常务委员会第六次会议上［R］.2024-2-5.https：//www.spp.gov.cn/xwfbh/wsfbh/202310/t20231021_631451.shtml.

［2］新华社.打击环境资源犯罪 推进美丽中国建设——来自全国人大常委会专题询问现场的声音［R］.2024-2-5.https：//www.gov.cn/yaowen/liebiao/202310/content_6911271.htm.

［3］邱春艳.深入贯彻习近平法治思想 以"数字革命"驱动新时代检察工作高质量发展［N］.检察日报，2022-6-30.

［4］翁跃强，申云天.数字检察工作中的十个关系［J］.人民检察，2023（1）.

［5］高景峰.数字检察的价值目标与实践路径［J］.中国法律评论，2022（6）.

［6］周尚君，罗有成.数字正义论：理论内涵与实践机制［J］.社会科学，2022（6）.

[7] 程曙明. 深化数字检察改革打造法律监督高地 [N]. 检察日报，2022-5-28.

[8] 贾宇. 数字检察助力治理现代化 [N]. 人民日报，2021-9-10.

[9] 陈晓景. 检察环境公益诉讼的理论优化与制度完善 [J]. 中国法学，2022（4）.

[10] 刘海蓉，罗丹. 检察环境公益诉讼实践现存问题及其对策——以S省D县检察院为样本 [J]. 西华师范大学学报（哲学社会科学版），2023（10）.

[11] 徐本鑫，徐欢忠. 公益诉讼检察调查核实权的阶段性运行规则建构 [J]. 太原理工大学学报（社会科学版），2022（5）.

[12] 钱建美. 数字赋能让新时代检察监督更具活力 [N]. 检察日报，2021-11-19.

[13] 朱孝清. 论能动检察 [J]. 人民检察，2022（13）.

[14] 翁跃强. 以智慧赋能检察走主动监督之路 [N]. 法制日报，2019-10-24.

[15] 王志远，陈昊. 深挖数字检察潜力 增强法律监督智慧 [N]. 检察日报，2021-11-2.

[16] 朱孝清. 更全面更高层次的公平正义 [N]. 检察日报，2023-1-20.

[17] [美] 伊森·凯什，[以色列] 奥娜·拉比诺维奇·艾尼. 数字正义：当纠纷解决遇见互联网科技 [M]. 赵蕾等译，北京：法律出版社，2019：263.

[18] 常锋. 检察大数据战略：思维、机制与实践 [N]. 检察日报，2022-4-1.

[19] 孙谦. 新时代检察机关法律监督的理念、原则与职能 [N]. 检察日报，2018-11-3.

[20] 李强，常海蓉. 民事检察调查核实制度若干问题探究 [J]. 人民检察，2017（2）.

[21] 屈永明. 侦查活动监督中调查核实权的完善路径 [J]. 中国检察官，2017（17）.

京津冀城乡生态融合发展
府际合作制度研究

马珂俊

【摘　要】城乡生态融合是实现生态文明建设战略目标的重要抓手，是实现区域经济长足发展的重要支撑点。北京联动津冀构建现代化首都都市圈、打造世界级城市圈，城乡生态环境作为发展载体是制约其发展的重要因素。因此，对京津冀城乡生态融合发展的合作制度进行研究是十分必要的。基于府际合作视角下，对京津冀城乡生态融合的推动力、组织力以及执行力制度困境进行分析，提出了府际合作视角下京津冀应强化城乡生态共治理念的培育宣传、健全城乡生态融合发展府际合作的制度、增强城乡生态融合发展府际合作的保障制度等针对性措施，助力京津冀现代都市圈的长效发展。

【关键词】城乡生态融合；府际合作；京津冀

一、问题提出

习近平总书记指出："良好生态环境是最公平的公共产品，是最普惠的民生福祉。"生态治理是城乡融合发展的重要抓手，也是时代发展的必然要求。随着中国经济和社会的飞速发展，生态环境遭到了严重的破坏，为应对这一重大问题，党的十七大报告中首次提出要建设生态文明。党的十八大、十九大报告进一步强调了生态文明的重要性。党的二十大报告则进一步提出"坚持城乡融合发展""建设宜居宜业和美乡村"等相关理念。城乡生态融合即统筹城乡，使"绿水青山就是金山银山"的利益最大化，实现环境的可持续承载能力。

目前我国学者对于城乡生态融合的研究主要集中于内涵研究[1][2]、路径研究[3][4]及机制研究[5][6]三方面，对于城乡生态融合府际间合作的制度研究少之又少。同时，府际合作已经应用于京津冀生态环境治理研究[7][8]。由于城乡生态融合同样涉及生态问题，而生态问题由于其扩散性靠单一治理主体难以取得成效，政府间的协作治理非常必要。地方政府间的合作治理将对城乡生态融合发展的有效治理有重大意义，有利于解决我国城乡融合发展过程中出现的一系列环境问题，对于实现乡村振兴战略具有重大的促进作用。因此，本文基于府际合作视角下通过对目前京津冀城乡生态融合发展府际合作制度现状进行分析，并提出针对性建议。

二、京津冀城乡生态融合发展府际合作的必要性

区域生态府际协作治理是解决区域性复杂城乡生态问题的内在需求。随着区域经济一体化和信息化进程的加快，资源、信息等要素不断突破传统的行政管理界限，使政府面对复杂的跨区域城乡生态问题。在这种情况下，如果单一的地方政府不能很好地解决上述问题，那么，区域生态的府际协作治理就产生了。通过府际协作，实现区域城乡生态融合治理，是实现地方政府之间共同努力、共同提高的有效途径。

首先，城乡生态问题的跨区域性。党的十八大以后，党和国家对生态保护工作给予了极大的关注，各级政府为解决城乡生态问题作出了空前的努力，然而，从中央环保督察到实地核查的结果来看，我国依然存在着执行乏力等问题。随着工业化和城市化进程的加快，城乡生态差距加大，给农村人民的生存与发展造成威胁。由于城乡生态环境的整体特性，使得其表现为联合治理的现象。城乡生态问题逐渐呈现出从单一化到复合型的发展趋势，使其治理难度不断加大。如水、空气污染等环境问题，因其跨越地域界限、突破传统行政界限，造成的影响范围较大，在不同地域表现出的问题也不尽相同。正因为这种地域差异，各地区政府之间形成了生态环境命运共同体，要想阻止生态环境恶化，就需要加大协作力度。

其次，社会治理的多元化的参与。城乡生态环境作为一种具有"公共性"的商品，其价格与竞争机制很难对其产生很大的影响，而其非排他性的特点使得人们能够以很少的成本来获取他人的支付——从而获得公共品的提供。这种特点决定了在一个商品社会中，人们不愿为其支付一定的费用，因此，政府必然要充当公共物品的提供者，并在生态治理中扮演着不可或缺的角色，唯有如此，才能实现区域生态治理的成本和效益的均衡，防止城市对农村生态资源的

过度开采与利用。政府的作用是无可替代的；政府权威的普遍性、权力的正当性、暴力的正当性等特征，使其成为城乡生态融合发展的主体。然而，这并非仅仅指政府，还应将社会团体、个体公民纳入其中。

三、京津冀城乡生态融合发展府际合作困境

（一）京津冀城乡生态融合发展府际合作推动力不足

首先，推动力不足表现在城乡生态理念有待进一步转变。党的十七大以来，政府逐渐重视生态文明建设。从传统的以经济效益为先逐渐转变为生态保护优先的生态治理理念。从"牺牲农村环境发展城市经济"的思路转变为"城乡融合发展"的新思路，突破了以往经济发展与生态保护对立的局面。但总体来看，城乡生态融合发展仍处于起步阶段，主要通过行政命令强制执行，治理和保护的自觉意识仍有待提高。由于缺乏相关生态理念，经济发展的负效应很大程度上由农村承担，城乡发展未能实现公平正义。

其次，推动力不足是由于府际合作理念缺失。不同区域的同级政府，因自然地理条件、经济社会条件等不同，难以形成一致的目标。京津冀三地的行政机构对城乡生态价值观缺乏共同的理念认知。过去我国将经济发展速度作为地区经济发展的重要指标，漠视农村生态环境问题，导致农村等落后地区生态问题频发。由于认识和视角的不同，各政府部门很可能会在城市生态环境保护与管理过程中，产生全局与局部的矛盾。传统的"条块分割"的管理方式在促进地方治理的同时，也使不同的政府之间形成了一种竞争性的、相对独立的利益群体。囿于官员晋升体制，城乡生态融合发展短时内难以取得政绩，从而地方政府官员容易因眼前的经济利益忽视城乡生态的长足发展。

（二）京津冀城乡生态融合发展府际合作组织力不够

首先，组织力不足是由于组织结构的局限性。府际合作的效果受组织制度化程度影响。因为我国采用的是以地理边界为核心的传统官僚管理模式，这使得我国的城乡生态整合和府际协作在组织架构上面临挑战，主要体现在权力的相互分割。一方面，各个部门有关生态的任务和目标各不相同，导致各个行政部门职能交叉，出现问题后容易出现责任推诿。现有行政体制中各个部门间强调分工大于合作，生态问题的跨区域性决定其治理的合作性。但由于各个行政

部门的利益不同，造成协同治理模式难以形成，部门分类管理的硬性制度加剧了环境治理的整体危机。

其次，组织力不足表现在相关法律制度不健全。由于京津冀城乡生态融合治理府际合作未能形成完整的治理体系，各属地往往从自身利益出发处理问题。区域性协调机构没有实质上的权力，决策机制还未形成制度化管理。有关京津冀府际协同治理立法不完善，阻梗了京津冀联合执法、协作司法。同时，诸如《环境保护法》关于实行"统一规划、统一标准、统一监测、统一防治"的规定并未带来明显实效，协同治理缺乏指导性操作意见。由于上位法的协同功能缺失，京津冀地方性协同执法缺乏了指导性文件，地方政府间合作困难。

（三）京津冀城乡生态融合发展府际合作执行力欠缺

当前，我国政府开始关注城乡生态融合发展问题，并出台了一些政策积极促进京津冀政府间的合作。但是，京津冀地区在经济发展水平上存在着明显的差异，因此，在统筹城乡生态一体化的需求与投入上也存在着差异。经济发展水平越高的地区，在城乡生态融合发展方面的投资越大，而在经济相对落后的地区，其投资就越少。由于经济发展程度的差异，区域间的环保投资存在差异，生态治理协作中存在权力分散的现象，从而影响到生态治理的有效性。

由于生态环境系统具有流动性，导致某一地区发生污染不能及时发现从而发生扩散；或者地方政府为追求经济利益忽视农村生态问题，其他地区的政府发现问题后仍然漠视存在的环境问题，达不到区域城乡生态治理的合作效果。在此过程中，地方官员在行使职权时，往往会以自己管辖范围内的利益为目标，而管辖范围内的利益有时与自己的利益并不完全一致，有时还会与管辖范围的利益发生冲突。由于地方政府在城乡生态一体化目标上的不同，以及各地区政府为了自身利益的最大化，导致了地方政府在城乡生态治理中的执行力度不够、协作进程缓慢。

四、京津冀城乡生态融合发展府际合作路径

京津冀城乡生态融合发展中要不断加强府际合作的推动力、组织力、执行力。如图1，以府际合作推动力的增强助力府际合作组织力、以府际合作组织力的提升强化府际合作的执行力、以府际合作的执行力的提高进一步加强推动力，致力于形成城乡生态融合发展府际合作常态化机制。

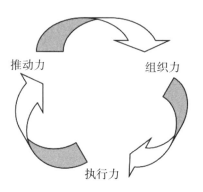

图1　京津冀府际合作制度机制图

（一）加强推动力：强化城乡生态共治理念的培育宣传

要想打破社会困境，就需要京津冀人民对城乡生态融合理念以及京津冀三方政府对府际合作理念达成共识。即对城乡融合生态共识、生态共建认识达成共识，使其认识到生态融合治理与自己息息相关。

首先，坚持树立"绿水青山就是金山银山"的理念。摒弃传统的经济利益至上的理念，提倡不破坏生态环境条件下的绿色可持续发展。经济的发展不得与生态治理相冲突，不得以生态环境为代价。倡导大小企业绿色发展，鼓励企业环保经营，可通过制定一系列的奖励政策激励企业。充分利用各种新媒体资源，积极宣传生态保护；强化居民的生态参与意识，环保部门在生态政策制定、执行过程中，充分听取民众的意见。在网络快速发展的时代下，直播、主题教育和各种短视频是进行理念培育的最好手段。同时，可以派部分人员通过发放宣传页、现场讲解等方式，向群众普及农村面源污染防治、秸秆焚烧、"无废城市"建设相关法律法规。

其次，京津冀在进行生态治理中，要具备长期合作的生态观念。"生态文明"理念的提出需要有思想支撑、战略支撑和战术支撑。在实现途径上，要把重点放在"绿色""循环"和"低碳"的发展上；从长远来看，这是一个漫长而艰辛的工程。积极宣传城乡生态融合治理理念，增强生态责任主体意识。京津冀基于合作、协同以及长期主义的观点和理念，着眼于为生态创造长期价值，始终强调经济发展融入城乡生态的能力及二者的平衡。对相关政府部门工作人员定期进行思想教育工作，使合作理念外化于行。京津冀各个地方党委和政府不仅要扛起本行政区内城乡生态融合治理的责任，更要联合其他两地切实制定城乡生态融合责任清单，把任务分解落实到有关部门。京津冀要抓紧制定一份关于中央和国家机关有关部门的城乡生态环保责任制的规定。三地和有关部门要认真落实环保责任，制定年度环保工作规划，并提出具体的实施办法。

（二）增强组织力：健全城乡生态融合发展府际合作的制度

生态治理靠单一主体很难彻底落实，往往需要多方联动治理。京津冀三地建立府际间城乡联动的生态环境治理机制，实行区域共管同治。同时，不断完善相关法律机制为府际合作提供保障，以增强城乡生态融合府际合作的组织力。

首先，建立府际间城乡联动的生态环境治理机制制度，打破存在的行政困境。鉴于环境保护行为正外部性、环境污染的负外部性，区域府际合作中的环境治理，只有引入多元主体参与的多元治理才能兼顾和平衡这对矛盾的两个方面，从而有效克服这种"碎片化"，全力突破生态治理府际合作的行政困境。府际间严格落实生态执法。一方面，明确政府生态执法责任，高效统筹执法资源。将生态职责进行细化分工，并落实到相应的环保部门。避免各个部门间职责边界不清、交叉重叠。同时通过整合执法资源进而实现统一调配，避免执法资源失衡的情况。同时，建立京津冀区域经济一体化协调机制与有效平台，特别是高层次的合作磋商协调机制。机制建设是实现有效治理的一大关键。在府际合作中，可建立联合机制。其包括联合执法运行机制、联合执法反馈机制、联合执法奖励机制、联合监督反馈机制和有效的执法人才选拔机制等。相关环保部门对临时机构授权充分，管理形成有效规范，工作程序清晰明确。同时致力于促进市场合作与非政府合作，形成配套支撑的合作组织形式，使得合作的组织形式多样化。同时配备专职人员，制定议事规则和程序，形成跨区域行政权威，避免存在较大随意性。

其次，健全相关法律机制。一方面，要强化跨行政区地方政府合作的组织制度建设。"地方政府间权力协调的程度决定了地方政府合作的深度"[9]，即地方政府合作的组织化程度涉及权力在地域空间的再配置，在中央授权下，地方政府将环境治理等公共服务职能下放给跨行政区域的地方政府合作机构，以弥补区域环境管理权限不足的现状。另一方面，要加强区域环境治理的相关法律制度建设，要加快《跨域政府间关系法》《区域合作法》《区域环境合作章程》和《区域环境合作条例》等一批区域合作的法律、法规建设，在区域环境管理领域尽量细化地方政府合作的范围、形式和内容，明晰各参与主体的职责和权利，构建一套由各地区政府共同遵循的合作公约，推动区域政府决策的标准

（三）提高执行力：增强城乡生态融合发展府际合作的保障制度

京津冀城乡生态融合治理府际合作经济困境在约束单方政府在合作中的机会主义行为的同时，还应因地制宜地建立起京津冀城乡生态补偿机制、制定城乡生态环境保护责任制。城乡生态补偿机制的建立进一步改变目前部分地区治污能力与污染程度不匹配的现状，城乡生态环境保护责任机制的建立更好地规避了经济发展中的机会主义。

首先，健全京津冀城乡生态补偿制度。一方面，可以加强对相对落后地区或者生态问题较为严重地区的资金补偿。资金补偿可以来源于财政拨款、生态专项支出等政府财政，也可以通过政府鼓励企业增加的环保资金投入等多种方式获得，这主要用于适当建设植被、绿化和生态环境优化等。另一方面，是土地补偿，其主要目的是合理认定收益权，解决土地利用和保护之间的矛盾，确保土地发挥最大的经济效益。同时，针对不同发展阶段配置相应资源。京津冀府际在进行生态合作治理的过程中，需要注重横向政府关系的资源流动。对不同地区进行不同的生态环保基础设施配置。分片、分区域定点投放公共服务设施，必要时安排专人负责监察。促进京津冀环保治理投入均等化，同质同步推进配套设施建设。对京津冀进行差异化补偿、增加政府财政投入、充分调动社会组织及社区参与，把补偿的准则、过程、资金的管控和动态调整有机整合在一起，保护有形无形自然资源，评估生态功能以及恢复生态状况，将推动生态保护补偿政策的实施和落实。

其次，要建立生态环境保护责任制制度。在区域间合作中，要建立在维护地区共同利益和促进地区协调发展的前提下，在目标激励的过程中，要将合作双方的目的和合作的共同目的相结合，唯有如此，才能在达成共同的目的的情况下，达成合作双方的目的，才能让双方持续地工作，充分发挥自身的潜力。目标还可以约束合作各方的行为。通过设立目标责任制，实施目标评价，对目标的完成过程进行监督，将实施过程、结果与目标、计划相比较，使合作过程中出现的问题能够被及时地发现，并且向合作各方反馈实施中的偏差，并对其进行修正，从而保证区域府际合作能够持续、高效地开展并取得预期的结果。同时，完善政绩考核制度以制止地方官员追逐经济利益而忽视城乡生态融合问题的短视行为。并建立落实区域行政协议责任的相关制度。在此基础上，还应制定相应的地方行政协议法律责任体系。评估各级政府和各部门在府际合作中的职责履行情况，并将评估的结果附于相应的报告后公布，以此对各参与方的职责进行某种程度的监督。

五、结论

鉴于环境保护行为正外部性、环境污染的负外部性，区域府际合作中的环境治理，京津冀城乡生态融合治理只有引入多元主体参与的多元治理才能兼顾和平衡这对矛盾的两个方面，府际间的合作行为是不可避免的。府际间合作将有利于促进京津冀城乡生态融合发展，进而实现京津冀全面协调可持续发展。然而，在推进生态合作治理过程中，目前京津冀区域合作尚需进一步规范和体系化，区域合作的制度规范和合作网络还需进一步完善。本文以京津冀城乡生态融合治理为主题，基于府际合作视域，探索京津冀城乡生态融合治理的府际合作的制度路径，倡导构建京津冀城乡生态融合治理应实现多向度的府际网络合作关系，鼓励从加强推动力、增强组织力、提高执行力推进京津冀城乡生态融合府际合作治理，以京津冀三地政府合作制度的不断完善持续助力生态融合发展。

参考文献

［1］刘玉邦，眭海霞. 绿色发展视域下我国城乡生态融合共生研究［J］. 农村经济，2020，454（08）：19-27.

［2］宋言奇. 从城乡生态对立走向城乡生态融合——我国可持续城市化道路之管窥［J］. 苏州大学学报（哲学社会科学版），2007，145（02）：8-11.

［3］李金泉，常颖. 生态文明视野下城乡深度融合的绿色发展路径探究［J］. 中共济南市委党校学报，2019，168（06）：106-109.

［4］李宁. 城乡融合视阈下乡村生态治理困境及其路径创新［J］. 青海社会科学，2020，244（04）：42-48+54.

［5］武小龙，谭清美. 城乡生态融合发展：从"策略式治理"到"法治化治理"［J］. 经济体制改革，2018，212（05）：67-72.

［6］李锋. 浙江省宁波市鄞州区城乡生态融合发展的"绿色城镇化"模式探索［J］. 北京农业，2016，646（05）：163-164.

［7］王书平，宋旋. 京津冀生态环境府际协同治理研究［J］. 北方工业大

学学报，2021，33（03）：75-81.

　　［8］陈萌. 京津冀雾霾治理中政府间合作问题研究［D］. 长春工业大学，2019.

　　［9］杨龙，杨杰. 中国府际合作中的信任［J］. 理论探讨，2015（6）：137-138.

基于"区域协调发展"的我国中西部南北绿色经济带的构建

赵临龙

【摘　要】从国家《第十四个五年规划和2035年远景目标纲要》的"四大区域协调发展",到党的二十大报告中的"区域发展的四大战略",进一步明确中国区域协同发展的方式,推进社会主义现代化国家全面实现高质量发展。本文在分析我国西部地区经济区存在的全局缺陷基础上,提出构建国内国际双循环新格局的"中西部南北绿色经济带",以期成为中西部走向共同富裕的重大策略。

【关键词】中国;中西部地区;区域发展;南北经济带;构建

2021年3月12日,国家《第十四个五年规划和2035年远景目标纲要》(以下简称《规划和纲要》)中明确提出四大区域协调发展策略,对于中西部提出"推动西部大开发形成新格局,促进中部地区加快崛起";对于东部提出"推动东北振兴取得新突破,鼓励东部地区加快推进现代化",并且强调以"两山理论"构建生态文明体系,推动区域经济社会发展全面绿色转型,建设美丽中国。

2022年10月16日,习近平总书记在党的二十大报告中,提出我国区域发展的"四大战略"(区域协调发展、区域重大、主体功能区、新型城镇化),并且在区域发展践行中,以"两山理论"谋划人与自然和谐共生的永续发展。

从全球范围内的"一带一路"建设,到国内的区域经济发展,"十四五"任务更加明确而繁重。从国家《规划和纲要》的"四大区域协调发展",到党的二十大"区域发展四大战略",进一步明确中国区域协同发展的方式,推进社会主义现代化国家全面实现高质量发展。

从国家《规划和纲要》"构建生态文明体系,推动经济社会发展全面绿色转型，建设美丽中国"，到党的二十大以"两山理论"谋划人与自然和谐共生的永续发展，进一步明确中国绿色产业发展方向，促进人与自然和谐共生作为全面建设社会主义现代化国家的重要行动指南。

一、我国西部经济区发展中的局限性

我国在西部大开发中，取得了举世瞩目的成绩，对于增强防范化解各类风险能力，促进区域协调发展，开启全面建设社会主义现代化国家新征程，具有重要现实意义和深远历史意义。

当然，在西部经济区的勾画和发展中，也存在一些值得探讨的问题。目前，中国已经形成了有较大影响力的三大经济圈，即华南区域的珠江三角洲经济圈、华东区域的长江三角洲经济圈、华北区域的环渤海湾经济圈。这三大经济圈都位于中国的东部地区。中国西部地区在一定范围内，相继设立了成渝经济区、关天经济区、北部湾经济区、呼包银榆经济区等。但这些经济区的影响力和核心城市辐射范围都不及我国东部地区的三大经济圈，对整个西部地区的发展影响受到局限。

1. 西部经济区横向联系较多，缺少纵向联系，难以做到西部地区整体协同发展。尽管西部地区有呼包银榆、关天、成渝、北部湾等几个较大的经济区，各个经济区构成相对独立的发展区域，在全国范围内形成了东西方向有一定经济影响力的区域联系，产生了相应的经济辐射作用，但是，各个经济区没有在全国范围内形成南北方向有较大经济影响力的区域联系，即目前西部的各个经济区还无法推动西部地区的整体协同发展。

2. 东西部地区走向共同富裕的发展之路，形成互动共赢的区域协调机制还需进一步完善。国家《规划和纲要》提出四大区域协调发展策略，推动四大区域有序发展。当前，无论是东部地区的三大经济圈，还是西部地区具有一定影响的经济区，其在增强区域经济协调互动发展以及发挥核心城市辐射带动作用等方面还需要进一步完善。即东西部地区形成优势互补、良性互动、共同富裕发展的互动共赢机制还需要加强。

3. 西部地区良好的生态资源未能形成区域旅游互动优势，不利于绿色经济整体发展。覆盖了中国西部大部分地区的"丝绸之路经济带"，是中国与沿线各国之间的经贸合作通道，带动和影响了沿线国家的旅游发展，尤其中国随着西部地区高铁的开通，中国旅游发展出现了新的气象。但是，从世界范围看，

"新丝绸之路经济带"正在构建中，它对中国旅游全面发展产生的重大引领作用还未达到最佳效果，这影响到对西部地区优质的旅游资源的保护和利用，使西部地区区域旅游的巨大优势作用还没有充分发挥出来。即在一定程度影响到西部地区绿色经济的整体发展。

二、我国中西部南北旅游大通道的提出

2006年，笔者在实际调查研究和理论探索思考的基础上，提出构建"中国中西部南北旅游大通道"（略称为"南北旅游大通道"），以此推动中西部地区的协同发展。

南北旅游大通道位于东经110度，中国陆地版图南北中轴线附近的旅游区域，南北线路长达3000多公里，从北到南串联起九个省、市、自治区的著名景观：内蒙古（满都拉口岸、外长城、响沙湾、成吉思汗陵）、陕西（镇北台、红色延安、黄河瀑布、黄帝陵、西安古都、秦兵马俑、秦岭）、湖北（武当山、神农架、恩施大峡谷）、重庆（长江大、小三峡）、湖南（张家界、凤凰古镇）、贵州（梵净山、镇远古镇）、广西（灵渠、桂林山水、印象·刘三姐景区）、广东（海陵岛、湛江虾都、徐闻海港）、海南（海口椰城、天涯海角）等。从绿色大草原，到黄色大沙漠和黄土地，经过红色延安、紫色皇宫，再到绿水青山、蓝色大海洋，形成具有世界影响力的南北旅游精品线[1]。

1. 区位优势。南北旅游大通道涉及面积和人口分别占全国总面积和总人口的28%和27.5%，其辐射到东西范围：宁夏、甘肃、新疆、四川、贵州、云南、北京、天津、河北、山西、河南、江西、福建等省、市、自治区。

南北旅游大通道经过的区域主要为经济欠发达地区，其面积和人口分别占全国总面积和总人口的6.1%和5.7%[2]。因此，在我国中西部经济欠发达地区的发展中，南北旅游大通道具有明显的区位优势，使南北旅游大通道成为实施"推动西部大开发形成新格局"战略的发展之路。

南北旅游大通道位于我国中部地区，贯通中西部南北，辐射我国东部西部地区。更重要的是秦岭位置和其功能的重要性，使构建的南北旅游大通道成为践行"绿水青山就是金山银山"的实践基地，在全国具有示范引领作用。

2. 资源优势。南北旅游大通道展示世界闻名的旅游精品，人文景观有：黄帝陵、秦兵马俑、成吉思汗陵、红色延安、西安古都、凤凰古城、海陵岛等；自然景观有：黄河瀑布、长江三峡、桂林山水、天涯海角、张家界、武当山、

梵净山、徐闻海港等。整合和发挥南北旅游大通道的旅游资源禀赋优势，就能建立具有国际影响力的精品旅游线：成吉思汗陵（大草原、大沙漠）—黄帝陵（黄河、长城）—兵马俑（古都景观、秦岭）—武当山（神农架）—长江三峡（夔门）—张家界（武陵源）—梵净山（桃花源）—桂林山水（刘三姐）—海陵岛（南海一号）—天涯海角（大海洋）。

截至2019年底，南北旅游大通道具备的优质旅游资源禀赋，主要体现为从世界文化自然遗产到中国的历史文化名城、风景名胜区、5A级旅游景区、自然保护区、森林公园等核心指标方面（见表1）。

表1 南北旅游大通道旅游优质资源禀赋（区域总量/通道地数量）

	世界文化自然遗产	中国历史文化名城	中国风景名胜区	中国5A级旅游景区	中国自然保护区	中国森林公园
内蒙古	1/0	1/1	2/0	6/2	30/4	35/3
陕西	2/2	6/6	7/7	10/10	25/25	37/37
重庆	2/0	1/1	6/3	9/2	7/3	26/6
湖北	4/4	5/0	8/2	13/4	22/9	38/9
湖南	3/3	3/1	22/8	9/3	24/9	63/14
贵州	4/1	2/1	19/6	7/2	9/7	24/4
广西	2/1	3/3	3/2	7/5	23/13	24/15
广东	2/0	8/1	9/1	14/0	16/4	27/1
海南	0/0	1/1	1/1	6/6	10/10	9/9
合计(a/b)	20/11	30/15	77/30	81/34	166/84	283/98
占比(b/a)	0.55	0.50	0.39	0.42	0.51	0.35
全国总量（c）	55	135	244	280	474	897
占比(a/c)	0.36	0.22	0.32	0.29	0.35	0.32

注：a为南北旅游大通道各省市自治区总量；b为南北旅游大通道沿线城市总量；c为全国总量。

由表1可见，南北旅游大通道沿线城市总量/南北旅游大通道各省市自治区总量，较南北旅游大通道各省市自治区总量/全国总量高，即南北旅游大通道旅游优质资源禀赋优势极强。

3. 人文价值。南北旅游大通道不仅自然风光奇特，而且人文内涵非常丰富。南北旅游大通道蕴藏着中国底蕴深厚的历史古道：稒阳道（汉代时期，汉武帝为击溃匈奴，再次修筑昆都仑沟谷通道，成为连通阴山南北两地的交通道路）[3]、秦直道（秦始皇统一六国后，为阻止和防范北国匈奴的侵扰，修筑的由国都咸阳通向北境阴山间最捷近的战略道路）[4]、秦楚古道（又称商於古道，是古代秦国通往楚国的一条驿道）[5]、巴山盐道（又称官盐大道，帝尧时期由渝东巫溪大宁厂古盐场向北直通秦巴山区汉江，向南进入武陵山区沅江上游的山间小道）[6]、梵净朝山古道（梵净朝山古道始于元代，以印江县永义乡张家坝为起点，沿山脊徐行直达金顶。既是历朝历代朝山拜佛的通道，又是梵净古商道及军事要冲的重要组成部分）[7]、湘桂运河（又称灵渠，是秦始皇统一中国后，修筑的连通湘江和漓江的运粮道）[8]、海上丝绸之路（汉朝时期，载着丝绸、陶器等物品从徐闻港、合浦港出发的大船，出南海入印度洋，开启海上丝绸之路）[9]、通天大道（"天的边际，海的尽头"的寓意，天涯海角成为富有神奇色彩的通天大道启程地）[10]。

充分挖掘和利用历史古道的人文价值，搭建具有世界影响的文化廊道：边关文化—草原文化—沙漠文化—长城文化—黄河文化—黄土文化—（延安）红色文化—古都文化—秦岭文化—长江文化—古镇文化—山水文化—湖泊文化—江河文化—海洋文化，形成具有世界影响力的旅游亮丽风景线：异国风情—原生草原—戈壁大漠—天骄成陵—长城古台—红色延安—黄河壶口—黄帝圣陵—古都景观—秦岭南北—长江三峡—武陵源区—凤凰边城—梵净仙山—桂林山水—海陵螺岛—湛江虾都—徐闻海港—天涯海角—蓝色海洋。

截至2019年底，南北旅游大通道具备的文化优质资源禀赋，主要体现在世界文化自然遗产、国家历史文化名城、国家级风景名胜区、国家一级博物馆、国家历史文化名镇名村、全国重点文物保护单位、古镇名单等核心指标方面（见表2）。

表2 南北旅游大通道文化优质资源禀赋（区域总量/通道地数量）

	世界文化自然遗产	国家历史文化名城	国家一级博物馆	国家历史文化名镇名村	全国重点文物保护单位	古镇名单
内蒙古	1/0	1/1	2/2	7/2	146/36	12/2
陕西	2/2	6/6	9/9	10/10	250/250	32/32
重庆	2/0	1/1	4/4	24/24	65/65	28/28
湖北	4/4	5/0	6/1	19/10	40/15	42/24
湖南	3/3	3/1	6/0	22/14	199/46	30/16
贵州	4/1	2/1	4/4	25/19	81/49	23/8
广西	2/1	3/3	2/2	41/26	81/59	37/20
广东	2/0	8/1	9/0	49/0	120/5	18/1
海南	0/0	1/1	2/2	7/7	35/35	15/15
合计（a/b）	20/11	30/15	44/24	182/112	1017/560	237/146
占比（a/c）	0.36	0.22	0.55	0.14	0.55	0.62

注：a为南北旅游大通道各省市自治区总量；b为南北旅游大通道沿线城市总量。

由表2可见，南北旅游大通道沿线城市总量/南北旅游大通道各省市自治区总量的各比值指标，除国家历史文化名镇名村外，其他都在20%以上，其中国家一级博物馆、全国重点文物保护单位占比都在55%，即南北旅游大通道文化优质资源禀赋优势非常强。

三、我国中西部南北旅游大通道的构建

南北旅游大通道作为重要的世界级旅游精品线，逐渐得到人们的认可，并且进入建设期。

1. 南北旅游大通道已经进入各级旅游发展规划。在"十三五"期间，国家《旅游业发展规划》就明确提到中西部相关的国家旅游风景道，从黄土高原风景道（内蒙古鄂尔多斯—陕西西安）南下，经过大巴山风景道（陕西西安—重庆）、长江三峡风景道（重庆—湖北神农架等）、武陵山风景道（湖北神农架—湖南湘西—贵州黔东南）、乌江风景道（重庆—贵州铜仁）、西江风景道（广西

柳州—广东肇庆），再通过琼州海峡连接海南环岛风景道（海南环岛），实现南北旅游大通道的串联。

内蒙古自治区首次提出将南北旅游大通道的满都拉口岸，打造成"万里茶道"通往欧洲的重要节点；陕西省与内蒙古自治区、重庆市三方，重庆市与陕西省、湖北省三方，都提出共建南北经济辐射带；湖南省、贵州省、广西壮族自治区将旅游线路分别向南北延伸到两省边界；广东省主动推动粤桂琼省际旅游圈建设；海南省首次提出将三沙市建设成为"海上丝绸之路"海洋旅游合作区和国际性热带海洋旅游目的地。

各省市自治区在各自的《第十四个五年规划和2035年远景目标纲要》中，都对南北旅游大通道相关高铁建设提出要求（见表3）。

表3　南北旅游大通道9省市自治区相关高铁建设规划

地方	规划内容
内蒙古	推进建设包头至鄂尔多斯—延安铁路，将满都拉打造成重要口岸枢纽（6个之一）。
陕西	推进西安—延安、西安—安康高铁建设；推动重庆—安康、延安—鄂尔多斯高铁前期工作。
重庆	加快安张高铁前期工作。
湖北	争取将安康经恩施至张家界铁路纳入国家规划。
湖南	建设铜吉铁路；谋划建设呼南高铁与张吉怀高铁的联络线、湘渝高铁黔江至吉首段、怀化至桂林铁路；做好张家界至安康铁路规划研究。
贵州	建成贵阳—南宁高铁；力争开工铜仁—吉首铁路。
广西	建设合浦—湛江高铁；规划研究怀化—桂林高铁。
广东	全面推进沿海高速铁路建设；重点建设广州经湛江至海口（海安）铁路。
海南	研究推进湛海高铁；做优做强海口港，推进海口港综合性枢纽港建设。

注：内容来自各地的《规划和纲要》。

2. 包海高铁通道列入国家铁路发展规划。国家《中长期铁路网规划》（2016—2025年）提出我国"八横八纵"交通通道的网络构架布局，其中"包海通道"为全国南北纵向通道。

根据国家经济发展状况和社会可持续发展理念，在"包海通道"的建设中，国家首选人口密度较大的省会城市高铁（时速350公里）连接线路（称为包海高铁"省会线"）：包头南下至西安，经过安康直达重庆、贵阳、南宁、湛江、海口（三亚）。

2021年11月，随着张吉怀高铁（时速350公里）开通，包海高铁"直线"线路：包头南下至安康，连接张吉怀高铁，经过张海高铁直达海口（三亚）[11]，成为"包海通道"重要的支线。

2021年2月24日，《国家综合立体交通网规划纲要》涉及南北旅游大通道，其反映在构建的"6条主轴、7条走廊、8条通道"国家综合交通网主骨架中（见表4）。

表4 《国家综合立体交通网规划纲要》涉及的南北旅游大通道

主骨架	线路	连接城市南北旅游大通道城市
主轴	京津冀—成渝（北京—成都/重庆）	延安—铜川—西安—安康—达州/万州—重庆
走廊	西部陆海（西宁—三亚）	重庆—贵阳—南宁—湛江—三亚
通道	福银支线（福州—银川）	西安—延安—包头
通道	二湛通道（二连浩特—湛江）	张家界—吉首—怀化—桂林—湛江

注：内容来自《国家综合立体交通网规划纲要》。

3. 南北旅游大通道建设逐步推进。对于包海高铁省会线，目前，银川—西安高铁（时速250公里）、西安（绕道成都）—重庆—贵州—桂林—南宁—北海高铁（时速250公里）、贵州—南宁高铁（时速350公里）开通，在建延安—西安—重庆高铁（时速350公里）预计于"十五五"末期通车；另外，鄂尔多斯—榆林—延安—西安—安康—达州动车+重庆城际列车（时速120—200公里）开通。当前，只需开工修建包头—榆林—延安高铁（时速350公里）、北海—湛江—海安高铁（时速350公里），就可以实现包海高铁省会线路贯通。

对于包海高铁直线走向，目前，在包海高铁直线线路上，北段沿包海高铁省会线至安康。安康南段分段开通高铁：重庆巫山—奉节—万州（时速350公里）、重庆黔江—湖北咸丰县—张家界城际（时速200公里）、张家界—吉首—怀化（时速350公里）、怀化—贵州铜仁（时速250公里）、广西三江县—桂林—南宁—贵港（时速250公里），以及开通动车张家界—怀化（绕道邵阳—衡阳—永州）—桂林—南宁+玉林（陆川县）（时速160—200公里）。当前，只需开工修建安康—张家界城际铁路（时速200公里），就可以实现包海高铁直线线路连通。

四、我国中西部南北绿色经济带的提出

党的二十大报告明确指出：建设共同富裕的社会主义现代化国家的首要任务是"高质量发展"，并且将"尊重自然、顺应自然、保护自然"作为社会主义现代化国家建设的内在要求。同时，在国内国际发展中，提出构建"国内国际双循环的新发展格局"，推动共同富裕的社会主义现代化强国建设。

随着南北旅游大通道的逐步实施，迎来我国中西部南北绿色经济带构建的契机[12]。构建我国中西部南北绿色经济带，是将南北旅游大通道上升到国家区域经济战略发展的经济带，并以此推动中西部地区的经济发展。

1. 构建我国中西部南北绿色经济带是对党中央提出的"生态文明建设"的一次重大实践。构建我国中西部南北绿色经济带，是以南北旅游大通道为基础，以绿色产业发展为方向，以旅游发展为动力源，全面推动中西部经济发展。中西部南北绿色经济带以绿色经济为载体，完全符合新时代党中央对"生态文明建设"提出的新要求，而从某种意义上讲，"绿色经济"是"生态经济"的同义异语，其内在实质是经济可持续发展。

2. 对于"推动西部大开发形成新格局，促进中部地区加快崛起"具有重大意义。中国全面实现现代化，必须中西部地区共同实现现代化。目前，中西部地区经济发展与东部地区相比还存在较大差距，中西部地区的经济发展不仅影响着自身的发展，而且影响到全国经济可持续发展。"构建中西部南北绿色经济带"是推进中西部地区生态经济健康有序发展的重大举措，有利于实施国家区域发展总体战略"推动西部大开发形成新格局，促进中部地区加快崛起"，有利于推动中西部地区可持续发展。

3. 将中西部南北绿色经济带融入到"一带一路"国际精品旅游线建设中。中西部南北绿色经济带北段的满都拉口岸是"草原丝绸之路"的起点之一，西安是"沙漠丝绸之路"重要起点和"茶马古道"的延伸起点，湛江、海口（或三亚）是"21世纪海上丝绸之路"的新起点，从而使中西部南北绿色经济带融入到"一带一路"国际精品旅游线的建设中，形成国内国际双循环的发展新格局。

中西部南北绿色经济带贯穿"丝绸之路经济带"的核心区域内蒙古自治区、陕西省，穿越中国"长江经济带"的重要区域重庆市、湖北省、湖南省、

贵州省，连接"21世纪海上丝绸之路"的沿海地区广西壮族自治区、广东省、海南省，从而形成陆海一体、南北贯通、东西融合的"大交通"，对推动"一带一路"倡议的实施具有重要的现实意义和深远的历史意义，对于促进我国中西部经济欠发达地区，承接东中部的产业转移、扩大就业和支持创业极为重要。

中西部南北绿色经济带的构建，将依托"一带一路"，建立具有世界影响力的旅游精品线：草原口岸—戈壁沙漠—天骄成陵—长城古台—黄帝圣陵—黄河瀑布—秦兵马俑—古都西安—秦岭南北—太极武当—长江三峡—武陵源区—凤凰边城—梵净仙山—桂林山水—海陵螺洲—海岸沙滩—天涯海角，使"一带一路"在中国国内形成广大的旅游文化市场，丰富"一带一路"的内涵。同时，推动中西部地区经济步入世界经济发展轨道，形成国内国际双循环的新构架。

五、中西部南北绿色经济带构建中的主要问题

中西部南北绿色经济带的提出，引起沿线各地政府的高度重视，并且不断推进经济带的建设。但中西部南北绿色经济带的构建存在以下主要问题。

1. 国家对西部地区修建高铁的要求有所提高。2020年8月13日，《新时代交通强国铁路先行规划纲要》中，明确提出高铁通达城市的先决条件为"50万人口以上城市"。

这为中西部南北绿色经济带构建的关键性路段安张高铁建设带来契机。安张高铁的节点城市，安康中心城市、恩施中心城市人口都超出50万，达到修建高铁的基本条件。但国家对于西部地区修建高铁又提出新的要求。

2021年3月29日，国家发布的《关于进一步做好铁路规划建设工作的意见》中，对于中西部地区铁路空白区域新线路规划建设，提出"一般采用客货共线标准"。这样，对于安张铁路的修建，在保证动车开行的前提下，其设计时速可能受到一定影响。

2. 安张高铁修建的规划时间进程不尽统一。随着高铁经济的兴起，其人流、物流、信息流等现代移动快捷形式的优势呈现，使其成为各地经济发展的新增长极。因此，各地的人们都在积极争取本地成为高铁通道的重要节点城市。

包海高铁直线走向的安康—张家界高铁（时速200公里）的连接线，目前

还没有进入国家"十四五"修建规划。

对于中西部南北绿色经济带构建关键段的安张高铁,各地规划时间也并不一致。重庆和湖北将安张高铁列为"十四五"修建项目,其中由湖北牵头研制编写的《安康至恩施至张家界线预可性研究》完成;重庆开工郑万高铁的"奉节—巫溪支线"(前期工程)。而湖南和陕西将安张铁路分别作为规划中长期项目(拟在"十五五"修建)和规划期项目(合适时间开建)[13]。这就导致中西部南北绿色经济带在构建实施中,难以形成合力整体推进,在一定程度上影响安张高铁的开工建设。

3. 中西部南北绿色经济带构建任重道远。中西部南北绿色经济带是中西部地区发展旅游,促进区域绿色经济发展,乡村振兴发展,实现社会主义现代化强国的重要通道。可以说,这是一条区域协同之路,文化旅游之路,经济发展之路。

这就决定了中西部南北绿色经济带,必须以绿色产业发展为方向,以旅游业为动力源,并在此基础上,成为西部大开发的战略,推动整个中西部经济发展,最终实现共同富裕的社会主义现代化强国。

但长期以来,安张高铁线路一带为全国铁路的盲区,严重制约了沿线经济社会的发展,影响中西部南北绿色经济带的构建。因此,我国中西部南北绿色经济带构建任重道远。

4. 中西部南北绿色经济带引领的全域旅游辐射线未形成。中西部南北绿色经济带所处的地理位置,具有很强的东西方位辐射力。中西部南北绿色经济带涉及30多个市级旅游城市区域,既有华夏人文始祖的轩辕黄帝陵,也有称霸亚欧大陆的一代天骄成吉思汗陵,还有号称"世界第八大奇迹"的秦兵马俑,更有大自然鬼斧神工形成的内蒙古大草原和大沙漠、黄河壶口瀑布、秦岭南北分水岭、神农架原始森林、长江大小三峡、张家界武陵源、桂林漓江山水、湛江虾都海岸线、天涯海角热带雨林和大海洋,以及人文彰显的延安革命圣地、秦岭终南山、武当山、三峡夔门、凤凰边城、梵净山、灵渠运河、湛江海岸、徐闻海港等,成为中西部南北绿色经济带节点城市旅游文化辐射的"辐射源"[14]。

但中西部南北绿色经济带处于中国中西部的经济欠发达地区,经济带交通制约的重要原因,使辐射源与辐射地的旅游线路并没有建立起来。尽管中西部南北绿色经济带与我国"八横通道"中的七条横向联系,由于有些通道建设还没有完工,像京兰通道包头—银川高铁、青银通道太原—延安—银川高铁还没有动工,沿江通道武汉—奉节—重庆高铁、厦渝通道张家界—重庆高铁修建还没有完工。甚至有的旅游辐射源并不在这些"八横通道"中，如拥有一代天骄成吉思汗陵的鄂尔多斯市、神秘太极武当山的十堰市、黄金海岸线的湛江市。这些都影响中西部南北绿色经济带重要节点旅游城市辐射线路的建立，目前全域旅游网络还没有形成。

六、中西部南北绿色经济带构建的建议

中西部南北绿色经济带的区域性，必须从全国的范围内考虑其未来发展，并且以国际视野，借助"一带一路"，将中西部南北绿色经济带融入世界经济发展之中，建立具有国内国际双循环发展的经济新格局。

1. 推动中西部南北绿色经济带成为国家区域发展的重大策略。习近平总书记在党的二十大报告中提出交通强国战略，这充分说明交通在国家发展中的重要地位。

2019年3月19日，中央全面深化改革委员会会议通过《关于新时代推进西部大开发形成新格局的指导意见》（以下简称《指导意见》），提出："加强东西和南北的运输通道建设，打通断头路、瓶颈路，建立全国交通畅通网。"这必将推动南北旅游大通道国际旅游精品线的形成。

中西部南北绿色经济带的沿线各省市自治区，进一步加强协作，从交通条件、旅游文化、经济发展等方面，研究具体问题，提出同步发展的对策建议，努力使"中西部南北绿色经济带"成为国家区域发展的重大策略。

2. 推进中西部南北绿色经济带融入"一带一路"发展之中。"一带一路"倡议为沿线各国经济发展带来机遇。中国作为"一带一路"东部的起点，其独特性成为国际友人了解中国、认识中国、宣传中国、建设中国的重要要地。中西部南北绿色经济带作为"一带一路"的延伸线，为"一带一路"的建设提供广阔的市场，是国际友人进入中国大地，深度认识中国的快捷通道。即"一带一路"也是中西部南北绿色经济带构建的难得机遇，将依托"一带一路"把中西部南北绿色经济带推向世界。

"一带一路"的跨国性决定了中西部南北绿色经济带合作的国际性。这一特点决定了中西部南北绿色经济带在构建中，在国际化视野的背景下，做到民族文化与旅游自然景观融合发展，体现其地域特性，使旅游景观在世界范围内产生一定影响力，以吸引更多的国际旅客。

从陆地方面，中国北方满都拉口岸按照国际旅游口岸标准规划和建设旅游

景区，使满都拉口岸成为中西部南北绿色经济带感受异国风光的旅游热点目的地，将国内旅游延伸到蒙古国和俄罗斯境内，使满都拉成为国外旅客到中国内蒙古境内以及中西部南北绿色经济带旅游的重要通关口岸。

从海洋方面，中国相关港口充分利用海上交通优势，通过国际邮轮，开展东盟各国的海上旅游，开拓中西部南北绿色经济带的新航线。

从航空方面，中西部南北绿色经济带的航空城市尽可能开通直达世界各地旅游城市的航班，使中西部南北绿色经济带上的旅游景点与国际知名旅游景点实现对接，提升中西部南北绿色经济带的国际知名度。

3. 加快中西部南北绿色经济带的安张铁路建设立项。当前，中西部南北绿色经济带中段：陕南安康—渝东奉节—鄂西恩施—湘西张家界道路的通行，成为中西部南北绿色经济带构建的瓶颈。安康—奉节—恩施—张家界高速公路即将贯通（重庆奉节至湖北界50公里预计2024年贯通）。但高铁还没有正式列为国家"十四五"开工计划项目，使包海高铁直线走向在这里形成"断头路"。

2023年3月29日，国家《加快建设交通强国五年行动计划（2023—2027年）》在"西部陆海新通道建设"中，提到的"打通铁路中通道瓶颈路段和西通道缺失路段"，涉及重庆巫溪至陕西镇坪通道建设项目。安康北上高铁和张家界南下高铁的走势形成，为安康—张家界铁路等级提升提供难得机遇。

因此，陕西、重庆、湖北、湖南等地，抓住包海高铁建设的契机，按照《指导意见》，在安张铁路研讨的基础上，进一步加强联系沟通，通过交流协商，形成统一意见，尽早将安张高铁纳入国家铁路开工建设项目之中，实现安张高铁的"断头路""瓶颈路"的连接，并与张海高铁形成出海通道、旅游通道、文化通道、经济通道，成为走向共同富裕之道。

4. 充分发挥西安中西部南北绿色经济带的引领作用。西安市位于中西部南北绿色经济带中部，更是中华民族的文明源点之一，作为中国十三朝古都，古丝绸之路的历史起点，曾经是世界政治、经济、文化的中心，东西方文明交汇的枢纽与桥梁。现在又是"丝绸之路经济带"的起点，汇聚了区位、交通、文化、旅游等综合优势。

今天，西安在全国区域布局上，作为连接丝绸之路最大的西部重点城市，具有连接南北、辐射东西的重要地位。"一带一路"使西安在新欧亚大陆桥上成为中国"内陆型改革开放新高地"，在西部大开发形成新格局中发挥重要的作用。

2018年1月，国务院正式批复《关中平原城市群发展规划》，再次确立西安（咸阳）大都市的地位，并且在关天经济区的基础上，将山西的临汾、运城，甘肃的平凉、庆阳融入关中平原城市群。这对于提升"大西安"的辐射力，更好地发挥西安在"丝绸之路经济带"的引领作用至关重要。

国家《指导意见》中提出："鼓励西安加快建设国际门户枢纽城市。"因此，西安市有义务并且有能力承担中西部南北绿色经济带发展领头羊的重任，推进中西部南北绿色经济带这条世界级的旅游精品线形成。

参考文献

［1］赵临龙. 构建我国中西部南北旅游大通道的设想［J］. 绿色中国，2006（23）：67-69.

［2］赵临龙. 中国中西部南北旅游大通道的构建研究［M］. 北京：科学出版社，2018.

［3］笑端. 西汉时期汉匈关系的发展与固稠阳道的畅通［J］. 阴山学刊（社会科学版），1990，1（01）：97-103.

［4］史念海. 秦始皇直道遗迹的探索［J］. 陕西师大学报（哲学社会科学版），1975（03）：77-93.

［5］赵留会. 秦楚古道觅踪［J］. 中州今古，2002（09）：9-11.

［6］张良皋. 巴史别观［M］. 北京：中国建筑工业出版社，2006.

［7］吴恩泽. 梵净山朝山古道［J］. 贵州文史丛刊，2005（03）：100-101.

［8］唐凌. 论广西桂柳运河沿岸地区商业系统的空间结构［J］. 广西民族研究，2010（02）：142-147.

［9］张开城. 海上丝绸之路精神与21世纪海上丝绸之路建设［J］. 中国海洋大学学报（社科版），2015（02）：47-53.

［10］邢孔史，李景新. 海南岛贬谪文化资源开发利用情况研究［J］. 琼州大学学报，2005（03）：53-58.

［11］赵临龙，粟红蕾. 创建桂林一流国际旅游胜地的实证分析与策略［J］. 社会科学家，2021（03）：52-57.

［12］赵临龙. 中国中西部绿色经济带构建研究［M］. 北京：科学出版社，2022.

［13］赵临龙. 基于西部陆海新走廊的张海旅游高铁构建分析——兼谈张海高铁南段三亚市旅游产业高质量发展［J］. 社会科学家，2022（07）：32-

40.

［14］赵临龙. 我国中西部南北旅游大通道构建及运营后带来的环境污染风险防范［J］. 林业调查规划，2021，46（02）：63-65+70.

第四篇

地方治理现代化

韧性视阈下乡村基层监督的价值、困境与对策

彭诗剑

【摘　要】乡村基层韧性监督是乡村基层治理中一种创新的监管模式，与乡村公权力监管的薄弱性困境治理有内在的契合性。乡村基层韧性监督对提升村民幸福感和获得感、培育激浊扬清的乡村政治环境、推进乡村振兴和加快农业农村现代化进程，具有极为重要的践行价值。在实践中，由于现有的乡村监督体系韧性不足，故而存在监督体系失调、监督关系失衡和监督运用失真三个现实困境。鉴于此，可从凝聚监督合力化解监督力量不足、统筹监督手段排除人情文化干扰和依托数字平台赋能巡察监督下乡三大方面入手提高乡村基层监督韧性，完善乡村基层监督体系，最终实现对乡村的有效治理。

【关键词】乡村监督；基层监督；困境治理；韧性构建

乡村基层监督，是党和国家监督体系"乡村触角"的基层分支，是推进乡村治理现代化的重要内容，更是实施乡村振兴战略的内在要求和应有之义。乡村监督对于推动乡村振兴战略的实施、保持党的先进性和纯洁性、增强乡村基层党组织的战斗力具有重要意义。随着全面从严治党向纵深推进和乡村振兴战略的加速推进，基层监督、监督下乡将是当前和今后一段时间的重点工作。韧性所具有的调适性、自组织性和全周期性等特点为基层监督提供了一个新的视角。以韧性治理乡村腐败则是一种更具自主性、自恢复性和创新性的可持续监督思路。鉴于此，本文以乡村基层韧性监督作为研究主题，按照"强调践行价值—分析非韧性困境—探索韧性优化路径"的逻辑思路依次展开，在深入剖析目前乡村基层监督存在的非韧性困境基础上，为改进乡村基层监督的体制机制提供有针对性的韧性构建建议，以期对助推全面从严治党、助力乡村振兴能够有所裨益。

一、问题缘起

乡村基层监督是指对乡村基层干部和上级对村下派干部的工作腐败情况进行监督的活动。乡村基层监督的目的是确保乡村基层干部和下派干部遵守法律法规，正确履行职责、清正廉洁，维护群众利益，促进乡村基层工作的顺利开展。乡村基层监督的对象是乡村干部权力行使过程中的"微腐败"。其中，村干部虽然法理上属于村党组织和村委会的任职人员，但由于其享受政府财政津贴，能够行使公共权力、提供公共服务，承担了一定的行政角色，享受一定政治经济待遇，在村民眼中与直管的乡镇干部近似上下一体的关系。这一特殊身份使得将村干部纳入基层监督体系，避免村干部的"微权力"行使失控而孕育出乡村"微腐败"很有必要[1]。特别是近年来，在乡村振兴战略的驱动下，各种助农政策层出不穷，各种惠农资金迅速增加，各种公共服务向乡村延伸。资源下乡的同时监督下乡也开始引起重视，农村社会内部的管理逐步纳入到国家层面。

韧性被认作是一种由稳定性、冗余性、应变性等特性滋养的管理秩序，泛指系统面对外界"不确定性或扰动"的抵抗与防御、自我修复的持续弹性能力，以快速维持和恢复事物的有序状态和发展进程。作为韧性语意的拓展性应用，乡村监督韧性主要是指一定村域内的权力监督系统应对"不确定性或扰动"对该监督体系冲击的抵抗、防御及其自我运行修复能力，并以不断创新、适应、改变和开放的姿态完善监督体系、提升监督能力。毕竟，乡村公权力的"微腐败"是乡村基层监督和廉政建设的风险点，它的本质是对乡村公共权力的私用和滥用。乡村"微权力"看似微不足道，但是，由于其产生的"微腐败"离村民近且常发生在村民身边，使得它损害村民的切身利益，啃食村民的幸福感、获得感，挥霍乡村群众对党的信任。乡村基层监督的形式多样、对象复杂，对监管体系的韧性要求高。一方面，微腐败的行为很小，但又与基层民生息息相关，且村民守法维权意识较经济更发达的城镇居民淡薄，这要求基层监督体系要韧性足，能够有足够的适应性，满足乡村监管需求和村民对激浊扬清政治生态的期盼。另一方面，一些村干部的腐败行为常如雁过拔毛般的吃拿卡要，村委会办事打招呼、走后门常见，公共权力寻租空间大[2]，原有的监管体系面对如此多而杂的腐败现象存在明显的监管薄弱性，监管人员紧缺和监督情况繁杂就要求乡村基层监督有更高的冗余性和应变性。可见，以韧性规范乡村公共权力，剑指基层村民身边的腐败，是全面从严治党、实现新时代乡村振兴的关键一环。但是，从各级纪检监察机关查处的具体案例看，乡村基层监督体系仍需警惕一些薄弱性问题，尤其是警惕乡村监督力量不足、人情文化干扰、巡察下乡监督难等非韧性现实困境。以韧性治理腐败、赋能乡村基层监督，就是要把握好乡村基层韧性监督的践行价值，深刻认识乡村基层监督存在的非韧性困境，为乡村基层监督体系找到切实有效的韧性构建路径。

二、价值意蕴：乡村基层韧性监督的践行价值

乡村的小权力是村民心中的大权力，是"神经末梢"，村民对它极其敏感，乡村基层韧性监督是治理小微权力腐败的重要组成部分。对乡村基层的韧性监督改变了乡村监督体系的监督模式，为乡村微腐败惩治、乡村治理带来了重大效能。随着国家加大向乡村社会输送资源的力度，乡村治权经历了从被动弱化向韧性监管的内在转变，对权力进行韧性监督成为推进乡村反腐、基层治理现代化转型的关键所在。乡村基层韧性监督体系不仅强化了政府自上而下对乡村社会的实体控制，重新塑造了公共权力行使的基本原则，而且将监督活动嵌入腐败治理全过程之中，提高了资源向下转移的行政效能，并使之成为乡村监督力量运作的能动策略选择，对乡村防腐产生了极为深远的内在影响。

（一）借韧性提升村民在基层监督中的获得感、幸福感

乡村基层韧性监督是对村干部小微权力的全流程、全方位监管，由于其自带的监管韧性，而对各种轻微不易察觉的腐败有更强的敏感性，能够在打击乡村"微腐败"中提升村民在乡村基层监督中的幸福感[3]。乡村腐败的实质是村镇干部为了谋取私利，公权私用违反行政准则的行为。对于乡村公权力的腐败，其腐败层次和腐败程度往往轻微不易察觉，传统的刚性监管体系存在"灯下黑""微而漏察"等监管盲区。但即便如此，相较于"咫尺天涯"日常难以接触到的"巨贪老虎"，村民们对"天涯比邻"在村头田间嗡嗡乱飞且经常会打交道的"蝇腐"厌恶感更加强烈。"蚊蝇"虽微，但发生在同村周围甚至自己身上，村民对此常是讨厌得咬牙切齿。乡村公权力行使与城镇最大的不同在于，村委基层干部介于其特殊的基层群众自治组织的身份，其权力的行使自主性更强，更不易受到刚性监管。特别是，村干部虽然看似级别不高、权力有限，但是，随着中央助农、乡村振兴资金不断下乡，其寻租空间却越来越大。

乡村的反腐是工具手段，其最终的目的是韧性治村、提升乡村群众的生活质量，实现乡村治理现代化和乡村振兴。

乡村基层韧性监督体系是基于腐败风险发生的不确定性和腐败发生情况的复杂性特征，致力于村域内村干部微权力监督体系稳定高效运行的韧性建设。韧性化的监督体系聚焦乡村腐败危机应对、监督系统复原、监督制度演进等关键环节，力求使村级公共权力监督系统在应对内外部风险冲击时，保持基础机能、快速分散风险，恢复正常运转。监督体系抗冲击的恢复力越快，其对村民利益的保护力就越强。在2024年中央一号文件中提到，中国式现代化与"三农"现代化、乡村振兴相统一[4]。严厉整治侵害农民利益的不正之风，这就要求采取严的基调、严的措施，大力整治乡村振兴领域腐败问题。以韧性监督整治腐败，在乡村韧性监督中让群众更多感受到反腐倡廉的实际成果。只有构建条块结合、系统优化的乡村基层韧性监督体系，才有助于高质量、高标准、高效率地下好乡村振兴这盘大棋。通过更好地发挥乡村监督体系的腐败防治效能，能够更加全面系统地预防和惩治乡村腐败行为。乡村监管的韧性化提升是手段不是目的，对乡村基层监督韧性构建的最终目标是提升乡村监督体系拒腐防变的效能。借助韧性机制的赋能，实现乡村监督体系拒腐防变效能的提升，不仅可以减少乡村腐败对村民切身利益损害的发生概率，而且还能够对隐藏在村委的潜在腐败分子产生威慑作用，使其不敢腐、不能腐[5]。在增强乡村基层监督的韧性中，维护和增进乡村集体利益，最终达到提升村民在乡村监督、反腐倡廉中的获得感、幸福感。

（二）靠韧性培育激浊扬清、扶正祛邪的乡村政治环境

以乡村反腐为主要目标的乡村监督体系是国家廉政体系建设的基础组成部分。乡村政治生态是整个国家政治生态的重要构成要件，乡村政治生态环境受制于多种因素的影响，乡村腐败是其最主要的原因之一。带有常发、易发属性的乡村基层腐败案件，不但使得村民的合法权益遭受了侵害，而且损害了全村的集体利益，甚至严重恶化了乡村的政治环境、玷污了乡村的淳朴民气。基于此，乡村基层韧性监督就是打破传统单一制监管机制只注重惩治腐败却忽视廉洁乡风培育的弊端，韧性监管的自调适性能够整合多部门开展综合手段反腐，而它的自我修复性则能在乡村腐败治理的同时修复和培育激浊扬清、扶正祛邪的乡村政治风气。乡村监察体系的韧性改革赋予基层监察部门多样化的反腐败手段与强有力的反腐败职权，由县级纪委监委、乡镇监察派出机构、审计局、

村民群众多主体共同组成的系统化乡村监察体系来整治乡村干部腐败，有助于从根本上发挥出乡村权力监察系统在反腐倡廉方面的制度优势和拒腐防变层面的治理效能。

乡村韧性监督就是一方面关注乡村干部小微权力使用、社会资源利用、社会关系联结、公共利益分配等规范性问题，在乡村防腐拒变实践中不断完善监督体系；另一方面，在不断增强自身监督能力的同时修复被腐败玷污了的清廉淳朴乡村风气，对乡村腐败标本兼治。乡村基层的韧性监督要遵循公平正义的价值诉求，把激浊扬清、扶正祛邪作为乡村文化建设内容，借助廉洁巡察、廉洁制度、廉洁文化等方式，使得乡村社会中的权力、产业、资金、社交关系等要素有序流动，进而实现乡村利益的普惠性[6]。在以韧性监督机制惩处乡村集体中存在的各种腐败现象的同时，培育激浊扬清的乡村政治生态和带动扶正祛邪村风民俗的改善。

乡村韧性监督赋予了不同监督方式之间的富韧性，让乡村监督在遭受腐败事件连锁冲击时，乡村监督系统运用乡镇下派监督力量提前做好应急预备，维持乡村基层监督可持续状态，从中汲取乡村腐败治理经验，并促进乡村基层监督能力。乡村韧性监督中包含的巡察下乡、监察下乡，使得乡村社会形成了一套相对独立的监督体系，这个体系是在监督韧性机制作用下吸纳一种外部力量的形式对乡村治理开展全面监督，促使国家能够实现对乡村这一最低层级治理体系的有效控制。足够韧性的乡村基层监督体系也能有足够的制度灵活度实现数字化技术的引用。借助"互联网大数据+监督"的方式对乡村干部的小微权力的行使进行监督[7]，建立健全乡村基层监督体系，大大强化治理实效，最终营造出激浊扬清、扶正祛邪的乡村政治生态环境。

（三）强韧性推进乡村振兴和加快农业农村现代化进程

增强乡村基层监督体系的韧性是国家反腐倡廉向社会各领域延伸、向基层乡村（社区）拓展的重要体现。逢腐必反、以"韧"治"微"是净化乡村政治生态、推进乡村振兴的迫切要求，哪怕是田地之间的"微腐"也盯住不放过。肆无忌惮的乡村腐败现象不仅仅会造成乡村政治生态腐化，侵害村民的切身利益，而且还会弱化党的权威性和政府机关公正性，阻碍乡村振兴的进程。乡村全面振兴是决定中国式现代化总体进程的关键一环，在推进乡村振兴战略、建设农业强国的大背景下，开展乡村公权力规范和乡村基层监督体系韧性赋能工作，既是推动乡村全面振兴的题中应有之义，也是乡村实现韧性治村进而做到现代化治理体系转型的重要保障。

随着各种强农、富农、惠农政策"自上而下"紧锣密鼓地呈密集态势出台落地，乡村全面振兴战略实现向改革纵深处推进。在政策的统筹安排和号召下，大量的资金、项目、技术等资源要素涌向乡村地区。在利益和私欲驱动下，存在监管盲区的乡村成为权力、资源和社会关系网络相互竞争的场域，进而产生了发生在村民身边的细微腐败，最终极易侵蚀乡村振兴的组织根基。增强乡村权力监督机制的韧性属性，以足够韧性的监管制度和监督手段应对复杂多变的权力寻租事件，在提升监管韧性中监督基层干部的"小微权力"，才能够真正利用好乡村振兴的发展资源，发挥出廉洁乡村对乡村振兴的"正源"和"形塑"功效[8]。乡村基层监督是基层治理现代化的重要场域，是国家推进治理能力、治理体系现代化的基础工程。廉洁既是农业农村现代化的内在价值尺度，也是乡村基层韧性监督的重要考量维度。清廉强调述责述廉，其核心要义是规范公权力的使用，这是农业农村现代化建设的价值标准。通过对乡村公共权力的监督和规制，打击投机心态和破坏规则的歪风邪气，从而防止乡村权力的异化，防止损害群众利益的不良事件出现，最终为农民群众的民主公正需求创造空间和条件。而乡村基层监督体系韧性化的建构本质就是遵照廉洁机制和廉洁体系的要求，对乡村干部所持有的小微权力运行流程进行政治审查，观测其权力运行的公开性和公正性，测评其政治目标的实现程度，并通过分析各种乡村微腐败发生原因，有针对性地调适村干部任职要求、村规民约制度、文化习俗，以此提升乡村治理的韧性和实现农业农村治理现代化的目标。

三、现实审视：乡村基层监督的非韧性困境

随着乡村振兴战略和惠农富农各项政策的纵深推进，部分与村民生活密切相关的惠农项目、助农资金聚集之处，仍然存在烦人的"苍蝇"和"蚊虫"。新时期损害群众利益的腐败问题以形式多样、手段丰富、表现各异的样式呈现，传统单一的监管方式不再适合于当前的乡村。乡村监督的薄弱性反映的是村干部手中"小权力"异化出来的"大任性"。部分违纪乡村干部的一系列巧隐形、悄侵占，劫公利、济私利行为，背后透露出来的是阉割了的政治、打折了的压力和停不住的违法惯性[9]。

面对方滋未艾、暂未阻绝的乡村干部"微腐败"现实困境，现有乡村监督体系虽然在一定程度上对乡村权力进行了规范，如加强对重点项目推进情况的

监督检查、加快监督下沉等，这些举措能在一定程度上起到预防和打击乡村腐败的效果。但我国旧的乡村监督体系仍然存在韧性不足，监督体制的不够韧性，使其不能对当前愈加隐蔽、愈加复杂的乡村权力寻租现象产生限制，它暴露出的薄弱性困境主要表现为监督体系失调、监督关系失衡和监督运用失真三个层面。

（一）监督体系失调：乡村监督力量不足

监督范围扩大、监督工作繁杂、监督路径单一，乡村监察力量亟待加强。监督范围与监督力量的不对等，监督结构畸形，这是监督体系层面最主要的薄弱性问题体现。基层纪检监察的监督力量不足与监察对象范围大幅度扩张之间反差明显。自2018年国家监察体制改革实施以来，全国各区市的县级监察委相继挂牌组建成立，伴随着监察委员会的监察范围的扩展，原先"监管难下乡"的局面被打破，新组建的县级监察委的职责拓展到"横向至边、纵向触底"。

在"资源大量下乡"的同时，需要县级监察委调查和处理的乡村"微腐败"工作的繁重程度也暴露出来。党的十八大以来，在全面推进乡村振兴战略实施过程中，以"三农"工作给乡村吸引来了一大批金额巨大的资金和项目，中央的乡村振兴资金经过各级政府层层下达后，落实最终还是要靠最基层的村级干部。其中，仅2023年中央财政衔接推进乡村振兴补助资金就达到2000亿元、农业农村相关转移支付金额超2200亿元[10]。一大批资金资源汇集到乡村，使其面临的腐败风险也较之平常更大。骗取套取、截留挪用助农资金，在工程项目中大搞暗箱操作，政策落实中专注于形式主义、官僚主义等，均是乡村"微腐败"案件高发、易发的重点关注领域。原有的乡村监督体系受监管制度的刚性制约则过于倚重上级的行政监督，行政监察出于其自身监督的单一性，仅仅局限于政府机关内部自己对自己的监督，不包括党的领导机关和对基层群众性自治组织的监管。但是，按照国家监察范围全覆盖改革的要求，原本处在监察范围之外的村委会、村干部被囊括进来，监察范围的增加也意味着县级监察机关的监察对象数目增加、涉及的反腐败案件数量增加。

在这一新形势下的巡视巡察、派驻监督工作受制于精简缩编政策和县乡政府有限资源的钳制，各县级监察委的监察人员的数量，不但没有随着改革后监察对象和管辖腐败案件的数目增加而成比例地增加，反倒由于机构改革使县级监察委的内设机构数目有所减少，这使得乡村基层监督面临着监督人手短缺、监督力量不足的现实难题。据国家统计局的数据，机构改革后，全国纪检监察系统总在职人数增加10%，与此同时受监督对象数增加200%[11]。这反映出国家监督机关的工作人数与被监督对象数目之间的比值持续缩小，即县级执纪监督部门中每个工作人员需要监督的监察对象数目以及审理部门中每个工作人员需要处置的乡村"微腐败"案件数目大幅增加，原有的监督体系则是大大依赖于行政监督。传统监督体系的薄弱性也表现在监督人员身份的固定性和监督制度的刚性，未能考虑因为监管情况复杂而凸显出的监督力量不足矛盾。不同监管机构之间力量分散且相互独立，没有形成监管合力。

乡村监督体系存在监督序列"偏科"和监督结构"隔膜"两处短板。部分乡村的监督序列强弱不一，乡村内部自我监督弱、县级外部行政监督偏强，村民的民主监督弱、政府纪检专责监督强。乡村对上级行政监督存在过度的路径依赖，对村干部的监督几乎依赖上级纪检和巡察部门推动，上级监督力量有限。受制于编制数量限制问题，传统刚性监督体系采取的只盲目对单一部门内监管人员扩编而忽视整合乡村分散的监管合力，这一刚性解决方式显然不再适用。原有的乡村基层监督体系由于其自身的制度刚性，造成监督力量不足，监督路径单一，最终监督体系明显失调。

（二）监督关系失衡：村域人情文化干扰

人情干扰重，上级监督远，同级监督难，民主监督弱，导致监督关系失衡。村级基层监督成员来自村社内部，由于"熟人社会"等因素影响，存在不敢、不愿、不想、不会监督现象，相互间互当"老好人"，或达成"默契"，不愿同级监督。相较于城市，乡村地域内各村民间社交空间更为狭小，村民间的流动性更低。宗族、亲族等各种关系错综复杂，亲情、乡情交织在一起，使得乡村监督更加敏感和复杂。在村级社会中人情往来的方式更加频繁也更加多样，向村干部行贿送礼的形式也更加隐蔽，乡村送礼、施惠和宴请现象背后极易便利乡村腐败事件的发生。并且在受礼心态的作用下，也降低了村级官员从事腐败行为时承担的心理和道德负担。

"能办就办、不伤了同村和气"的乡村人情文化盛行，不仅为乡村"微腐败"的滋生提供了肥沃的土壤，而且对乡村基层监督体系治理"微腐败"产生了消极影响。部分村民对村干部的细微腐败看法带有"二律背反"特征，其想法复杂且矛盾，一方面，普遍憎恨掌握权力的干部为了私人利益肆意妄为的腐败行为；另一方面，又对有机会通过不光彩腐败手段营私枉法之徒产生羡慕、宽容、默许这种腐败行为。主张不应该对这种微腐败"上纲上线"地举报。在村民的默许下，村"两委"的干部一手掌握了乡村一线的基本信息，一手代国家宣传和执行政策，村干部则能够利用这种信息不对称下形成的信息垄断，欺上瞒下，抱团腐败，这种乡村信息差的存在也给乡村监督工作带来极大难度。

我国的村级公权力是由村党支部委员会、村民委员会、村务监督委员会"三委"组成。其中，村务监督委员会受到村党支部委员会、村民委员会"两委"的制约，使得村务监督委员会往往处于依附性地位，自身的独立性和权威性不够，很难独立有效地对村务开展监督工作。乡镇存在"条弱块强"的管理格局，乡镇党委与村干部存在共利联系，即乡镇机关出于保持乡村秩序稳定和促进经济发展的目的加之又是熟人、同乡，就会千方百计放纵村干部行为，避免打击村干部的干事积极性。这一上级监管的放纵成为乡村公权力滥用的助推器，更成为村级公权力监督的障碍和阻力。特别是，行政主导下的乡村公共权力刚性划分，常表现为政府的行政权力与村民的自治权力的纵上下间分割，导致左右间的村民的自主性和自组织性驱使下的民主监督形同虚设。乡村领导核心与执行机构同体化，村务监督委员会、村民大会发挥的监督作用极其有限。

部分村干部向乡镇上级监督人员输送经济政治利益，借助"关系人情"的方式，上与乡镇监管部门，下与违法利益输送方，以村干部为桥梁，三者之间结成腐败关系共同体，加大了村级公权力监督的难度。又因为村民区域自治制度的选拔方式，使得村里的"能人"选拔成为村的党支部书记和村委会主任。而作为监督机构的村务监督委员会主任的威望远远不如他们，故而更难以对其进行实质性的监督，最终导致乡村监督关系失衡。

（三）监督运用失真：巡察下乡落地困难

村民不了解、监管信息不对称，巡察下乡落地困难，巡察监督运用失真未能发挥实效。腐败的实质在于公职人员的权责不对等和监管信息不对称。作为对腐败打击的利器，巡察工作在乡村同样遇到了困境。一方面，乡村微腐败的隐蔽性极强，不易被发现且持续时间久，同时受制于乡村地域辽阔、村民与村民之间呈现分散状、小聚居导致的村民生活居住密集度远低于城市等情况的影响，县委派驻的纪检巡察人员难以有针对性地发现有价值的"微腐败"问题线索。另一方面，乡村存在一定的封闭性，县委下派的纪检队伍从乡镇政府各部门获取的村委信息有限，乡镇纪检监察、组织、宣传、财政、信访、司法、审计等基层职能部门对乡村微腐败的协同联动治理机制尚未健全，监管上的"信息壁垒"效益让派驻的县委巡察组难以获得村干部腐败问题的有价值线索。

加之，部分有利益瓜葛的乡镇干部与村委会"合谋"隐藏线索，误导县委巡察组的线索侦查，大大增加了巡察组获取有价值问题线索的难度。一些村镇干部出于错误的政纪观，担心上级发现问题，害怕腐败问题暴露阻碍自身升官仕途，于是，在面对下乡监督工作组干部询问时想方设法地粉饰太平、掩盖问题，绞尽脑汁地把下乡的纪检干部留到办公室听报告、看宣传，想方设法阻碍下乡监督力量下基层。这导致县委的"监督下乡"工作被部分村民戏称"雷声大雨点小，进了乡村没声响"，以至于部分地方下乡巡察工作结束了，当地村民都还蒙在鼓里，不知道本村开展了巡察监督工作。

此外，基层村民对巡察工作的不了解、不理解也是县委巡察组开展工作的一大难题。巡察工作主要依托群众的信访举报，但是，由于村民受教育水平低，一些别有用心的村干部私下里恶意抹黑巡察工作组，加之乡村空心化现象严重，年轻村民外出谋生缺乏给老一辈留村群众普法宣传，使得村民对巡察工作不信任、不配合甚至有抵触情绪。传统的巡察方式没有很好地与乡村实际情况结合起来，依然照搬城镇那套工作方法。只把巡察公告贴墙上、二维码附文件里，没有考虑不同村民的文化情况和互联网使用熟练度，使得少数年龄较大的村民不会、不懂如何向巡察组反映情况。也有村民担心得罪人、害怕遭报复，不敢向巡察工作组反映实际情况。

一部分村民对巡察工作留有"走过场"的刻板印象，政治参与程度低，对巡察组的调研漠不关心。村民在"搭便车"心态下导致其监督意愿和监督动力较低，从而导致巡察工作开展困难，腐败的发现难度大。在现有的乡村监督体系中，村监委班子多为村党组织成员，其本身就受村"两委"的领导，村干部班子本就人数不多相互认识熟络，而普通党员和村民又均处于乡村权力监督圈外层难以形成有效监督效力，从而导致乡村监督低能。这也就使得县委巡察组难以掌握腐败线索，故而极易导致巡察监督的结果失真。

四、路向探索：乡村基层监督的韧性构建

韧性监督要义是多元监督力量参与，以增强对被监督者权力的监管韧性，激发监督的活力和功效。通过一系列韧性改进措施，能够摆脱乡村基层监督体系失调、关系失衡、运用失真等薄弱性困境，使乡村监督体系能应对各种风险和挑战，具备更强的抗压能力和适应能力。乡村韧性监督不是县域与村域权力之间简单机械的内外对抗或自上而下强硬的行政控制，而是一种作为转型的综

合监督方式。乡村基层公权力行使的韧性监督是一种以调适过程为导向，立足于乡村关系，扎根于乡村现实的基层权力创新监督过程。如图1所示，乡村基层监督的韧性构建是倡导基层多元主体深度参与、相互协同配合，维护政治稳定、促进基层变革，采取多样化方式增强监督韧性。在韧性赋能乡村基层监督过程中，实现乡村治理水平的核心要义与乡村治理能力和治理水平现代化的内在要求高度契合。

乡村监督体系的韧性构建可以理解为，通过改进和完善基层监督机制，提升监督能力和效果，使其具备更强的抵御外部压力和应对内部挑战的能力。同时，韧性监督、韧性反腐是当前以"韧"治"微"工作的核心内涵。各级纪检监察部门对乡村日益隐蔽的寻租活动，不断增强监管制度的适应性和灵活性，聚焦重点任务，借鉴韧性治理思路，坚持上下联动、内外协同，以"韧性"理念推动纪律监督、监察监督、派驻监督、巡察监督有机贯通，督促各级党组织和党员干部履职尽责、担当作为。通过对乡村监督体系的韧性构建，有效提高监督效能和监督质量，为乡村治理提供坚实的保障，加强群众对乡村事务的参与和监督，促进乡村社会的和谐稳定和可持续发展。

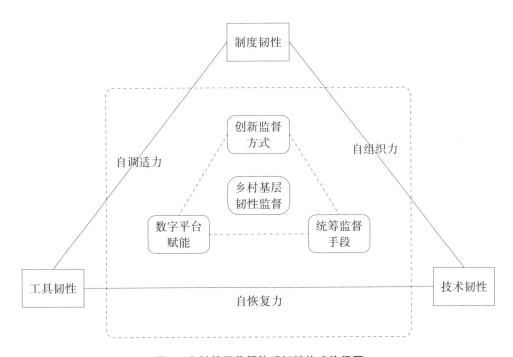

图1　乡村基层监督体系韧性构建路径图

（一）增强制度韧性：凝聚监督合力化解监督力量不足

多举措创新监管方式，完善监督体系，增强监督的制度韧性。乡村基层监督制度的薄弱性困境实质是整个乡村社会利益结构、基层性事实与社会变量关联的一种折射。乡村监督具有去弥散性的权力治理特点，故而需要树立整体性的反腐败治理理念，对于容易忽视的细微腐败，县委在制度和机制上也应该作出总体性的建构。依据《乡村振兴促进法》授权市县政府更多的监督职权，在区分不同乡村类型的前提下，突出分类指导、整体推进，"上山问樵、下水问渔"实现乡村监督制度弹性和乡村监督工作的创造性平衡。将国家"下乡监督"的政策与乡村"内生监督"的特性联系起来，统筹县委巡察组监督、县委派驻监督与乡村民主监督，使县委对乡村的自上而下监督与村民对村委自下而上的监督相结合，二者相互促进。实现对乡村干部的总体性监督为目标，以整合对乡村微腐败治理不同方式间的逻辑偏好，最终产生乡村基层监督体系多元主体间的监管合力，化解碎片化监督矛盾。

首先，通过县委巡察监督的方式，让党内监督领衔带动其他监督，以完善的党的领导健全乡村监督体系，推动全面从严治党下沉乡村一线。其次，加强村民自治和民主监督，发动一场"乡村反腐的人民战争"，让农民参与监督，让本村村民监督公共权力。最后，要依法监督、依法治权，强化法律监督，地方人大积极作为，制定适合本辖区内乡村权力监督的法规、制度，明确村监督委员会的职权，实现乡村权力运行法治化、制度化。

通过加强监察人员培训与内设机构整合提升县级监察委对乡村微腐败整治的治理效能。监督权主体的监督能力决定监督的最终效果。受制于人员编制数量的制约，县级监察委可以通过提高监察人员的专业化水平、整合监督效能，来提升县级纪检监察机关的腐败治理能力。一方面，县级纪检监察机关着重开展对转隶人员的专业业务技能培训工作，对照转隶人员的技能短板、能力弱项有针对性地制订业务培训计划。在"以用促学、学以致用"的培训中打造出一支政治素质高、忠诚干净担当、专业化能力强、敢于善于斗争的纪检监察铁军。同时兼顾培训内容的全面性和针对性，针对不同业务口、不同监督对象的纪检监察人员开展不同的业务培训。对于一些专业性强的乡村公共事务，可通过临时吸纳专业人才参与、购买市场化技术服务、委托第三方介入等方式开展监督工作。另一方面，以发挥出系统优化效应为目标，健全县委监督部门各内设机构之间的资源优化配置机制与协作办案机制。协同融合县级政府的条块监督，加强县、镇、乡、村四级监督主体间的信息共享、业务合作。将纪检力量向乡村一线监督倾斜，将纪检责任向监督一侧压实，将乡村基层监督工作的重点从事后惩治落马贪官，向事前预防村干部腐败和事中监督村干部用权转变，实现对乡村腐败的韧性发现和及时治理，不等其恶化严重。特别是遇到乡村干部抱团"塌方式"腐败情况时，可由县级监察委员会主任协调，整合县执纪监督部门人员和监督力量临时补充增援进县级审查调查部门，在县级监察委员会主任的统筹协调下，保障县级纪检监察部门下辖的各内设机构之间资源、力量的优化配置。坚持监审分离、查审分离的同时，统筹各监督内设机构的监察力量，健全乡村基层干部腐败案件的协作治理机制。针对乡村"微线索"只要涉及村"两委"的主要干部，就要由县委统一安排，整合办案资源组建专案组配合村监察委员会，及时介入到案件的初核、立案、调查和审理四个阶段，保障对村主要干部的有效监督。不断完善监管制度，打通多部门协同监管的制度梗阻，增强乡村监督制度韧性。

（二）构建技术韧性：统筹监督手段排除人情文化干扰

立足各主体间的自主调适性，统筹各监督手段，捋顺不同监管方式间的监督关系，构建乡村基层监察的技术韧性。乡村基层监督体系多元治理格局构建的重要考量因素是各监督主体的自主性，要重视发挥各级监督主体在乡村监督中的作用，技术性"精益"角度考虑不同监督工具间的搭配使用。自主性具有自我支配、自我管理和自我主宰的特性，即各监督主体要主动作为、及时介入，各纪检部门要以界限明确的职能任务，对作为被监督主体的乡村"两委"有足够强的制约权和制约力。乡村监督进行自主性调适的本质就是对村干部的微腐败构建多元共治格局的过程。首先，根据乡村实际和工作需要向乡村延伸行政监督力量，在县里设立乡村纪检监察机关，县级监察机关向下派遣常驻乡村监察专员。县纪委统筹各乡镇纪委工作，办案时可用乡镇（包括村）异地交叉查案办案。三个乡镇组成一个片区，再互查。一纪委委员管一室一乡一办一组（派驻），要求各部门出纪检联络员一名，非乡镇纪检书记和委办局党组成员。设立村级特约监察员，特约监察员从异村的"两委"班子成员、扶贫领域监督举报志愿者、"四风"监督员、"两代表一委员"、劳动模范等人员中择优产生党员担任，常态化开展对乡村的巡察监督、网格监督、提级监督。其次，要尽可能减少乡镇的党政权力对村庄自治的过度干预，积极扶持村民监督委员会，激活乡村"三员"制度效力，由乡镇纪委书记和村支书签订廉政责任书，建立廉政谈话制度。将原本分散的农民组织起来，聚合成对村委公权力展开监督的基层主力军，激发乡村最低层、最基本，也是最强大的监督力量。

综合采取异地乡镇交叉巡察、专项巡察和报请市县提级管辖等手段排除乡村微腐败治理过程中的人情关系干扰。县级纪检监察机关要针对乡村不同腐败情况灵活运用"滚动式"交叉巡察、"针对性"专项巡察、"互派性"异地巡察等多种监督方式，有差异地开展纪检巡察工作。可由县委纪委监察组会同乡镇纪检监察工作室，对有上下勾结嫌疑的村干部进行提级监督，同时，严格执行请示报告制度，向县政府、镇政府定期报告监督情况，进而提升纪检监察部门发现乡村"微腐败"问题线索的能力。通过异地巡察、提级管辖等方式，保障下乡的纪检监督人员工作免受人情关系的干扰，也能激励有意举报的村民不害怕腐败分子"蛇鼠一窝"的打击报复，大胆反映线索情况。由县级纪检机关牵头抽调异地乡镇纪检骨干人员组成"滚动式"下乡巡察组，在交叉巡察时，本乡镇的纪检监察人员仅承担信息咨询、业务协助等辅助性工作。仔细区分镇、乡、村三级纪检办案干部的本土本乡涉案人员情况，在警惕同一乡镇的人情关系和圈子网络对乡村微腐败治理影响的同时，谨慎采用提级管辖和指定异地管辖两类例外的监督方式。在理顺乡村监督主体关系的同时，明确不同监督方式、各种监督机构在乡村基层韧性监督工作中承担的角色和发挥的作用，划定各级纪检监察机关的职责权限范围，乡村监察过程中去除依附性，保持监察工作的相对独立性。

（三）提升工具韧性：依托数字平台赋能巡察监督下乡

依托数字平台赋能巡察监督，利用大数据互联网工具，整合各种监督手段和监督资源，提升监督工具韧性，避免监督出现畸变。乡村基层韧性监督能力提升的基础性部分是各纪检监察机关内部所蕴含的监督能力提升。通过统筹使用多种多样的监督手段和监督资源，将其转化为有效的监督效果。只有依托互联网技术增强各乡村监督主体的监督能力，才能实现各纪检主体内生工作力量的增长。借以科技赋能巡察下乡，为巡察目标的实现奠定能动性基础。依托省级民生监督大数据平台，打造"数字化运行+全流程监管+无盲区覆盖"的智慧监管系统，督促相关职能部门把业务流程、事项进度、办理结果在线动态更新，缩短监督距离和周期，加强对村委干部不正之风的精准识别和及时处置。利用"十四五"数字乡村发展的契机，将互联网、大数据、云计算技术嵌入进综合化乡村基层监督体系的构建中。

依托全省村级事务公开平台（一般由省级供销社和省委组织部共建），按有关制度和规定要求，秉持村务信息"公开为常态、不公开为例外"原则，明确村务公开内容和时间限制，对乡村的制度与决策、权力的行使、财务信息全面公开。可以适当参考法院的智慧平台建设，明确案件受理时限和审查环节，然后根据各环节的调查情况决定是否升级到县委纪检监察部门，进行提级管理。即通过明晰巡察服务程序或工作流程的方式，解决乡镇纪委监委不担当作为和分级分层监督问题。同时，对于上级下拨的农村重大基建施工项目、中央惠农支农政策、乡村社会保障补贴、"三资"管理等涉及重大资金的重要信息，建立镇村干部权力和责任清单、设立个人廉政档案及乡村廉政预警系统。基于大数据及时更新和公布资金流向、进程信息，使"阳光"照向每一次权力的运行、每一笔资金走向，以便于纪检机关日后的核查取证和广大群众质询了解。

搭建乡村大数据微腐败监督平台，让"互联网+乡村监督"深度融合。根据乡村的特征公开村务信息，突出内容的真实性、时间的时效性、方式的有效性、程序的规范性，打造"互联网传播、公告公示张贴、村村响大喇叭宣传"传统方式与现代技术相融合的三位一体村务公开新格局。一方面，要健全多纪检部门、各乡镇层级之间信息共享机制和监督巡察联动机制，拓宽乡村"微腐败"线索的搜集渠道，提高县委巡察工作组发现问题线索的精准度。依托大数据监督平台，促进不同层级、不同部门间的信息互通和监督合作。提高对乡村重点资金领域、重点用权对象和重点投资事件的巡察力度。采用"巡乡带村"的形式，将市县委巡察力量逐级向基层一线下沉，在市县两级巡察监督力量下沉乡镇的同时，破解乡村腐败干部相互"沆瀣一气"抵抗监督行为。与此同时，配合着村民对村干部的举报与再举报机制的完善，消除村民对县委巡察组下乡只是"敷衍了事"的误解和会"秋后算账"的顾虑，从而提高村民对巡察工作的支持度和参与度。另一方面，借助互联网政务系统将乡镇间干部联系置于政务平台上，减少乡镇干部间的私下联系，加快村务资料上传至系统，村务工作网上留痕，以"村务上网"的方式避免干部间熟络后的抱团腐败和缩减村干部逃避巡察的信息差。

五、结语

乡村是链接中央和地方、政府与农民的关键环节，乡村也是权力结构运行的末端，是维系广大群众切身利益与美好生活的最直接场域。乡村振兴战略对乡村有效治理提出了更高要求，乡村基层监督是绕不过去，也必须首要解决的重大课题。我们对村干部微腐败现象要"标本兼治"，不同于传统的基层公权力监督模式。在面对复杂多变的乡村微腐败案件时，乡村基层韧性监督系统具有足够强的自组织、自调适、自恢复力，通过增强制度韧性、构建技术韧性、提升工具韧性提高监督效能。依托监管的韧性赋能提升村民在乡村基层监督中的获得感、幸福感，构建激浊扬清、扶正祛邪的清廉乡村环境，最终实现推进乡村振兴和加快农业农村现代化进程的宏伟目标。

参考文献

[1] 李秋学. 督查悖论：监督下乡中的基层避责行为 [J]. 求索，2021 (05)：159-166.

[2] 贺雪峰，宫紫星. 理解韧性治理的一个整合性理论框架——基于制度、政策与组织维度的分析 [J]. 探索，2022 (05)：119-133.

[3] 沈玲. 以督促治：乡镇政府运作的一种新机制——基于 H 市 A 镇治理实践创新的分析 [J]. 天津行政学院学报，2022，25 (05)：45-54.

[4] 杨爱民. 中国韧性治理体系的框架和构建路径 [J]. 人民论坛，2023 (15)：66-69.

[5] 彭龙富，毛丰付. 数字技术赋能政府治理：数字基础设施与经济韧性 [J]. 河北经贸大学学报，2023，44 (04)：40-52.

[6] 贠杰，孟燕. 政治韧性、结构优化与能力提升：党加强基层政治建设引领基层治理的发展逻辑 [J]. 理论探讨，2017 (02)：21-28.

[7] 李明. 韧性的概念谱系、治理意涵及时代启示 [J]. 天津行政学院学报，2021，25 (02)：3-13.

[8] 王力平. 社会治理共同体的理论意涵、出场实践及建设路径 [J]. 甘肃社会科学，2023 (02)：53-61.

[9] 金筱霖，王晨曦，张璐，刘银喜. 数字赋能与韧性治理双视角下中国智慧社区治理研究 [J]. 科学管理研究，2023，41 (01)：90-99.

[10] 何兰萍，曹慧媛. 韧性思维嵌入治理现代化的政策演进及结构层次 [J]. 江苏社会科学，2023 (01)：132-141.

[11] 毕鸿昌. 非正式监督：公众监督基层痕迹主义的策略选择——以 C 区三城同创工作为例 [J]. 内蒙古社会科学，2023，44 (01)：31-38.

理想与现实：民国北京政府初期（1912—1917）"浙人治浙"的历史命运

陈哲洋

【摘　要】辛亥革命中，部分浙江新军军官联合省内外的革命党人推翻了清政府在浙江的统治，为实现"浙人治浙"开辟道路。此后，在主政浙江的浙籍军政要员、绅商及民众的支持下，浙江本土人士牢牢掌控省政，尽力阻挡北洋系插手浙省军政。"浙人治浙"局面遂得以建立。但由于民初浙江政局错综复杂，省内派系林立，外部势力窥伺，"浙人治浙"局面难以维持，最终停留于"理想"，难以发展为"现实"。在中国的特定国情下，任何形式的"省域主义"与"地方主义"均无法长存，只有在中央领导下，并充分发挥地方能动性，方可促进持久之发展。这也是历史给予今日的重要启示。

【关键词】浙江；民国北京政府；"浙人治浙"；地方主义

前　言

民国初年，地方主义盛行，而浙江位居东南要冲、财赋之地，研究浙人对地方主义、省域主义的应对，具有相当价值。

目前，学术界已有以晚清至民国初年叙述浙省历史的通史类论著，以"浙省自治"为中心的研究成果也有不少，但少有系统阐述民国初年（1912—1917）"浙人治浙"发展史之成果。故本文尚有拓展研究之可能。笔者拟根据档案、报纸和当事人的回忆录为基础，以民初浙江地方主义的发展为线索重新审视北京政府时期的浙江历史，以浙籍军政长官与浙江资产阶级为主要考察对象，探讨其为建立、维持"浙人治浙"局面所作出的尝试及阻碍这一局面长期维持的因素。以史为鉴，可以知兴替，本文的现实价值在于说明，地方自治不合中国政情，"浙人治浙"及地方主义不能代表历史进步方向。

目前所见史料中，最早提到"浙人治浙"一词是1917年浙省公民大会集议力拒北洋将领杨善德主浙所发之声明："吾浙自光复以来，已历五稔，凡对于中央、对于地方，莫不成绩昭然，未始非浙人治浙之明效也。"[1] 首先，民初就有"浙人治浙"提法；其次，"浙人治浙"可以指代"政治现象"或"政治局面"；再有，此文告直接目的为阻杨入浙，以保浙人吕公望督军兼省长之位——而吕在职之旧局面被时人称为"浙人治浙"。综上，自1912年萧山人汤寿潜督浙，至1917年永康人吕公望去职，便是"浙人治浙"时期。其间，浙省政局围绕前后两条主线开展：一是以汤寿潜、朱瑞为代表的浙籍人士调整与中央关系以求自保，维持"浙人治浙"之局面；二是浙人与党人、浙军将领之间的斗争及其对"浙人治浙"局面的破坏。另外，"浙人治浙"也是思潮，尤其在北京政府遣杨善德接管浙江后，"浙人治浙"作为"政治现象"或"政治局面"的面相消失，转而主要以"政治思潮"面貌存在，但这并不在本文讨论范围之内。

一、辛亥后"浙人治浙"的初起与阻碍

地方主义在中国是一种古老的历史现象，古往今来皆有之，"一般表现为地方割据和反叛中央的极端政治行为，是中央权威衰落或制度安排不当的产物"[2]。近代以来"地方主义"加强可追溯至19世纪五六十年代太平军兴，"朝廷间用督抚董戎，多不辱命，犹复不制以文法，故能需施魄力，自是权又移于督抚"[3]。与此相应，在人们观念中，"省"开始作为"一个包括一定地域和自身利益的独立的实体"[4]被认同，且"省"之自治是广泛推进民主宪政的重要条件，"欲争自由，先言自治"[5]。

宣统三年（1911），受武昌起义号召，浙江新军在杭州起义，攻克巡抚衙门，擒浙抚增韫。次日清晨，旗营缴械，杭州全城光复。[6]随后，革命党人迅速成立军政府，开始推选都督。是时，清廷在南方诸省之统治趋向瓦解，"以某地人治某地"思潮具备了实行之可能，并在全国产生广泛影响。如广西巡抚沈秉堃在广西光复时声言："广西地方，乃广西人之土地，本应由广西人主持。"[7]四川总督赵尔丰在去职时同样声称："今日四川人自治。地方而不治，四川人之患矣！"[8]若按此原则，浙江都督应由浙人出任。浙军军官朱瑞与浙籍谘议局议员褚辅成推举在沪杭甬铁路风潮中发挥重要作用的立宪派人士汤寿潜

为都督。[9] 其中之原因在于，汤氏威望素著，可以压住全省，并震动清廷与外国，维护新生政权的稳固。[10] 1911年11月8日，汤寿潜上任。

汤寿潜并非革命党人，其之所以被举为都督，在其名望而非革命功绩。党人利用汤寿潜"浙人"之身份，顺应"省域主义"潮流，在鼎革之际获取浙省绅民支持，巩固革命政权。在任命的军政府各部部长中，同盟会会员只有褚辅成一人，革命党大为不满，力主改选都督，褚辅成力争之下，才保全汤寿潜都督之位。经重新安排，都督府组成人员中同盟会、光复会会员占总数的2/3。[11] 都督府下新设总司令部与政事部两机关，两部长官均为革命党人，掌握实权，而汤则处处受其掣肘，无完全的任官、决策、与闻要政之权。当褚辅成侦知与汤寿潜有故的前清旗营将领贵林"谋叛"后，竟以"时机紧迫"为名，在未提前报知于汤寿潜的情形下，便将贵林父子处死。[12] 汤寿潜名为都督，实则近于傀儡。

1912年1月，汤寿潜就任南京临时政府交通部长，革命党员、浙江诸暨人蒋尊簋接任都督。自光绪三十三年（1907）以来，蒋氏历任浙江新军标统、浙江陆军教练处帮办、浙江陆军讲武堂总办、督练公所总办等职。因其既为浙人，并在前清新军中历任要职，故在浙江军人中是前辈，资历很深。[13] 在革命党人看来，蒋尊簋既可以稳定浙江局势，又可以其"同盟会员"和"浙军将领"的双重身份平衡各方，遂推他上位。在桑梓之情的作用下，蒋尊簋督浙期间，致力于"维秩序""消意见""安职业"，绥靖地方，帮助浙江尽快走出辛亥年之兵燹与乱局。[14] 另外，他大力推行县乡自治，颁布法案，以商议丞相所不能解决的地方重大公益事务。以地方县、乡自治为进一步全省自治之基础。[15] 然而，与汤寿潜一样，由于蒋尊簋被举同样是革命党人运作的结果，因此，其在任期间仍不免与党人颇多龃龉。蒋尊簋上任后，着手削弱党派对于政局的干涉。除此以外，还以同乡卢钟岳代替褚辅成出任民政长。此类人事变动遭到都督府参议院强烈反弹。蒋尊簋扬言辞职，双方势将决裂。[16] 在革命党人的不满声中，同年，蒋尊簋挂印而去。

浙江光复后，作为浙人的汤寿潜与蒋尊簋相继出任都督，然皆任期极短，旋起旋灭，又屡受革命党人牵制，不由令浙人思量，是否需要推举更有魄力、于军中更有威望者出任浙督。先是，杭州光复之际，浙江新军的最高直接长官统制和副长官协统闻风逃跑。周承菼、朱瑞等浙江本地的中下级军官取得军权，并在革命中将浙军扩编为两师。[17] 这支由浙人组成，由年轻的浙江将领改编、指挥的军队在辛亥年对清王朝的斗争中屡立战功。

这批浙籍军官及其指挥的浙军，是民初浙江逐步实现"浙人治浙"的重要支撑力量。1912年7月，随着朱瑞接替蒋尊簋任都督，此力量正式登上浙省政治舞台，开始发挥主导作用。因此，在众人推举下，浙军将领之领袖、浙江海燕人朱瑞出任浙江都督。

有观点认为，朱瑞莅任，首先向袁献媚表示服从。[18]此言明确地道出了朱瑞担任都督后的政治立场——向中央靠拢。首先，在袁世凯方面与南京临时政府为中华民国首都所在地而争执不下时，作为浙江的最高军政长官，朱瑞明确主张将袁世凯所在的北京作为新政府首都。其次，朱瑞支持袁世凯所提出的为发展经济而裁兵的号召，并在浙江首先开展大规模裁兵工作。[19]再有，草创之初年，北京政府财政困难，"农废于野，工荒于肆，商贾滞于途"[20]，朱瑞遂大启捐纳，得三万五千余银元，皆解送北京，以此输诚中央。[21]

汤寿潜、蒋尊簋二人之所以任期不长，多为革命党人牵掣所致。朱瑞自然要着手对此加以处理。而革命党人又素来为袁世凯所嫉，故打击革命党对朱瑞而言可谓一石二鸟之必然选择。仍以前述裁兵事为例，"裁兵"本身就是袁世凯削弱革命党人在南方的军事力量的措施。[22]朱瑞与北京政府在此问题上取相同步调，借助中央政府遏制省内党人势力。并且，值得注意的是，朱瑞本身就有同盟会员与革命党员之身份，然其出任浙江都督后，立即宣布脱离党籍。[23]因为作为党员，必受组织之管理与指挥，到时候仍受牵掣。此举也表明朱瑞不欲党人干涉浙省事务之决心。同时，都督府颁布命令，指责省内革命党人的同盟共进会在省内煽惑民众，意图不轨，勒令解散。[24]此事以后，朱瑞警告全省，如敢再犯者，必以重法置之。[25]总而言之，朱氏通过打击省内党人，竭力避免其干涉省政，同时也将这一举措当作向袁靠拢的重要手段。

总之，清政府在浙江的统治瓦解后，浙人汤寿潜、蒋尊簋、朱瑞相继出任都督之事实及任内措施进一步奠定了民初浙江"省域主义"的发展。但不难发现，光复后初期，"以浙江人治浙江事"在大多数时候仅为表面文章。军政府前两任都督虽皆为浙江人士，但他们从被举至具体施政，无不受外力牵掣，反是浙籍党人在民初浙省政治中扮演角色更是异常重要。[26]朱瑞上任之初，亦未能完全制服革命党人。此时浙江"省域主义"发展最大阻碍因素为革命党人渗透乃至控制。围绕"浙人"与"党人"的权力分配，双方展开了激烈的博弈。朱瑞督浙后，权势相对稳固，开始对党人进行反击，但博弈仍在继续。

二、浙省在"二次革命"中的进退

既然朱瑞认为，只有得到袁世凯的信任，才能抗衡革命党人，才可维持"浙人治浙"局面。而"二次革命"的爆发，也为朱瑞继续向北京政府靠拢创造了条件。

1913年，"二次革命"爆发，迅速席卷南方各省，湘、皖、赣、宁、川、闽、粤各省先后独立。苏、常、锡、镇、清、扬皆准备反抗北京政府。[27]当江西开战消息传到浙江后，人心惶惶，局势动荡，商民异常惊恐。[28]在此种情形下，浙江经济受到沉重打击，金融难称景气，各项交易皆在停止边缘。[29]在"二次革命"的冲击下，浙江政局陷入危机。

但是，若从"革命"角度言之，"二次革命"中的浙江仍地位重要，被革命党人看作上海的"后方根据地"与"犄角"。[30]故革命党仍希望运作浙江的高级军政长官加入抗袁之斗争。例如，党人叶楚伧即劝告朱瑞为天下先，宣布独立。[31]葛道藩则致书嘉湖镇守使吕公望，劝其早日派兵北上。[32]此时，浙江省议会中革命党人占据百分之六十的席位。[33]省议会议长、革命党人莫永贞借助此有利条件，对外发出公函，试图逼迫浙江宣布独立。[34]函中提到，只有尽快宣布独立，才能顺应当下之潮流。[35]革命党甚至组织会党四五百人，企图在宁波策划武装起事。[36]但此时，朱瑞的统治已逐渐稳固，其对革命党人的游说仅作口头敷衍，实则致力于保持现状，严守中立。[37]7月16日，朱瑞得到南京方面事变消息的通电后，立即召开高级将官会议，决定以"镇静"作为施政纲领，对其他省份之情形不予理睬。[38]20日，朱瑞正式向全省军民人等发布通电，明确阐明其中立主张：

> 吾浙自辛亥起义以后，民力凋残，盗贼充斥，元气大伤，疮痍满目。所幸一年以来，地方日臻绥靖，秩序渐以恢复。正期从此培养民力，巩固国基，不意赣事发生，战云复起，全省恐怖，金融停滞。商民各团体深恐地方有变，纷纷呈请维持秩序，保卫安宁。……自今以往，但一意保我治安，不问其他，如有乘机骚扰，或派遣军队者，不问来自何处，凡妨害我浙生民财产者，一律视为公敌。[39]

朱瑞在通电中表示：浙江中立是为保全民众生命财产、维护地方安定，也是全省商民"纷纷呈请维持秩序"的必然结果。但以往史家多认为这不过是冠冕堂皇的开脱之辞，并对"中立"政策作出负面评价，直斥朱瑞为自身前途放弃原有立场，投靠袁世凯政府，背叛革命，还对革命党人进行镇压。[40]还有研究直接指出，朱瑞拥袁立场鲜明，所谓"中立"，只是用来敷衍党人的幌子。[41]从史实上看，朱瑞确是站在二次革命与革命党人对立面，全力镇压省内的革命活动。但若仅停留于这些表层现象，则未抓住问题的关键。

早在清光绪三十二年（1906），朱瑞就加入同盟会，还是光复会会员，在浙江辛亥革命期间与革命党人密切合作，立下不少功勋。浙江光复后，朱瑞统率部分浙军北伐，在江宁城下血战良久，对南京光复和民国肇基建有重大功勋。[42]另外，朱瑞对袁世凯也非完全迎合。实际上，当时各省都督中，比朱瑞更明确表示拥护袁世凯者甚多，其中就包括云南都督蔡锷与广西都督陆荣廷等，相对他们而言，朱瑞的政策的确更多偏向"中立"[43]。例如，8月4日，川军第五师师长、重庆镇守使熊克武在重庆起兵，响应"二次革命"，袁世凯命蔡锷入川镇压。17日，蔡锷即告以中央，已率部出发。[44]反观浙江，朱瑞于7月20日宣布中立，8月12日才电告北京，浙军将赶赴上海，策应北洋军对南京的进攻。[45]此时距黄兴南京起事已近一月，朱瑞因此类迟疑态度，还受到袁世凯的怀疑。[46]1914年，袁召朱入京，以当面了解其对自己的真实态度，这也是二人首次见面。[47]将这些细节结合起来考虑，很难想象朱瑞完全投靠北洋系，他的"中立"政策应当是以"力保浙人治浙"而非"袒袁"为最终目的。浙江在"二次革命"中的"站队"对浙江的安定以及"浙人治浙"局面维持至为关键，以下简单进行分析。

首先，"二次革命"初，革命党将浙江拉入"反袁"阵营意图明显，朱瑞显然不会坐视浙省再次成为党人"革命"和"倒袁"的工具，因此站在了"革命"的对立面。其次，浙江军事力量较北洋军为弱，民国建立后，浙江先后被遣散的浙军有二万一千九百人之多，东南地区仅有苏、皖、浙、闽四省共五个军。[48]而袁世凯仍对南方的军事力量充满疑忌，驻第十师、第四师于上海、松江，扼浙军北上之路。[49]显然，浙江并不具备独立反袁的实力。再有，战争糜烂地方，"二次革命"后，原本的金陵形胜，富庶之地，竟生灵涂炭，满目疮痍，十室九空，财产如洗。[50]上海亦损失巨大，大量平民死于战火，资本主义工商业所受打击尤重。[51]北军所到之处多是如此。当是时，浙省内部已有骚动，若战端一开，必殃及更广，不利于"浙人治浙"局面的维持。最后，省内绅商多不支持革命与战争，对"二次革命"在江西、南京的爆发充满了恐惧情绪，因此对"浙江独立"的问题极其冷谈。[52] 7月20日，革命党促动宁波独立，但由于当地绅民多顾虑袁世凯势大，省府又不支持，一旦开战，万事休矣。[53] 因此，宁波之独立仅持续二十余天便宣告失败。光复后的浙江地方政权被陈志让归为"绅—军政权"，这种形式的政权以"绅士和军人的联合"作为基础，在这一联合中，"绅"力量稍强于"军"。[54] 因此浙省绅商也是浙江都督府治理地方的重要倚仗。这一群体的利害得失及其"浙人治浙"的政治主张是以朱瑞为首的浙省军政要员考量的重要因素。

因此，就内外局势而言：省内，绅民不愿卷入全国性战争，要求以"浙人保浙"，阻止战争发生；省外，北京中央实力强大，为应对党人将浙省卷入"二次革命"的企图，力保"浙人治浙"局面，朱瑞只能拥护中央，并借助中央权威打击党人，以此保护浙江民众的生命财产，抵制北洋系进入浙江的企图。[55] 事实证明，朱瑞的策略确有效果，"二次革命"后，北洋军的势力伸张到长江流域，南方各省中非其势力范围者寥寥。[56] 并且，中央在建立省制和任免省政府人员方面的权力增大了。[57] 袁世凯以镇压革命为机，重新安排南方各省的军政格局，扩大北洋势力控制的地盘，将部分省政收归中央。而浙省虽同样受中央钳制，但仍由浙人掌控，保持一定独立性。因此，客观地讲，朱瑞在"二次革命"中的"中立"政策对于维持地方安定，在北洋势力扩张下维持"浙人治浙"局面功不可没。

浙省在"二次革命"中的进退抉择，是朱瑞主浙时期处理央地关系的大政方向及其效果之缩影。从大政方向看，此时朱瑞尚有威望压制内争，因此其维持"浙人治浙"局面，所要解决的关键问题在于如何抵御外部势力对浙省的冲击。此处的"外部势力"，一为北洋军，二为革命党。这两股势力多处于对抗状态，且前者强于后者。朱瑞选择服从北京政府，既换取中央对"浙人治浙"局面的维持，又可以利用中央权威增强镇压党人的力量及合法性，以阻挠革命党人破坏浙省现存政治秩序和半独立态势。从效果看，1912—1916年间，浙省基本未受国内军阀混战之波及。[58] 与此同时北方部分省份，每年死于天灾人祸者十之八九。[59] 若如是言之，浙江之稳定程度冠于全国，昭彰可见，各项省政建设均颇有成绩。这与朱瑞的正确策略和"浙人治浙"局面的保持是分不开的。

三、护国运动、浙军内讧与政局转折

浙军派系众多，大致分为武备派、士官派、保定派、陆师派。张载阳、夏超、周凤岐等为武备派；蒋尊簋、周承菼、陈仪等为士官派；朱瑞、叶颂清等为陆师派；吕公望、童保暄等为保定派。[60] 各派之间相互斗争，陆师、保定两派对抗士官、武备两派。[61] 护国运动爆发后，浙江之政局随之发生巨大分裂与变化，党人和北京中央向浙江渗透，最终为结束"浙人治浙"创造了条件。政治震荡加剧了派系斗争，导致政局混乱失序。

"二次革命"后，朱瑞继续秉持其"祖袁"政策，以"保境安民"为基本原则。镇压省内革命党人和革命活动。[62] 1915 年，袁世凯推进帝制，举国哗然，反袁声浪席卷全国，但此时的朱瑞仍希望故技重施，以当日应对"二次革命"之态度应对今日之反袁浪潮。因此，其非但不愿加入反袁阵营，反而继续顽固地支持袁世凯。为进一步表现浙江之态度，朱瑞与民政长屈映光等甚至联衔劝进：劝袁世凯"俯顺人心，早正大位"。[63] 浙江成为支持袁氏称帝最为积极之省份。[64] 朱瑞与屈映光也因此受封爵位。[65] 但实际上，朱瑞忽略了重要的问题，即省内还有多少军政官员支持其举动。实际上，除朱瑞、屈映光、参谋长金华林及师长叶颂清等少数人外，全省各界莫不反对，浙省政局产生分裂。[66]

与此同时，以革命党人为主体的反袁势力利用这种矛盾加紧运作，策动浙江独立，以响应护国运动。此时浙军诸将已无法保持团结，童保暄、吕公望、夏超、周凤岐、张载阳等本就在派别上与朱瑞存在矛盾，现见其与民政长倒行逆施，大失人望，遂直接联合起来，并与革命党合作，共同谋划驱逐朱瑞。1916 年 4 月 11 日夜，革命党人与杭州部分驻军发动起义，攻打兴武将军府，朱瑞、叶颂清等易服逃脱。在诸多将领的推举下，屈映光出面维持秩序，并于次日宣布浙江独立。[67] 不久，吕公望又利用舆情对屈映光"卖国""通袁"的不满，直接将其逐走，并亲自就任浙江督军兼省长。

吕公望虽然靠驱逐朱瑞与屈映光上台，但其执政后，仍秉持朱瑞的既定政策，虽宣布独立，却不与中央直接对抗，以此继续维持"浙人治浙"局面。在其于嘉湖镇守使任上宣布嘉兴、湖州独立时，便向驻军上海、监视浙北动向的北洋将领、时任淞沪护军使的杨善德发去电报，宣称虽然浙省发生重大人事更迭，然无论时局如何，皆以维护浙江治安为要义，提醒杨善德不要反应过度。[68]杨善德遂转电北京政府，表示浙江的政策与冯国璋保持相似。[69]这种政策便是，先劝说袁世凯放弃帝位[70]，再提出八点原则应付护国军，例如，承认袁世凯仍为大总统等[71]。这些主张显然左右逢源，不为护国军所接受，但浙江当局却颇以为然。吕公望虽公开声讨袁世凯，并将浙军列入护国军。[72]然而，这些军队多布防于苏浙、浙皖边境，以防备冯国璋和倪嗣冲，本质上仍以"保境"为根本任务。[73]此时护国运动已近尾声，袁世凯死后浙军即撤回原防。[74]

护国运动期间，浙江虽"秩序异常安静"[75]，"浙人治浙"局面也未尝稍变。但一潭静水之下暗流汹涌，因"护国""独立"而产生的分歧与内讧，最终结束了民元以来"浙人治浙"的局面。护国运动落幕并未使浙省重获稳定，未过数月，省内变乱陡生。

起初，因浙江政坛上出身武备派的军政高官颇多，无论推举何人出任都督都会引起其他与之资望相埒的同僚不满，只得暂推保定派出身的吕公望上台维持局面。但武备派势力强大，虽未取得都督之位却仍掌握重权。而张载阳、夏超等属武备派，童保暄、吕公望属保定派，双方派系对峙，最终于警政问题上爆发冲突。[76]

1916年12月，吕公望保荐其亲信傅其永为杭州警察厅厅长，得到批准。前任厅长夏超虽表面承诺卸任，却于交接当天遣人痛殴傅其永。[77]事发后，军警互相开火，杭州警察厅下令戒严，银行、电报局均派兵驻守，司令部、警察署同时戒备。[78]霎时间，杭州城内人心异常惊惶。[79]周凤岐等高级军官相继辞职，吕公望见情势不利，遂离杭赴嘉，浙省政局空前恶化。民元以来，浙江长期依靠中央以维持"浙人治浙"局面，此种政策惯性巨大，此时的武备、保定均希望借中央以压倒对方。吕公望离杭后，通电北京，告知浙省发生变乱。[80]但是，随着局势的变化，浙人逐渐意识到，北京政府在此事牵涉太深，产生了巨大的消极影响。因此，吕公望向政府强调，虽然省内发生大乱，但自己督率军队竭力弹压，已经基本控制了局面。[81]如此强调，便是防止北京政府借机派兵入浙。浙省绅商亦设法挽救局面，省议会恳请各将领维持秩序，以防止外来势力入浙。[82]但北京中央棋高一着，一面电令吕公望、周凤岐遵守中央命令，严厉镇压反对中央任命之绅民与官员人等[83]。同时，政府又将吕公望免职，命杨善德为浙江督军[84]，齐耀珊接任浙江省长[85]。

电令下达，浙省内部风潮迅速转向。在浙江各界看来，无论是吕公望还是张载阳担任督军，均无损于"浙人治浙"局面。若北洋军入浙，局势则发生根本逆转。鉴于局势陡变，各方尽力将浙省恢复到事变前之状态。吕公望表示愿继续履职，得到广泛支持。[86] 军界表示，吕公望治浙多年，威惠久著，弹压乱局，成效显著，如今商民之生活亦基本恢复正常，无需请杨善德率兵入浙。[87] 各军也纷纷表态，或言本军并无调动[88]，或言局势已恢复正常[89]。此类言论之目的在于，告知杭城商民无需恐慌，期望借此阻止北京政府继续借题发挥。省议会也反对北京政府的任命，召开大会声明，浙省自光复以来，军政主官皆为浙人，政局稳定，经济发展，若客军入浙，后果不堪设想。[90] 面对光复以来前所未有的外力入浙危机，浙江各界再次团结在"浙人治浙"的大旗之下。

但是，北京政府对于杨善德督浙之事无商榷余地。[91] 为配合杨军入浙，冯国璋还加派大军赴浙弹压，以备不测。[92] 此时浙人又开始恐惧反抗中央会造成更为剧烈的战事冲突。于是，浙军诸将态度再次转变，转向支持杨善德赴任浙江。[93] 浙省绅商方面，旅沪浙人团体告诫杭州当局，浙事当候中央解决，旧驻军队万勿调动，以免激怒杨善德和中央政府。[94] 出于同样的考虑，旅京浙人也反对重新把浙人蒋尊簋抬出来出任都督。[95] 局势如此，吕公望最终妥协。1917年1月，中央召其进京，吕公望表示愿立卸旧职。12日，杨善德接印视事。杨善德，北洋武备学堂毕业，清末曾任职浙江，担任陆军第二十一镇步四十一协协统，驻防杭州，袁世凯死后其归入皖系。[96] 杨善德督浙不仅标志着浙江成为皖系势力范围，更重要的是，浙省需要无条件绝对支持段祺瑞及其中央政府的内外政策。自此，历时近五年的"浙人治浙"时期宣告结束。

余论："浙人治浙"的结局与归宿

晚清以来，地方主义渐成风潮，清末浙省资本主义工商业经济的发展、立宪运动推进以及辛亥年浙省光复极大促进了地方主义的发展与"浙人治浙"局面之出现。但自朱瑞被逐至杨善德入浙，浙省政局处于光复以来空前的震荡之中。"浙人治浙"局面在动荡中遭到破坏，最终分崩离析。分析其原因，则为浙人内讧、中央干预与革命党运作三者共同作用之结果。其中，浙人内讧为重要原因。革命党人正是利用了浙军内四分五裂的局面，联合部分将领逐走朱瑞。以"袒袁"力保"浙人治浙"局面的朱瑞下台后，浙江政局遂受到革命党人深刻影响，而革命党人与中央处于对抗状态，因此，随之而来的就是浙江独立事件与央地关系的失衡，北京政府疑虑重重，遂有"吞浙"之意。而吕公望主浙后，仍是由于派系倾轧，遂为北京政府接管浙省提供契机，"浙人治浙"局面瓦解。

　　杨善德为皖系将领，到浙后，不仅搜刮民财，压制舆论，还将浙江作为政治竞争的马前卒。1917年4月，"府院之争"爆发。段祺瑞为迫使黎元洪及国会就范，遂召集"督军团"会议，浙督杨善德亦派员列席。5月，黎元洪免去段祺瑞国务总理之职，作为回应，30日，杨善德宣告浙江独立。[97]对此颇为不满的浙人遂再次举起"自治"大旗。宣告宁波独立，号召全省响应，遭杨善德镇压。[98]事后，浙军将领周凤岐等军政官员均被杨善德黜退。同时，杨氏相继派浙军中坚人物童保暄、张载阳出省作战，其目的在于加强浙军与皖系、浙省与中央的联系。[99]浙江军政独立性遭到严重破坏。

　　杨善德后，北京中央任命卢永祥接任督军。卢永祥也是皖系将领，其执政期间，江浙战争爆发，浙江成为直、皖重兵云集相互厮杀的主战场。单浙江方面就出兵近十万[100]，其中属浙江本地军队有三万余人。[101]结果卢永祥战败。战争对地方造成巨大破坏，"军队所过，村镇为墟，人民奔走迁移，颠连失业，富而贫、贫而死者，不知凡几"[102]。卢永祥逃走后，孙传芳长驱入浙，浙江为直系所控制。孙传芳控制浙江后，建立五省联盟，孙传芳就任联军总司令，向奉军发起总攻击。[103]此战孙传芳动员浙江所有兵力，浙省再次被卷入大战之中。[104]从1918年至1925年，从"援闽浙军"和"闽浙联军"，到"浙卢—奉张—粤孙"同盟，再到"苏、浙、闽、皖、赣五省联军"。这表明，随着北洋军阀对浙江的控制逐渐深入，浙省愈来愈难以以独立的政治面貌出现，浙江开始归于某一政治同盟或服务于某一政治集团。"浙人治浙"局面而至"浙人保浙"的政治策略再次归于失败。

　　浙奉战后，孙传芳得以稳固控制东南。但好景不长，1926年5月，国民革命军出师北伐，10月攻克武汉，随即攻江西，迫使孙传芳屯兵江、浙、皖。[105]夏超试图摆脱直系控制，重建"浙人治浙"局面，然仅十余日，即为孙传芳俘杀，自治失败。12月，新任浙江省长、浙军第一师师长陈仪与国民革命军合作，另立省政府，实行自治，又被孙传芳镇压。[106]但随着北伐军在浙江的节节胜利，直系军阀已是强弩之末，北伐军在短时间内就可以控制浙江全境。1927年2月，北伐军入杭。

　　自1912年民国肇基至1927年国民革命军入浙，"浙人治浙"思潮从未断绝，也曾一度得到上至督军省长，中至江浙绅商，下至贩夫走卒的广泛支持。但另一方面，阻碍"浙人治浙"长期维持之力量颇大，外有北京政府与各派军阀虎视，革命党人觊觎；内有浙军诸将以及省内利益集团争斗不休，为外部势力入浙提供机会。因此，从朱瑞上台至吕公望去职，"浙人治浙"局面持续不足五年便寿终正寝，其后便是持续近十年的军阀统治，浙江被卷入全国性的政争与混战之中。省外干涉不断，省内争斗不止，在民初特定的历史环境下，"浙人治浙"多为"理想"而非"现实"，流于"思潮"而难成"局面"。与晚清民国以来的社会性质你方唱罢我登台，最终社会主义取得胜利之情形类似，"自治""地方主义"的思潮与实践虽热热闹闹，盛极一时，然终究不是地方经济文化发展的最终出路，只有在中央有力领导的前提下，充分发挥地方能动性，才是发展之关键所在。

参考文献

［1］陈光熙．徐定超集（下）［M］．杭州：浙江古籍出版社，2018：73．

［2］赵涛．清末民初地方主义研究［D］．中国人民大学，2013．

［3］赵尔巽．清史稿［M］．北京：中华书局，1976：3264．

［4］林孝文．浙江省宪研究［D］．西南政法大学，2009．

［5］谭徐锋．蒋百里全集（第4卷）［M］．北京：北京工业大学出版社，2015：3．

［6］浙江辛亥革命史研究会．辛亥革命浙江史料选辑［M］．杭州：浙江人民出版社，1981：510．

［7］中国史学会．辛亥革命（第7卷）［M］．上海：上海人民出版社，1957：221．

［8］本书编委会．李劼人全集（第4卷）［M］．成都：四川文艺出版社，2011：1102．

［9］中国史学会．辛亥革命（第7卷）［M］．上海：上海人民出版社，1957：156．

［10］中国科学院近代史研究所．近代史资料（总87号）［M］．北京：中国社会科学出版社，1996：201．

［11］金普森．浙江通史·民国卷（上）［M］．杭州：浙江人民出版社，2011：8．

［12］浙江省政协文史委．浙江文史资料选辑（第27辑）［M］．杭州：浙江人民出版社，1984：121．

［13］中国科学院历史研究所第三所．近代史资料（总12号）［M］．北京：中国社会科学出版社，1954：56．

[14] 浙江辛亥革命史研究会. 辛亥革命浙江史料选辑［M］. 杭州：浙江人民出版社，1981：534.

[15] 浙江辛亥革命史研究会. 辛亥革命浙江史料选辑［M］. 杭州：浙江人民出版社，1981：551.

[16] 浙江政界之内讧［N］. 申报，1912-2-12（1）.

[17] 浙江省政协文史委编. 浙江文史资料选辑（第2辑）［M］. 杭州：浙江人民出版社，1984：17.

[18] 浙江省政协文史委编. 浙江文史资料选辑（第27辑）［M］. 杭州：浙江人民出版社，1984：149.

[19] 浙江辛亥革命史研究会. 辛亥革命浙江史料选辑［M］. 杭州：浙江人民出版社，1981：565.

[20] 遣散军队及优待军官之办法［N］. 申报，1912-5-21（2）.

[21] 朱宗震. 民初政争与二次革命（上）［M］. 上海：上海人民出版社，1983：19.

[22] 浙江辛亥革命史研究会. 辛亥革命浙江史料选辑［M］. 杭州：浙江人民出版社，1981：562.

[23] 来新夏. 北洋军阀史［M］. 天津：南开大学出版社，2000：243.

[24] 浙江辛亥革命史研究会. 辛亥革命浙江史料选辑［M］. 杭州：浙江人民出版社，1981：566.

[25] 浙江辛亥革命史研究会. 辛亥革命浙江史料选辑［M］. 杭州：浙江人民出版社，1981：567.

[26] 浙江辛亥革命史研究会. 辛亥革命浙江史料选辑［M］. 杭州：浙江人民出版社，1981：568.

[27] 金普森. 浙江通史·民国卷（上）［M］. 杭州：浙江人民出版社，2011：8.

[28] 浙江辛亥革命史研究会. 辛亥革命浙江史料选辑［M］. 杭州：浙江人民出版社，1981：571.

[29] 浙江辛亥革命史研究会. 辛亥革命浙江史料选辑［M］. 杭州：浙江人民出版社，1981：576.

[30] 赣潮中之浙江［N］. 越铎日报，1913-7-21（2）.

[31] 浙江省政协文史委. 浙江文史资料选辑（第7辑）［M］. 杭州：浙江人民出版社，1984：17.

［32］浙江辛亥革命史研究会. 辛亥革命浙江史料选辑［M］. 杭州：浙江人民出版社，1981：572.

［33］浙江辛亥革命史研究会. 辛亥革命浙江史料选辑［M］. 杭州：浙江人民出版社，1981：571.

［34］浙江省政协文史委. 浙江文史资料选辑（第7辑）［M］. 杭州：浙江人民出版社，1984：16.

［35］朱宗震. 民初政争与二次革命（下）［M］. 上海：上海人民出版社，1983：814.

［36］浙江省政协文史委. 浙江文史资料选辑（第7辑）［M］. 杭州：浙江人民出版社，1984：4.

［37］浙江省政协文史委. 浙江文史资料选辑（第7辑）［M］. 杭州：浙江人民出版社，1984：24.

［38］浙江辛亥革命史研究会. 辛亥革命浙江史料选辑［M］. 杭州：浙江人民出版社，1981：576.

［39］浙江都督兼民政长朱通电［N］. 浙江公报，1913-7-21（2）.

［40］徐和雍. 浙江近代史［M］. 杭州：浙江人民出版社，1982：278.

［41］金普森. 浙江通史·民国卷（上）［M］. 杭州：浙江人民出版社，2011：8.

［42］浙江辛亥革命史研究会. 辛亥革命浙江史料选辑［M］. 杭州：浙江人民出版社，1981：585.

［43］朱宗震. 民初政争与二次革命（下）［M］. 上海：上海人民出版社，1983：815.

［44］朱宗震. 民初政争与二次革命（下）［M］. 上海：上海人民出版社，1983：786.

［45］中国第二历史档案馆. 中华民国史档案资料汇编（第3辑）［M］. 南京：江苏古籍出版社，1991：244.

［46］严如平. 民国人物传（第8卷）［M］. 北京：中华书局，1996：168.

［47］浙江省政协文史委编. 浙江文史资料选辑（第27辑）［M］. 杭州：浙江人民出版社，1984：150.

［48］来新夏. 北洋军阀史［M］. 天津：南开大学出版社，2000：244.

［49］章伯锋. 近代稗海（第6辑）［M］. 成都：四川人民出版社，1986：381.

［50］中国第二历史档案馆 . 中华民国史档案资料汇编（第 3 辑）［M］. 南京：江苏古籍出版社，1991：211.

［51］章开沅 . 辛亥前后史事论丛［M］. 武汉：华中师范大学出版社，1990：503.

［52］陈志让 . 军绅政权：近代中国的军阀时期［M］. 北京：生活·读书·新知三联书店，1980：20.

［53］浙江省政协文史委 . 浙江文史资料选辑（第 7 辑）［M］. 杭州：浙江人民出版社，1984：9.

［54］陈志让 . 军绅政权：近代中国的军阀时期［M］. 北京：生活·读书·新知三联书店，1980：4.

［55］沈晓敏 . 民初浙江省议会与二次革命［J］. 中山大学学报论丛（社会科学版），2000（3）：48-59.

［56］金普森 . 浙江通史·民国卷（上）［M］. 杭州：浙江人民出版社，2011：46.

［57］陈志让 . 军绅政权：近代中国的军阀时期［M］. 北京：生活·读书·新知三联书店，1980：21.

［58］金普森 . 浙江通史·民国卷（上）［M］. 杭州：浙江人民出版社，2011：248.

［59］陈旭麓 . 近代中国社会的新陈代谢［M］. 上海：上海人民出版社，1992：372.

［60］金普森 . 浙江通史·民国卷（上）［M］. 杭州：浙江人民出版社，2011：44.

［61］浙江省政协文史委编 . 浙江文史资料选辑（第 2 辑）［M］，杭州：浙江人民出版社，1984：16.

［62］严如平 . 民国人物传（第 8 卷）［M］. 北京：中华书局，1996：168.

［63］中国历史第二档案馆 . 护国运动［M］. 南京：江苏古籍出版社，1988：88.

［64］金普森 . 浙江通史·民国卷（上）［M］. 杭州：浙江人民出版社，2011：60.

［65］中国历史第二档案馆 . 护国运动［M］. 南京：江苏古籍出版社，1988：144.

［66］李宗一 . 中华民国史（第 2 卷）［M］. 北京：中华书局，2011：

716-717.

[67] 中国历史第二档案馆 . 护国运动 [M]. 南京：江苏古籍出版社，1988：428.

[68] 中国历史第二档案馆 . 护国运动 [M]. 南京：江苏古籍出版社，1988：430.

[69] 中国历史第二档案馆 . 护国运动 [M]. 南京：江苏古籍出版社，1988：435.

[70] 中国第二历史档案馆 . 中华民国史档案资料汇编（第3辑）[M]. 南京：江苏古籍出版社，1991：447.

[71] 中国第二历史档案馆 . 中华民国史档案资料汇编（第3辑）[M]. 南京：江苏古籍出版社，1991：451.

[72] 严如平 . 民国人物传（第4卷）[M]. 北京：中华书局，1996：78.

[73] 浙江省政协文史委 . 浙江文史资料选辑（第7辑）[M]. 杭州：浙江人民出版社，1984：33.

[74] 浙江省政协文史委 . 浙江文史资料选辑（第7辑）[M]. 杭州：浙江人民出版社，1984：151.

[75] 中国历史第二档案馆 . 护国运动 [M]. 南京：江苏古籍出版社，1988：431.

[76] 中国第二历史档案馆 . 中华民国史档案资料汇编（第3辑）[M]. 南京：江苏古籍出版社，1991：717-718.

[77] 杭州夏超来电 [N]. 北洋政府公报，1916-12-20（2）.

[78] 外电 [N]. 申报，1917-1-5（2）.

[79] 浙省军警风潮拾闻 [N]. 申报，1917-1-1（1）.

[80] 外电 [N]. 申报，1917-1-3（2）.

[81] 嘉兴吕公望来电一 [N]. 申报，1917-1-1（1）.

[82] 浙省军警风潮拾闻 [N]. 申报，1917-1-1（1）.

[83] 专电 [N]. 申报，1917-1-3（2）.

[84] 杭州吕公望来电 [N]. 北洋政府公报，1917-1-13（2）.

[85] 杭州齐耀珊来电 [N]. 北洋政府公报，1917-1-26（1）.

[86] 专电 [N]. 申报，1917-1-3（1）.

[87] 浙军各界通电 [N]. 申报，1917-1-3（2）.

[88] 浙军第二师师部来函 [N]. 申报，1917-1-3（1）.

［89］嘉兴王桂林来电［N］.北洋政府公报.1917-1-7（1）.

［90］杭州公民大会预计［N］.申报，1917-1-5（2）.

［91］专电［N］.申报，1917-1-3（1）.

［92］浙省暗潮中之军队［N］.申报.1917-1-3（2）.

［93］杨使之赴浙问题［N］.申报，1917-1-5（1）.

［94］浙省暗潮中之军队［N］.申报，1917-1-3（1）.

［95］专电［N］.申报.1917-1-3（2）.

［96］章伯锋.北洋军阀（第6卷）［M］.武汉：武汉出版社，1990：433-434.

［97］中国科学院近代史研究所.中华民国史资料丛稿·大事记（第4辑）［M］.北京：中华书局，1976：21.

［98］宁波政协文史委.宁波文史资料（第3辑）［M］.宁波：宁波出版社，1985：1-9.

［99］中国第二历史档案馆.中华民国史档案资料汇编（第3辑）［M］.南京：江苏古籍出版社，1991：702.

［100］章伯锋.北洋军阀（第6卷）［M］.武汉：武汉出版社，1990：168-170.

［101］李啸凤.中华民国史史料外编（第7册）［M］.桂林：广西师范大学出版社，1996：179.

［102］中国第二历史档案馆.中华民国史档案资料汇编（第3辑）［M］.南京：江苏古籍出版社，1991：221.

［103］章伯锋.北洋军阀（第6卷）［M］.武汉：武汉出版社，1990：260-261.

［104］浙江省政协文史委编：浙江文史资料选辑（第2辑）［M］.杭州：浙江人民出版社，1982：25.

［105］中国人民政协文史委.文史资料选辑（第18辑）［M］.北京：中国文史出版社，2000：175.

［106］中华民国史事纪要编辑委员会.中华民国史事纪要初稿（中华民国十五年十月至十二月）［M］.台北：中华民国史事纪要编辑委员会，1985：1165-1167.

地方政府专项债券支持智能充电基础设施建设的研究
——以天津市为例

邵　磊　杨清竹

【摘　要】作为积极财政政策的重要抓手，政府发行专项债不仅体现了财政政策靠前发力的特点，还有助于对需要适度超前投资的产业进行精准支持，助推经济大盘行稳致远。天津作为我国首批新能源汽车推广应用城市之一，拥有巨大的新能源汽车保有量和较快的增量，通过做实做细政府专项债支持智能充电基础设施建设，对于助推"双碳"发展战略以及带动天津市新能源上中下游产业链发展具有深远意义。本文对天津市智能充电基础设施的发展现状与问题以及政府专项债支持天津市智能充电基础设施的现实可行性进行了深入的分析。针对上述结论，本文分别从综合考量设施类别、区位等方面，合理确定投资项目；多元化融资模式，发挥专项债撬动作用；突出项目绩效性，鼓励社会资本开发增值业务等三个方面提出对策建议。

【关键词】地方政府专项债；基础设施建设；偿债能力

一、引言

2022年3月，国家发改委在《关于2021年国民经济和社会发展计划执行情况与2022年国民经济和社会发展计划草案的报告》中提出了2022年主要任务，其中之一便是加强城镇停车设施和充电桩、换电站等配套设施建设。2022年5月24日，国务院发布的《扎实稳住经济的一揽子政策措施》指出，要优化新能源汽车充电桩（站）投资建设运营模式，逐步实现所有小区和经营性停车场充电设施全覆盖。2023年，中央经济工作会议指出积极的财政政策要适度加力、提质增效，要用好财政政策空间，提高资金效益和政策效果，合理扩大地方政府专项债券用作资本金范围，同时稳定和扩大传统消费，提振新能源汽车等大宗消费，发挥好政府投资的带动放大效应，重点支持关键核心技术攻关、新型基础设施、节能减排降碳，培育发展新动能。完善投融资机制，实施政府和社会资本合作新机制，支持社会资本参与新型基础设施等领域建设。天津作为我国首批新能源汽车推广应用城市之一，拥有巨大的新能源汽车保有量和较快的增量，通过做实做细政府专项债支持智能充电基础设施建设，适度超前开展新型基础设施投资，对于助推"双碳"发展战略以及带动天津市新能源上中下游产业链发展具有深远意义。

二、文献综述

（一）有关地方政府债务规模测度及其影响因素的研究

地方政府隐性债务形成的根本原因是财政体制与金融分权，但与此同时金融机构的违规操作与地方政府的违规融资也起到了助推作用[1]。地方政府隐性债务在举债方式上以及表现形式上的独有特征导致其蕴含了巨大的风险。具体看来，在举债方式上的违法违规性是其区别于显性债务的重要特征。在表现形式上具有隐蔽性而不易察觉继而导致了债务规模的不确定性[2]。比如，在对2014年至2016年间我国新增PPP项目进行梳理中发现，大量PPP项目异化为明股实债的地方政府违规举债工具，政府方承担了所有项目的市场风险[3]。经济增长是地方政府官员考核的重要指标之一，而地方政府官员出于对经济增长业绩的追求所采取的粗放型的财政支出行为导致了严重的政府债务问题[4]。然而，债务率与经济增长并不始终呈正比关系，在债务率较低时地方政府可以通过债务政策刺激经济增长，而在超过临界点后过高的债务率将对经济增长造成阻碍[5]。在对美国、日本、巴西的债务危机进行比较研究中发现，要想对地方政府债务进行高效的管理，不可只谋一处而是从多方入手，积极健全财税体制和监管框架以及市场机制[6]。

政府债务测度的研究由来已久，学术界一般是将政府债务分为四大类进行测度，即显性直接债务、显性或有债务、隐形直接债务、隐形或有债务[7]。鉴于地方政府隐性债务的最大特点在于透明度低，数据披露较少，进而导致难以进行准确的统计监测并及时预警，国内对于地方政府债务测度的研究主要集中在隐性债务方面。在对地方政府隐性债务的测度方面，不同学者采用的测度口径和测度模型也不尽相同。确定隐性债务测度口径是进行隐性债务测算的前提，在测度口径方面主要有单一口径和全口径两种。单一口径主要是以投融资平台债务[8]或PPP债务[9]或地方国企形成的地方政府隐性债务[10]等单一分支进行隐性债务测算并进行风险评估。近些年，伴随着地方政府新型隐性债务的大幅增加，学界的目光开始聚焦到对于全口径地方政府隐性债务的测算。全口径法不仅涵盖了传统的以地方政府投融资平台为代表的典型隐性债务，而且加入了PPP债务、政府购买服务、地方商业银行不良贷款等新型隐性债务。二者对比来看，单一口径法由于涵盖面窄，其统计结果往往低于地方政府隐性债务的实际规模，而全口径法更能有效反映地方政府隐性债务的真实规模。不同学者采用了不同测度模型去测算全口径地方政府隐性债务，梳理下来有多指标多因果MIMIC模型以及最高值和最低值估算法等。在使用多指标多因果MIMIC模型对2003年至2018年的测算中发现，我国地方政府隐性债务规模在2007年和2015年达到峰值，呈现出两个先增后减的双倒U特征[11]。通过采用最高值和最低值两种估算方法进行测度，结果表明，2009—2020年间隐性债务规模虽不断扩大，但增速明显下降[12]。

（二）地方政府债务对经济金融发展的作用和风险相关研究

地方政府隐性债务早期的表现形式以及主要载体为投融资平台债务，央地委托代理关系下激励约束机制失灵导致了地方政府投融资平台的过度举债[13]。当前我国地方政府隐性债务风险的最大特点在于虽然其风险是隐性的，但其风险在各区域、各层级、各部门间关联却是显性的[14]。地方政府债务风险有向金融领域传染的可能已成学术界的共识。在使用动态随机一般均衡模型对地方政府隐性债务与金融稳定关系的研究中发现，伴随着我国政府债务可持续性的下降，财政风险将很容易传导至金融体系[15]。进一步来看，通过使用系统动力学模型对2011—2020年我国31个省份的数据进行实证研究发现，房价和房产税税收变动所导致的房地产金融风险是影响地方政府债务风险与金融风险交互传导的关键[16]。当前部分区域的地方政府隐性债务风险显著，要从财税制度和债券市场的角度完善顶层设计，加强债务统计监测以及严禁政企信用挂钩等方面综合施策化解"灰犀牛"[17]。

一方面，根据凯恩斯主义的观点，在总需求不足的情况下，作为积极财政政策的重要举措，政府债务扩张以及减税等措施将增加居民可支配收入，进而通过扩大总需求去拉动经济增长。然而，地方债务能否助推经济发展不仅受到期限长短的影响，也受到自身债务率水平的影响。从短期来看，地方政府债务率的提高使得公共支出融资增加，进而通过产出扩张来拉动经济增长；长期来看，债务本息的偿还压力将压缩地方政府债务，进而对经济增长产生负面影响[18]。与之类似，债务率与经济增长并不始终呈正比关系。在债务率较低时地方政府可以通过债务政策刺激经济增长，而在超过临界点后过高的债务率将对经济增长造成阻碍[19]。与上述结论类似，在以12个欧洲国家为样本的研究中发现，政府债务率在90%—105%间政府债务对经济增长影响存在边际效应反转，当超过该区间时边际效应由正转负[20]。

另一方面，地方政府债务风险存在向经济金融领域传染的可能性。地方政府隐性债务早期的表现形式以及主要载体为投融资平台债务，当前，我国地方政府隐性债务风险的最大特点在于虽然其风险是隐性的，但其风险在各区域、各层级、各部门间关联却是显性的[21]。就金融系统而言，我国地方政府债务资金主要来自于商业银行等金融机构，当公益性项目出现赢利问题时，项目风险就将转化金融机构不良资产[22]。在使用动态随机一般均衡模型对地方政府隐性债务与金融稳定关系的研究中发现，伴随着我国政府债务可持续性的下降，财政风险将很容易传导至金融体系[23]。进一步来看，通过使用系统动力学模型对2011—2020年我国31个省份的数据进行实证研究发现，房价和房产税税收变动所导致的房地产金融风险是影响地方政府债务风险与金融风险交互传导的关键[24]。从金融市场中地方债交易的视角来看，城投债的收益率价差中并未反映其违约风险，金融市场对中央政府纾困地方债预期的存在将可能导致资源配置效率下降以及经济增速放缓，甚至引发金融危机[25]。在对美国、日本、巴西的债务危机进行比较研究中发现，要想对地方政府债务风险进行高效的管理，不可只谋一处而是从多方入手，积极健全财税体制和监管框架以及市场机制[26]。

（三）地方政府专项债的相关研究

地方政府专项债作为由地方政府主导的重要融资工具，对经济增长与城市开发和基础设施建设具有重要意义[27]。就其对经济增长的作用而言，专项债的规模与其对经济增长的支持作用并不始终呈现正向关系，而是在明确的限额范围内呈现出"U"形关系，即在专项债规模处于拐点前对经济增长展现出抑制作用，在拐点后展现出正向激励作用[28]。但与此同时，基建投资扩张也成为地方政府债务风险的主要来源，而专项债的发行能显著抑制基建投资债务风险[29]。近年来，伴随着新基建的兴起，在基于2020年各省新基建专项债的研究发现，新基建专项债资金绩效评价结果主要受发行规模和偿债保障的影响，且东部地区的绩效优于中西部[30]。地方政府专项债对基础设施投资存在显著正向影响，并且随着政策引导和杠杆效应能拉动更大规模的基建投资[31]。在基于2015—2022年地方政府专项债的研究中发现，绿色地方政府专项债对引导资本优化配置，降低环境污染具有积极意义[32]。但与此同时，我国地方政府专项债还存在目标冲突和协同缺失的问题[33]。2019年以来，专项债允许作为重要项目资本金，研究发现专项债券作为项目资本金时，其偿债风险相对较高[34]。虽然专项债运行中还存在一些尚未解决的问题，但其对地方财政可持续性的总体推动作用仍大于冲击[35]。在通过构建地方政府债务偿债能力的指标体系发现，我国地方政府专项债与一般债券相比偿债能力更优[36]。地方政府专项债在具有诸多优点的同时，伴随其规模不断扩大，开始呈现出风险积聚和递延的趋势[37]。

三、天津市智能充电基础设施的发展现状与问题

（一）天津市智能充电基础设施的发展现状

根据国家能源局披露的信息显示，截至2022年6月，全国累计建成充电设施391.8万台，天津市充电基础设施保有量占全国的0.98%。根据中国电动汽车充电基础设施促进联盟披露的最新数据显示，截至2022年6月，天津市公共充电桩保有量为38579台，在全国各省份中位居第九名，其中共享私桩保有量为3693台。在充电站保有量方面，天津市共计3392座充电站，在全国各省份中位居第九名。从公共充电基础设施的电量流向来看，当前电量主要流向公交车和乘用车，而环卫物流车和出租车等其他车辆的占比较小。

（二）天津市智能充电基础设施存在的问题

1. 在总量方面，天津市新能源车与公共桩的比值与全国水平持平，但充电桩数量从总量层面难以满足新能源车的充电需求。车公桩比作为衡量"充电焦虑"的重要指标，是指新能源车数量与公共充电桩的比例。天津市工信局披露的数据显示，截至2021年10月底，天津市共推广新能源汽车250183辆，保有量为247837辆，车公桩比接近6.5∶1。而截至2022年6月底，全国新能源车保

有量1001万辆，公共充电桩保有量为152.8万台，车公桩比接近6.5∶1，天津市车公桩比与全国平均水平相当。但是，下一步伴随着天津市政府公务用车和出租车以及环卫物流车等逐渐更新为新能源车，新能源车保有量的快速上升将进一步降低天津市车公桩比。

2. 在地域方面，不同区域车公桩比差异较大，部分新能源车主实际感受到的"充电焦虑"较为明显。鉴于中心城区人口密集、新能源车保有量高、充电基础设施建设成本高、建设用地紧张等因素，根据2020年的统计数据显示，天津市中心城区的车公桩比达17∶1，环城四区中北辰区的车公桩比达15∶1，远超天津市整体车公桩比。反观宁河区与宝坻区等郊县，车公桩比接近2∶1，存在大量充电基础设施闲置情况。

3. 在智能化方面，部分充电基础设施没有实现智能化实时联网以及智慧化管理。在智能化实时联网方面，一些充电桩的使用信息存在更新滞后的情况，当充电完毕后在一定时间内APP依旧显示该充电桩"使用中正在充电"。部分充电设施的APP虽可显示附近充电桩的数量和位置，但无法显示是否可以正常使用，在实际情况中存在充电桩已损坏的情况。在智慧化管理方面，部分充电场所的充电车位存在被燃油车占用的现象，导致充电桩利用效率低下。

4. 在充电基础设施的类别方面，具有"光储充换"功能的一体化智能充电基础设施数量不足。在全市充电基础设施中，大多数充电基础设施多由传统充电桩组成，而以"津门湖新能源车综合服务中心"为代表的具备"光储充换"功能的一体化智能充电基础设施还较少。

四、政府专项债支持天津市智能充电基础设施的现实可行性

(一)智能充电基础设施建设是国家鼓励专项债支持的重点领域

政府专项债是地方政府为有一定收益的公益性项目发行的，使用政府性基金和专项收入还本付息的专项债券。专项债的发行领域较为广泛，共包含11个领域，即交通基础设施、能源、农林水利、生态环保、社会事业、城乡冷链等物流基础设施、市政和产业园区基础设施、国家重大战略项目、保障性安居工程以及新能源和新基建。2022年8月30日，财政部官网发布的上半年中国财政政策执行情况报告中明确指出，要优化专项债券投向领域，将新型基础设施、

新能源项目纳入重点支持范围。智能充电基础设施建设主要体现在两个方面，一方面，着力于对传统停车场进行智能化改造并加装充电桩，属于新基建中的融合基础设施范畴；另一方面，智能充电基础设施不仅涉及建设电动车充电桩，还涉及对于电动自行车充电场的建设，以及集"光储充换"于一体，因此属于新能源项目。综上，智能充电基础设施建设具有新基建和新能源双重概念，是国家鼓励专项债重点支持的新领域。

（二）建设收益可满足还本付息要求且具有一定公益性

相比于从银行渠道融资，政府专项债具有借款期限长、融资成本低、融资金额高等特点。作为综合性调控地方投资、管理地方债务风险的政策性财政工具，政府专项债在拉动有效投资、扩大内需方面效果显著，是政府拉动投资最直接、最有效的政策工具之一。根据2021年1月1日起实施的《地方政府债券发行管理办法》要求，专项债支持的项目既要做到具有一定公益性，又要有明确的收入来源。在建设收益方面，智能充电基础设施的建设既可带来以充电服务费为主的充电桩收入，又可通过引入带广告位以及插入智能语音广告的立式智能充电桩以及铺设广告牌带来广告收入，还可通过停车位收费带来车场运营收入。不仅如此，智能充电基础设施属于"光储充换"一体式电站项目时，还可通过光伏智慧车棚，通过引入分布式光伏发电获取收益以及换电收益。在公益性方面，政府专项债对于智能充电基础设施的支持可以有效弥补社会资本参与不足的现状，有效解决新能源汽车充电难的痛点，缓解制约新能源汽车渗透率提升的"充电焦虑"。因此，智能充电基础设施不仅具有明确的收入预期与收入来源，还具备一定的公益性。

（三）迫切的现实需要与高质量发展的必然选择

从过去的"里程焦虑"到当下的"充电焦虑"，暴露了充电基础设施建设的诸多弱项。当前，从总量层面来看，天津市10∶1的车公桩比体现了新能源车快速增长与存量充电桩不足的巨大供需缺口。具体细分地域来看，充电桩分布严重不均衡，截至2020年，天津中心城区的车公桩比高达17∶1。鉴于中心城区较大的新能源车保有量，中心城区新能源车充电难问题较为明显。此外，伴随着环卫物流车、出租车、政府公务用车逐步更新为新能源汽车，车桩之间的缺口将会继续加大。因此，政府专项债对于天津市智能充电基础设施的建设是解决新能源车"充电焦虑"的迫切现实需要。不仅如此，智能充电基础设施的超前建设将间接助推新能源车的销量提升，促进整个新能源车产业链的发展。智能充电基础设施集"光储充换"于一体，其建设还有助于能源交通绿色低碳转型，推动大气污染防治，助推天津经济高质量发展。

五、多措并举，为专项债支持智能充电基础设施发展提质增效

（一）综合考量设施类别、区位等方面，合理确定投资项目

首先，在设施类别上，鉴于天津市充电基础设施大多由传统充电桩组成，在智能化、集约化、零碳化、数字化、生态化等方面存在严重短板和不足。为解决以上难题和痛点，一方面，应参考我市"津门湖新能源车综合服务中心"建设经验，优选建设用地，加大专项债对于具有前瞻性的"光储充换"一体式电站项目的支持力度；另一方面，应做实做细政府专项债，优先推进对于传统充电基础设施的智能化改造项目，减少因为充电桩信息更新滞后与燃油车私占以及充电桩损坏维护不及时导致的使用低效率。在技术上，专项债支持的智慧化改造项目要优先考量安全便捷以及公共性，运用大数据、人工智能、万物互联等技术实现车桩联网与充电的峰谷调控，增强项目建成后的运营效率，优化使用体验。

其次，在智能充电基础设施的建设区位上，要有市场针对性。鉴于天津中心城区部分区域老旧小区较为密集，私人充电桩不足的现状，政府专项债应重点支持对于老旧小区充电基础设施改造的相关项目。在老旧小区要发展共享充电桩以及公共充电桩，鼓励临近车位共享"多车一桩"。此外，为了进一步缩小天津市中心城区充电服务半径，降低中心城区车公桩比，要优先支持中心城区的商圈医院学校附近的智能充电基础设施建设项目。鉴于老旧小区以及中心城区的商圈医院学校附近因空间资源有限而制约智能充电基础设施建设的痛点，可参考国网苏州供电公司的经验，建设全电共享电动汽车充电机器人系统。

最后，可参考德国强制加油站配套建设充电基础设施的经验，引导专项债资金对部分符合条件的加油站的新建充电桩项目进行支持，该项目可率先对因用地紧张而导致车公桩比较低的中心城区展开试点，打造"综合加能站"。

（二）多元化融资模式，发挥专项债撬动作用

积极探索"专项债与PPP相结合"等多元化融资模式，推动智能充电基础设施建设。专项债侧重于支持有一定收益的公益项目，优点在于融资成本低，项目审批快，资金到位及时；缺点是项目额度受到限制以及社会化融资受项目自身收益限制。而PPP模式侧重与支持政府负有责任提供的公共产品，其优点在于管理效率较高，集融资建设运营于一体；缺点在于融资成本高，审批时间长。专项债与PPP的相互结合，可将二者的优势互补，弥补彼此的不足。2019年6月，中共中央办公厅、国务院办公厅印发的《关于做好地方政府专项债券发行及项目配套融资工作的通知》提出，专项债券作项目资本金的范围主要是符合中央重大决策部署、有重大示范效应以及满足资本金偿还条件的项目。因此，在智能充电基础设施的建设方面，可大胆尝试，将PPP与专项债相结合，采用资本金、"A+B包"、债权资金等模式。在具体案例方面，可参考2016年安庆市新能源充电桩建设项目。此外，还可尝试"财政资金、专项债资金以及社会融资相结合"以及"专项债与社会化融资相结合"的模式去推进智能充电基础设施建设。在创新投资者参与主体方面，可考虑通过降低专项债投资门槛和加大专项债项目融资政策的宣传力度，吸引社会面小而散的资金主体参与智能充电基础设施的融资环节，这样不仅可以减轻配套融资的资金压力，也可有效发挥专项债在拉动投资方面的撬动作用。

（三）突出项目绩效性，鼓励社会资本开发增值业务

专项债支持的建设项目在提供项目规定的公共服务的同时，应鼓励参与项目建设的社会资本积极开发增值服务。在提供公共服务的基础上开发增值服务，可为项目建设带来额外收益与现金流，有效防范债务风险，为专项债的还本付息提供保障。鉴于新能源车充电相较于油车加油具有补能时间长的显著特点，因此，应从配套建设和卫生环境优化等诸多方面提供增值服务，以提升专项债所支持项目的竞争力，突出项目的绩效性。具体来看，首先，在智能充电场所的配套建设方面，可配套建设或引入附有休息区以及小型儿童娱乐设施的连锁便利店。这样一来，车主可利用新能源车进行补能的间隙去休息与购物。考虑到未来天津市内与城郊的短途化出行将以新能源车为主，小型儿童娱乐设施的融入将显著吸引以家庭出行为代表的车主。其次，在智能充电基础设施的卫生环境方面，可通过对充电桩设施场所内进行高标准定期保洁，提供干净卫

生的停车充电环境，这样可以通过吸引更多的车主前来充电以降低充电桩闲置率。再次，在多元化充电桩建设类别方面，可考虑将专项债支持的智能充电场所内建立适当数量的共享充电桩和私人充电桩等非完全公共充电桩，并为本场所的非完全公共充电桩以及附近充电设施提供运营与维护等增值业务。最后，在其他增值服务方面，可配套建设智能洗车机提供洗车服务以增加项目收益与现金流。

参考文献

［1］郑洁，昝志涛.地方政府隐性债务风险传导路径及对策研究［J］.宏观经济研究，2019（09）：58-66.

［2］刘金林，程凡.我国地方政府隐性债务内涵、成因及特征分析［J］.会计之友，2022（04）：142-148.

［3］汪峰，熊伟，张牧扬，等.严控地方政府债务背景下的PPP融资异化——基于官员晋升压力的分析［J］.经济研究，2020（03）：1103-1122.

［4］周黎安.中国地方官员的晋升锦标赛模式研究［J］.经济研究，2007（07）：36-50.

［5］［19］白积洋，刘成奎.中国地方政府债务可持续、财政空间与经济增长［J］.经济理论与经济管理，2022（08）：61-72.

［6］［26］杜倩倩，罗叶.地方政府债务管理及危机处置的国际经验借鉴［J］.西南金融，2020（01）：3-11.

［7］刘尚希，赵全厚.政府债务：风险状况的初步分析［J］.管理世界，2002（05）：22-32+41.

［8］杨大光，李存.地方政府投融资平台的债务规模、风险及化解对策［J］.当代经济研究，2014（09）：81-86.

［9］魏蓉蓉，李天德，邹晓勇.我国地方政府PPP隐性债务估算及风险评估——基于空间计量和KMV模型的实证分析［J］.社会科学研究，2020（02）：66-74.

［10］郭敏，段艺璇，黄亦炫.国企政策功能与我国地方政府隐性债：形成机制、度量与经济影响［J］.管理世界，2020（12）：36-54.

［11］欧阳胜银，蔡美玲.地方隐性债务规模的统计测度研究［J］.财经理论与实践，2020（02）：77-83.

［12］沈坤荣，施宇．地方政府隐性债务的表现形式、规模测度及风险评估［J］．经济学动态，2022（07）：16-30．

［13］韩文丽，谭明鹏．监管趋严背景下地方政府融资平台债务现状、评判及对策探析［J］．西南金融，2019（01）：55-63．

［14］［21］许弟伟．地方政府债务风险的传导机制与协同治理［J］．宏观经济管理，2022（08）：57-64．

［15］［23］吴盼文，曹协和，肖毅，等．我国政府性债务扩张对金融稳定的影响——基于隐性债务视角［J］．金融研究，2013（12）：57+59-71．

［16］［24］张璇，张梅青，唐云锋．地方政府债务风险与金融风险的动态交互影响研究——基于系统动力学模型的政策情景仿真［J］．经济与管理研究，2022（07）：3-15．

［17］徐玉德，刘晓颖．协同联动 疏堵结合 稳妥化解 隐性债务"灰犀牛"——防范化解隐性债务风险的三大着力点［J］．地方财政研究，2022（04）：47-51+56．

［18］程宇丹，龚六堂．财政分权下的政府债务与经济增长［J］．世界经济，2015（11）：3-28．

［20］Cristina Checcherita-Westphal, Philipp Rother. The impact of high government debt on economic growth and its channels: An empirical investigation for the euro area［J］. European Economic Review, 2012（07）: 1392-1405.

［22］王国刚．关于"地方政府融资平台债务"的冷思考［J］．财贸经济，2012（09）：14-21．

［25］王永钦，陈映辉，杜巨澜．软预算约束与中国地方政府债务违约风险：来自金融市场的证据［J］．经济研究，2016（11）：96-109．

［27］时红秀，王薇．政府投融资视角下的地方债务：功能、问题与出路［J］．国际经济评论，2024（02）：1-22．

［28］肖建华，熊如意．从专项债看我国地方经济增长［J］．财经科学，2023（02）：128-137．

［29］彭飞，吴华清．基建投资扩张与地方债务风险——基于专项债发行改革的准自然实验［J］．北京社会科学，2023（10）：81-94．

［30］张平，郭青华．"新基建"地方政府专项债资金绩效评价及其改进研究［J］．当代财经，2022（08）：28-37．

［31］龙小燕，陈旭，黄亦炫．地方政府专项债券拉动基础设施投资的效应［J］．金融论坛，2021，26（07）：60-69.

［32］张平，许玥玥．绿色地方政府专项债券、资本配置与地区大气污染治理的准自然实验研究［J］．西南民族大学学报（人文社会科学版），2023，44（12）：85-96.

［33］李燕，陆帆．地方政府债务的发展与安全：目标冲突、协同缺失与系统解决［J］．地方财政研究，2023（11）：42-52.

［34］赵全厚，陈旭，黄亦炫．地方政府专项债券作资本金偿债风险分析及对策建议［J］．财政科学，2021（11）：53-59.

［35］何代欣，熊婧轶．新发展格局下地方政府专项债的发行与运行分析［J］．财政科学，2021（09）：74-90.

［36］倪志兴，张贺．地方政府专项债券偿债能力研究：基于空间异质性分析［J］．甘肃社会科学，2024（01）：1-9.

［37］崔竹，李培培，李龙，等．地方政府专项债券风险治理机制创新研究［J］．中共中央党校（国家行政学院）学报，2022，26（05）：91-97.

乡村振兴中的山西杂粮资源与杂粮产业

赵佳丽　李　宁

【摘　要】乡村振兴战略作为新时代破解"三农"问题的关键途径，对于推动农业农村现代化具有深远意义。山西省充分发挥"杂粮王国"的自然优势，大力发展特色杂粮产业，为乡村振兴战略的实施提供了生动实践。山西省致力于打造"全国优质杂粮开发示范基地"，重点发展小米、荞麦等7种优势杂粮，实施了杂粮产业振兴工程。这些举措促进了杂粮产业的高质量发展，也为乡村振兴战略的深入实施贡献了山西智慧和力量。

【关键词】山西杂粮；长治小米；乡村振兴

习近平总书记在山西省视察时说："山西是著名的'小杂粮王国'，要立足优势，扬长避短，突出'特'字，发展现代特色农业。"习近平总书记对山西杂粮非常关心和支持，认为它是推动农业转型升级、增加农民收入、保障国家粮食安全和人民健康的重要途径。学习和践行习近平总书记提出的"绿水青山就是金山银山"的理念，在保护生态环境的基础上，发展壮大山西特色优势产业——杂粮产业。山西省是中国著名的"杂粮王国"，拥有丰富的杂粮品种资源，如小米、高粱、玉米、荞麦、燕麦、豆类等。这些杂粮营养丰富，而且具有多种功能性，对人体健康有益。正如民歌里所唱的"人说山西好风光，地肥水美五谷香"。

一、山西杂粮优势

山西杂粮的定义是在山西省内广泛种植并具有传统文化意义的非主要作物性质的各种谷物和豆类作物。山西省作为中国杂粮生产的佼佼者，在杂粮领域的贡献显著，这得益于其得天独厚的自然环境与历史悠久的耕作传统。山西省杂粮种植面积约占全国杂粮种植总面积的十分之一，其中小米种植面积超过百万亩，年产量达到数十万吨，是全国最大的小米生产省份之一。以忻州为例，该地区被誉为"中国杂粮之都"，其红芸豆出口量占全国总量的近八成，成为国际市场上备受青睐的健康食品原料。山西的燕麦（莜麦）种植也极为广泛，特别是在朔州、大同等地区，由于其特殊的高原冷凉气候，所产燕麦富含β-葡聚糖，具有极高的营养价值和保健功能，是制作莜面等特色食品的重要原料。而苦荞作为一种药食两用作物，在山西晋西等地的种植亦颇为兴盛，其富含芦丁等生物活性物质，对于改善心血管疾病有积极作用，市场需求持续增长。山西杂粮中的蛋白质含量普遍高于普通粮食作物，且氨基酸组成更为均衡，如红小豆的蛋白质含量可高达20%以上，是优质的植物蛋白来源。山西小米含蛋白质11.8%，比小麦高出3.8%；荞麦含蛋白质13.4%，比小麦高出5.4%；燕麦含蛋白质15.6%，比小麦高出7.6%；红芸豆含蛋白质22.9%，比大豆还高出0.9%。山西杂粮还富含多种维生素和矿物质，对人体健康有很多益处。山西杂粮能够适应恶劣的自然条件，提高土地利用率和产量，还能够增加农民收入和改善生活质量。山西杂粮也具有丰富的风味和多样的食用方式，是当地人民日常饮食中不可或缺的一部分[1]。

（一）地理优势

山西杂粮的自然地理优势是其产业发展的坚实基石。山西独特的地理位置和多样的地形特征为杂粮作物创造了理想的生长环境。全省平均海拔在1000米左右，特别是晋西北和晋北地区，拥有大面积的黄土高原和山地，这些区域的昼夜温差大，有利于杂粮作物积累更多的干物质和营养成分。例如，山西北部的莜麦（燕麦的一种），得益于夜间低温，能够有效积累β-葡聚糖等有益成分，使得该地的莜面制品闻名遐迩，营养价值远高于其他产区。山西的气候特征同样对杂粮种植构成了积极影响。年平均气温为5℃至12℃，降水量集中在6月至9月，与杂粮作物的需水规律相匹配。如山西中部的忻州地区，夏季温暖湿润，为红芸豆的种植提供了最佳条件，该地红芸豆产量高、色泽鲜艳、口感细腻，是国际市场上的抢手货，年出口量可达数万吨，占全国总出口量约1/3。山西的光照资源丰富，年日照时数在2400小时以上，为光合效率较高的杂粮作物，如高粱、谷子等，提供了充足的光照条件，有助于提升作物的产量和品质。山西的土壤类型多样，黄土覆盖面积广，富含钙、镁等矿物质，加之良好的排水性能，特别适合耐旱、耐瘠薄的杂粮生长。例如，山西南部的运城盆地，其沙壤土质适宜种植高粱，尤其是专用高粱品种，抗逆性强，而且淀粉含量高，是酿造业的优质原料。因为杂粮相比于主要作物，更能够适应恶劣的自然环境，耐旱耐寒耐贫瘠，生长期短，不需要过多的水肥投入。山西杂粮种植与当地独特而多样的自然环境密切相关，体现了人与自然和谐相处、因地制宜、充分利用、科学发展的理念。这些条件适宜小米等杂粮作物生长，也造就了不同地区不同品种不同风味的杂粮特色[2]。杂粮也能够改善土壤结构和肥力，增加土地利用率和产量，为农民增收节支提供了有效途径。

（二）历史优势

山西是中国北方一个以农业为主的省份，有着悠久的种植和食用杂粮的历史和文化。据考证，早在新石器时代，山西就已经开始种植小米、黍子等杂粮，并逐渐形成了以小麦、玉米、小米为主体，以豆类等为辅助的多元化种植结构。山西各地出土了大量新石器时代至明清时期的杂粮遗存和加工工具，如小米、黍子、荞麦、大麦等籽实，以及碾盘、石臼、陶罐等器具。这些遗存和工具反映了山西人民在不同历史阶段对杂粮进行收获、储藏、加工和食用的情况，并且显示出其对杂粮品质和口感有着较高要求。据《汉书·地理志》记载，山西属于"上党郡""太原郡"等地区，在秦汉时期就已经形成了以小麦、小米为主要粮食作物，以豆类、薯类等为辅助作物的种植格局。在《后汉书·食货志》中也提到了"上党小米""太原黄米"等优质杂粮品种。这些文献证明了山西杂粮种植在秦汉时期就已经有了较高水平。在明清时期，随着交通运输和商品经济的发展，山西杂粮也开始流通到全国各地，并受到广泛欢迎。在长期的农耕生活中，山西人民创造了丰富多彩的杂粮食品和饮食习惯，如小米稀饭、荞麦面、豆腐皮、糜子烙饼等，并将其作为节日庆典、祭祀祖先、祈求丰收等重要场合的必备食物。从民俗文化方面也可以窥见山西杂粮种植的历史和传统。例如，在春节期间吃小米稀饭是山西人民祈求丰收平安的习俗，在端午节期间吃荞麦面是山西人民纪念屈原投江殉国的方式，在重阳节期间吃莜麦面是山西人民表达敬老尊贤的心意。这些习俗体现了山西人民对杂粮赋予了深厚而丰富的文化内涵[3]。

（三）政策优势

山西杂粮种植也受到了国家和地方政府多方面的支持和扶持，形成了一系列具有政策优势的发展条件。从国家层面来看，近年来，国家出台了一系列促进农业供给侧结构性改革、提高农产品质量安全、推动农业绿色发展、保障国家粮食安全等方面的政策措施，《关于促进杂粮产业发展的若干意见》中明确指出，应强化杂粮品种的自主研发能力，利用现代生物技术和遗传改良手段，培育高产、优质、适应性强的新品种。据不完全统计，近五年来，山西省已成功培育并推广了10余个杂粮新品种，平均增产幅度达15%以上，显著提升了杂粮作物的综合生产能力。为加强品牌建设，山西省实施了"一县一品"工程，打造了如"忻州红芸豆""吕梁杂粮"等多个具有地方特色的知名品牌，这些品牌在国内外市场的知名度和影响力逐年提升，带动了杂粮产品的溢价能力，销售额年均增长率超过20%。从市县层面来看，各地根据自身实际情况和资源禀赋，制定了符合当地特色和需求的发展规划和措施。例如，忻州市通过实施"机田证""土壤检测""无公害认证""标准化生产""品牌打造""电商平台"等"六个一"的措施，推动杂粮产业高质量发展。在太原市明确了杂粮生产目标和任务，包括稳定种植面积、提高单产水平、加强品种选育和推广、加强科技支撑和服务等。国家和地方政府的大力支持和扶持所形成的一系列具有政策优势的发展条件，为山西杂粮种植提供了良好的外部环境和内部动力[4]。在乡村振兴战略的指引下，"杂粮王国"的建设更加顺应时代潮流和民心所向，必将为山西农业经济发展和农民增收致富作出新的贡献。

二、山西杂粮资源的产业化探索

习近平总书记视察山西时强调，山西农业的出路在于"特"和"优"，要发展现代特色农业，打造杂粮保护利用中心和创新高地。山西省人民政府根据习近平总书记的重要指示精神，制定了加快山西杂粮优质种业基地建设方案，旨在保障国家粮食安全和重要农产品有效供给，该方案详细规划了四大核心任务，首先，在杂粮种质资源保护利用方面，方案要求建立全面的保护与利用机制。比如，山西省已建成杂粮种质资源库，收集保存了超过5000份杂粮种质资源，其中包括1200余份古老地方品种。通过高通量测序技术，已完成对300余份核心种质资源的遗传多样性评估，为后续的品种改良奠定了坚实的基础。这些资源的长期保存与有效管理，为杂粮作物的遗传改良提供了宝贵的遗传材料。其次，针对育种技术创新与新品种选育，方案强调了科技的引领作用。近年来，山西省依托国家和省级科研项目，成功研发了多个杂粮新品种，如"晋谷21号"小米，较当地主栽品种增产20%以上，且抗逆性强。通过基因组编辑技术，已成功培育出抗条锈病的高粱新品系，预计在未来三年内可完成审定并推广种植，有望显著提升杂粮作物的综合抗性与产量。此类技术突破，充分体现了方案中加快科技成果转化、服务农业生产的目标。在科企合作与种业创新体系建设上，山西省已促成多家企业与科研机构的战略合作，如"山西杂粮创新联盟"，集合了省内12家科研单位和36家企业，共同推进杂粮新品种的研发与推广。通过共享资源、联合攻关，已成功转化科技成果20余项，新增产值超亿元，有效促进了产学研用一体化进程。最后，关于杂粮良种生产基地的统筹布局，方案实施了"一县一品"等个性化策略。在晋中市昔阳县，作为"中国小米之乡"，已建立了万亩小米良种繁育基地，通过标准化种植与管理，每年提供优质小米种子300吨，辐射带动周边10余个乡镇的小米种植，显著提高了小米的品质与产量。类似地，"一镇一特""一村一优"模式在全省范围内遍地开花，形成了各具特色的杂粮生产格局，有力推动了杂粮产业的高质量发展。通过实施这一方案，山西将全面提升杂粮产业核心竞争力和市场影响力，在全国率先形成以小米为主导、以荞麦为突破口、以玉米为支撑点的现代化特色农业体系，并带动相关产业链条延伸拓展。山西将以此为契机，在晋中国家农高区（山西农谷）打造全国知名的杂粮科技创新中心和良种杂粮产业链的建设和完善，是山西杂粮产业新发展的重要内容[5]。

山西杂粮以品质优良、营养丰富而闻名，是农民增收、消费者健康的重要保障。为了提升山西杂粮的市场竞争力和社会影响力，各地积极打造特色品牌，推动产业高质量发展。其中，山西长治市是中国小米之乡，拥有悠久的小米种植历史和丰富的小米品种资源。长治市作为山西小米的重要产地，其小米产业的发展凸显了地域品牌的独特价值与影响力。在众多的地方优质品牌中，沁州黄小米与武乡晋皇羊肥小米尤为突出，两者承载着深厚的历史文化底蕴，更凭借卓越的品质获得了国家地理标志农产品的权威认证。沁州黄小米，源自长治沁县，历史悠久，相传曾为宫廷贡米，其米质优良，色泽鲜亮，营养丰富；武乡晋皇羊肥小米，则通过有机栽培方式，结合羊粪施肥，提升了小米的口感与营养价值，展现了绿色生态农业的发展潜力。这两大品牌的小米年产量稳定增长，沁州黄小米年产量约5000吨，武乡晋皇羊肥小米年产量达到3000吨，成为市场上备受追捧的健康食品。长治小米的优良品质，离不开其得天独厚的自然环境。地处暖温带大陆性气候区，长治的气候条件为小米生长提供了理想的自然条件。年均气温9.2℃与165天的无霜期，为小米提供了充足的生长期与成熟期，特别是在夏秋季节，充足的阳光与适量的雨水，促使小米籽粒饱满，营养累积丰富。研究表明，长治小米中的蛋白质、脂肪、维生素及矿物质含量均高于同类产品平均水平，其中蛋白质含量可高达12%，远超国家标准。特别是富含的叶黄素、钙、铁、锌、硒等微量元素，对人体健康尤为有益，满足了现代消费者对健康食品的追求。因此，长治小米是地方特色农产品的代表，更是现代农业与健康生活理念相结合的典范。

山西长治市积极贯彻落实"山西小米"品牌建设的实施方案，通过加强组织领导、规范生产管理、提升加工水平、完善质量监管、扩大市场开拓等措施，推动了山西长治小米产业的发展壮大。目前，全市已建成了一批规模化、标准化、现代化的粮食加工企业，并形成了以"沁州黄""武乡晋皇羊肥"为龙头，"老家""檀山皇""姜黄""珍珠黄"为支撑，"金玉满堂""金禾源""金禾田园"等为代表的"山西长治"系列产品。作为一个优质的地理标志品牌，"山西长治"系列产品在国内市场受到欢迎，在国际市场也有一定影响力，继续保护和发扬这一优秀的地理标志品牌，让更多人享受到"山西长治"的美味与健康[6]。在政策扶持和产业引导下，山西杂粮也实现了从传统种植向规模化生产、从单一销售向深加工开发、从低端消费向高端市场拓展等方面的转型升级。

三、乡村振兴时代中的山西杂粮

乡村振兴的内涵是一个非常广泛的话题，涉及经济、社会、文化、治理和生态等多个方面。乡村振兴战略是党的十九大提出的一项重大战略部署，旨在推动农业全面升级、农村全面进步、农民全面发展。乡村振兴战略最根本的内涵就是：实现"产业兴旺、生态宜居、乡风文明、治理有效、生活富裕"。乡村振兴是新时代中国特色社会主义的重大战略，是实现全面建设社会主义现代化国家、实现中华民族伟大复兴的必然要求。山西省作为一个资源型省份，在转型发展中面临着诸多困难和挑战，但也拥有着巨大的潜力和机遇。山西省坚持以习近平新时代中国特色社会主义思想为指导，紧紧围绕"三个转变"（即由要素驱动向创新驱动转变、由资源依赖向内生动力转变、由传统型向现代型转变）和"三个一批"（即培育一批新产业新业态新模式、建设一批特色小镇和美丽乡村示范点、培育一批乡村治理能手和致富带头人）这两个重点任务，在深入实施乡村振兴战略的实践中，以实际行动诠释了"产业兴旺"的深刻内涵。通过《加快山西杂粮优质种业基地建设方案》的落地执行，山西省杂粮产业迎来了前所未有的发展机遇。据统计，自方案实施以来，已累计引进和自主培育杂粮新品种30余项，其中5项通过国家审定，显著提高了杂粮的单产和品质，杂粮总产量年均增长率达到6%，直接带动农民增收约10%。以山西小米为例，通过优化品种结构，推广标准化种植技术，小米亩产由过去的约200公斤提升至350公斤以上，部分高产田甚至突破了400公斤，极大地提升了杂粮产业的经济效益。在"生态宜居"与"乡风文明"方面，山西省采取了一系列举措，实现了绿色发展与文化传承的有机结合。全省范围内实施的"绿水青山就是金山银山"实践创新基地建设项目，已成功创建国家级生态文明建设示范县4个，省级生态县超过10个，森林覆盖率提高了近3个百分点，达到23.57%。通过举办"乡村文化节""农耕文化体验周"等活动，激活了乡村文化活力，保护和传承了一批非物质文化遗产，如平遥推光漆器制作技艺、孝义皮影戏等，增强了乡村文化的吸引力和凝聚力。在"治理有效"方面，山西省积极探索乡村治理新模式，推广"互联网+政务服务"，利用大数据、云计算等现代信息技术，提升乡村治理智能化水平。全省已有超过80%的行政村建立了"数字乡村"平台，实现了党务、村务、财务公开透明，大大提高了乡村治理效能。在"生活富裕"方面，山西省通过实施农村产业融合发展示范园建设、乡村旅游精品工程等项目，拓宽了农民增收渠道。据统计，2019年至2021年间，全省农村居民人均可支配收入年均增长8.5%，增速高于全国平均水平。特别是休闲农业和乡村旅游快速发展，年接待游客量突破1亿人次，营业收入超过100亿元，成为农民增收的新亮点。山西省正稳步向着农业农村现代化迈进，通过持续深化乡村振兴战略，不断开创"三农"工作新局面[7]。

乡村振兴是新时代中国农业农村发展的总目标，也是实现全面建设社会主义现代化国家的重要任务。山西省长治市作为中国小米之都，拥有优质的小米品种和丰富的小米资源，其中沁州黄小米是国家地理标志保护产品，享有"黄金小米"的美誉。长治市坚持特色转型、特优高效的战略，以科技创新为引擎，以市场需求为导向，以增加农民收入为关键，加强了品牌建设、标准化生产、深加工转化、电商营销等方面的工作，提升了长治小米在国内外市场的知名度和竞争力。长治小米为消费者提供了健康营养的食品，也为当地农民带来了可观的收入。长治市已有21.8万亩小米通过认证，订单农户4.31万户，常年小米销售收入2亿多元，调产种植小米的农户人均增收1000多元。长治市还利用电商平台和展销会等渠道拓展市场空间和销售渠道，通过发挥自身优势和创新模式，在推动乡村振兴和脱贫攻坚方面取得了显著成效。长治小米已成为当地农民增收的"黄金"。其中沁县作为全国最大的小米生产基地，在全国率先实现了"沁州黄"区域公共品牌建设[8]。沁县还利用互联网平台和线下渠道，开展了一系列文化宣传和消费引导活动，让更多人认识和喜爱沁州小米。长治市按照习近平总书记关于"三农"工作重要论述和视察山西重要讲话指示精神，积极响应国家乡村振兴战略，深度贯彻中央农村工作会议精神，聚焦高标准市场主体培育，通过一系列创新举措，有效促进农业产业升级和农村经济发展。在杂粮产业发展上，长治市充分利用"山西小米"这一国家地理标志品牌优势，构建了以品牌为引领的全产业链发展模式。通过"公司+合作社+农户"模式，实现了杂粮生产的标准化、规模化，其中，长治市沁县作为沁州黄小米的核心产区，全县杂粮种植面积达到30余万亩，年产量超过5万吨，产值达到2亿元，较模式实施前增长了30%。这种模式保障了小米的品质，还通过公司化运营提高了市场竞争力，合作社负责技术指导与统一收购，有效降低了农户的市场风险，农户平均增收15%以上。长治市还投资建设了多个杂粮深加工项目，开发出小米粥、小米饼干、小米面条等多种衍生产品，延长了产业链，提升了产品附加值，为乡村振兴注入了新的活力。这一系列举措使得长治市在推进乡村振兴、加快农业农村现代化的道路上走在了前列，成为山西乃至全国的典范。通过绿色、有机、无公害认证和质量标准化管理，提高了长治小米的品质和知名度[9]。

四、结语

贯彻落实习近平总书记关于"三农"工作重要论述和视察山西重要讲话指示精神，山西省在全面推进乡村振兴、加快农业农村现代化道路上走在前列。乡村振兴是新时代中国农业农村发展的总目标，也是实现全面建设社会主义现代化国家的重要任务。山西省作为农业特色资源大省，拥有丰富的杂粮品种和优良的生态环境，发展杂粮产业具有得天独厚的优势和潜力。通过发展壮大杂粮产业，山西省保障了国家粮食安全和人民群众健康需求，也促进了农民增收致富和乡村经济社会发展。今天，在健康饮食理念日益深入人心之际，"杂粮王国"的美誉更加彰显出其价值和魅力。

参考文献

[1] 徐琳. 山西省杂粮产业现状及产业科技创新发展研究 [J]. 农产品加工，2021 (15)：72-75.

[2] 丁卫英. 山西主要杂粮淀粉的理化特性研究 [J]. 农产品加工，2019 (14)：15-18.

[3] 崔霞. 山西做强做优杂粮产业的路径思考 [J]. 中共山西省委党校学报，2018 (2)：67-71.

[4] 李宁. 长治市清真食品消费市场研究 [J]. 晋中学院学报，2017 (4)：31-33.

[5] 罗丽. 从山西杂粮的发展看养生农业 [J]. 农学学报，2014 (5)：115-119.

[6] 李辉尚，翟雪玲，沈贵银，等. 浅议我国杂粮产业发展现状及对策——以山西省杂粮产业发展为例 [J]. 农产品加工（学刊），2013 (15)：40-43.

[7] 原陈珊. 山西粗杂粮制品血糖生成指数测定 [J]. 中国药物与临床，2011 (4)：365-367.

[8] 籍增顺. 关于山西杂粮发展的几点反思 [J]. 山西农业科学，2007 (2)：3-6.

[9] 李宁. 长治小米饮食文化及其产业研究 [J]. 中共太原市委党校学报，2018 (4)：67-69.

追本探源：中国式现代化的儒家思想路径研究

刘宏伟

【摘　要】党的二十大报告指出，中国式现代化是物质文明和精神文明相协调的现代化。中华优秀传统文化是社会主义精神文明的重要组成部分，继承并弘扬中华优秀传统文化是探索中国式现代化发展路径的继承性与创新性的要求。中国历史文脉悠长，文化根基深厚，儒学思想在其中发挥核心作用。中国式现代化的时代要求需要我们重新审视传统儒学思想体系，揭示其有利于现代化发展的思想内涵，寻求古老儒学与现代化发展的深度契合性，审视历史，推动二者的深度交融，助力社会主义现代化强国建设，推动中华民族伟大复兴。

【关键词】中国式现代化；儒学；思想路径

中国共产党第二十次全国代表大会于2022年10月在北京召开，在党的二十大报告中明确提出了中国式现代化发展的要求和论断。报告指出："中国式现代化是物质文明和精神文明相协调的现代化。""传承中华优秀传统文化"这一系列论断蕴含着中国共产党对物质文明与精神文明建设的高度重视，蕴含着中国共产党人对中华优秀传统文化的高度重视。中华优秀传统文化的继承与弘扬始终与以儒家思想为核心的中华文明精神体系相依托，中华优秀传统文化的当代化与时代化发展其实质就是儒学思想在当代的重新审视和觉醒，深度发掘儒家思想中可资现代化发展的重要内涵，从而在古老儒学思想体系中寻求助力中国式现代化发展的思想路径，推动精神文明建设的蓬勃发展。

一、路径之源：儒家思想中有利中国式现代化发展的基本内涵

自共和元年（公元前841年）始，中国进入有文字记载、有史传可查的信史时代，公元前551年，孔母祷于尼山而生圣人孔子，孔子一生致力于周礼文化的复兴，周游列国十四载，说诸侯以礼乐教化，晚年编修《春秋》令乱臣贼子惧，孔子时儒家学派始兴，至其殁后的公元前479年，儒家学派的思想主张已初具雏形。儒家思想文化在其发展过程中形成了诸多传于今世依然适用的思想内涵，这一部分思想内涵的深度发掘对于中国式现代化发展具有突出且重要的意义。

（一）儒家思想中重内在修养的君子气象

儒家历来强调君子品行的端正与内在气质禀赋的养成。君子人格是圣贤境界的初阶，是实现儒家思想法先王之道、述贤者之政的精神传承者。君子人格的内涵意蕴广大，包罗万象，既体现为自我修为的内在精神境界与品行修养，也体现为外在行为举止与日用之间，其实质内涵是内圣之道的践行与实现。

首先以境界论，君子追行仁道，以仁为自我品行和外在行为的追求，并且纵使外界环境颠沛流离、困厄难伸也不能改变其理想志向，强调仁属内核，礼为化用。以《论语》观之，君子对于仁道思想的信守奉行始终贯穿始终，于孔子看来，只有做到外在之文饰与内在气度的融合化一才能达到彬彬君子之风范，而其中内在精神境界尤为重要，文以质为，"仁义是儒家思想最本质的特征，也是君子的根本特质"。

次以修养论，其内在修养精神是内修与外修的双重结合，君子为人气量远大，行举庄重，威望自显，重实践品行的完善与落地，不求一时一用之功，而探寻常怀多用之德，以"不器"之精神作为自我的修养追求。君子之德如春风时雨，浸润于内而已入化中，不矫揉造作而饰以文为，望之俨然，即之也温，虽有雷霆迅疾之举却不失温和谦恭之貌，达到"温而厉，威而不猛，恭而安"的程度。

再以心境与行止论，其内心虽常怀戒惧之心却始终遵循"不忧不惧"的心理状态，因其所思所为皆无愧于心，成"我心光明"之气度，故而行举之间、动静皆宜，合坦荡之襟怀。以其行为而言，君子"博闻强识而让，敦善行而不

怠"，以君子于玉比德之精神导化善行，行善举、累善功而不生懈怠之心，常以谨慎之心对待外界品物之类，不令言行有失法度，违背礼仪之规。

终以实质论，君子之内在精神状态可归结为"内圣"二字，为圣为贤者，"仰则观象于天，俯则观法于地"，仰察于天道，明宇宙生息之法则；俯瞰于地道，得万物长消之定律；平望于人道，确人伦五常之序列。天、地、人三才之列，君子之属虽不及圣贤之量，然其内在精神气度却仍为圣贤之初阶，"古之君子，举大事必慎其终始"，明事物始终之列，知世间消长之规，万千气象皆入胸中内府，大气已然，高远之境已达，实为万千殊相皆合一道，此为君子内圣之理。

儒家对人格气象与人生境界的君子形象塑造恰为其思想体系中颇具价值的部分，"个人是社会存在物"，唯有个体之行为塑造达到理想人生的境界，才能推动社会的整体合力向前发展，"全部人类历史的第一个前提无疑是有生命的个人的存在"，而以中国式现代化为路径通向的社会主义现代化强国建设也正是在每个个体之人格完善基础上，整合个体之力量，形成驱动性合力而铸就成的。

（二）儒家思想中重历史传统之承继的价值取向

儒家思想始终秉承以历史主义的观点来面对现实人生的关键问题。重视对过往历史的总结与演绎是儒家思想学派的重要特征。这也是儒家学派有别于重自然而轻人文之道家学派和观时下而略过往之法学学派的重要特质。

重历史传统之承继价值取向的奠基始自于其开创者孔子对尧舜之政与文武之道的继承与整理，"非孔子则不知尧舜之当祖述"，孔子以重现尧舜禹三代先王的王道乐土为其政治理想，于世时，访行诸侯，劝各国君王仿效三代之政，重建已消失四百余年的周初礼乐之制，希冀在诸侯崇尚法家刑罚之术，彼此更相伐戮的春秋时代实现自我心中的政治理想。对过往历史传统的重视自孔子之时便已在思想与实践层面获得全面确立。这一点于汉代淮南王刘安所著《淮南子》一书中"孔子修成、康之道，述周公之训，以教七十子"的记载中也可窥见。

儒家思想中对历史传统的重视自孔子确立后，历代儒家贤圣均对此作出继承性之发展。这一价值取向从其内容而言，首先集中体现为儒家学者在阐明先代历史时常以尧舜为开端，并将其朝代更替视作天道与人事这一合法性的转移与变化。

在看待君主易位与王朝更迭的过程中，儒家始终秉持尧、舜、禹、文王、武王嬗代的合法性继承。于帝尧时，因舜之贤德，故以天命所在为缘由，以"允执其中"为王位更替的合法性内核并再三告诫继承者舜若不能令四海之内百姓安享太平则上天之气运即告终结，其统治也将失去百姓拥护而化为虚无。于帝舜时，禹因随山川之流，刊宇内九州之土，定九鼎、一天下而为帝舜认可，赞其言"汝平水土，惟时懋哉"获百姓认可，令黎民安定，并以此为根基作为舜禹嬗代的合法性依据，将其帝位传之于禹。于文王时，平密须、犬戎、耆国，剪除商之羽翼崇国，达到三分天下坐拥其二的治理成效，为武王克商奠定基础，文王之功也为商代末主认可为天命所在，称其"不有天命乎？是何能为"，以天命作为周取代商而立的政权依据。于武王时，东渡黄河，会诸侯于孟津，乃更以天命转移作为最终扫荡商族的重要依凭，武王于伐商之誓言中论说商王"弗敬上天，降灾下民"，于上不能顺应天道，于下不能治理万方百姓，遂令天命发生改变，由商而转移至周是天命合法性发生了变化，由尧舜之嬗代至武王之伐纣，均是以天命和人事所归作为政权合法性继承的重要因素，舜、禹之得天下与商之失天下均在天命所在与否之间。儒家学者在编撰这部分史书时也以此作为政权迭代的依据，这是儒家思想中重视历史传统的集中展现。

儒家思想中重历史传统的承继还集中体现在儒家经典的编撰过程中始终重视孔子开创与后继者编修之功，并在每一部经典的完成过程中强调自己对先人事业的继承。孟子认为自己受教于子思之道，私淑于孔门圣教，并认为距离自己百余年的孔子为平生所知的重要贤者，言己"所愿，则学孔子也"，强调自己的思想均是学孔子而来。董仲舒结合天命变化对人事善道的阐述过程中也强调"循三纲五纪，通八端之理"的圣人之善与"性有善端，动之爱父母"的孟子之善，并将其赋予善道传承的延续性特征，进而提出自己的思想主张。朱熹在为四书作注解时详明孟子殁后，天下之间鲜于传诵孔子之道，由孔子开创的儒家思想内核于宋时也已不传，感叹时世之维艰，同时表明自己写作《四书章句集注》乃是"接乎孟氏之传"，以历史延续性的观点来为自己编修经书解义作阐释。这是儒家经典在编修过程中所呈现出的对历史的尊重与高度重视历史传承的体现。

纵观儒家思想体系，它始终强调回望历史，从贤王圣者之中寻求其精神实质，以延续性的方式作继承性的发展，这种重过往经验的历史传统也成为儒家思想中重要的精神品质。面对历史，马克思曾作出"我们仅仅知道一门唯一的科学，即历史科学"的论断，这一论断的提出深刻阐明历史之科学性在于其规律性，而探寻事物发展规律就必然要回归历史传统之中，因此儒家思想中重历史传统继承的价值取向也成为中国现代化历程中继往开来的重要理论内涵。

二、路径之基：儒家思想基本内涵与中国式现代化内涵的深度契合

中国传统儒家思想中所蕴含的对于君子理想人格的塑造以及重视历史传统继承的思想品质与社会主义现代化建设下公民意识的培育和中国共产党人不忘初心主题教育存在深度的契合性。现代公民从本质内涵而言是当代君子的形象化展现，君子是儒家思想体系下的理想人格，有理想、有责任、有担当的现代公民则是社会主义现代化建设过程中培养理想公民的基本要求，君子人格与现代公民是传统与现实的呼应；而儒家重视历史传统的品质，使其在发展过程中始终以儒家基本精神为遵循，承前启后，不断丰富发展儒家思想的基本内涵和要求，中国共产党人不忘初心，始终以为人民谋幸福、为民族谋复兴为使命，一时代走好一时代的长征路，立足中华民族的千秋伟业，从其精神品质上均体现为回顾历史与延续传统的精神品质，正是这广泛而深刻的深度契合性为中国式现代化发展提供了儒家思想路径，为其底定了重要基础。

（一）君子人格塑造与现代公民意识之养成的契合性

党的二十大报告指出"中国式现代化是人口规模巨大的现代化"，习近平总书记在2023年3月中国共产党与世界政党高层对话会上的主旨讲话中也指出"现代化的最终目标是实现人自由而全面的发展"。人民是社会物质与精神双重财富的创造者，人民是创造世界历史的动力，人是生产力要素中最为活跃的因素，中国的现实国情是拥有十四亿体量的人口大国，中国式现代化发展之路的探索与实践离不开对人口主体素质的高度重视。社会主义现代化强国目标的实现关键在于人口素质的提升，关键在于社会主义现代化公民的培育和养成。

儒家思想中强调君子人格的养成与培育，于内强调修养自我的内心，于外重视行为举止的轨范要求，并以修身的标准推己及人及物，成齐家、治国、平天下的理想功业。自孔子所开创而来的君子学说，从其本质而言"是一种自查自省的内在修为，更是以天下为己任的崇高理想追求"。君子身肩道义乾坤，内养浩然之气，胸中有丘壑，腹内怀千古。不以个人之荣辱得失为计量，而始终以国家民族之永久存续为使命担当，理想化是儒家君子人格的标志性特征。

君子理想人格的塑造与锤炼是儒家思想体系中人格学说的完善化展现与表达，是成王塑圣的必经阶段，可为君子方可为圣贤，君子之修身品性的理想化追求是涵养理想性、德行化、行仁道、具于艺的集中统一，君子重求道、谋道，"道也者，不可须臾离也"。君子境界之高远于尺寸朝夕之间实难达成，故应修身不已、求索不止，于修己正心之间致用完整人格之境界。

儒家思想中对君子人格的追求与社会主义现代化建设过程中对公民基本道德素质的要求存在深度契合性，中国共产党矢志于培育一代又一代有理想、有道德的公民，理想素质是现代公民必备素质之一，也是现代公民意识形成的首要前提，胸怀国家、天下之大者，自有浩荡凛然之气，自有现代民主之意识。

2019年《新时代公民道德建设实施纲要》指出"加强公民道德建设、提高全社会道德水平，是全面建设社会主义现代化强国的战略任务"，现代教育体系下需要培养一代又一代心存理想的社会主义公民，而心存理想的追求就是君子"志于道"人格在新时代情境下的崭新表达，理想建设来自于对超然于物质追求之外的精神信仰，君子谋道而非谋食，心中存有求道精神的理想根基则无外乎物质日用之间，由形而下的器物层面而入形而上的求道层次，从而于理想建设方面筑牢公民的思想道德品质。社会主义核心价值观中所提倡的公民层面的要求"正是对我国传统理想道德人格的现代描述"，习近平总书记在2023年2月7日在新进中央委员会的委员、候补委员和省部级主要领导干部学习贯彻习近平新时代中国特色社会主义思想和党的二十大精神研讨班开班仪式上的讲话中也明确指出要"坚持把远大理想和阶段性目标统一起来"，共产党人对共产主义远大理想目标的矢志追寻就是儒家君子对"道"这一境界的不断追求，二者是古老与现代、过去与现在贯通性的陈述与表达，儒家君子是现代公民在历史时期的人格形象，现代公民则是儒家君子在时下语境中的当代展现。

（二）儒家学派重历史传统之承继与共产党人不忘初心的契合性

习近平总书记在开班仪式上讲话中还明确指出："党的性质宗旨、初心使命、信仰信念、政策主张决定了中国式现代化是社会主义现代化。"初心与使命是实现中国式现代化发展的重要前提。实现中国式现代化需要正视中华民族悠久千年之文明与历史，需要正视儒家思想的绵延发展，寻求二者在时间跨度与内容广度上的高度契合性。

儒家是以"述而不作，信而好古"为主要遵循的思想学派。其意即是传述先王之道而不进行自我创作。李炳南先生解释为："述而不作者，叙述前人所学，而不自己创作。"孔子"祖述尧舜，宪章文武"，以传承尧舜禹先王以来的道统自居，因此对前人的转述只是忠实地继承而并不掺杂自己的理解进行释读。"信而好古"即是笃信并爱好古圣先王之道。这是与"述而不作"的基本态度一致的，即孔子信古、思古、叙古，笃信并且矢志传承先王之道。

这是儒家重视道统承继的重要体现，这一原则孔子即使畏于匡地、困厄于陈蔡之间时也不曾改变其内在追求，并认为天命使自己传序尧舜以来之道统文脉，此天命使人之责任肩负于此，匡地之人又能如何。孔子对过往三代与西周历史的认可与承继的态度奠定了儒家学派重历史的传统价值取向，这一价值取向成为历代儒者著书立说的重要价值核心，自此而后的孟子、董仲舒、程颢、程颐、朱熹……无不以继承孔子思想自居，即使至晚清时颇具变革维新思想的康有为也为自孔子去世后二千三百年间圣道不传的现实哀叹，认为孔子之人格实为上天悲天悯人，哀生民之辛劳，痛人世之昏暗，乃令孔子"为神明，为圣王，为万世作师，为万民作保，为大地教主"，自己也不过是继承朱熹以来久已失去的儒家道统与文脉而已，于其所著《孔子改制考》序言尾中明其时已距孔子二千四百四十九年，以此明自己对孔子道统与精神的继承与发展。

以孔子为师、以先师为范是儒家思想历时性发展过程中始终承续的精髓与核心。数千年民族历史文化之传续赖孔子而承，数千年儒家思想之根基的确立赖孔子而开，历代以儒者自居的名家大儒均承认这一点，并始终不曾忘却。初心就是一学派一团体确立之初的发愿，"靡不有初，鲜克有终"，初心易得而难守始终，儒家产生于诸子百家竞相争鸣的春秋战国时代，经千年发展而成为显学的关键就在于历代大儒始终以孔子之道的传承为自己的初心、以延续孔子而来的文脉道统为使命，虽经佛道思想传入的魏晋四百年流转和近世欧风美雨冲击的百余年而不至中辍，其关键与核心便在于儒门思想家对初心之坚持、对使命之担当。党的十九大明确提出中国共产党人要不忘初心、牢记使命，并且将这作为大会的会议主题。中国共产党的初心使命即是为中华民族谋复兴、为中国人民谋幸福，中国共产党人对初心的坚守、对使命的坚持与儒家对孔子为师的坚持、对文脉传续的担当存在深度契合性。

儒学思想之演进历程以孔子为中轴，前承自上古尧、舜、禹、文、武之脉，后续董仲舒、二程、朱熹、王阳明之列，形成以历时性为特征、以古圣先哲为各时期代表的具有儒家思想底蕴色彩的道统谱系。而中国共产党立足于中华民族近世以来深受列强荼毒、军阀混战之局面，自1921年建立，历经百年风雨历程，经新民主主义革命、社会主义革命和建设、改革开放新时期、中国特色社会主义新时代的阶段性发展，形成了以伟大建党精神为开端，以井冈山精神、苏区精神、长征精神、遵义会议精神、延安精神、抗战精神、红岩精神、西柏坡精神……为时代承载的中国共产党人精神谱系，并不断继往开来、丰富发展这一精神谱系的时代性当代性内容，成为中国共产党人宝贵的精神财富。中国共产党人不忘初心、牢记使命的内在精神要求便是继承自建党时便已确立的伟大精神，"走得多远都不要忘记来时的路"，中国共产党人始终铭记百年前民族危亡之际，中国共产党创立之初所立下的誓言，以中华民族之复兴、中国人民之幸福为奋斗目标，以实现"每个人自由而全面的发展"的共产主义远大理想为崇高追求，从历史中走来、从历史中认清现实、从历史中指向未来是中国共产党秉持的重要思想内核与理想信念，实现中国式现代化、建成社会主义现代化强国需要始终铭记历史、不忘初心、勇担使命。共产党人的精神谱系与儒家思想经历代大儒发展所形成的道统谱系一脉相承，这也是儒家思想中历史主义传统在当代中国共产党人身上的集中体现。推动中国式现代化发展，实现中华民族伟大复兴的理想愿景即需要从中寻求古老儒学与当代精神的高度契合性，推动二者深度融合，以"第二个结合"推动中国式现代化发展，助力社会主义现代化强国目标的实现。

三、路径之方：实践驱动——推动儒家思想与中国式现代化深度交融

（一）以知契为前提寻找合性

实践是连接理论和现实的重要方式。实践之过程从其本质来说是主观意念照之于客观现实的过程，中国式现代化则是以实践为导向的现代化进程。

实践性是中国式现代化的本质性特征，而儒家思想作为传承千年的中华优秀传统文化价值体系，其形成过程也是以实践为依托，二者存在深度交融的前提和可能。《论语》中即主张"古者言之不出，耻躬之不逮"的思想，强调具体的实践行为要在言语表达之前，首先要做到行其言，以行动来践行思想主张。在《左传》与《尚书》中则对于实践或行的表述更进一步，"非知之实难，将在行之""知之非艰，行之惟艰"，力主行之辛劳、行之困难，知之层次属主观意识之提升，修己正心，肃正意念则自然纯一，自无外物侵扰之忧。而行之层次非由自我内心之畅达，还在于与外在场域相碰撞融合，只有协调自我与场

域、内在与外在的双向关系才能将具体行动落到实处，归为现实。

这种重实践的思想到两宋时已经发展成为"论轻重，行为重"的行重于知的高度。在明代王阳明的思想体系中已经将知与行融合为一，达到知即是行的程度，"一念发动处，便即使行了"，意念萌发的时刻便是实践开启的时候。中国儒家思想对实践的认识经历了行随言动、知易行难、行重于知、知亦是行的发展过程。正是儒家思想对实践的重视，使中国式现代化这一实现社会主义现代化强国建设和中华民族伟大复兴的实践路径可以与深度融合于中华优秀传统文化的儒家思想进行高度交融，从而在古老儒家思想中发掘展现有利于中国式现代化实现的实践性儒家思想路径。

（二）以行为根本推动其进程

儒家思想中知与行的概念既是思想意识领域认识论的命题，同时也是儒家思想中涉及社会伦理观念和道德层面实践性的命题。儒家思想是入世有为之学，以理论探究指导最终实践、由理念转化为现实是其根本所在。因而其最终的实践性品质也是儒家思想的核心与要义。民主革命先驱孙中山对此做出总结性的概括和凝练，他集中将知行命题转化为"不知而行""行而后知""知而后行"三个阶段，这一根本性遵循的方法论原则对于中国式现代化进程的稳步推进具有重要意义。

现代化是世界各国人民共同向往的发展目标，实现现代化必须根据各自国情走好自己的道路。儒家文化的思想沃土孕育并影响了中国式现代化的形成和发展，伴随儒家文化圈在东亚的发展壮大，儒家思想正在深刻影响东亚现代化的发展进程，东亚现代化实践发展也为儒家文化创造性转化和创新性发展提供了更加广阔的舞台。要拓展研究视野，深入挖掘阐释儒家文化的时代价值；广泛开展国际合作，持续优化儒家文化圈学术生态；讲好"东亚现代化故事"，贡献"儒家智慧"。

东亚现代化大都建基于丰厚肥沃的儒家文化土壤之中，崛起于儒家文化传承发展的良好氛围之中。中国式现代化更是用雄辩的事实证明了这一点。随着东亚地区现代化进程的加快和全球范围内现代化程度的加深，危机和挑战也不断涌现。如何保持现代化进程的稳步推进，实现最广大人民的福祉，是考验东亚乃至全世界的重要课题。于此，儒家思想可以也应该发挥其独特的现代价值，为东亚现代化乃至世界现代化不断注入强劲的思想动力。

在中国式现代化进程中，儒学作为中华优秀传统文化中的代表思想，起着中流砥柱的作用。我们要坚持中国共产党的领导，在学深悟透马克思主义基本原理的基础上，让其充分与中华优秀传统文化尤其是儒学紧密结合，不断将思想伟力充分彰显。

四、结语

中国式现代化是中国人民经过近代以来两百多年求索而得出的立足于中国国情的现代化进程，它植根于中华五千多年的历史与文化，植根于两千多年的传统儒家思想，正是儒家思想中君子人格的塑造与培育、重历史传统承继的基本内涵与中国式现代化发展中培养公民意识、中国共产党不忘初心牢记使命的基本内涵存在深度契合性，因此才为两者的高度融合奠定了重要的基础和前提。而二者的高度融合又将以儒家思想的知行关系和中国式现代化的实践内涵为着力点，在实践性的要求中推动中国式现代化，推动中华民族的伟大复兴，这也是中国式现代化历程中儒家思想所提供的重要路径和方式。

参考文献

［1］解光宇. 儒学流变札记［M］. 济南：山东友谊出版社，2021.

［2］论语［M］. 北京：中华书局，2006.

［3］（西汉）戴德. 礼记［M］. 北京：中华书局，2017.

［4］周易［M］. 北京：中华书局，2011.

［5］马克思. 1844年经济学哲学手稿［M］. 北京：人民出版社，2018.

［6］马克思. 德意志意识形态［M］. 北京：人民出版社，2018.

［7］钱穆. 论语新解［M］. 北京：生活·读书·新知三联书店，2012.

［8］尚书［M］. 北京：中华书局，2016.

［9］（西汉）司马迁. 史记［M］. 北京：中华书局，1959.

［10］（战国）孟子. 孟子［M］. 北京：中华书局，2006.

［11］（西汉）董仲舒. 春秋繁露［M］. 北京：中华书局，2012.

［12］（南宋）朱熹. 四书章句集注［M］. 北京：中华书局，2016.

［13］马克思恩格斯全集［M］. 北京：人民出版社，2001.

［14］赵歌，周建. 孔子的"君子"观及其新时代内涵［J］. 人文天下，2020（Z1）.

［15］（清）康有为. 孔子改制考［M］. 北京：中华书局，1958.

［16］（春秋）左丘明. 左传［M］. 北京：中华书局，2012.

［17］（宋）黎靖德. 朱子语类［M］. 北京：中华书局，1986.

［18］（明）王阳明. 传习录［M］. 北京：中华书局，2021.

［19］张苹，张磊. 孙文学说［M］. 太原：山西人民出版社，2015.

城市社区"微治理"的多维特征、现实困境与突破路径

武雪华

【摘　要】"微治理"是社会治理精细化背景下，为适应居民多样化的需求，在社会治理实践过程中摸索出的一种精细化治理方式，创新点在于"微"，是运用微观角度对社区进行治理。本文采用文献研究法与案例分析法，在系统阐释城市社区"微治理"的理论内涵基础上，针对城市社区"微治理"的多维特征即"微治理"主体的多元性、管理的精细化、权力的自治性进行深入挖掘与分析，得出城市社区"微治理"的现实困境，并结合时代发展特征和治理实践变化针对性地提出城市社区"微治理"的突破路径，即加强党建引领嵌入"微治理"、加快社区治理"微结构"的重塑再造、优化治理资源配置系统。本文旨在为我国城市社区"微治理"体系的完善提供一些可行方法，同时也为提升我国城市社区治理能力提供理论与实践依据。

【关键词】城市社区；"微治理"；社区治理

一、问题的提出

党的二十大报告中强调，"完善社会治理体系。健全共建共治共享的社会治理制度，提升社会治理效能""建设人人有责、人人尽责、人人享有的社会治理共同体"[1]。城市社区治理不仅是国家治理的重要组成部分，还是关乎民生福祉的重要抓手。社区"微治理"将较小规模下的居民需求作为起始点，在规模较小的治理单元（如街道、楼栋、网格等），通过灵活多样的小微平台构建多元主体共同参与社区治理的机制，有序衔接起政府管理与基层自治并产生良性互动[2]。为了推进治理能力现代化进程，"微治理"模式应运而生，并被

广泛应用。

"微治理"作为一种精细化的管理方式，是我们在长期的社会治理实践中逐渐发展起来的，"微治理"的创新点在于"微"，是运用微观角度对社区进行治理。城市社区"微治理"是一种在规模较小的治理单元（如街道、楼栋、网格等），秉持以人民为中心的理念，聚焦社区中的微小事务，了解居民的"微需求"，用"微形式"内部解决问题的过程。坚持把握"微需求"，要从"微行动"入手，要立足"微组织"，要有"微平台"，要有高质量的"微手段"，提倡"从下至上"的管理，强调在治理过程和居民自治两方面实现精细化。

目前，在国内外学界对城市社区"微治理"的已存在研究中，国外对于城市社区"微治理"的研究主要集中在参与式治理、多元主体治理、小范围治理等形式，但是并未对城市社区"微治理"做出一个明确的概念解释。城市社区"微治理"是新时代为了符合精细化治理的要求，新出现的一种微小治理模式，目前国内学界对于城市社区"微治理"的研究处于起步阶段，一些问题需要学界更加深入地研究。

一是从"微治理"成因出发，有学者提出"随着行政权的深度介入，传统的治理模式不能深入到公共领域的边缘与微观治理问题"，因而，相对于过去的管控模式，"微治理"更多地反映了社区居民的自治性。

二是聚焦"微治理"效果，以"扩展社区自治内涵、推动社区治理变革"为核心，以激发社区内生性治理动力、适应社区与居民需要为目标，是"拓宽社区自治治理内涵、推动社区治理变革"的重要举措。

三是聚焦于"微治理"的基本内涵，主要包括定义、成因、主体、作用、形成逻辑、运行机制等问题，这些问题集中在浅显的研究，还需要对其进行更深入的研究。

本文通过文献分析法与案例分析法对城市社区"微治理"进行研究，在综述城市社区"微治理"的理论内涵基础上，针对城市社区"微治理"的多维特征进行深入挖掘与分析，得出城市社区"微治理"的现实困境，并结合时代发展特征和治理实践变化，针对性地提出城市社区"微治理"的突破路径。本文旨在为我国城市社区"微治理"体系的完善提供可行方法，同时也为提升我国城市社区治理能力提供理论与实践依据。

二、城市社区"微治理"的多维特征

(一)城市社区"微治理"主体的多元性

政府、社区居民、企业、社会组织等主体共同构成了城市社区"微治理"的多元参与主体,体现了城市社区"微治理"的主体多元性。城市社区的"微治理"以政府为主要指导单位,以培育居民的主观能动性即自治能力为主体,并以此为基础,动员其自发组建居民自治组织,通过与企业、社区社会组织的合作共建形成城市社区微观层面的横向网络合作关系[3]。就治理主体而言,目前更多的社会力量以及各类社区组织的参与,也为社区基层治理结构带来了巨大的创新活力,随着社会发展,这些除政府以外的主体逐渐成为社区基层治理的中坚力量。

城市社区的"微治理"取得杰出成效,根本在于在城市社区精细化治理中形成了多元主体利益协调机制。这种多元主体利益协调机制多由政府主导,居民参与。政府在人力、物力、财力等方面拥有绝对的支配地位,可以通过对社会资源配置的不同而对不同主体的行为进行影响。居民参与的多种利益主体是社区微治理的中坚力量,通过"民事民议,民事民定",推进社区治理的进行。例如,在引导"微主体"参与社区治理上,南宁市兴宁区秀和社区成立了"三官一律"专业队、"1+1+N"网格志愿服务队、城管执法队,吸纳各类"微主体"参与治理。

(二)城市社区"微治理"管理的精细化

"微治理"的本质是精细化和精准化治理。当前,全国范围内开展的"微治理"的实践探索,从价值观念上看,都呈现出了精细化的特征。精细化管理的精髓在于按照目标管理的思路,将目标先进行分解,再对每个小目标进行逐步落实。

城市社区"微治理"具有精细化的特点。目前,城市社区"微治理"与传统的政府作为主体的单一管理模式不同,是一种针对性的、小规模的收集民众需求并在内部采取行动的治理方式。由于城市社区"微治理"的治理规模较小,治理活动主要集中在每个社区中,所以更能够集中关注社区成员联系密切的各类问题,更便于提供精细化的公共服务。同时,这种"微治理"的小规模治理更加能够在较小的空间范围内投入资源从而获得更加明显的治理效果。城市社区"微治理"是区别于传统由政府主导的行政管理模式的一种新型治理模式，是以协商、承诺、分工合作为基础的多元主体有效聚集而成，在推动基层治理重心下移、精准回应群众诉求、提升基层治理效能等方面发挥着重大的制度功能。

最能体现城市社区"微治理"精细化特点的是社区治理的网格化管理。在网格化管理中，为了更好地了解居民诉求即"微需求"，需要将社区细分为若干个网格单元，以基层建筑物或户为最基本的网格，同时给每个网格配备网格管理员，定期走访所管辖的网格，收集人民群众的真实诉求、掌握每个网格的真实信息。例如，沧州市献县建立"网格长+网格员+街巷长"体系赋能基层治理，坚持因地制宜、专群结合的原则组建网格员队伍，平房区域微网格员统称为街巷长，楼房区域微网格员统称为楼单元长。坚持"以巡为主、应采尽采、能办尽办"原则，组织网格员、街巷长、楼单元长开展常态化巡查走访，每周至少走访一次，在网格中采集各类基础资料及民意，排除隐患，及时向社区反馈意见[4]。

（三）城市社区"微治理"权力的自治性

城市社区自治是"微治理"的重要组成部分。城市社区"微治理"权力的自治性指的是社会成员的自我管理、自我教育、自我服务，这种自治是居民发挥主观能动性的自我治理而非自治区自治，城市居民自治是在国家正式制度规定的范围内开展的社会成员的自我治理活动[5]。

现阶段依靠政府单一主体处理解决城市社区各项基层工作问题已难以为继，更多需要依靠社会力量发挥共治功能，才能有效弥补社区基层治理存在的诸多短板。而通过采取项目制治理模式可以有效简化社区基层工作原本科层制治理模式步骤冗杂等问题，使政府治理向多元治理转变，真正实现自下而上的项目推进，提升社区"微治理"效能。

例如，在最常见的老旧小区改造中，参与治理的并不仅仅是政府，还包括了企业、居民、社区组织等。在法治保障、民主协商和科技支撑的基础上，通过"三位一体"的方式，实现"人人有责、人人尽责、人人享有"的社会治理目标，并在此基础上，形成多元主体参与协商、科学决策。

三、城市社区"微治理"的现实困境

（一）居民自治组织治理能力不足

城市社区"微治理"的实施需要由多个组织来完成各个阶段的任务。在具体实践中，则主要是依靠居民自治组织来承担各项任务，但是，由于居民自治组织建设水平参差不齐，仍然存在诸多问题。以往的治理模式中政府包揽一切，导致缺乏对成员的激励机制，缺乏规范化组织建设，使城市社区"微治理"受到了制约，很难真正地形成与之相对应的价值目的和行动准则。居民参与社区微治理的路径发展也较为滞后。我国社区组织与基层政府之间存在职责界限模糊的问题，在一些碎片化、细枝末节事务的处理上易发生纠纷和冲突。与此同时，目前社区作为自治组织，仍然受街道办的掣肘，自主性较弱，活跃度不高，资源、资金等各方面受到限制[6]。

在我国，"小政府，大社会"的社会治理模式是一种新的社会治理模式，社区治理更加重视居民自治组织的作用。但是，当前社区事务主要还是以政府为主导进行管理，居民参与社区治理过程中仅能接触到一些边缘化的事务，很少能够对社区事务的决策和监督进行接触参与。即使是参与边缘化的事务，参与的方式也较为落后，如组织居民清扫街道。这种边缘化和参与方式陈旧也导致了居民的参与积极性不高，居民的自治参与水平不高，参与效率也不高。

另外，由于城市居民大多是因为搬迁或移民的原因，所以他们一起生活在一个社区里。因此，他们的价值观念、生活方式以及对社区活动种类的偏爱都存在着很大的差别。因此，单元楼的居住方式，在空间上也给居民之间的交流和沟通带来了障碍。此外，城市居民的大多数时间和精力都投入到了工作中，没有太多的时间去参加社区的事务，这就影响了居民的社区参与意识的培养。

（二）传统治理结构在城市社区"微治理"中形成障碍

在新的历史条件下，在原有的社会制度、组织架构下，传统的行政管理方式也有其自身的局限性。比如，传统的治理方式倾向于行政权力高度主导，公众在治理过程中的参与度较低，常常出现"大政府，小社会"的思维定式。在我国，以政府为单位来管理社会成员的传统体制，极大地阻碍了居民在社区建设与管理中的参与。

在过去的数十年里，城市中的各种社会生活活动基本上都是通过行政手段完成的，个体对于组织越来越依赖。随着改革开放的深入以及社会经济的发展，人们对社区的参与也在逐步走向市场化、社会化，但是，受到传统的行政体制的影响，人们对新的社区参与的认识仍然不够成熟、不够充分。他们已经习惯了向政府求助，但并没有主动参与到这件事中来。

（三）多元主体利益缺乏统筹

资源是社区"微治理"的关键支撑，但目前其面临的"资源瓶颈"问题尚不明确。就治理资源保障方面，社区没有经济实力进行运营，也没有集体经济的资本收入，因此也就不能得到更多的建设补助。社区"微治理"需要社会各界提供外部资源即政策资源、指导资源、新媒体资源等，但是，多元治理主体在参与社区"微治理"的过程中会出现资本分散现象，不同程度、不同权威的主体之间获得的外部资源支持是参差不齐的，例如，在社会中更具有权威与社会联系更加紧密的社区、企业不仅能够更容易获得资源，而且获得的资源数量也更多，相反，自身资源链接缺乏的主体获得的支持多来自社区居委会[7]。在治理资源供给渠道方面，微项目运行所需的经费以政府出资为主，居民自筹为辅，其他筹资渠道非常不稳定。

四、城市社区"微治理"的突破路径

（一）加强党建引领嵌入"微治理"

新时代，随着社区治理日趋精细，党建引领下的城市社区"微治理"更加符合人民群众的需要，也更加符合我们党对城市社区的直接领导，这是一种新的理念，一种新的思路，一种新的方式。在党建引领的社区"微治理"中，以基层党组织为中心的多元主体协同形成了社区"微治理"模式。

首先，要搭建"微平台"增强基层治理领导力。要坚持党建引领，进一步建强社区党员阵地，把党建工作嵌入社区治理的各项环节，有序推进党组织和社区工作延伸。要对基层党组织与社区其他治理主体之间的关系进行重构，构筑一个全新的同心圆，在扩大党建工作范围的基础上，完善其他社区治理主体的参与方式与机制，促进党建引领下的社区治理共同体的建设。

其次，要以"民心、民需、民意"为导向，将党的领导贯穿于城市社区

"微治理"的方方面面，共建联建加强社区"微治理"。在城市社区"微治理"的实践过程中，必须确立"为人民服务"的共同价值目标。要实现精准服务，就必须要将党建引领和社区治理的服务职能结合起来，以解决群众的实际问题为中心，进行有针对性的、准确的服务，来满足人们的需求，让他们真正地为群众做好事情。

（二）加快社区治理"微结构"的重塑再造

首先，优化多维赋权机制，转变政府包揽一切的惯性思维，推动社区治理的权力自上而下转移，即由传统的政府管理层级向居民层级转移，要明确各部门的责任主体，明确各部门的责任划分，由点及面，提高社区"微治理"的效率。还要通过健全社区"微治理"的管理制度，明晰内部结构与责任划分，提升成员的专业素养，为社会服务，解决社会问题。而群众自发组建的组织授权要采用一种综合性的方法，既要获得民众的认同，又要按照国家相关部门关于组建社会组织的有关规定。权力下放后，还应健全权力的监督体系，确保权力为社会所用。

其次，要培育公民的公共精神，把公民个人的利益和公共利益结合起来，建立居民对"家园"的感情认识。

最后，建立参与治理机制，拓宽居民自治空间，培育和形成更多类似居民自治组织来承担社区"微治理"任务。优化居民参与机制，创新网络社区平台，社区也应当以合作者的状态与居民自治组织合作。

（三）优化治理资源配置系统

城市社区是城市最基本的治理单元，全面治理城市社区需要大量的人力、物力、财力。一方面，建立一核多元的资源保障机制，发挥政府统筹作用，在制度层面，要加强政府对社区各种资源存量以及增量的顶层设计，通过最典型的项目外包、委托管理形式，促进企业、专业社会组织、居民自治组织参与到城市社区"微治理"中，进而拓宽资源获取途径。另一方面，培育治理的社会资本，引入优质社会资本，构建"熟人"与"信任"的关系，是城市社区"可持续发展"的重要保障。要培育扶持社区"微治理"品牌项目，设立特色项目专项经费，推广示范项目[8]。最后，提倡"共治"思想，在充分发挥有关部门职能的前提下，充分调动全社会的积极性，加强多层面的社区治理，使社区在全社会共同治理下，呈现出新的城市形象，让全体社区居民都能做到为共建共治共享的社区治理体系保驾护航。

参考文献

［1］习近平.高举中国特色社会主义伟大旗帜 为全面建设社会主义现代化国家而团结奋斗——在中国共产党第二十次全国代表大会上的报告［R/OL］.（2022-10-25）［2023-66-15］. https://www.gov.cn/xinwen/2022-10/25/content_5721685.htm.

［2］陈伟东，熊茜.论城市社区微治理运作的内生机理及价值［J］.吉首大学学报（社会科学版），2019（9）.

［3］何继新，李莹.城市社区公共服务微治理机制的标本分析［J］.天津城建大学学报，2017，23（02）：129-133.

［4］王雅楠，戴绍志.“微网格”很近 “微治理”贴心［N］.河北日报，2023-11-14（011）.

［5］刘锐远.社区“微治理”研究［D］.中共中央党校，2021.

［6］黄雨.居民参与城市社区微治理的困境与应对策略［J］.住宅与房地产，2023（34）：77-79.

［7］张文华，宋婷，秦小峰.城市社区微治理中多元主体协同的博弈困境与女性参与［J］.中华女子学院学报，2023，35（05）：83-89.

［8］陈岩，张冠男.城市社区“微治理”系统构建与发展路径研究——基于CAS理论框架［J］.四川行政学院学报，2024（01）：59-66.